革命文献与民国时期文献
保护计划

成果

中国近代华侨教育史料丛编

华侨教育学府（暨南大学校史）卷 上

罗志欢 李炳球 刘 强／编

齊魯書社

前 言

一、近代华侨教育学府机构建设涉及资料方方面面,从物质建筑筹划到人才队伍建设,相关资料尤为繁富。本卷循管中窥豹的思路,以暨南大学为主线,主要收录有关暨南大学的分散于报纸杂志和专书中的重要章节,除了独立成篇的史料,已出版之专书或资料集不整体收录。

二、本卷收录史事资料及研究论著,大致分为暨南大学在南京时期(1906—1923)、真如时期(1923.9—1937.8)、上海"孤岛"时期(1937.8—1941.12)、迁址建阳时期(1941年夏至1946年夏)、复员回沪时期(1946.3—1951.6)五个时期,以见近代华侨教育学府筹划及建设之大概。这些资料及论著不包括文书档案、校内部门以及中学部资料,此未包括资料俟时分专题汇编。

三、本卷采用编年体,以时间为经,以史事为纬,反映各个时期学府相关历史事件的联系。同一年代之史事不拘泥于先后区别。现今学者所撰写之文章,以其记述时间范围列于对应之历史时期。

四、本卷资料主要来源于报纸杂志或图书章节,体例各异,编辑时尽量加以统一,所录资料均注明出处。部分标题为编者所拟。原文错字和标点符号酌情修改,其余则照录,不予改动。

目 录

南京时期
(1906—1923)

真如时期

（1923.9—1937.8）

上海“孤岛”时期

（1937.8—1941.12）

迁址建阳时期

(1941 年夏至 1946 年夏)

复员回沪时期

(1946.3—1951.6)

南京时期（1906—1923）

接见各华商片

（光绪三十二年四月）

再，旅居外洋各华商去国日久，类能经营学业而爱国之念则仍历久不渝。臣等接见之时，遇有心地明白者，无不劝其就地兴办学堂，培养子弟，并戒其勿染外洋习气、分立党派，或有入会情事，致为人所攻击。该商民等闻言，感服颇知体会，经此再三劝谕，当能不赴歧趋，以仰副朝廷爱育远人之至意。谨附片密陈，伏祈圣鉴。谨奏。

（《端忠敏公奏稿》卷六，文海出版社，1967）

华侨分送肄业片

（光绪三十二年十二月）

再，本年十一月间，据学部派赴南洋查学委员钱恂等电称，爪岛学生通官音可接中学程度者约三十人，志切归国读书，选地南京，川资月用自备，惟请官给食宿。并准学部电咨，以该侨民笃志内向，自宜因势拊循等语。伏查爪岛侨民流寓远方，不忘归国，派生内渡，就学金陵，洵属爱国情殷，极堪嘉许。自当官备食宿，妥为照料。当经电饬该员钱恂等允为照办。属其传语华侨，益相敦勉。札饬江宁提学司俟该生等来宁即查询志愿，分送各学堂肄业。嗣后南洋各岛及檀香山、旧金山等处侨民如有愿送子弟来宁就学者，并当一律收取，以宏教泽而系侨情。除电复学部查照外，谨附片具陈，伏乞圣鉴。谨奏。

（《端忠敏公奏稿》卷七，文海出版社，1967）

江督端附奏爪岛侨民就学金陵片

再，本年十一月间，据学部派赴南洋查学委员钱恂等电称，爪岛学生通晓官音可接中学程度者约三十人，志切归国读书，选地南京，川资日用自备，惟请官给食宿。并准学部电咨，以该侨民笃志内向，自宜因势拊循等语。伏查爪岛侨民流寓远方，不忘归国，派生内渡，就学金陵，洵属爱国情殷，极堪嘉许。自当官备食宿，妥为照料。当经电饬该员钱恂等允为照料。属其传语华侨，益相敦勉。札饬江宁提学使俟该生等来宁即查询志愿，分送各学堂肄业。嗣后南洋各岛及檀香山、旧金山等处侨民如有愿送子弟来宁，令其就学，并当一律收取，以宏教泽而系侨情。除电覆学部查照外，谨附片具陈，伏祈圣鉴。谨奏。

奉朱批：学部知道。钦此。

（《学部官报》1907 年第 14 期）

江督端奏设暨南学堂片

再，前因爪岛侨民请派学生来宁就学，业经附片具陈在案。兹据南洋各岛视学员学部专门司行走、举人董鸿祎等护送爪哇华侨学生二十一人到宁，查该学生等流寓远方，不忘中土，情殷内渡，志极可嘉。惟该生等初回内地，语言骤难合一，应选聘教习，补习国文、国语及各项科学，一年再行考验程度，查询志愿，分送各学堂肄业。且闻内向方殷，来者日众，非为特开一校不足以敷教育而系侨情。当饬署江宁提学使陈伯陶奏调直隶候补道王崇烈照料一切，并筹拨经费，择度校舍，延订教习，分科教授，派员管理，统合画一，名曰：暨南学堂。所有支用各款现饬由江海关筹拨撙节动用，除将实用若干再行造报作正开销，除咨部查照外，谨附片具陈，伏乞圣鉴。谨奏。

奉朱批：该部知道。钦此。

（《学部官报》1907 年第 25 期）

暨南学堂之组织

爪哇归国学生廿一人，先借实业学堂洋楼为校舍，其教习均由实业学堂兼充。嗣因南洋群岛华侨子弟以后来学日众，特迁往妙相庵初级师范旧址以为校舍，名曰：暨南学堂。另订教习六人，分科教授。堂中课程，介于两等小学之间。俟补修中学一年期满毕业，视其程度志愿，分送各学堂肄业。午帅委洋务局温道秉忠、实业学生王道崇烈为监督，郑令洪年为庶务长兼监学文案，住堂经理一切。现每年筹定经费五千两，如将来人多，再行加款。堂中饮食照料，皆格外丰洁，以示优异。该生等多系林慧儒中书奎之学生，颇有爱国思想，品行尤极纯谨。各生年岁最长者二十一岁，最幼者十二岁，俱断发西装。兹将学生姓名籍贯开列于后：李应征（粤）、陈俊生（闽）、傅溪水（闽）、叶裕和（粤）、黄景星（粤）、蒋全钟（闽）、邹辉宝（闽）、吴元德（闽）、张益山（粤）、李全发（闽）、彭庚生（粤）、陈益祥（闽）、温以东（闽）、郑炳太（闽）、郭陶成（闽）、郭笃俭（闽）、叶景宙（闽）、傅如雷（闽）、陈以淑（闽）、陈以温（闽）、陈以建（闽）。

（《北洋官报》1907 年第 1341 期）

暨南学堂经费作正开销片

（光绪三十四年五月）

再，华侨久困群岛，身受苛待，呼吁无门。适当国家豫备立宪之初，欣然遣其子弟联翩内渡，来宁就学，其爱国之忱可以考见。领其地者现已设法限制，特立学堂招华侨子弟入学，冀以教育之权为笼络之计。盖各岛领主，始则以愚用华人为其政策；今见华人知识渐开，愚用之策其势不能持久，则翻然变计，特设学堂，令其专习各该国文字，不使读中国书，浸久则华民内向之心必消归于无有，其用意之深如此。今既为特设暨南学堂以奖励为鼓舞之地华侨情谊，可期其日臻固结。

惟常年所需经费宜令华侨知所自出。拟请特恩,嘉其向学之忱,而于应需各款,准由闽海、粤海、江海各关分任筹拨,作正开销,以示朝廷惠爱侨民至意。俾知饮食教诲,岁费巨金,在在皆出自皇恩,当亦维系侨情之一道也。是否有当,谨附片密陈,并请勿庸发钞,伏乞圣鉴训示。谨奏。

(《近代中国史料丛刊分类选辑　甲集:奏议·奏疏·疏稿类　端忠敏公奏议三》,文海出版社,1967)

暨南学堂办理情形折

（光绪三十四年五月）

奏为暨南学堂改办中学,附设高等小学,沥陈办理情形并筹拨经费,恭折具陈,仰祈圣鉴事。

窃上年据南洋各岛视学员学部专门司行走、举人董鸿祎等,护送爪哇华侨学生三十一人,先后到宁。曾为特设暨南学堂,派员管理,延订教员,分科教授。所有常年支用各款,饬由江海关筹拨动用,作正开销,业经附片具陈在案。原拟俟诸生补习国文、国语及各项科学一年,再行考验程度,查询志愿,分送各学堂肄业。刻经体察情形,似此办法未臻完密。以诸生程度不齐,优者有中学第二年程度,其次或与高等小学第二年程度相当,或与高等第三年程度相当,实难厘为一致,遽欲分送宁中各学堂,求一适合之学级,盖不可得。本年五月,各岛新来学生四十六人,其程度亦甚参差,一时更不能分送他堂。臣特饬该堂总理、候选道田吴炤,会同宁学司陈伯陶,妥订章程,预算应需经费,以凭核办。兹据会详呈请具奏前来。查诸生初次回华,风俗人情多未习惯，管理教授尤当定一合宜之规；性情不同，办理亦不能不稍示区别。以髫年血气未定、习尚不同之幼童，遽令分入他堂，既恐造诣未深易沾习气，又恐因散处而有归思，其向学之心转纷。自应就其程度妥筹善法，使易于成就。现拟将该堂改为中学，附设高等小学，分为中学一班，高等小学两班。就所有之学生，择其程度较优、已有中学第二年程度者，即从本年起定为中学第三年级，接习中学三年，便可毕业。次者定为高等小学第三年级，系将新旧生程度一律者并为一班。次则分为高等小学第二年级，并选内地品行纯谨学生十余人，相其程度列入各班，俾华侨各生藉以练习官话。其课程悉遵奏定章程办理。豫计中学一班光绪三十六年下学期毕业，再升入法政、商业、陆军各项高等学堂。高等小学两班按年毕业后，仍接习中学。其应得奖励，除届毕业年限各照定章奏请办理外，查去年八月内阁会议政务处议复御史徐定超条陈大计折内，称设华侨学堂一条内，有宽筹奖励之法、歆以登进之荣等语，将来学生毕业之时，如成绩果优，拟即援照此案，奏请破格给奖，以资鼓舞。盖群岛华人，侨居海外已数百年，今已群殷内向之忱，有归国就学之举。诸生性情复极纯谨，用功甚形刻苦，气象尤为整肃，文笔可观者，亦不乏人。自应择其尤佳者，因其有中学二年程度，即定为第三年级，俾其毕业期近易见成功。先来者既得优奖，继来者自足歆动，诱劝之道，莫要于此。惟是来学日众，则经费日增。江南财政异常支绌，惟有督饬该司道等核实撙节，勉为维持，以期行诸久远，不致因费绌停办，有以失华侨之心。现据该司道等按照先后所到学生人数及此次所定办法豫算，所需各项用款以及第一、二次回国学生三十一人衣履杂费，每年约共需银一万三千二百余两。又今年新筑各室共需银六千余两，又添置校具银一千余两，均经设法垫拨，以济急需。查此项学生概系闽粤两省侨民子弟，其所需经费应由闽海、粤海、江海各关分任筹拨，作正开销。在各关所拨为数有限，而于国家来远培材不无关系，惟有仰恳特恩，俯如所请，如数准拨，并定为常年的款，以敷教育而系侨情。除将经费额支活支豫算表、职员教员一览表、学生姓名表咨度支部、学部查照外，所有办理暨南学堂情形，谨恭折具陈，伏乞皇太后皇上圣鉴训示。谨奏。

(《近代中国史料丛刊分类选辑　甲集:奏议·奏疏·疏稿类　端忠敏公奏议三》,文海出版社,1967)

两江总督端方奏暨南学堂改办中学折

奏为暨南学堂改办中学,附设高等小学,历陈办理情形并筹拨经费,恭折具陈,仰祈圣鉴事。

窃上年据南洋各岛视学员学部专门司行走、举人董鸿祎等,护送爪哇华侨学生三十一人,先后到宁。曾为特设暨南学堂,派员管理,延订教员,分科教授。所有常年支用各项饬由江海关筹拨动用,作正开销,经附片具陈在案。原拟俟诸生补习国文、国语及各项科学一年,再行考验程度,查询志愿,分送各学堂肄业。刻经体察情形,似此办法未臻完密。以诸生程度不齐,优者有中学第二年程度,其次或与高等小学第二年程度相当,或与高等小学第三年程度相当,实难厘为一致,遽欲分送宁中各学堂,求一适合之学级,盖不可得。本年五月各岛新来学生四十六人,其程度亦甚参差,一时更不能分送他堂。奴才特饬该堂总理、候选道田吴炤,会同宁学司陈伯陶,妥订章程,预算应需经费,以凭核办。兹据会详呈请具奏前来。查诸生初次回华,风俗人情多未习惯,管理教授尤当定一合宜之规;性情不同,办理亦不能不稍示区别。以髫年血气未定、习尚不同之幼童,遽令分入他堂,既恐造诣未深易染习气,复恐因散处而有归思,其向学之心转纷。自应就其程度妥筹善法,使易于成就。现拟将该堂改为中学,附设高等小学,分为中学一班,高等小学两班。就所有之学生,择其程度较优、已有中学第二年程度者，即从本年起定为中学第三年级，接习中学三年，便可毕业。次者定为高等小学第三年级，系将新旧生程度一律者并为一班。次则分为高等小学第二年级，并选内地品行纯谨学生十余人，相其程度列入各班，俾华侨各生藉以练习官话。其课悉遵奏定章程办理。预计中学一班光绪三十六年下学期毕业，升入法政、商业、陆军各项高等学堂。高等小学两班按年毕业后，仍接习中学。其应得奖励，除届毕业年限各照定章奏请办理外，查去年八月内阁会议政务处议覆御史徐定超条陈大计折内，称设华侨学堂一条内，有宽筹奖励之法、歆以登进之荣等语，将来学生毕业之时，如成绩果优，拟即援照此案，奏请破格给奖，以资鼓舞。盖群岛华人，侨居海外已数百年，今以群殷内向之忱，有归国就学之举。诸生性情复极纯谨，用功甚形刻苦，气象尤为整肃，文笔可观者，亦不乏人。自应择其尤佳者，因其有中学二年程度，即定为第三年级，俾其毕业期近易观成功。先来者既得优奖，继来者自足歆动，诱劝之道，莫要于此。惟是来学者日众，则经费日增。江南财政异常支绌，惟有督饬该司道等核实撙节，勉为维持，以期垂诸久远，不至因费绌停办，以致失华侨之心。现据该司道等按照先后所到学生人数及此次所定办法，豫算所需各项用款以及第一、二次回国学生三十一人衣履杂费，每年约共银一万三千二百余两。又今年新筑各室共需银六千余两，又添置校具银一千余两，均经设法垫拨，以济急需。查此项学生概系闽粤两省侨民子弟，其所需经费应由闽海、粤海各关分任筹拨，作正开销，在各关所拨为数有限，而于国家来远培材无不关系，惟有仰恳特恩，俯如所请，如数准拨，并定为常年的款，以敷教育而系侨情。除将经费额支豫算表、职员一览表、学生姓名表咨度支部、学部查照外，所有办理暨南学堂情形，谨恭折具陈，伏乞皇太后皇上圣鉴训示。谨奏。

奉朱批：著照所请，该部知道，片并发。钦此。

（《学部官报》1908 年第 60 期）

条陈扶植华侨学务扩充招待侨民学堂文

李瑞清

（著者时为江苏提学使）

窃查中国濒海人民，以内地谋生不易，远适异国别图生业者，数百年来以闽粤为最盛。然从前敢于航船远游者，类皆有不得已之苦衷，非抱持一如何之目的，而冀得一达者也。所以营运稍纾，而回首面内之情未见其增益。自朝廷深悉各侨民之受压而怜其无告，遂责令使臣领事宣嫩导懿，保卫抚绥。于是侨民喁喁向风，群起而跂望祖国。又以其孤居异岛未蒙教育也，复迭颁明诏，敦促兴学，由是侨民父兄益知奋勉。重以海疆大臣，遥为声应，若我宪台暨前两广总督部堂岑尤属奖许不遗余力，其效弥复大著。即如南洋群岛中，自爪哇前岁申送子弟来宁入学，蒙宪台嘉纳抚慰，设学以教，予衔以奖，特别垂赉，至优极渥。海外闻风被德，其兴起感奋，固在意中。而宣中朝之盛美，促侨学之进步，证以近闻，尤足令人惊喜者。近据续行申送华侨学生来宁之董事梁颀、潘炳勋等报告：以爪哇而言，今年全岛学堂已共增至五十一所，学生共四千六百余名，其突飞猛进，非尊崇朝命，感荷宪恩，乌克有此！现在续送来宁之生，连前已共有六十余名，起程未至者尚有十余名，后此以次来归，正未有艾。惟是署司默念将来之必要，远征前历之所经，有足为我宪台郑重详陈者。窃维中国数千年来，人民数百兆，方里二万万有奇，有同一之政治历史风俗，而语言文字为最著。就中虽微有沿革,略形差异,而大端正无不同。观之载籍,及近来译本,凡国对于所属,莫不亟亟焉以输入文字为首先唯一之政策。署司前十五年曾薄游南洋至星嘉坡埠,亦尝注意及此。见我国侨居习惯,语言则必须通英、巫来由,广、潮、福各种,而官音乃视同格磔。文字则首英而次巫,而中文则等诸蝌篆。至询其私塾,则拥皋比负簦笈者,悉不知四书五经为何物。调查至是,心焉恫伤。若英人特为我居留所营之校,又纯取收楚材为晋用之旨,因此尝尽然起叹,以为我华诸侨,长此以往,何难等之外化。兹查爪哇一岛,我华商董,自立学以来,内地知时绩学之士,多往授业,经该董事等明理达务,会商办理。以故所有学堂,咸照章程,咸授官音,而设学就学之数,又复日进无疆。是其归向守法之诚,实非前此在星时所及料。语言文字之道,所关非细,我宪台当亦洞鉴而闻而欣悦者也。现在爪哇如此,经宪台一再鼓舞扶导,则继爪哇而起者,凡有我华民足迹所至,当可计日以溯其奋兴。即以爪岛立学情形推之,其明大义,蓄热诚,足为我国增重光大,而收为有用者何限。矧自此以后,教育发达,则身虽羁旅,心存乡邦,外以练商战之谋猷,内实毓国家之思想,则中国宪政成立以后,所有扩张军备,推广教育之一切征召款项之议案,当不烦言而通过也。我宪台体朝廷保商柔远之至意,当大局所措施提絜于其间,署司不揣谫陋,谨就一得,拟议条陈四节,缮呈采择。

一宜迅派领事以资保护也。爪哇本我先民所辟之地,而占有权竟属之荷兰,我华诸侨穷而无告久矣。近者朝廷遣军舰游弋以扬国威,派大臣慰抚以宣德意,所以嘉惠侨民者至优且渥。然而此等非常之盛举用意虽美,而欲收外交上圆满之效果犹难,非设外交专员以任随时保护侨民之责,其势有不可。查爪哇一埠,我国向未设派领事,故除商人自为谋计,未得一人与之正式交涉,折冲于樽俎之间。他事姑不具论,就教育一端而言,五六年来我侨民感朝廷兴学之盛心,自行设学以教子弟,此本居留外国者应有之义。而荷人以我侨民,忽改向来之陋习,殷殷以永祖国之学术为急。近闻有特设华人学堂减收华童学费,以招致我子弟;又有津贴我侨民所设学堂经费,而教习归彼指派之议。

夫荷人何爱于我，而为我子弟谋教育，如此其切，又其此等举动不先不后，而适在华侨发奋兴学之时，其用意可知。近时杨侍郎奉命南巡，归而复命，即有添设爪哇领事之奏。圣明洞察，俯如所请，薄海臣民，同深钦仰。今为保护该埠学务起见，拟恳宪台再行奏明，请旨饬下外务部转咨出使荷国大臣，速与荷外部提议，将该埠领事赶紧设派，俾与荷官平时既可联络以固邦交，遇事亦可磋商以保权利。而该埠侨民，既蒙国家眷念特设领事以为保护，则身家性命既有所托，当更能使富者出资、贤者出力，以谋教育之发达也。

一宜派员调查以资整顿也。以海外华商自行兴学，而发达进步几逾内地。署司方闻而增愧，岂敢复为苛求。虽然，南洋诸商，远隔中原，风气开通，为日未久。今兴学虽出热心，而办理未必尽能合法。且局于道涂，招延教习，匪易得人。其于管理教授，难保无参差不齐，或则疏缺不备。况闽粤之人，各自囿于方言。今爪哇一埠，虽一律以正音教授，而他部埠则犹有未尽改良者。闽粤两省，虽已派视学员常川驻扎，责以随时整顿。然以地方辽阔，未易遍查，旅费未充，尤难周历，则视学虽设，恐未必能收相当之效。而该埠学生今既源源内渡，倘非程度画一，则既来之后，于分班教授必多窒碍。似宜由宪台特派一二员亲历各埠，详细调查，一则宣传朝廷作育人才，宪台提倡学务之至意，以坚办学者之心；一则调查各学堂功课，整齐而画一之，有未合法者，劝令改政。并嘱其随时报告以觇成绩。至各学堂经费，由华侨自行筹措，自不宜过为干预。然不可不代为考核，以防用不得当之弊。一经如此调查，则华侨学务，当更能力加整顿，日起有功矣。

一宜优奖办学之人以示鼓励也。方今朝廷宏奖教育，凡在内地兴学者，犹且不惜重赏以宠异之。况在海外，更属难能而可贵。查华侨在南洋荷属，不五六年间，设立学堂至五十余所，收容学生至四千余人，筹措常年经费至三四十万。以较内地边省一省，有过之无不及。是非由华侨爱戴祖国，热心毅力，莫克致此！在办事者好义急公，固无意于奖叙，而在国家宏奖风流自宜锡以宠荣。往年爪属办学人员，曾经前粤督岑派员查明，奏请奖给荣衔有差。今事逾两载，学务更益发达，办理又多易人。若使前者蒙赏，后者向隅，揆之情理，似未得平。拟恳宪台于该岛办学人员，择其独出巨资，及于管理教授最为出力者，分别等差，奏请奖励。则不独身受国恩者当奋勉而图报，即遥听风声者亦必观感而兴起。其于学务前途，影响至大。至于各学生毕业应得奖励，亦宜视内地稍优，以慰旅民爱国之诚，并以勋少年求学之志。至此次华侨，公举护送学生内渡之花翎同知衔福建分缺先补用知县梁颀，升用同知福建分缺先补用知县潘炳勋二员，热心祖国，不辞劳瘁，应请比照异常劳绩请奖。其林长炎、庄啸国二员，虽无官职，亦宜酌加奖励，以昭激劝。

一宜扩充暨南学堂以宏造就也。海外子弟之归国求学，自去年始。宪台上体朝廷作人之意，下念侨民向学之诚，为之特设暨南学堂以施相当之教育。成立以来，成效大著，声教所被，足令未来者闻风而兴起。其初内渡者仅二十余人，后增至三十余人。今复由各学堂挑送四十余名送回就学，闻相继而至者尚不乏人。查暨南学堂，原就妙相庵增筑而成，去年仅有学生三四十名，尚可勉强敷用。现在学生将及百名，已有实不能容之势，此后一有增加，定至无从安插。且所授课程，仅为高等小学程度，学生学业既进，不能无一中学以为升阶。内地虽设有中学，而以经费难筹，所设不多，即以收容内地之子弟尚嫌不充，更无余额足以收容收项学生。况招徕华侨，非得一壮丽之学堂，不能使之倾向。非设一完备之学科，不能使之速化。应将暨南学堂另筑新校，大加扩充，改为中学校，而仍附设高等小学，以为初归国者预备入中学校之地。酌定学额约五百名，中学二百名，小学三百名。他日学生程度渐高，再行酌量变通。所授功课，大致仍遵学部定章。惟念该项学生，跋涉重洋，归国求学，毕业年限，似宜酌量缩减。庶几教泽易于广及，而侨生益劝于内向。至于开办经费，约计非十万金不敷支用。常年经费，亦约需六万金。近日江南财政，支绌非常，势难筹此巨款，应请宪台专折请款开办。查该项学生，闽粤两省人民居多。其常年经费，自应由闽广两省，与江南分筹。侨民经商海外，岁有赢利寄归，挽回中国权利不少。此项经费，若由海关分筹，尤为允当，拟请旨饬下粤海关、闽海关、江海关拨助。似此通力合筹,尚不难于集事。诚得此完美学校以造就华侨子弟,他日学成归去,必有能发扬蹈厉成名海外,以增祖国之光荣者。

再据该董事等回称:爪哇所设,皆两等小学。近已筹有开办中学堂经费。其常年经费,尚未充足。拟请国家略为补助,以资鼓舞。似应俯如所请,酌量筹拨。又据该董事等面称:群岛除爪哇外,虽有立学,不甚发达。星嘉坡有学五,而亦多各授方言,不尽用官音。该董事等来时,曾带同学生顺道前往参观,所得情形如此。惟该五学生徒,与该爪哇等学生等,情感连绵,庆羡之怀,溢于词色,海滨执手,相送殷殷。由此而言,则各埠内向之情,其机已动。昔汉司马相如称国家虽劳,亦不得已。诚得宪台俯择刍言,迅赐实施,则华侨之归化,可翘足而待。是否有当,恭候宪裁。

(《江宁学务杂志》1908年第4期)

江宁提学使呈报全属学堂一览表

官立 暨南 学堂	江宁 府城 内薛 家巷	三十 三年 正月	修身 国文 经学 算术 英文 图画 历史 地理 理科 乐歌 体操	一级	三十 八名	国文 图画 算术 国文 地理 国文 历史 讲经 乐歌 理科 英文 体操 国文 修身	清铨 润年 王嘉曾 王撰曾 关葆麟 关春和 陈云藻	总理 庶务长 会计 文案 司事	田吴炤 温秉忠 左全孝 郑洪年 陈廷俊 叶菘	由江海 关筹拨 款五千 两	五千 两

官立中学堂	江宁府城内中正街	二十八年十二月	修身 国文 经学 历史 英文 算术 理化 地理 生理 法制 琴歌 体操 自在画	四级	一百一十名	国文 经学 修身 历史 英文 算术 理化 地理 博物 法制 用器画 自在画 琴歌 体操	侯巽 濮人骥 郑钟琪 罗梓栋 郑良 杨冰 范循廉 舒广元 殷葆诚 曾科进 徐庭麟 杨永 萧俊贤 叶振谟 袁玉胜	堂长 庶务 监学 校医 司事	侯巽 龚乃保 谈长禔 李鋆 五名	一万二千两在高等学堂数内	

(《学部官报》1908年第71期)

两江总督端方奏暨南学堂筹定划一办法添拨经费等折

奏为宁省暨南学堂筹定划一办法，添拨经费，毕业后并请从优给奖，酌派官费以慰侨情，恭折具陈，仰祈圣鉴事。

窃照宁省开办暨南学堂缘由及筹拨经费办法，历经奴才奏咨在案。据署理江宁提学使陈伯陶详称，该堂现收学生一百六十七名，学科规则渐臻完备，办理已有成效，惟华侨子弟向学情殷。据爪哇各董事来函，下学期续至者约共七十余名，此后随时内渡，数难豫定。来学各生年龄不一，程度参差，亟应预为规画，定一持久办法。现拟限定额数五百名，足额以后，不复增收。仍暂分中学及高等小学两级。一自华侨自办两等小学毕业后，内渡就学者，皆高等小学毕业学生，始准升送。届时该堂即改为完全中学，不再附设高等小学。目下该堂每年额支、活支各经费约共二万八千余两。将来添足学额五百名,每年须六万余两。建筑校舍,添置校具,各项又须另为筹拨。请查照原案,奏恳由闽海、粤海、江海各关分拨,作正开销,并称华侨子弟去国万里,不惮重洋跋涉,联袂来归,将来中学毕业应得奖励,请照奏定章程变通,从优给奖。并择学力较优各生选送西洋留学,酌给官费。其自费生之贫乏者,亦请酌加津贴等情,详请奏咨前来。奴才查华侨出洋谋生,世羁异域,幸荷皇仁远被,抚慰优加,遂动其喁喁内向之心,各遣子弟,担簦请业。自该堂开办以后,凡一切用项,经奴才奏请,均荷天恩俯准,曲予栽培。该侨民等,浛髓沦肌,益复闻风兴起,惟是怀远固以招徕为要,兴学须为久远之图。该司所请现在限定名额,将来改成中学,系属因时制宜,力求划一办法,名额推广,经费增添,请援案由闽海、粤海、江海各关分任筹拨,作正开销,亦系实在情形。合行仰恳天恩,俯如所请,实于昌明国学、维系侨情大有裨益。至该堂学生中学毕业应如何从优给奖,酌派官费之处并恳敕下学部,核覆施行。除咨部外,所有宁省暨南学堂筹定划一办法,添拨经费,毕业以后并请从优给奖,酌派官费各缘由,谨恭折具陈,伏乞皇上圣鉴训示。谨奏。

宣统元年六月初九日奉朱批:学部议奏。钦此。

(《学部官报》1909 年第 94 期)

又奏暨南学堂医药书籍等费请仍由闽海等关分拨片

再,江宁暨南学堂续收学生,加给经费,前经奏准,由闽海、粤海、江海三关分任筹拨,作正开销在案。伏查该堂学生名额既增,而医药各费自应与之俱增。且该生等生长南洋诸岛,性质与西人相近,遇有疾病,多延西医诊视,所费较多。核实计算,自本年起每年需另添医药费银一千两。又本年全班学生一百七十余人购办英文书籍,添置理化器具,共需银二千两。均系临时新加之款,不在前次豫算之内,业经设法垫给,以济要需。拟请以上两款共银三千两,仍由闽海、粤海、江海三关分拨,作正开支,惟有仰恳天恩,俯如所请,照前准拨,以重卫生而宏教育。除分咨度支部、学部查照外,谨附片具陈,伏乞圣鉴训示。谨奏。

宣统元年六月初九日奉朱批:允行,该部知道。钦此。

(《学部官报》1909年第94期)

两江总督端方奏暨南学堂添收学生并动用款项折

奏为暨南学堂添收学生并动用款项,恭折仰祈圣鉴事。

窃宁省暨南学堂改办中学,附设高等小学,经奴才于光绪三十四年六月初二日将办理情形并筹办经费各节专折奏明在案。伏查该堂自改办以来,在堂学生以班次既有定程受课,益加奋勉。该堂定章,凡教育名数资格、教科名目钟点、学生食品衣式、逐日寝兴盥沐时刻以及学生各科分数,每月必分门列表,传示巴达维亚之中华会馆,令其布告。又星期一周饬由学生各发家信一次,藉以练习文字以觇程度用。是爪哇一埠,风声传播,不独业经来学各家属欢欣鼓舞,群颂皇仁,凡附近各埠,闻风兴起,均愿选取练习中语合格之学生,送宁就学。当据爪哇学务总会正总理陈显源等呈称,爪哇全岛现设中华学堂四十区,均遵奏定章程办理,惟外洋僻陋,不及内地之完全。幸逢朝廷嘉惠侨民,特准于江宁省城设立暨南学堂,当经分批选送学生,均蒙收录。兹又有各埠学生二十一名,自备川资,有心来学。又穷苦无资,求给官费生六名,程度较高,大可造就,均请准送入堂。又据新嘉坡署总领事左秉隆呈称,奉学部札,闻宁省开办暨南学堂收入爪哇子弟,新埠中国侨民,亦可每年酌送合格学生,内渡肄业,等因,当拨本埠道南、养正、启发、应新及槟榔屿中华、雪兰、尊孔、霹雳、嗱哈埠乐育各学堂开具名册,面加考验。先后录取五十四名,汇送回宁就学。各等情均经奴才于该生等抵宁后饬该堂分别班次,照章肄业。伏念爪哇各埠侨民由闽广出洋已历数世,虽复羁身异域,尚能不忘祖国,各遗子侄愿受裁成,皆由朝廷德泽涵濡,无远弗届,用能使喁喁内向奔走偕来。奴才忝领南洋,责无旁贷,惟有奉宣德意,督饬在堂各员于教授管理诸事认真经理。现在到堂各生,学业日进,以后陆续选送来者尚多,风气所开,实足以广教思而耸观听。惟是名额既添,经费较巨,该堂用款除第一、二次回国学生豫算每年约共需银一万三千余两,又新筑校舍,添置校具,共银七千余两,均经奏销有案外,现在添收第三、四次学生,应添额支费每年银一万五百余两,又添筑校舍银二万五千余两,添置食宿器具及派员赴沪接同来宁各用费银三千余两,均经设法垫给,以济要需。该堂经费前经奴才奏请,由闽海、粤海、江海各关分任筹拨,作正开销。荷蒙恩准,钦遵在案。此次添给经费拟仍由各关分拨,作正开销。惟有仰恳天恩,俯如所请,实于昌明国学,维系侨情大有裨益。除分咨学部、度支部查照外,所有暨南学堂添收学生并动用款项缘由,理合恭折具陈,伏乞皇上圣鉴训示。谨奏。

宣统元年四月初三日奉朱批:该部知道。钦此。

(《政治官报》1909 年第 562 号)

奏议覆江督奏暨南学堂筹定画一办法添拨经费折

奏为遵旨议覆恭折,仰祈圣鉴事。

窃臣部由内阁钞出前任两江总督端方奏宁省暨南学堂筹定画一办法,添拨经费,毕业以后并请从优给奖,酌派官费一折,奉朱批:学部议奏。钦此。原奏内称,据江宁提学使陈伯陶详称,暨南学堂现收学生一百六十七名,学科规则渐臻完备。华侨子弟向学情殷,下学期续至约共七十余名,此后随时内渡,数难豫定。来学各生年龄不一,程度参差,亟应豫为规划。现拟限定额数五百名,足额以后不复增收。仍暂分中学及高等小学两级。一俟华侨自办两等小学毕业后内渡就学者,皆系高等小学毕业学生,始准升送。届时该堂即改为完全中学,不再附设高等小学。目下该堂每年额支、活支各经费约共二万八千余两,将来添足学额五百名,每年须六万余两。建筑校舍,添置校具,各项又须另为筹拨。请查照原案,奏明由闽海、粤海、江海各关分拨,作正开销,将来中学毕业应得奖励,请照奏定章程变通,从优给奖,并择学力较优各生选送西洋留学,酌给官费。其自费生之贫乏者,亦请酌加津贴各等语。查原奏推广学额一节与奏定中学堂章程,中学堂定额五百人之数相符,现在暨南学堂所收华侨学生,程度不齐,年齿参差,如专办中学转多窒碍,暂分中学及高等小学两级。自系体察现在情形,因时立制,将来内渡学生果系在华侨自办两等小学毕业者,即将高等小学停办。原奏从优奖励一节,查奏定中学堂奖励章程,中学堂毕业者,最优等奖以拔贡,优等奖以优贡,中等奖以岁贡,久经奏定,通行在案,似未便变通成例,再行加优。而且奏定各项学堂奖励章程,本系一气衔接,如将中学堂奖励加优,即预估高等学堂、大学堂奖励地步。将来学生于中学毕业后,再入高等学堂、大学堂毕业者,转致无可加奖。臣部于华侨子弟期望甚殷,深愿循序渐进,蔚为通材,不欲令其一得自封,浅尝辄止。若于中学奖励加优,转非提倡鼓励之道,应请无庸置议。原奏学力较优各生,选送西洋留学,酌给官费。其自费生之贫乏者,亦请酌加津贴一节,查华侨子弟生长外洋,于泰西语言文字学习有素,本较内地学生为优,将来中学毕业之后,中国旧学既有门径,普通知识亦渐完全,此时再赴西洋留学,成就较易,应准其择优选送。此项官派留学生学费暨自费学生津贴之款,拟请均由南北洋大臣暨原籍各督抚分任筹给。原奏将来添足学额五百名,每年须六万余两。建筑校舍,添置校具各项又须另为筹拨。请由闽海、粤海、江海各关分拨,作正开销一节,应由臣部与度支部会同核议。惟此项豫计清册至今未据送部,无从核议,已由臣部电催两江总督饬司造报,再行会同度支部办理所有议覆宁省暨南学堂办法缘由,谨恭折具陈,伏乞皇上圣鉴。谨奏。

宣统元年十二月二十八日奉旨依议。钦此。

(《学部官报》1910 年第 114 期)

暨南学堂之近闻

我华侨子弟,归国求学,既可以慰父兄之期望,复可以受国家之裁成。暨南学堂诸生所以成绩优于各学校也。兹得该学堂来函,据云学生有二百四十余人,来自爪哇者十之六,来自新嘉坡者十之四,学生聪秀者多,故监督、教员、职员大抵爱其才而格外优待。现已由学部议定奖励新章,该学堂课程表附刊。

南京暨南学堂己酉下学期课程表（戊申课程表容刊）

班次 科目	中学甲班	中学乙班	班次 科目	高等小学补习班	高等小学甲班	高等小学乙班	高等小学丙班	高等小学丁班
修身	窦」自编讲义	窦」自编讲义	修身	翁」商务印书馆修身教科书第一册	江」商务印书馆修身教科书授毕	何」商务印书馆修身教科书八卷	江」商务印书馆修身教科书第七卷	江」商务印书馆修身教科书第一册
经学	吴」左传授至襄公	黄」孟子授至末卷	讲经	清」孟子授至二卷	桂」孟子授毕	严」孟子卷一	黄」孟子首卷	桂」论语授至雍也章
国文	黄」古文辞类纂	刘」东莱博议古文辞类纂	国文	翁」选古文观止	何」选古文观止	玉」选古文观止	玉」商务印书馆国文教科书论说启蒙	鲍」商务印书馆国文教科书
英文	嘉」国学文编三本完胡勒纳夫通史至百十七页文法至助动词	吴」国学文编二本拉氏文法	历史	才」商务印书馆历史教科书授至唐	翁」商务印书馆历史教科书授毕	江」商务印书馆历史教科书授至隋	江」商务印书馆历史教科书授至晋	何」商务印书馆历史教科书授至周末

（续表）

班次 科目	中学甲班	中学乙班	班次 科目	高等小学补习班	高等小学甲班	高等小学乙班	高等小学丙班	高等小学丁班
历史	杨」自编讲义授至元初	扬」自编讲义授至西汉	地理	文」商务印书馆地理教科书授至一卷四十课中国地理	吴」商务印书馆地理教科书授至第四卷终	吴」商务印书馆地理教科书授至二卷终中国地理毕	刘」商务印书馆地理教科书第二卷中国本部	文」商务印书馆地理教科书授首卷
地理	刘」自编讲义授中国地理地方志黄河流域	刘」自编讲义授亚洲大势	算学	严」用文明书局笔算教科书授至分数除法	朱」用文明书局笔算新教科书授毕	谢」用文明书局笔算教科书授至小数	朱」用文明书局笔算教科书授至诸等	朱」用文明书局笔算教科书授至诸等
算学	江」几何首卷代数至一次方程	朱」小代数授至乘除	英文	吴」国学文编一本	马」国学文编二本	陈」国学文编卷一终	马」国学文编第一本	马」国学文编第一本
博物	谢」自编讲义授至植物生理学	谢」自编讲义授至动物分类学	理科	翁」商务印书馆理科教科书授至第一本第十课	王」商务印书馆理科教科书授毕	严」商务印书馆理科教科书第二册二十二课	谢」商务印书馆理科教科书授首卷	翁」商务印书馆理科教科书第一册第十二课

（续表）

班次／科目	中学甲班	中学乙班	班次／科目	高等小学补习班	高等小学甲班	高等小学乙班	高等小学丙班	高等小学丁班
理化	嘉」马氏化学至九十二页米利肯物理至四十页	王」自编讲义物理授至液体化学授至非金属	图画	清」铅笔画	文」铅笔画	文」铅笔画	文」铅笔画	清」铅笔画
法制	窦」自编讲义	窦」自编讲义	乐歌	王」唱歌	王」唱歌	王」唱歌	王」唱歌	王」唱歌
图画	清」中学教科书授平面几何	清」铅笔画	体操	高」普通体操兼兵式体操	高」普通体操兼兵式体操	高」普通体操兼兵式体操	高」普通体操兼兵式体操	高」普通体操兼兵式体操
乐歌	」已毕	王」唱歌练习兼习乐典						
体操	高」兵式体操	高」普通体操兼兵式体操						

（《南洋群岛商业研究会杂志》1910年第1期）

将办第二暨南学堂

南洋群岛之华侨，此次对于劝业会，热心赞助。输出物品之外，复捐助巨资。其关念祖国之情，已为人人所共见。张督亦深为嘉奖。现以旧有之暨南学堂，虽专为侨民而设，惟限于学额，尚不足以广造就，故拟创设第二暨南学堂一所，令侨民续送子弟来宁就学，闻已札饬宁学使筹备一切矣。

（《教育杂志》第2卷第12期，1910）

爪哇巴东华侨派送子弟入暨南肄业之特志

爪哇巴东黎君元和，护送学生。吴君世晋、李君沁耻、卢君淮牧、陈君启基、李君友琴、陈君荣菊、颜君瑞益往南京暨南学堂就学，于七月六日到沪，由李徵五观察介绍，延至本馆小驻。七月十二日，本馆特派司事陪往南京，入堂肄业。

记者曰："海外同胞，归国就学，道经沪江，辱荷枉顾，本馆何幸如之。惟自愧招待无状，东道主之微忱，未得稍展于万一耳。"

记者又曰："此次南来诸君，皆生长外洋，习闻外洋风俗政理，与记者历历言之，心胸为之一豁，窃恨相遇之暂而相见之晚也。"

麟曰："近今南洋华侨归国就学者，纷至沓来，足见吾道不穷，行将及南矣。"

(《南洋群岛商业研究会杂志》1911 年第 3 期)

曾连庆等呈孙中山请复开暨南学堂文

(1912 年 4 月)

驻粤南洋华侨实业团曾连庆等,为呈请复开学校,以育侨材事:窃自丁未岁亡清设暨南学堂于南京,以教育华侨子弟,五年以来,从天南负笈来归者,岁以百计。海外华侨父兄子弟孺慕祖国文化之诚,盖致殷且切也。及乎武汉起义,全国响应,沪镇兴讨虏之师,金陵下屠城之令,此数百学生遂不得已星散归岛。然所学未成,中途废置,上不能以学奋迹,下不甘猥随流俗,进退无据,比之全无教育之俦,尤为可怜可惜也。自和议告成,大局奠定,内地各校,大总统业有明谕,令其仍旧开学,不得旷业,致妨造就。海外侨民亦感翘首引踵而望,曰庶几复我暨南,以竟我未竟之前功乎?顾以百政纷举之际,至今未之筹及。连庆等情切于中,迫不及待,用敢冒昧呈请,伏祈大总统默念侨情,早施慈惠,再开新国之暨南,重招旧有之子弟,俾前功载续,莘莘咸使成材;后起益繁,济济克嘉多士。不特侨民万幸,而民国前途亦不无少补焉。谨呈孙大总统察核施行。

中华民国元年四月　日呈

(加盖"驻粤南洋华侨筹办广东全省实业团"之钤记)

(翠亨孙中山故居纪念馆藏档;又见《孙中山藏档选编·辛亥革命前后》,第 359 页)

(桑兵主编,赵立彬、何文平编《各方致孙中山函电汇编》第 2 卷,社

会科学文献出版社，2012）

教育总长汤化龙呈大总统覆陈办理上海华侨联合会请垫款代办暨南学校情形请鉴核备案文并批

为呈覆事。

五月五日上海华侨联合会吴炳荣来电一件，奉谕交教育部核办。原电内称：暨南学校教育无款开办，敝会虑华侨失望，欲垫款代办。乃江苏民政长坚欲将该校改为测量局，可否电饬江苏民政长，另择他所为测量局，将该校交敝会开办，以便早日开学，免逗沪之各埠学生荒废学业等语。查暨南学校专为侨民子弟回国就学而设，立意未始不善，惟聚多数侨民子弟于一堂，诚恐自为风气。且此后源源而来，又非一校所能容受。是特设专校，其途反狭而收效反寡。故本部另订侨民子弟回国就学规程，期与国内人民受同等之教育，一面即决议停办暨南学校，仍将校舍交江苏民政长派员保管。旋据上海华侨联合会电称，暨南学校该会拟筹款自办。复据江苏民政长电称，已商准江苏都督将该校借设陆军测量局本部，以陆军测量事关重要，该校校舍又系官产，自应准其拨借。至该会设立学校，如果筹有的款，可改为私立，另觅校舍，或呈请江苏民政长指拨相当校舍，先后电复，批示在案。暨南校舍既经江苏都督民政长借设陆军测量局，原电所请饬江苏民政长拨交该会之处似应毋庸置议。至所称逗沪之各埠学生荒废学业一节，已由本部令行江苏民政长迅速查明，按照侨民子弟回国就学规程设法招致，送入相当学校，俾免荒废。除批示该会知照外，理合将办理情形呈覆大总统鉴核。备案。谨呈批。

如呈备案此批

中华民国三年五月二十一日

国务卿　徐世昌

（《政府公报》1914 年第 735 期）

呈教育部
暨南学校派员保管情形由

（二十二日）

为呈复事。

教育司案呈奉训令第七十一号开。

据暨南学校筹办员朱寿颐呈称：窃暨南学校由前清江督端于光绪三十三年奏设开办，以后南洋华侨子弟相率内渡，先后入校肄业者近四百人。计中学已毕业一班，高等小学已毕业二班，尚有中学三班、高等小学三班未及卒业。光复后，因无经费，中途停办，各生无学可就，不得已仍返南洋，失学至今，旧日功课半皆荒废。叠接各生家属来信，于旧校规复希望甚殷。此外如巴达维亚、苏门答腊等处华侨子弟已届学龄者，咸欲偕来就学，现居校内守候开办者已有二十余人。前由筹办员李应征将此项情形向大部具呈，已蒙俞允，于去年拨给常年经费四万元，克期开办。去夏复因兵事，致又展期。现在军事已终，旧日各校均已陆续开办，暨南学校较各校关系尤巨，自当及早续办，以慰华侨内向之心。为此备文呈请大部,伏乞俯念华侨热心向学、爱戴祖国之忱,仍照前议拨给经费,赓续开办,以慰侨情,无任翘切待命之至,等情。前来除批,该校专为侨民子弟回国就学而设,系属特殊教育,此项学校聚多数侨民子弟于一堂,诚恐自为风气,且此后源源而来,又非一校所能容受,是特设专校,其途反狭而收效反寡,故议将该校停办,另订侨民子弟回国就学规程,期与国内人民受同等之教育,以慰侨民热心向学之忱。此项规程业已公布,该员所请拨款续办之处,应毋庸议外。查本部曾于民国元年八月函致江苏都督,暨南学校现难续办,请将留校学生酌予资助,并派员保管校舍等因在案。江苏行政公署成立后,此项保管之责谅已移交该民政长,兹据前情合再令行该民政长遵照办理等因,奉此。查暨南学校案前准江苏都督府署移交接管后,即经派员将该校校舍器具等项继续保管,朱寿颐即系保管该校之员。缘奉前因合行呈复,仰祈察照。谨呈教育部。

(《江苏教育行政月报》1914 年第 10 期)

指令华侨联合会函请就暨南学校招生开校由

(二十六日)

教育司、内务司、财政司案呈据函呈拟于下学期招生,开办学校等情均悉。查暨南学校房舍借设陆军测量局,本公署先后呈奉教育部文电,准予拨用等因,业经函请都督转饬陆军测量局迁入该校。一面训令该保管员移交校舍,并将文卷、书籍、器具等件送交省立法政专门学校妥为保存,各在案。据呈前情，应俟该会筹足经费，推定经理人，拟订章程，呈奉教育部核准有案。准予另行指拨相当校舍一所，以资开办，希即遵照。此令。

（《江苏教育行政月报》1914 年第 12 期）

覆华侨白蘋洲函
请将暨南校舍免予迁让由

（二十七日）

径覆者，接准来函，诵悉一一。暨南校舍已呈准教育部借拨陆军测量局在案，未便变更。所有校内物件并指定前宁属师范学校为庋存之所，将来华侨如果呈奉教育部核准自办学校，即以宁属师范校舍拨给开办，藉副盛意。除饬茅委员即日协同该校保管员迁让外，合行函覆，并颂台安。韩国钧启

（《江苏教育行政月报》1914 年第 13 期）

教育部致华侨联合会电

华侨联合会鉴，暨南学堂房屋本系江苏官产，江苏民政长前电请

拨归测量局,本部未便拒绝,当即照准。该会如果筹有的款,改为私立,可另觅校舍,或呈请苏民政长,另行指拨相当校舍。教育部 俭。

华侨联合会致教育部电

教育部鉴,俭电谨悉。暨南校舍系前清端督由闽、粤、江三省筹款建造,专为华侨而设,何以拨归江苏陆军测量局?敝会因大部乏款,现筹的款自办,亦非私立学校可比,请电省长并乞赐覆。华侨联合会 艳。

(《申报》1914 年 4 月 30 日第 2 版)

指令暨南学校该校进行计画及七年度预算均准照办文

(第四百二十七号 七年四月十六日)

呈及表册均悉。该员等所拟该校五年间进行计画,切要可行,应即照准。七年度预算亦属核实。除检出一分咨送财政部备查外,合行令知,仰即遵照此令。

附原呈

呈为谨拟《暨南学校五年间进行计画表并造送七年度预算册》请鉴核事。窃炎培、正平奉令筹办暨南学校事务，业将办理情形节经呈报钧核在案。查自开始筹办以来，侨界闻风颇深，期望遣其子弟回国就学者函电纷来，将来势必推广学额，添设学科，增加程度，舍是恐无以慰众望而应要求。事关侨学前途，至为重要。谨体大部提倡之盛意，预拟暨校五年间进行之计画，厥有数端：

一学科，宜依次添设也。暨校开办之初，除补习科外，只设师范、商业二科。第二年视南洋之需要，即须添开农业或工业科。第四及第五年酌施高等教育，并须添开农或工或商专门科，依校章第一条、第四条，前项学科均在应行添设之列。

一校舍，宜先事扩充也。暨校房屋均系旧时建筑，形式位置殊少合宜，以后年增学额，亟须添购校地，翻建旧屋，添建新舍，庶侨生联袂来归，不致有人满难容之患。

一设备，宜渐求完整也。暨校停闭年久，图书、仪器存者无多，今筹规复，依校章第一条第三项，应规画施设者，如图书馆、商业博物院、学校银行以及附属小学、农工业附设机关，均须次第筹设。并当调查需要，编辑教材，使侨生实习有资，毕业后得从事于教育或实业，不至全凭理论而无裨实用。

一经济，宜预为筹计也。教育事业既与年增进，所需经常、临时各费，自不得不酌量递加。现于筹画进行之中，力为撙节开支之计，务期组织渐臻完善，而经费无少虚縻。

以上四端，系假定为规画暨校前途之标准，是否有当，理合缮具简表，连同七年度岁入岁出预算册，呈请鉴核赐示祇遵。另附岁入岁出预算表册各一分，拟俟核准后，咨送财政部备查，至为公便。谨呈。

附暨南学校五年间进行计画表

事项＼年度	预备期 六年十一月至七年七月	七年度	八年度	九年度	十年度	十一年度
学科	补习科 约分三级　一百人 （附注）补习科之设系依据校章第四条第二项办理	补习科 约分三级　八十人 师范科（三年毕业） 一年一级　四十人 商业科（三年毕业） 一年二级　八十人 共六级二百人 （附注）师范商业二科系依据校章第四条办理	补习科 约分三级　一百人 师范科 二年一级　四十人 一年一级　四十人 商业科 二年二级　八十人 一年一级　四十人 农业或工业科（假定三年毕业） 一年一级　四十人 共九级三百四十人 （附注）农业或工业科系依据校章第四条添设	补习科 约分三级　一百人 师范科 三年一级（毕）　四十人 二年一级　四十人 一年一级（四年毕业）四十人 商业科 三年二级（毕）八十人 二年一级　四十人 一年一级　四十人 农业或工业科 二年一级　四十人 一年一级　四十人 共十二级四百六十人 （附注）农业或工业科系依据校章第四条添设	补习科 约分三级　一百人 师范科 三年一级（毕）四十人 二年一级　四十人 一年一级　四十人 商业科 三年一级（毕）四十人 二年一级　四十人 一年一级　四十人 农业或工业科 三年一级（毕）　四十人 二年一级　四十人 农或工或商专门科 一年二级　八十人 共十三级五百人 （附注）专门科系依据校章第一条第二项办理，招从前介绍入普通中学者或国内学生愿赴南洋从事于实业者组织之	补习科 约分三级　一百人 师范科 三年一级　四十人 二年一级　四十人 一年一级　四十人 商业科 三年一级（毕）　四十人 二年一级　四十人 一年一级　四十人 农业或工业科 三年一级（毕）四十人 农或工或商专门科 二年二级　八十人 一年二级　八十人 共十五级五百四十人

(续表)

年度 事项	预备期 六年十一月至七年七月	七年度	八年度	九年度	十年度	十一年度
附设机关	筹备附设图书馆 (普通图书及南洋图书) 筹备附设南洋商业博物院 筹备附设学校银行(存储学生银钱兼备学生实习) (附注)本项依据校章第一条第三项办理下同	图书馆开办 南洋商业博物院开办 学校银行开办 筹备附属小学校(实习用) 筹备附设学校商店(实习用) 筹备农工业应附设机关	附属小学校开办 (佐以半日或全日制之补习学校或夜学校) 学校商店开办 农工业附属机关开办	扩充农工业附设机关	扩充农工业附设机关	
调查及编辑	编辑杂志按期出版调查南洋教材 (附注)本项系依据校章第一条第三项第四条第一项及第八条第三项办理下同	调查农工业需要并筹备设农业或工业科 继续调查教材并编辑南洋小学教科书陆续出版 编辑杂志同前	继续调查教材并编辑教科书陆续出版 编辑杂志同前	继续调查教材并编辑教科书陆续出版 编辑杂志同前	继续调查教材并编辑教科书陆续出版 编辑杂志同前	继续调查教材并编辑教科书陆续出版 编辑杂志同前
介绍	介绍回国不欲入本校或不得入本校者使入专门学校大学校普通中学校 (附注)本项系依据校章第一条第二项办理下同	介绍入他校同前	介绍入他校同前	介绍入他校同前 预备介绍本校毕业生往南洋就事	介绍入他校同前 介绍本校毕业生往南洋就事	介绍入他校同前 介绍就事同前
工程	修改校舍备后年度足容学生二百人添购校地	翻建校舍备后年度足容学生四百人添购校地	翻建并添建校舍备后年度足容学生六百人			

（续表）

年度 事项	预备期 六年十一月至七年七月	七年度	八年度	九年度	十年度	十一年度
经费	预备期支出 经常九〇〇〇元 临时二、四〇〇〇元 合计三、三〇〇〇元	经常支出 俸薪二、七〇〇〇元 办公费七七六四元 杂费三九六〇元 计三、八七二四元 临时支出 翻建校舍一、五〇〇〇元 添购校地三〇〇〇元 筹备农工业附设机关八〇〇〇元 计二、六〇〇〇元 计合六、四七二四元	经常支出 俸薪三、七五六〇元 办公费一、一六五二元 杂费四八四八元 计五、四〇六〇元 临时支出 翻建并添建校舍一、五〇〇〇元 筹办农工业附设机关五〇〇〇元 计二、〇〇〇〇元 合计七、四〇六〇元	经常支出 俸薪四、四六四〇元 办公费一、五四六八元 杂费五九二八元 计六、六〇三六元 临时支出 扩充农工业附设机关五〇〇〇元 计五〇〇〇元 合计七、一〇三六元	经常支出 俸薪五、一八四〇元 办公费一、七二六八元 杂费六七八〇元 计七、五八八八元 临时支出 扩充农工业附设机关一、〇〇〇〇元 计一、〇〇〇〇元 合计八、五八八八元	经常支出 俸薪五、七七二〇元 办公费一、八五六四元 杂费七六〇三元 计八、三八八六元
	学费收入 补习科一〇〇〇元 （附注）补习科每生年收学费三十元因本校开学较迟拟收三分之一约计如前数	学费收入 补习科二四〇〇元 商业科三二〇〇元 计五六〇〇元 （附注）商业科每生年收学费四十元，下列农业或工业科及农或工或商专门科均同	学费收入 补习科三〇〇〇元 商业科四八〇〇元 农业或工业科一六〇〇元 计九四〇〇元	学费收入 补习科三〇〇〇元 商业科六四〇〇元 农业或工业科三二〇〇元 计一、二六〇〇元	学费收入 补习科三〇〇〇元 商业科四八〇〇元 农业或工业科三二〇〇元 农或工或商专门科三二〇〇元 计一、四二〇〇元	学费收入 补习科三〇〇〇元 商业科四八〇〇元 农业或工业科一六〇〇元 农或工或商专门科六四〇〇元 计一、五八〇〇元

（续表）

年度 事项	预备期 六年十一月至七年七月	七年度	八年度	九年度	十年度	十一年度
说明	预备期内开办补习科三级俸薪平均约月支一千五百元半年计九千元办公费杂费拟均在临时费内开支合并声明	七年度俸薪补习科依预备期半年九千元之数全年应支一万八千元师范科商业科每开一级连级主任拟加三千六百元同科每添开一级拟加二分之一应一千八百元本年除补习科外师范科一级商业科两级合支二万七千元办公费项内师范生膳费占二千四百元杂费项内调查编辑费占一千八百元因预备期所备校舍仅足容二百人故是年补习科只能以八十人为度合并声明	八年度俸薪依上年度开支之数本年度师范商业两科各添开一级应加三千六百元农业或工业科每开一级拟支四千八百元又管理员俸学生至二百人以外每加一百人拟加七百二十元其他职员加三百六十元以本年学生数计应加二千一百六十元合支三万七千五百六十元办公费项内师范生膳费占四千八百元合并声明	九年度俸薪依上年度开支之数本年度农业或工业添开一级加二分之一应二千四百元师范科商业科各添一级合加三千六百元管理员及其他职员依前例加一千零八十元合支四万四千六百四十元办公费项内师范生膳费占七千二百元合并声明	十年度俸薪依上年度开支之数本年度师范商业二科各减一级应减三千六百元因农或工或商专门科每开一级连级生任拟加七千二百元同科每添开一级加二分之一应支三千六百元合支五万一千八百四十元办公费项内师范生膳费占七千二百元合并声明	十一年度俸薪依上年度开支之数本年度农业或工业科减少一级应减二千四百元因农或工或商专门科添开二级应加七千二百元又管理员及其他职员依前例应加一千零八十元合支五万七千七百二十元办公费项内师范生膳费占七千二百元合并声明

（附注）预算及概算两册均略

（《教育公报》第5卷第8期，1918）

南京暨南学校规复宣言并招生启

黄炎培

本校废止，于今六稔。兹者筹办规复，合将规复之宗旨，遍告我侨南同胞。近顷以来，南洋华侨学校，亦已进矣，而当局者困难之程度，与之俱进。有毕业生而无相当之升学机关，求良教员而无特设之培养机关，回国就学者日见发达而无指导之人，学科程度或有参差而无补习之地，此侨南同胞所引为大憾，亦祖国朝野上下所共抱不安者也。今将原有之暨南学校，从新恢复，扩充规模，改良办法，分设专科，并经营有利于华侨教育之各种事业，总以华侨子弟回国者，得受适宜之教育，造成有用之青年，以增进华侨文明程度，发达华侨实业为宗旨。兹由鄙人筹办，一切办法，均载章程，决定于民国七年即一千九百十八年三月开校，校址仍在南京鼓楼南薛家巷，有志求学者，请速启程。所有回国留学须知各事，条列如下。

一本校暂设师范、商业两科。师范科所以造就教育华侨之良教员，商业科所以造就经营商业之人才。

一愿学师范者，照章学费膳费皆免收。其书籍制服费及杂费，大约每年华币百圆。

一愿学商业者，照章年收学费四十圆，膳费至多六十圆。连同书籍制服费及杂费，每年大约华币二百五十圆。补习科略同。各费均须预缴。

一不愿学以上两科，而志在入其他大学，或专门学校，或先入普通中学校者，亦可由本校介绍，其入学所需费用，大约每年华币二百五十圆或三百圆。

一凡年在十四岁以上,有高等小学毕业证书,或虽无证书而有相当之程度者,均可来本校就学,但均须照章由从前毕业或修业学校之总理或校长具书证明曾在某某学校学习几年,已未毕业。此证明书须签名盖章(书式附后),且须由总理或校长盖章于本生最近所摄半身相片之背后,一并带来。至欲入师范科者,须在十六岁以上,因恐年岁过稚,三年毕业后尚无为师之能力也。

一愿入本校者,至迟须在民国七年三月以前到校。如有不得已事故,不能如期到校,须先声明。

一本校谋招待之利便,特托上海中华职业教育社就近照料。凡来就学者,须在启程前一个月,用函或电通知,通函地址为上海西区方斜路中华职业教育社。The National Association of Vocational Education, Fong - Hsia Road, West Gate, Shanghai, China 通电地址为 Huangyanpei, Shanghai 说明何日由何船起程,以便届时派人招待。凡登岸住宿衣食等事,均有妥人照料,但在抵埠以前,沿途一切,应由家属派人照料,或该生自行料理。

一学生金钱,交由本校代为管理,本校当负保管之责。

一南京天气甚佳,但较南洋稍寒。回国学生,应先置办呢衣裤一套,在船中着用,其余可在上海置办。

暨南学校章程

第一条 本校以招集华侨子弟已在南洋受有初步之教育者,授以适应于南洋需要之知识技能,并发达其爱国思想,俾毕业后从事于华侨教育或实业,冀其事业之改良与发展为宗旨。

本校暂依中等程度办理,渐进乃施高等教育。在未施高等教育时,华侨有欲送其子弟入本国大学或专门学校,或为升学计欲入普通之中等学校者,本校负指导绍介之义务。须补习者,并设法使之补习。本校对于第一项,凡直接间接足以完成是项目者,得规画并施设之。

第二条 本校置校董若干人,规画本校进行事宜。其资格及职权另订之。

在校董未推定以前，就国内外卓著声望，热心南洋华侨教育者，推定若干人，为名誉赞助员。

第三条　本校置校长一人，统摄全校事务。教务主任一人，或每科分置主任一人。教员若干人。学监主任一人。其他管理员若干人。事务员若干人。校长以下职员，统归校长进退之。

第四条　本校暂设师范科、商业科。其他农林工矿诸科，俟调查需要，量力添设。

本校酌设补习科。

第五条　师范科、商业科修业年期，各暂定为三年。补习科无定期。

师范科毕业生，应在南洋华侨所设高等小学校或国民学校服务。其服务年期定为五年，但修业年期增加时，服务年期比例增加。

第六条　师范科商业科各置若干学级，每一学级以四十人为限，但补习科不在此例。

第七条　入学资格，须身体健全，品行端正，年在十四岁以上，通晓国语，在南洋高等小学校毕业，或与有同等学力。但入师范科者，须年在十六岁以上。备具前项资格，志愿来学者，应携带旧时毕业或修业学校总理（凡学董之领袖均以总理论）或校长签名盖章之证明书（书式附后），及本生最近所摄半身相片，片后并须经总理或校长盖章，听候验明，准予入学试验。

第八条　师范科之科目如下：

修身　教育　国文　英语　历史　地理　数学　博物　理化　图画　手工　商业　乐歌　体育

商业科之科目如下：

修身　国文　数学　英语　历史　地理　法制　经济　簿记　速记　打字　商品学　商事要项　商业实践　体育

上列各科外，得视南洋需要，随时增加各科，均兼授南洋特别教材。

补习科科目临时定之。

第九条　师范科学费、膳费均免纳。商业科学费每年国币四十圆,膳费每年至多六十圆(办法另订盈余发还)。补习科学费每年三十圆,膳费同前。并纳操服费、课业用品费。师范科同。

学生均不得无故中途退学。有不得已退学者,师范科学生,应查照部定师范学校规程第五十八条偿还各费。

第十条　本校以每年八月一日为学年之始。

第十一条　本章程所未载事项,均遵照部定各种规程参酌办理。

第十二条　本章程呈奉教育部批准施行。

(《教育杂志》第10卷第2期,1918)

暨南学校规则实践成绩表之绍介

暨南学校在南京鼓楼南薛家巷,本年一月规复。以收容南洋华侨子弟为主,内设师范科、商业科及补习科。开学以来,校长赵君厚生(正平)欲求学生实践各种规则,乃创为此表。分教室、自修室、寝室、膳室四种,而表式则一。其用意有三:(一)使各规则确能实行,不至等于具文。(二)使职务生得实行职权之依据。(三)表以号数代人名。无论守规与否,不以名誉为劝惩,而专务良心上之自督。施行后成绩颇好,其诸生性行之特优欤?抑斯表之助力欤?训练之为事,纯属精神作用,决非一纸所能收效。斯表倘亦赖有施教者之精神辅以行也。聊绍介于教育界同志,藉供研究。

七年六月　黄炎培

某月分某室规则实践成绩表职务生某

日期／号数	十六	十七	十八	十九	二十	廿一	廿二	廿三	廿四	廿五	廿六	廿七	廿八	廿九	三十	卅一	一	二	三	四	五	六	七	八	九	十	十一	十二	十三	十四	十五
1																															
2																															
3																															
4																															
5																															
6																															
7																															
8																															
9																															
10																															
11																															
12																															
13																															
14																															
15																															

（续表）

日期 号数	十六	十七	十八	十九	二十	廿一	廿二	廿三	廿四	廿五	廿六	廿七	廿八	廿九	三十	卅一	一	二	三	四	五	六	七	八	九	十	十一	十二	十三	十四	十五
16																															
17																															
18																															
19																															
20																															
21																															
22																															
23																															
24																															
25																															
26																															
27																															
28																															
29																															
30																															
31																															
附注	1. 本表归职务生保管，每日点号一次，一月一换。 2. 旧表交与监学后，监学应给予新表。 3. 表中号数系代人名。 4. 能完全遵行规则之人应加〇之符号。 5. 某人对于某条有不注意时，应注某条之数字于某号数之下，以促起某人对于某条之注意。																														

（《教育杂志》第 10 卷第 7 期，1918）

南京暨南学校开校招生

暨南学校在前清光绪季年开办，自南京光复，即行废止。近年南洋毕业侨生，欲回国就学，苦无相当之升学机关，实为侨学前途一大缺憾。今者经华侨请愿于教育部，将斯校从新规复，由黄炎培君担任筹办，审察侨生需要之知识技能，先行分设师范及商业各专科。注重国文、英文，兼授南洋特别教材。俾毕业后，可介绍至南洋，从事于华侨教育实业之发展。凡年在十四岁以上，通晓国语，毕业于南洋高等小学，或与有同等学力者，即可应试入学。惟师范科须年在十六岁以上，庶易养成为师之能力。毕业年限，均定为三年。以后尚须添设农工商矿各专科。章程业已发布，民国七年三月，即当开学。华侨子弟，已有联袂归来者，将来闻风兴起，可豫卜也。

［《教育周报（杭州）》1918 年第 190 期］

暨南学校沿革史

林思温

教育部有意改良推广南洋华侨教育，于民国六年夏委托黄君炎培赴南洋考察教育现况。既归，决定规复暨南学校，以立改良推广之始基。时南洋各属华侨，正在要求规复。而荷属各埠中华学校，且公举代表晋京面陈。同年十二月，经教育部委托黄君与赵君正平会同筹办，乃定于中华民国七年三月底（阳历）正式开办。想海外华侨学子，必当闻风兴起，联袂而来。惟本校之沿革及内容，恐海内外各界人士未之详闻，用特编辑历年沿革史，以供热心华侨教育者之参考。至今后办法，则已详本校新章，故略之。

本校创设之始，为民国前五年（光绪三十三年）三月二十三日。初由南洋各属总视学员董鸿祎、爪哇岛中华会馆董事张硕龙护送爪哇华侨学生二十一名，于是年二月上旬抵南京。是为华侨学生回国求学之始。当经两江总督端方饬令江宁提学使陈伯陶、洋务局总办温秉忠照料一切，并借用实业学堂之一部房屋，以为该生等寄宿及就学之用。旋派温秉忠为总理，郑洪年办理庶务，聘请教职员四五人，并奏请由江海关关税项下拨银五千两作经费。嗣因各埠华侨学生有陆续回国之消息，非特立一校无以收容，乃由温总理禀准，将南京城中之妙相庵房舍拓作暨南学堂，专为爪哇回国学生求学之所，即于三月二十三日迁入新校，设班补习，派郑洪年任堂长。是为暨南学堂成立之始。

同年七月二十日，爪哇岛之八马垄、谏义里二埠复送学生十名来南京就学，由郑堂长亲往厦门接领。合前有学生共为三十一名，人数较多，故于是年下学期分补习班为甲乙两级，并添招内地学生十名，以促侨生国语之进步。此时教职员已增至十余人。是年冬，以经验上知学生程度不齐，优者有中学第二年程度，其次与高等小学第二三年程度相当。若不斟酌程度，分班教授，则教授上困难极多。且各岛来电，次年将有新生四十六名入校。故由端督奏请于民国前四年（光绪三十四年）变通学制，改办中学，附设小学。将程度较优之学生编入中学第三学年，其余则归入附设之小学班。并议收买校后园地，添筑宿舍讲堂自修室，以备新生到校之用。

民国前四年春，实行开设中学班，添聘教员，并购置理化仪器、博物标本。四月，巴城、泗水二埠中华学堂董事梁颀、庄啸国等，护送学生共四十六名来校（内有泗水学生十二名）。合前二次学生共计七十七名。是时共置中学一班,高等小学第二三学年两班。中学班学生共十四名,高等小学甲班(第三学年)三十七名,乙班(第二学年)三十六名。中学定为五年毕业(时中学班生之第一二学年学科已补习完全故定为第三学年),高等小学四年毕业。

同年正月,校中以第一二期学生三十一名首先回国,应予格外优待,以坚其向学之心,故自宿食书籍以至衣服零用等费,一律由堂供给,是谓官费生。其后续来者,则仅宿食书籍由堂供应,其余各费归学生自备。

本年(民国前四年)起,复规定本校为中学程度,以南洋各埠中华学堂所送程度齐一之高等小学毕业生充之。即不复设小学班。学生额数定为五百名,每年毕业一班,即招新生百名以补其缺。

按前本校创设之本旨,只取补习之性质。俟各生补习国文国语及各项科学略有根柢,力能升入内地各学堂,则行考验程度,查询志愿,分送各校肄业。嗣因华侨学生初次回国,人情风俗概未周知,且以髫年血气未定,习尚不同,遽令其分散各校,既恐沾染恶习,又恐起居不便,发动归思。不如特设专校,以示优待,既足以维系侨情,且可表国家怀远之意。即校中各职员,鉴于华侨学生生长海外各岛,远道而来,一堂聚首,甚为不易,亦可鼓其热心,施以最良之教育。此当日之所以议改为中学校也。

附　前三期学生回国先后一览表

第一期回国二十一名(光绪三十三年正月)民国前五年二月到校

姓名	籍贯	侨居地
李应征	广东广州新宁	爪哇玛珑
郑炳太	福建漳州海澄	同上
温以春	同上	同上
郭陶成	福建漳州龙溪	爪哇巴书鲁安
叶景宙	福建泉州南安	爪哇丹绒
李全发	福建漳州南靖	爪哇度漫

(续表)

姓名	籍贯	侨居地
张益山	广东广州东莞	爪哇八打威
陈后生	福建泉州同安	爪哇八打威
邹辉宝	福建漳州龙溪	同上
蒋金钟	同上	同上
吴元德	福建漳州	同上
黄景星	广东嘉应州	同上
叶裕和	广东惠州	同上
彭庚生	广东广州新宁	同上
傅溪水	福建泉州南安	同上
傅如雷	福建漳州龙溪	爪哇芝拉马也
陈益祥	福建漳州龙溪	爪哇八玛珑
陈以淑	同上	同上
郭笃俭	同上	同上
陈以健	同上	同上
陈以温	同上	同上

第二期回国十名(光绪三十三年六月)民国前五年七月到校

姓名	籍贯	侨居地
施联禧	福建漳州龙溪	爪哇谏义里
陈维翰	福建漳州海澄	同上
许毓介	同上	同上
吴兆元	同上	同上
林思温	福建漳州龙溪	爪哇八玛珑
林思忠	同上	同上
陈以彻	同上	同上
陈曦阳	同上	同上
林福立	福建漳州海澄	同上
陈鸿礼	福建泉州	爪哇茂物

第三期回国四十六名（光绪三十四年）民国前四年四月到校

姓名	籍贯	侨居地
苏搏云	福建漳州海澄	爪哇文都禾梭
高茂灿	同上	同上
郭绍荣	同上	同上
杨诗祥	广东嘉应州	爪哇八打威（巴杀）
黄俊元	同上	同上
卢兰芬	同上	爪哇八打威
余敦文	同上	同上
梁生卿	广东嘉应州	同上
沈紫成	福建漳州	同上
沈紫贵	同上	同上
郭志仁	福建漳州龙溪	同上
陈钦裕	福建泉州安溪	同上
陈泽和	同上	爪哇万隆
陈泽满	同上	同上
王隆让	福建漳州龙溪	爪哇末里达
杜吉安	福建泉州同安	爪哇北加浪
陈源顺	福建泉州同安	爪哇些唠绢
陈恭绵	福建漳州龙溪	爪哇些唠绢
林凤山	同上	爪哇西垄
许汉妙	福建泉州同安	爪哇思甲唠噫
吴传州	同上	同上
吴传和	同上	同上
许汉阳	同上	同上
许汉智	同上	同上
梁耿文	广东嘉应州	爪哇（大使庙处）八打威
许怀顺	福建漳州龙溪	爪哇喇毋安
苏秀楠	福建漳州海澄	爪哇峇东
苏秀昌	同上	同上
苏秀聪	同上	同上
吴世业	同上	苏门答腊
张春源	福建漳州同安	苏门答腊南榜

（续表）

姓名	籍贯	侨居地
黄存善	福建漳州漳浦	苏门答腊巴东
林则颜	福建永春州	同上
洪英来	福建泉州南安	同上
陈玉山	福建漳州龙溪	爪哇泗水
陈绵庆	福建漳州龙溪	爪哇泗水
蔡开德	同上	同上
陈恒穆	同上	同上
方延龄	同上	同上
韩清水	同上	同上
陈恒源	同上	同上
卢瑞禧	同上	同上
白国华	同上	同上
郑延安	福建漳州	爪哇泗水
韩辉荣	同上	爪哇谏义里
黄慎利	同上	爪哇泗水

同年五月，本校因学生体育发达，动作活泼，具有冒险性质及尚武精神，且多有志愿入海陆军学校肄业者，非有适当之教材，不足以鼓其勇气，遂禀请端督拨发新式枪械，以资操练。当经札饬军械局拨到沪造七密里三口径快利步枪并皮带刺刀七十副，预定本年下学期，实行操练。

按，前清各普通中学校之兵式操仅许用假枪，为严防革命之故，而对于本校学生则视为无革命思想者，故特许之。

六月，本校总理田吴炤经外务部奏调，端督特札委宁学使陈伯陶为本校监督，校长以下各职员如故（初本校前总理温秉忠因于民国前五年秋护送三江官费生赴美留学，所遗本校总理一席，当经端督饬田吴炤接任）。

七月，学部移知新加坡领事，每年亦可选送学生四五十名内渡，来校肄业。

初，端督之奏设本校也，虽有招抚各处华侨子弟归国求学之明文，而其意则限以荷属各岛而已。盖荷属华侨,在外历年最久,与本国人性情已显然不同,且与祖国之交通,亦已断绝。若不乘其有内向心而招徕之,则将不为我国民矣。至英属之新加坡等处,其风俗习惯与香港九龙等处,本无甚差异,且其创办学校亦较迟,故其受招抚者亦迟,势不得不然也。而此后校中之设备,亦与创办时专应乎荷属学生之风俗习惯不同。

八月,蒙奏准本校中学最优等毕业生,得按照官费生办法,送至欧美留学,故中学班之数理化各课,均改用英文教授,请美国学士嘉化君担任教授。

同月,驻沪荷兰领事某君来校参观,周视校中之设备,较南洋各校完善,颇有喜色,询问各生之起居近状,及毕业后之目的何在,语甚密切,诸生当以为祖国出力对。

按,是年荷属爪哇正筹备荷华学校之时,故有此参观之举。

同月,学生温以春、陈维翰病,校医诊治不愈,送沪上同济医院调治,所有川资医药等费由校担任。旋陈维翰病愈回校,而温以春病势加剧。据医生诊断,谓应用迁地疗养之法。本校特禀请端督准许,派专员叶兆崧君送之回岛。一面令在该岛各埠招徕新生数十名来宁肄业,以便船中之照料。

十一月,爪哇学务总会选送学生三十八名,合前三期学生共百十五名,并代贫寒学生六名请官费,均由本校特派员叶兆崧护领至宁。是为第四期回国之学生。是时,校中添设中学第一年级一班,补习科一班。将新旧学生(除已设之中学班学生外)按其程度,编插于各班。又该会选送之学生,并携带泗水万隆等埠男女学生手工制绣成绩品,由本校转呈端督。蒙端督颁发奖品多种,以示鼓励。

十二月,泗水商务总会来函,请本校印刷章程,颁布于南洋各岛,以为各岛再送学生肄业之预备。兹后本校始有规定章程之举。

按,初时本校采用家庭学校制,本无详细章程,所有设备,均仿家庭之布置,管理学生,亦按各生之习惯,视其不良者矫正之。至校中经费,又无定额,随新生之多寡及置办校具应用若干之临时费。一切情形,呈请端督饬财政局垫发,或移江闽粤三海关分拨具领,作正开销。

故当时无详细章程。后因来者日众,非有定章,不合学校制度,且学生甚多,管理甚难。又因旧生平日已养成良好之习惯,故遂以之为基础,而定本校详细章程焉。

民国前三年正月,校长郑洪年经端督调充他职,所遗校长职务,暂由校中教员杨熙昌继任之。郑校长在职仅二年,与学生感情极洽,俨如家人父子,濒行时,师生均有依依不忍舍去之意,是可见其为人矣。

三月,新加坡养正、应新、启发、道南各校,以及吉隆坡尊孔学校、槟榔屿中华学校、大吡叻乐育学校,共送学生五十四名,合前四期共一百六十九名来宁肄业。除乐育学校六名外,均由养正、道南二校长宋森、马征祥护送。时值严冬,校舍不敷居住,特将职教员宿舍让出,暂作寝室,俟来春所添各房屋落成,再行迁移。是为新加坡学生来宁之始。是为第五期学生。是时,本校已设中学甲乙两班(第三年第一年两级),高等小学甲乙两班(第三年第二年两级),与补习班一班。所有新学生五十四名,年龄程度较前更为不齐。除按照程度相当者插入旧有各班外,特设高等小学第一年级一班。是为高等小学两班。

按,前本校照会新加坡总领事转各校,谓该埠所属各校,每年亦可选送学生五十名回国,入本校肄业,并拟于次年春末添造房屋,以为收容之所。不料该埠学生回国求学之心,甚为踊跃,于未造房屋前即行来宁,故一时校中之设备不及也。

四月,日惹商会总理郭祯祥亲送学生郭博元等六名来校肄业。是为第六期学生。

附 四五六期学生回国先后一览表

第四期回国学生三十八名(前清光绪三十四年十月)民国前四年十一月

姓名	籍贯	侨居地
蒋德卿	福建泉州晋江	爪哇泗水
黄庆祥	同上	同上

（续表）

姓名	籍贯	侨居地
白国荣	福建泉州安溪	同上
刘贤潜	福建泉州晋江	同上
林徽纶	福建漳州龙溪	爪哇吗珑
郭绍鋕	福建漳州海澄	爪哇文都鲁苏
邓瑞隆	福建泉州同安	爪哇葛打山
林梦兰	福建漳州海澄	爪哇文都鲁苏
薛贞安	福建福州福清	爪哇吗珑
林锦秀	福建漳州龙溪	同上
潘光瀚	同上	同上
郭国典	同上	同上
林清田	福建泉州同安	同上
郭国祚	福建漳州龙溪	同上
王朝东	福建漳州龙溪	爪哇泗水
吴炳煌	福建漳州海澄	爪哇唠森
钟捷云	广东嘉应直隶州	爪哇八打威
张益冈	广东广州东莞	同上
陈维美	福建漳州龙溪	爪哇谏义里
陈拨山	同上	同上
陈元祥	同上	同上
陈昆良	同上	同上
陈欣选	同上	同上
陈光标	福建漳州龙溪	爪哇谏义里
林良才	同上	爪哇勿里达
林恭虔	同上	同上
林荣春	同上	爪哇马吉丹
卢金禄	同上	爪哇谏义里
施联吉	同上	同上
施振贵	同上	同上
杨源水	同上	同上
韩全智	福建漳州南清	同上
卢秉云	福建漳州平和	爪哇勿里达

（续表）

姓名	籍贯	侨居地
郑联禧	福建漳州海澄	爪哇谏义里
黄高进	福建	爪哇八打威
王廷兴	福建漳州龙溪	爪哇谏义里
郭春光	福建福州福清	爪哇闽悦
刘圣富	同上	同上

第五期回国学生五十四名（前清宣统元年正月）民国前三年二月到校

姓名	籍贯	侨居地
谢觉民	广东南海	新加坡
陆锦泉	同上	同上
罗金泉	同上	同上
方守熙	同上	吉隆坡
谢兆迁	同上	同上
英以蕖	广东新会	新加坡
英以瀛	同上	同上
陆华湛	同上	同上
李五福	广东新会	吉隆坡
王佐邦	同上	同上
张文标	广东大埔	新加坡
杨运昌	同上	同上
何其清	同上	同上
张致祥	广东大埔	新加坡
陈初营	同上	同上
饶世汉	广东大埔	槟榔屿
萧冠英	同上	大吡叻
黄应郎	同上	同上
李耀发	广东番禺	新加坡
罗宝灿	同上	同上
罗湗锵	同上	同上
蔡寿鼎	福建同安	同上

（续表）

姓名	籍贯	侨居地
何葆仁	同上	同上
李彻壶	同上	同上
刘延祓	福建同安	新加坡
王景熹	同上	同上
吴宗陵	广东新宁	同上
仲继钊	广东三水	同上
陆敦濂	广东鹤山	同上
陈锦恒	广东三水	同上
马廷珏	福建诏安	同上
李光前	福建南安	同上
李之唐	福建永春	同上
陈庆朝	福建同安	新加坡
康　霈	福建闽县	同上
吴世崇	福建诏安	同上
吴纪丰	同上	同上
林　博	同上	同上
林谟烈	福建晋江	同上
吴之通	福建海澄	同上
林邦彦	福建永春	同上
彭镇南	广东鹤山	同上
颜锡焜	福建海澄	新加坡
颜锡义	同上	同上
戴云廷	广东归善	吉隆坡
钟鸿麟	广东嘉应州	新加坡
钟祥奎	同上	同上
吴德容	福建建阳	槟榔屿
张邦超	福建惠安	同上
胡剑秋	福建求定	大吡叻
胡嘉豪	同上	同上
曾宪仁	广东长乐	大吡叻
熊坤华	广东嘉应州	同上
王汉赏	福建同安	槟榔屿

第六期回国学生六名(宣统元年闰二月)民国前三年四月到校

姓名	籍贯	侨居地
郭博元	福建厦门	日惹
郭博亨	同上	同上
林永照	福建龙溪	同上
曾润宗	福建海澄	同上
郭再盛	福建龙溪	梭罗
郭再进	同上	同上

(《中国与南洋》第1卷第1、2期,1918)

暨南学校各项规程

(一)现行学生日程　七年三月一日发布,五月十六日改订

午前

时分

五·三〇 ………………………… 起床

五·三〇至六·〇〇 ………………………… 起床洗盥

六·〇〇至六·一〇 ………………………… 朝会

六·一〇至八·二〇 ………………………… 治课

八·二五至九·〇〇 ………………………… 早餐

九·〇〇至一二·二〇 ………………………… 治课

午后

一二·三〇至二·〇〇 ………………………… 午餐及休憩

二·〇〇至二·五〇 ………………………… 治课

三·〇〇至四·〇〇 …………………………… 游戏运动

四·〇〇至六·三〇 …………………………… 休憩或随意自修

六·三〇至七·三〇 …………………………… 晚餐及休憩

七·三〇至九·〇〇 …………………………… 自修

九·〇〇至九·三〇 …………………………… 准备就寝

九·四〇 …………………………………… 熄灯

说明:(1)治课时间另表定之;

(2)午前治课时间中之有余时间系小憩或预习及复习之用;

(3)整容及沐浴、写信、阅报等事,均于午后随意自修时间中行之;

(4)以上各节均以摇铃为号。

本校之训育方针,取法英国。尤取法英国之 Public School(一种特式之中学校)。故此项日程,亦与英之 Public School 有同样之精神与用意。查英之 Public School,其日程之特异于普通学校者:一每朝夕必集礼拜堂,教员与学生同行祈祷式,藉宗教精神以修省道德。一起床时间,通例在午前六时半前后,较英人之普通平均起床时间早一二小时。一第一次课较其他学校为早,且行之于早餐前。一运动游戏为体育中之一功课,不入正课,而与正课同一重视。凡此特色,皆本校现行日程所采取者。故本校之特异于他校者,一为每晨必有十分钟以上之朝会,为修省道德之机会。一为六时以前必须起床,较他校特早。一早餐前治课一小时,为各校所无。一午后课余必有运动,由管理员督率为之。

(二)入学顺序 七年三月十三日发布

(一)凡已函送毕业或修业证及证明书、半身相片等之新到学生得适用本章规定。

(二)入校门后,先至问事处签名,并以行李交明件数于问事处(倘同时有多人到校且有本校职教员率领者可先入校后交名片),各行李之上未贴名片者应补贴。

（三）问事处应将学生行李交令校役，安置于预定之寝室，如学生有愿行储藏者，入储藏室。

（四）新到学生由管理员率领至应接室，再由校役领至盥洗处盥洗，随在应接室茶点（或治餐）。注：未缴毕业或修业证及证明书、半身相片者，须于此时缴出以上各件。

（五）全校各处由管理员率领新生视察一周并说明之。

（六）复回教务室及管理处给予各种规则，并说明大旨。

（七）携带之现银或汇票即交存学校银行，在银行未组织成立以前，交存会计处。

（八）新生所需被服杂物可由管理员询明，托庶务处代办（但关于学科之文具，另由教员给与学校代购物品单，令学生填写所需物品）。

（九）由斋舍服务生（即室长）导入预定之新生寝室，在服务生未举定前，由管理员导引之。

（十）其他之新生应知事件可随时询之斋舍服务生，服务生不能答者，可询管理员。

（十一）第二日为休憩日，但自欲上课者听。上课以前，先至教务处受分班试验，再入指定之教室。

说明：诸生海天万里，负笈归来。初离侨居之所，新莅父母之邦，欲免风习异宜之感，而得久客如归之乐，非校中特立恳切招待之规则不可。故本项规则，有导入盥室者，为洗征尘也。略具茶点者，藉联欢话也。其余视察全校，指定寝室，凡诸种种，非特欲使新生无歧路彷徨之苦，且可期职员尽指导照拂之责任也。至循条就理，以引起学生尊重秩序之观念，犹其余事。此规定入学顺序之用意也。

（三）宿舍规则　七年五月一日发布

（一）每一寝室暂容二人，由学校斟酌配与。配定后学生应负保管该室之责，并标贴名片于室门外。

（二）就寝时间应遵学校之规定（见日程）。

（三）寝室中床位各编有号数，应各遵照（此号数即为自修室、教室、食堂等各处之根据）。

（四）寝室中应各保其清洁，每早起床后即须将被褥整理，冠履衣巾等物件须置定所。痰唾须在盂内。应洗衣服，换下后即须存置洗衣袋内。每星期六之下午，须自行消毒洒扫及将被褥晒曝各一次（如晒曝日适遇阴雨，应顺延）。

（五）寝室中应各保持肃静。

（六）寝室中无须存置银钱及贵重物件，此项钱物应交存校内储蓄银行。

（七）各生所带粗重行李，有不愿置放寝室内者，可交存学校储藏室。

（八）随意自修时间内（星期日在内），在寝室或在自修室等处所，可听学生之便。

（九）沐浴、盥洗、整容、饮食、饮茶等事应在规定之处所。

（十）每室除学校所备器具外，有欲自置物品如花草、图画、日用等具者，听便兹列，学校所备者如下：

床一人一张　桌二人一张　（在图书馆俱乐部一切设备未完时，每人暂用一张）

椅一人一张　书架一室一个　痰盂一室一个

（十一）以上各条规则，由学生举正副室长各一人，以辅佐舍监励行之（室长举出后，经学校揭示之日，始实行职务，每半年更选一次）。

（十二）本规则所未备者，由舍监随时指示之。

说明：本校训育方针既以英国为模范，故宿舍制度亦采用英国 Public School 之精神。表而出之，则（一）于宿舍中，略带家庭风味，不取军营式划一枯窘之制，如第一条自贴名片，第四条自保清洁，第七条自由储藏，第八条随意自修，第十条学校供给桌椅、学生得自置日用品等，均为各校向例所无；（二）采用自治制以练习管理公共事务之能力，如第十一条之自举室长是也，然并非流于放任、一味自由可比，如第二、第三、第五、第六、第九各条是也。

（四）自修室规程　七年四月二十日发布

（一）自修时间分随意自修时间与规定自修时间，详见日程。

（二）规定自修时间只许复习功课以内之书籍，其写信或阅功课以外书籍等事，只可在随意自修时间为之。

（三）自修室座位各人应按照编写之号数。

（四）自修室各人座位各有保持清洁、时时拂拭之责。

（五）自修室以肃静为主。倘学业上有必需互相问难研究者，其发音亦以勿妨碍邻座者为度。

（六）在规定自修时间不得随意休息。

（七）以上各条规则，除由管理员教员随时督察外，另由学生举正副室长各一人，以负励行本规则之职务。

（自修室长举出后，须经校长认可，自学校揭示之日，始实行职务）

（自修室长每三月更选一次，连举者连任）

（八）自修时间各科教员至少有十分钟之视察，各生所有疑问可于此时提出。

（五）学校银行各项规程　五月十五日发布

说明：学校生活为社会生活之准备，故凡毕业以后置身社会时，应有之常识与经验均不可不于学校时期修养之。近世为经济竞争之世，银行常识与储蓄习惯异常重要，故在近时国内学校，多觉悟校内储蓄银行之不可少。其已经行之者，如北京之清华学校是也。其方在计划中者，不知凡几。南洋尤为经济竞争之地，本校学生毕业后，如何可立身于商战场中，此事最宜苦心研究。学校银行之设立，其关系甚巨，不独为便益学生已也。

第一　要　则

第一条　本行由暨南学校设立，意在养成学生储蓄观念，并令学生了解银行之作用。

第二条　本行职务只为校内之学生保管银钱及生息，不为普通之银行营业。

第三条　本行营业得依借款规则借款于学生，其借款规则另定之。

第四条　本行置经理一人，专司款项存付之业务。

第五条　凡存款本行者，须用本行规定存款单，附加学校指定职员之印章，其余手续依银行普通成例办理。

第六条　本行经理由暨南学校委任，其对于银钱上之责任，由学校负担。

第七条　本行款项簿籍之稽核事宜，由主持学校者担任之。

第八条　本行簿籍得供学生阅看。

第九条　本行存款支款等规则及一切票簿格式另规定之。

第十条　本行经理职责另以细则定之。

第十一条　本则及其余细则，均由学校制定，得随时改善。

第二　存款规则

第一条　本行存款暂分三种：一活期存款，二定期存款，三通知存款。

第二条　凡存款者，须先至本行填写存款单及印式票。

第三条　存款人填就存款单及印式票后，交问事处，经认为填写合式者，即持之至存款处交款。

第四条　存款人交款后，即领取号牌，以待换取下列各簿据中之一。

1. 活期存款者应取活期存款簿一本（即储蓄簿）。
2. 定期存款者应取定期存单一纸。
3. 通知存款者应取通知存单一纸或通知存款簿一本。

第五条　以上各项簿据均以本行经理署名盖章者为凭。

第六条　以上簿据如有遗失等情，存户须立将存款数目号数及遗失缘由报告本行，由本行揭示一星期，如无别项疑问者，即可补给新簿并揭示取消旧簿。

第七条　凡存款者，每次存入数目，自一元为起，其利息自存款后之第二日起算。利率规定之如下：

1. 活期存款长年三厘。

2. 定期存款长年六厘(但存款人须存百元以上之款，方可存入定期存款)。

3. 通知存款长年四厘。

第八条 凡以邮局或银行之汇票及他项票据存入本行者，须由存款人盖章或签字于其上，票上金额如未经兑得现款以前，暂给收据且不起息，设有不能兑得情事，即将原票退还存款人，存款人亦须将本行所给之收据缴还本行销账。

第九条 于本行营业时间存款者，均可来行存款，兹规定之如下：

自星期一至星期六各日，营业时间下午三时至五时。

附各项存款说明书

本校银行为保管学生银钱之便利，暂设活期、定期、通知三项存款。兹将三项之性质、期限、利息及簿据等，分别说明如下：

(一)活期存款 此种存款，又名普通无定期存款。其性质谓不定来取之期限。随时可存，随时可取。凡存款者，银行给以存款簿，需款时，持簿至行支取。(又有银行给存户支票若干张，如存户需款时，可依支票上号次填写金额，至行支取)惟是项存款之利息，因存入支出手续频繁，欧美各国银行，对于存户，不特常有不给利息，且更有征取其手续费者。本行因引起学生存款之兴味，并奖励储蓄之美德，特酌给利息焉。

(二)定期存款 凡存是项存款者，其性质与活期存款不同，必须预约一定之期限，苟未到期，不能支取。其期限分三个月、六个月、十二个月三种。利息比活期、通知二存款为高。因支取既有定期，银行得以安心放出，无须藏之库中以作准备也。当存款存入时，由银行给存户定期存款单一纸为证。如到期取款，必须将单缴还银行销账。

(三)通知存款 通知存款者，即活期存款之变相。所异者，存款人欲提取存款，必须遵约在几日之前，预先通知，使银行有所准备。其通知期限常例为一日、三日、五日不等。其利息虽视通知期限之长短而定，然总较活期存款为高也。存户存款时，银行亦给以通知存款单或通知存款簿，以作存支之证。

三项存款已说明如上。兹更将存户因存款所得之利益，略说明之如下：

(1)省却由自己保管现金之危险。

(2)可获存款所生之利息。

(3)养成储蓄之良好习惯。

上项各利益，均由存款而来，既知之矣。然存户于活期、定期、通知三项存款中，究以何项存款为得当耶？是项问题，苟存款者能于用款时期稍自思揣，更于利息厚薄略加较量，则应从何项存款，不难自定。兹再介绍数语，以为存户决定何项存款之一助。

(1)凡用项系零星应用者，可以存入活期存款中。

(2)凡用项有一定之数目与一定之时期而能预定者，则存入定期存款中甚便。

(3)凡用项既难决一定时期，又非零用急需之比，则存入通知存款中为宜。

总之，一国一家一人之用度，不可无一定之预算，或量出为入，或量入为出，在在不能稍忽。处此经济问题剧烈之时，学生时期尤须养成遵从预算之习惯，略知理财之方法。虽些微金钱，亦不放弃，庶他日经理财政，方有把握。本校银行之设，意在斯尔。

第三　支款规则

第一条　本行支款共分三种，其支取之期限规定之如下：

(1)活期存款，可以随时支取。

(2)定期存款，非至预约一定期限不能支取。

(3)通知存款，必遵约定之期日预先通知本行，方能支取。

第二条　支款者须先至问事处填写支款单。

第三条　凡支款者，须将本行所给之存款簿据，连同支款单交问事处，经问事处查收后，即领取号牌，以待取款。

第四条　支款处照单付款后，其簿据分别存款之种类发还或收存之（存款簿上本金已取完而利息未取者，仍将原簿发还）。

第五条 凡支款单或由本行给与之存款票据上（如定期存单及通知存单）所用之姓名图章或签字，均须与预存本行之印式票相符，如有不同或发生疑义时，本行得拒绝支款。

第六条 存款票据上有两人之印者，亦须盖两人之印，始可支款。

第七条 支款以存款簿据之数为限，概不透支。

第八条 于本行营业时间支款者，均可来行支款，其时间规定如下：

自星期一至星期六各日，营业时间每日午后三时至五时。

第四 借款规则

第一条 暨南学校学生，因家中或保护人汇款稽迟，而有校中正当之急用者，得向本行借款。

第二条 学生向本行借款时，须于前一日持有保证人之保证书来行（但保证人以校内职员为限）。

第三条 上项保证书经本行认可后，借款者方可至行填写借款据。

第四条 上项借款据须由保证人盖章或签字送交本行后，方可付款。

第五条 凡缴学膳费之学生，每年借款不得过六十元；免缴学膳费之学生，每年借款不得过三十元。

第六条 本行借款归还期限，分长期、短期二种，其规定如下：

（一）长期借款从三月以上至半年以内归还者。

（二）短期借款从二星期以上至三个月以内归还者。

第七条 借款利息规定如下：

（一）长期借款年息三厘。

（二）短期借款年息二厘。

第八条 还款期限及利息须照借款据约定之项办理。

第九条 未至还款期限，借款人愿提早归还者听。

第十条 已至还款期限，如不得已而求延长者，须保证人函请本行,经本行允许后方可执行。

第十一条　如借款有不能偿还情事,无论何故,须由保证人完全负责。

(六)食堂规则　七年五月一日宣布

一国之衣食住,自有一国之特点。我国食事之用碗、碟、箸、匙较之西人用刀叉,既较便利,又省经济,所研究者,共食与独食之孰宜耳。本校以种种关系,主张共食,惟食器则主分离,此去其短而存其长之微意也。

(一)会食时每桌座位至多以六人为限(满三人以上时亦得另开一桌)。

(二)各人座位除三五两条规定外,应照编定之号数就座(但其末后之桌不敷六人时,得与他桌匀分)。

(三)每星期日或有来宾时(以华侨为限),得向厨房添鱼肉等荤菜,并得离本来座位(每次添菜应给价值及应于若干时前豫告,均由本人与厨丁自理)。

(四)筷子分公私两种,公筷系学校所备,用以取菜;私筷系个人所备,用以入口(私筷均由个人负保存清洁之责)。

(五)在调养室调养者得不赴食堂。

(六)会食时同桌有半数未至时,应有五分钟之等候,半数以上出席,有一二人未到时,应有三分钟之等候,其愿久候者听。

(七)会食时应保持闲静态度。

(八)饮食品倘有不洁或不合卫生时,可由食堂干事会商舍监,责令厨房改良。

(九)本规则由学校委任之,食堂干事会同舍监监视、励行之(食堂干事任期三月)。

(七)教室规则　七年三月一日宣布

(一)每教室置级长一人,副级长一人(由学校就学生中委任,任期半年),以励行本规则。

(二)上课下课均须按照课表规定时间(以摇铃为号)。

(三)教员上下课堂,学生应起立致敬(由级长发起立号),学生发问时亦须起立。

(四)教室中应保持清洁、肃静、整齐,级长于此数事有注意矫正之责。

(五)授课时间同时只许有一人之发言。

(六)课业上需用书籍器具应预先准备完全,授课时,以不出入为定则。

(七)教室中置学生出席簿,每节出席及阙席或迟到者,由级长分别符号注明。

(八)贩卖部要则 七年五月二十八日议决组织贩卖部,六月三日开幕

国内社会教育与学校教育常立于相反对之地位,故欲励行学校之训练,不可不限制平时之外出,然必学校设备完全,自成一世界,始可以严门禁而责学生以勿多外出。贩卖部之急于设立,即本此旨。质言之,有贩卖部,则平日所需即可近求之校内,而门禁始可以严。至贩卖部之有益学业与学生经济,尤其余事也。

(一)本部宗旨,一在便利校内人员之购物;二在豫防校外购物之弊害;三在辅佐商业科学生之实地智识。

(二)本贩卖部由本校设立之,其资本由本校银行借垫之(暂以五百元为限)。

(三)本部经理人由学校职员中遴选一人兼任之。

(四)本部日常贸易事务由本校服务生充任之,服务生未有专员时,由学生轮值之。

(五)本部无经理人月薪、服务生津贴、房屋租金等费,但购物车费及借款利息等杂支,应于赢余金内扣除之。

(六)每半年结账一次,制成赢余表,宣布之并报告学校。

(七)除去开支,所余净利以四成充学生俱乐部经费,以三成充本部员役酬劳,以三成作公积。

(八)本部营业规定在学校功课以外之时间。

(九)本部购置物品之种类,以学业上、日用上必须者为主,均经学校规定之,其有认为有妨学业或经济者,学校得随时禁止之。

(十)本部为学校发卖印刷品、制造品时,应特立一簿,以免混淆。

(十一)部中定货价值如须超过赀本时,须经学校认可后购置之。

(十二)本部与外间商店贸易,除书籍外,一概用现金。

(十三)本部货物之价目单及取货收款等单据,概由经理人制定之。

(九)学生俱乐部要则 七年六月六日成立,旋即发布

本俱乐部组织之宗旨,使学校自成为一世界,而减少外出,一也。藉游息之时,增进同学间之情感,二也。藉团体之生活,以陶养自治之习惯,三也。有特辟之娱乐地,以保存宿舍之清静、风纪之善良,四也。

(一)本俱乐部为学生课余游息之所。

(二)本俱乐部于本校职员指导之下,由学生组织之。

(三)组织本俱乐部之经费,先由学生集赀捐助(每人自一角起,至多不得过一元),次由学校垫款助成之。

(四)本俱乐部组织之始,先由本校就学生中最优秀者,委任为创立职务生。职务生之职责,由学校指示之。

(五)本俱乐部应有之设备,先由创立职务生筹划,经学校核定后置办之。

(六)本俱乐部在学校课业时间及规定自修时间应行闭锁。

(七)本俱乐部设备完成后,学生应另公举会计、庶务、干事各一人,会计掌捐款及捐款簿,庶务掌清洁及保管器具等事。

(八)本俱乐部应有规则应由干事拟订,但须经学校裁可后施行之。

(九)上项干事举出后,学校所委之创立职务生即行辞职。

（十）演说会要则　七年六月十五日本会成立即宣布

本演说会组织之宗旨，一为练习国语或英语之进步；二为藉课外谈话以增进处世之常识；三为使学生间交换意识，有互相切磋之机；四为训练自治能力之一种方法。此其大较也。

（一）本校演说会由学生组织之，以本校职教员为本会指导员。

（二）演说会以星期六晚为会期，但假期内不在此限。

（三）演说会场即在本校，但与他校学生联合开会时，可赴他校。

（四）演说会置干事四人，二人为书记，掌记录；二人为庶务，一掌集合，一掌汇集演题及演题之布告。其评判事务由指导员任之。

（五）干事由同学选举之，但试办之三个月以内由学校推任之。

（六）各干事应制演员轮流表报告学校，但指导员或来宾演说时，亦所欢迎。又，虽非轮值演说员，亦得随时提出演题。

（七）每次演讲至少须有二人，时间定为一时三十分，但演题多时得延长一小时。

（八）演题须在前一日由庶务干事汇集，在会场揭示。

（九）演说稿由记录员担任之，经指导员审阅后，登本校杂志宣布之。

（十）演说用语暂以国语为标准，但英语演说亦得在本会并行之，惟须交演稿于记录员。

（十一）演说时间以内，得为游戏、音乐、幻灯等之余兴。

（十二）演说时间，双方如有辩论不决之问题，由指导员解释之。

（十三）本则所未备者，由指导员临时指示之。

（十一）阅书报室规则　七年四月十八日规定

在图书馆未成立以前，暂时适用此规则。

（一）阅书报时间，每日下午四时以后六时以前，为规定阅览时间，其余休息时及星期日上午，为随意阅览时间。

（二）阅书报室事务，置经理员一人，服务生一人或二人管理之。

(三)阅书报室内之书籍杂志,须存置书橱以内。

(四)书橱之锁匙在规定阅览时间内,由服务生掌之,此外由图书经理员掌之。

(五)阅书报室之图书、报章、杂志,只许学生在室内阅看,其必需借钞者,须经图书经理员许可(借书时期至多以一星期为限)。

(六)取阅或归还书籍杂志,须经服务生之手。

(七)书籍杂志之出入,必须依照原定次序。

(八)未备之图书报纸,可开单请校中添购,由校中认为有益者,即行添置。

(九)图书杂志,学生均须珍护,如有损毁,酌令赔偿。

(十二)补习班规则

(一)凡本校学生,志愿升入其他专门学校及愿入本校师范、商业各科而程度未及者,均入补习班。

(二)补习班功课以国文、英文、算学为主课,但已有高等小学校毕业以上程度,而志在升入农工专门或大学者,特加物理、化学等课,其课表分别定之。

(三)农工专门学校或大学招考学生时,本校补习班学生志愿投考者,有受本校保送考试之权利。

(四)各项普通功课中有须特别补习者,本校得开设特班以补习之(如国语特别补习班是)。

补习班课表:

甲(志愿入他项专门学校或大学者)(每星期钟点)		乙(志愿入本校学习专科者)(每星期钟点)	
修身	一	修身	一
国文	八合乙	国文	八
英文	八(合商业)合乙	英文	十二
算学	六(代数不合级)	图画	二
物理	三	算学	四

化学	三	体育	三
图画	二（合师范）	国语	一
体育	三合乙	习字	一

补习班“丙”临时定之。

（十三）暑期讲习班规程

（一）凡本校学生得入暑期讲习班。

（二）暑期讲习班分国文、英文两班，每班每日讲习二小时，但体操、图画、习字、乐歌及临时演讲等俱在外。

（三）分班之法以英文程度，已有门径者入国文讲习班，否则入英文班。

（四）本班自七月一日起，九月初旬止。

（五）讲习班图书特别规定之。

（六）除日程另订外，其余校内一切规则与平时同。

暑期日程

起床	午前六·〇〇
洗盥	六·〇〇—六·三〇
治主课	六·四〇—七·四〇
早餐小息	七·四〇—八·一〇
治主课	八·一〇—九·一〇
副课	九·二〇—一〇·〇〇
随意自修	无定
午餐	午后一二·三〇
休憩或随意自修	无定
随意运动及沐浴	四·〇〇—六·〇〇
晚餐	六·三〇—七·〇〇
副课	七·三〇—九·〇〇
就寝准备及熄灯	九·〇〇—一〇·〇〇

说明：

（1）暑期主课系英文、国文两种，均选用有兴味之教材。

（2）日间副课系体操、图画、习字等样。

（3）晚间副课系常识、讲话（用幻灯）或乐歌或演说。

（4）体操系和缓之柔软体操与呼吸体操。

（十四）假期惜阴社简章

（一）定名 值此长夏，群思避暑，特韶光容易，未许消磨，爰组斯社，取名惜阴。

（二）社旨 本社利用假期，为研究有兴味之学术及美术而设。

（三）社务 本社社务分为下列数项：

（1）国学 注重古文学、文字学、声音学及历代名贤之言行学案。

（2）英文 注重修辞译著及中西之贯通。

（3）美术 分下列二种：

（甲）文学的 如诗歌文类及兴味浓厚之谈话。

（乙）技艺的 如图画、音乐、金石之类。

（四）社约 分下列四门：

（1）时间 星期一、三、五午后五时至六时为规定研究时间，此外得临时举行。

（2）社员 凡本校学生皆得入社。

（3）方法 各项研究之次序，由指导员先一日通告，俾社员知所准备。

（4）奖励 如有优美之成绩，经指导员之认可者，均予以奖品以示鼓励。

（《中国与南洋》1918 年第 2、3 期）

指令第二十一号(八年一月八日)

令暨南学校

呈一件陈明整理补习科办法请核准由。

呈及章程均悉。该校补习科原为齐一侨生程度便利求学而设,委系特别办法。兹据称该科年限标准未能确定,教授训练感受种种困难,拟改办中学科以资整理,尚属可行,所拟章程亦颇妥洽,应即照准合行。令知遵照此令。

附原呈

呈为陈明整理补习科办法请赐核准事。窃本校自本年三月开课以来,鉴于海外侨生返国求学之困难,不论到校时期及志愿程度若何,一律准令入校。计至今日,先后到校之侨生百余人中,除已入本校师范、商业两科并附属小学及转送他校不计外,在补习科者尚有三十七人。斯项学生志愿各殊,或欲升入本校师、商两科,或欲升入其他文实各专门学校,与大学者程度亦参差不一。除一二人特别补习外,或相当中学一年,或相当中学二年,亦有英算程度相当中学三年级者。因此复杂情形,教授上感受种种困难。炎培等一方须为撙节经费计,分班不能过散,一方又须为便益侨生计,教授殊难划一。斟酌两者之间,遂准现有学生程度,除特别补习外,英文分为四组,国文、算学等课各分为三组。如此配置,宜若无碍。然因不定年级之故,学生方面又发生种种缺点,谨举大端,为我总长陈之。现在留校补习之学生多愿修毕中学课程,再升其他专门或大学。然期限功课补习至如何程度始称完毕,标准不明,致起前路茫茫之感,而力学之心以弛,一也。补习科课程藉使假定一格为标准,然补习者或以为修了后不能得一正式凭证为升学之助,而对于补习之热心锐减,心志动辄游移,二也。综此两端，补习科学生常缺乏坚实之意志，静定之精神。甚或视校舍为传舍，于遵守规则，听从教训之心力均较薄弱，即如学期试验，亦视为无关年级之升降而多不愿受试。学校既无从强制执行，教员遂不能督促进步，影响所及，妨碍全校之风纪，牵动他生之意志，颇非浅鲜。炎培等屡与校中各教员再四筹商，均谓矫正之法只有将年限不定、标准未明之补习科改为年限确定、标准分明之中学科，庶上述困难均可解除。且目前可就原有补习各组为中学第一、二、三年之基础，将来更可藉中学四年各级，开多数来学侨生方便之门，其程度不足者则仍令入附属小学，其志愿入师、商两科者亦得酌量程度，或径入师、商科，或先入中学科，俟修了二年课程再行升转，以期与现在师、商两科开级时之程度相当，并使同级各生有齐一之程度。至新生各科程度过于参差者，仍照现法令其特别补习，以中学科之名，行补习科之实。目前又无须另增经费，似为一举数得之法。为特拟具中学科章程六条，以补原章所不备。其现办之补习科暂行停止，所有补习科种种困难不得不改办中学科，情形是否可行，理合具文呈请鉴核批示，祗遵至为公便。谨呈。

附章程

第一条　本校于师范科、商业科外增设中学科。

第二条　中学科修业年期定为四年，但二年修了时，得依志愿转入本校师范科或商业科。

第三条　中学科科目如下：

修身　国文　英文　算术　代数　几何　三角　地理　历史　博物　物理　化学　图画　唱歌　体操　法制　经济

第四条　中学科学费每年三十元，膳费每年至多六十元（盈余发还），并纳操服费、课业用品费，但经南洋教育及商业机关函送学生声请减免学费者，得照商业科补习科办理。

第五条　本章程所未备事项，均依照总章程办理。

第六条　本章程呈奉教育部批准施行。

（《教育公报》第6卷第3期，1919）

指令第九十九号（八年一月十八日）

令南京暨南学校

呈一件送校董规程并函聘校董请批示由。

呈悉。查该校所订校董规程，均尚妥适，应准照行。拟请苏门答腊华侨张鸿南、爪哇华侨黄仲涵、新嘉坡华侨林文庆及该校名誉赞助员张謇、筹办员黄炎培等五人为校董，亦应照准。除校董由部另行函聘外，合亟令行，该校遵照可也。此令。

附原呈

呈为拟呈校董会规程，并请函聘校董事。窃正平奉令会同筹办暨校并蒙委校长以来，瞬逾一载。念责任之重大，常陨越之是虞，幸赖主持进行尚利。惟本校职责关系教育与实业之两途，设施方针当合国内与国外为一气。欲闳造就，端赖众擎。本校校章第二条有置校董若干人规画，本校进行事宜之规定当即此意。前以草创伊始，率从简略，只先会商黄筹办员推定名誉赞助员若干人，经先后呈明。现在来学侨生达百有余人，并未以航道艰难，时局多故而停滞。一切校中设备，亦觉粗具规模，似宜遵照校章从早聘请，共同规画进行，以匡正平之不逮，而勉副钧意于万一。兹斟酌侨情，谨拟校董会章程六条，敢呈钧察。倘蒙核准施行，拟请即将声望卓著、热心教育之苏门答腊岛华侨张鸿南、爪哇岛华侨黄仲涵、新嘉坡华侨林文庆、前本校推定之名誉赞助员张謇暨本校筹办员黄炎培五人，先由总长函聘为本校校董，于本校进行裨益必非浅鲜。现黄筹办员计日南行，候轮出发，倘以校董名义赴南宣布钧意，尤赴事机而动观听。所有拟呈校董会规程，并请先聘校董五人之处，是否可行，敬乞鉴核，迅予批示，以便遵行。冒昧渎陈，不胜待命之至。谨呈。

附规程

第一条　本校按照校章第二条设置校董，由本校呈请教育总长函聘定之。

第二条　校董以合于下开各项之一者为合格：

甲　系属南洋声望卓著、热心教育者。

乙　在国内著有声望、热心南洋侨民教育者。

丙　实力赞助本校进行者。

第三条　校董对于本校有扶助督促校务进行之责，并有权提出意见于教育部。

第四条　由校长及全体校董组织校董会，随时会议前条规定之任务，但亦得由校长开具问题，以通信商榷行之。

第五条　本校每学年进行状况，应由校长撰为报告书，分寄各校董察核。

第六条　本规程呈奉教育总长批准施行。

（《教育公报》第6卷第3期，1919）

暨南学校一年间大事记

民国六年十一月一日，教育部派黄炎培君筹办暨南学校。

二十四日，黄筹办员就南京旧时暨南学校校址创立筹办处。

赵正平君自上海来察看校舍。

二十六日，会计蔡宗嵚君，工程孟乃钊君、汤允中君，庶务汤学忠君到校任职。黄筹办员督同孟、汤二君审视校舍，计划工程。

二十七日，江苏省长派员点交前暨南学校校舍、校具、书籍、仪器等事。黄筹办员邀同赵正平君拟订《暨南学校开办章程》呈报教育部。

十二月四日，教育部托陆规亮君送苏门答腊学生游进勉来校。

六日，请南京高等师范学校体育专修科教员、学生来校规划体育设备。

围墙及一部房屋开工。

与南京高等师范学校商定附设补习科，教育华侨学生施欣谦、郭玉精、韩顺良、陈厥宝、许春渊、林思良、游进勉等七人。定十日开课。

按，游生外，六人系林思温君率领来校者。

七日，五十六间学生宿舍开工修理。

八日，二十五间自修室开工修理。

十一日，讲堂等房室均开工修理。

十四日，自修室旁走廊开工。

十六日，花匠开始整理校内树木。

民国七年元旦，补习科学生休业一天，二日即开课。

八日，寄发本校章程至南洋各埠。

十四日，大门、二门及两旁房屋并讲堂四座同日开工修理。

二十四日，教育部派赵正平君会同筹办暨南学校。

二十九日，开全体职员会议（以后略）。

二月五日，编制五年间进行计划表，并制逐年经常、临时两费预算表。

六日，编制逐年学生级数、人数预计表。

八日，新加坡养正学校毕业生杨振先、陈德明、陈德荣三人由上海来校。

十九日，黄炎培、赵正平两君约同初返国之新加坡养正学校校长梁襄武君、教员石维森君等，并率同全体学生十一人，游南京城北名胜燕子矶及岩山十二洞等处。

二十六日，第一期《中国与南洋校志》脱稿。

二十八日,制订补习科课程表、暂行日程及教室规则等事。又布置补习科教室。

三月一日,补习科开课。分两组教授。

学生七人如下:许春渊　林思良　游进勉　蒋振龙　杨振先　陈德明　陈德荣

教员四人:国文　张麟发君　许豪士君

英文算学　汪栋丞君

算学　朱专颐君

英文　王庆功君

管理兼教务二人:林思温君　涂开舆君

八日,马拉甲培风学校毕业生何盘铭、陈锦聪到校肄业。

按,新生返国均先由上海暨南学校招待处招待,由本校派人赴车站迎接。

教育部委任赵正平君为本校校长。另令黄炎培继续筹办并会同经划校务。

十一日,校内设学生阅书报室。

十三日,柔佛埠宽柔学校校长林国樑亲率学生林永华、朱炜文、陈已亥、黄景文、骆英才、邬谦吉等六人到校肄业。

二十一日,开全体教职员会议。赵校长提议率全校学生旅行镇江、无锡、通州等处避疫。全体赞成,当日出发。计学生十四人。

二十三日,教育部颁发本校钤记一颗。二十八日启用。

四月一日,新加坡育英学校毕业生云逢雯、英华学校学生云逢瑛到上海。由赵校长率领至无锡,加入本校旅行队。

九日,新加坡华侨育英学校毕业生周汉光、林球熙二生到校肄业。

爪哇岛加里哚中华学校学生卢续安到校肄业。

十一日,赵校长自旅行地返校。

十二日,旅行队学生在南通听张季直君謇之演讲,并共同摄影。

十三日,函请曾游南洋之日本东京高等商业学校毕业生冯裕芳君担任本校商科主任(冯君因事不即来)。

十六日，前旅行镇江、无锡、江阴、南通等处之学生十六人，于本日平安返校。

十七日，与南京青年会总干事司徒尔君约，聘美国斯芳来女士为英语教员。

按，教育部训令转到三宝垅商会，建议添收内地学生案一件。

十九日，浙江第十师范学校校长姜琦君来校参观并演讲。学生一律上课并为新加坡英华学校学生云逢瑛开国语特别补习班。

二十日，上海第二师范学校职员、学生及童子军共一百十七人来赴江苏全省运动会，寄宿本校。

二十一日，第五中学校校长童伯章君率学生十余人，又无锡第三师范学校职员、学生及童子军来赴运动会，寄宿本校。

二十二日，常熟县童子军三十余人来校寄宿。

二十三日，扬州童子军四十人、上海第三团童子军四十一人来校寄宿。

二十四日，常熟县童子军四十人、上海童子军四十八人、无锡童子军一百三人来校寄宿。

二十六日，黄筹办员、赵校长集寄宿本校之各地学生及童子军约五百人，在本校大操场开欢送会。由本校学生分进茶点并摄影纪念。

五月一日，宣布寝室、自修室、食堂等各规则。

二日，全校职员、学生在本校果园植树。

七日，呈覆教育部变通校章、添收内地学生及酌量减免贫寒学生学费之办法。

江苏全省省视学来校寄宿。

九日，早会时，演讲国耻纪念。

本校名誉赞助员张季直君书赠校训“忠信笃敬”四字。

十一日，留学美国之哲学博士蒋梦麟君来校参观并向学生演讲。

十七日，前两江师范学校图画手工教员李健君到校，就图画手工教员职。

二十二日，开工设置网球场。

二十七日,赵校长伴送苏门答腊岛棉兰埠华商学校学生陈浩华由上海到校肄业。

二十八日,开职教员会议,议决实行组织贩卖部。

六月三日,本校贩卖部开幕。

四日,爪哇岛华侨学董陈金山君由上海来电,言初六日早有华侨学生十二人来校肄业,赵校长当赴上海迎接。

五日,新加坡华侨学校学生李炳章到校肄业。

六日,赵校长伴同陈金山君率领学生黄汉隆、蒋金朝、高进基、陈泰敬、马发义、马发有、陈锦龙、黄长成、黄长兴九人到校肄业,其余三人因病留养上海。

六日,本校学生俱乐部成立。

七日,赵校长偕陈金山君赴上海并接新生。

八日,赵校长率同学生林美兴、林咸让、林绵和三人到校。

十日,本校学生储蓄银行开幕。

设幼稚生特别寄宿舍,由校长夫人任监护之责。

十一日,陈金山君率领爪哇岛华侨学生李毓华、李景华、苏秀林三人到校肄业。

十二日,柔佛宽柔学校校长林国樑君率柔佛宽柔学校学生黄树芳、林弈宜、邱桢祥、骆国良、陈瑞松、林其章、曹恭安、蔡戎勒、林钟琪等九人,又柔佛埠英华学校学生林美盛等到校肄业。

十五日,学生演说会开幕。

开国语特别补习班,专教荷兰中学学生苏秀林。

十六日,添设补习班丙组,学生十一人(先是原有学生五六人,每日赴高等师范学校附属小学上课)。

十七日,赵校长宣布师范、商业两科教育方针,即日呈报教育部。

黄筹办员赴天津,旅行朝鲜、东三省,考察教育实业事宜。

二十一日,曾游南洋之留日学生李献奇君率爪哇三宝垅华商中学学生杨萃美、汤腾汉到校肄业(杨、汤二生均自日本回国)。

二十五日,购到幻灯器具,晚间试演。

二十八日，吉隆坡尊孔学校校长宋森君率学生赵百悦、吴道明、黄国元，又文岛槟港中华学校毕业生曹侠夫、陈原顺到校肄业。

七月五日，南京高等师范学校体育专修科毕业生吴蕴瑞君到校，任体育教员职。

六日，菲律宾怡朗乙种商业学校来电，报告有学生叶璧、戴敏朗二人已起程回国，就学本校。

八日，泗水熊衡三君理来函，报告荷属华侨教育总会议决，岁派学生三十人留学本校。

九日，爪哇三宝垅华英中学学生陈延温到校肄业。

十日，东京高等师范学校毕业、前浙江第十师范学校校长姜伯韩君琦来校，任师范科主任职。

十六日，菲律宾商业学校学生叶璧、戴敏朗二生到校肄业。

十八日，舍监林思温君请假两月回南洋。

二十四日，新加坡养正学校学生潘璧东到校。

三十一日，教育部电招赵校长到北京，商设师范研究科事。

八月一日，新加坡育英学校毕业生许声鹗、南溟高等小学生侯会史到校肄业。

本校招收内地师范生事，本日截止报名，计报名者二百三十人。

三日，赵校长赴北京教育部面商校事。

爪哇岛巴达维亚华侨梁炳农君偕其戚程天固君送子振东到校，旋即他往避暑。

四日，新加坡育英学校毕业生韩甲光由上海复旦公学转入本校肄业。

八日，苏门答腊岛华侨学生黄基泰由上海南洋中学转入本校肄业。

九日，留学美国康奈尔大学文学士高阳君来校，任英文及经济教员之职。吉隆坡尊孔学校校长宋木林君返校。

十二日，借上海第二师范学校，试验内地师范生，应试者四十余人。

十三日，呈报教育部设置师范科第二部缘由大旨：一因华侨教育界急于需才；二因内地中学毕业生多志愿从事南洋教育者。

十四日，本校试验师范科新生，应试者七十余人。

十五日，暹罗华侨学生赖易锦自上海沪江大学转入本校。婆罗洲华侨学生邹慰生自上海清心学校转入本校。婆罗洲坤甸中华学校毕业生邓日辉自上海东吴中学转入本校肄业。

十六日，函聘范宬君为本校事务主任。

十八日，揭示选取之师范生，计正取十七名，备取二十名。

定购美国新式打字机五架。

二十一日，苏门答腊岛棉兰民礼中华学校毕业生郑贤茂、谢吉珊、石汉荃、石汉宗四人，由棉兰领事张步青君、中华学校总理吴安国君保送到校学习商科。

二十五日，爪哇岛华侨学生赖灿辉由陈金山君保送到校肄业。

二十六日，槟榔屿学生丘文英自上海南洋中学转入本校肄业。

本校特派学监涂开舆君赴北京招考师范生，报名者二百余人，本日试验。

二十八日，爪哇岛华侨学生戴春隆由上海南洋公学转入本校肄业。

九月一日，上海、南京二地考取之师范生，自本日起陆续到校。

英国伯明罕商业专门学校毕业、前北京大学教员王敬礼君到校，任商业及簿记教员职。

新加坡养正学校学生陈治善到校肄业。

三日，福建暨南局保送华侨公学学生詹玉甫、祝廷翰二人到校。

新加坡道南学校毕业生梁孙谋自上海公学转入本校。留学美国哥伦比亚大学专攻化学之工科硕士柯成懋君到校，任英文理化教员职。

四日，黄筹办员自东三省考察回校，演讲考察情形。

五日，考试补习科及师范科。又，小学生英文程度区分四级教授。地理学家别号太平洋人之姚明煇君来校，演讲南洋与世界之关系。

六日，农业学校教员吴元涤君到校，任博物教员职。

九日，行秋季始业式，各科教员均有训词。计华侨学生七十人，内地学生四十人。中入商科者二十五人，入师范科者四十九人，入补习科者二十五人，其余编入小学级。

开职员会，讨论编分班次、规定教室席次、委任职务生、揭示教科用书等事，并发给教授要目。

按，师范科分第一、第二两部。一部三年毕业，中学毕业生入之。

十日，槟榔屿陈新政君寄赠商品十二种，并论文一篇，题为《椰子之将来》。

爪哇岛大喜马拉雅许克诚君率直葛中华学校学生颜清源、杨有春、林厥颇及大喜马拉雅中亚学校毕业生钟瑞贤、宋泰宣等五人来校肄业。

菲律宾怡朗乙种商业学校毕业生林建邦来校肄业。

十三日，婆罗洲胶容毓秀学校教员丘次升君寄赠商品五种。

购入杭州武林铁工厂器具及材料，共七大箱，计价值一千五百余元。

上海华侨公司经理傅溪水君偕爪哇岛巴城华侨黄涂城、芝拉扎华侨张寿侯等五君来校参观留宿。

十六日，安班澜中华学校教员容璞完君率安班澜中华学校学生汤文光，又福建华侨公学学生庄名登二人来校肄业。

教育部袁次长晚间到校视察一周。

十八日，袁次长到校奖勉职员并对学生训话。大旨为宜耐勤劳、宜守规则、宜自动自律。同时来校者有部视学陆咏沂、黎惠中两君。

十九日，旧历中秋。由校长率领全体学生出校旅行，游览古物保存所、明故宫遗址等处，并绕城墙而归。

二十一日，打字机购到后，打字教员亦即聘定，本日开始教授打字。

二十二日，同济医工学校学生郭允刚送学生郭允全、郭维贤(爪哇直葛中华会馆学生)到校。

二十三日，附属两等小学开课。计华侨学生十四人，内地学生称之，教员三人。

第二部师范生分任国民科、图画手工、音乐手工等课,藉资实习。

二十四日,三宝垅中华学校校长石鸣球君携归商品百余种,本日由上海转寄到校。中有何君休一所赠者。

二十六日,购到风琴多架,布置音乐、练习室等处。

二十七日,上海中华职业学校介绍木工教员吴伟正君到校。

十月一日,接教育部指令,开清华学校特许本校保送爪哇岛华侨学生林咸让、高进基二人入该校肄业。

二日,新加坡华侨学生饶于侠到校肄业。

六日,本校图书馆行开幕式。计有图书一千二百十三册。

九日,爪哇岛万隆中华会馆翻译黄明水到校,习师范科。

校门楼顶立一旗竿,工程告竣。

十日晨,举行国庆式。全校职员及学生一百二十五人(走读之当地小学生在外)齐向国旗行礼,随至小营参观阅兵式。晚间黄筹办员、赵校长设筵,宴全体学生于膳堂,并以留声机助兴。宴毕,开共和庆祝会。首由赵校长,黄筹办员,姜教务主任,高、刘、汪诸教员等,相继演讲国庆事。次有陆教员之演拳术、小学生之演双簧。次有幻灯片之试演,由黄筹办员一一讲演,最终放烟火而散。

十一日,无锡实业家荣宗铨君(面粉厂主人)、常州商业银行行长江上达君到校参观一周。

十二日,开全体教务会议。

十三日,商业、补习两科体操加授拳术(师范科已早教授)。

十四日,前暨南学校毕业生、爪哇华侨沈紫成君,毕业于英国伦敦大学经济科,来视母校并于朝会时讲演。

十七日,黑龙江省教育会会长刘凤池君来校参观,即时开会讲演。

十八日,本校师范、商业两科学生与高等师范学生竞球,我校胜二球。

二十日,图书馆添购百科全书等英文书籍多种。

二十一日,美国人毕范宇君来校辞行(回国从军),当请讲演并摄影茶点。

函约姜琦君任本校教务主任,仍兼师范科主任。

又约王敬礼君任商科主任,许克诚君任补习科主任,柯成懋君、高阳君任本校教务部顾问。

江苏省立第一师范学校职、教员,学生三十人来校参观。

二十六日,北京高等师范学校校长陈宝泉君、教育部秘书胡家祺君到校参观并开会讲演。

晚上,学生开辩论会,黄筹办员亲为评判。

二十七日,华侨傅溪水君偕其岳母陈金山夫人由上海来,拟率华侨小学生马发义、马发有二人回南,二生不欲,遂由校电商其家族,劝留校肄业。

二十八日,甘肃教育厅长马邻翼君到校参观。

文岛华侨学生廖德冉(毕业于上海商业专门学校)来校,入师范第二部。

三十日,马邻翼君到校讲演甘肃事情。

巴达维亚中华会馆学生郑登俊由华侨张东海君率领到校,入商业科肄业。

十一月一日,赵校长率领学生林咸让、高进基二生赴北京入清华学校,并到教育部商榷校事。

五日,特请上海德大、厚生两纱厂经理穆藕初君、湘玥到校讲演。

菲律宾马尼拉学生陈振福、蒋江汉,苏门答腊学生廖建文三人到校肄业。

十一日,华侨学生吴兰英女士由第一女子师范转入本校,由校长家族管理,另聘教员,特别授国文、算学。

督军署开各界茶话会,商议筹款协济协约各国事。本校由学监涂开舆君代表赴会。

十四日,放假。庆贺协约国及美国最后战胜。

赵校长由北京返校,并携带教育部发给本校图书二百余卷。

十六日,全校学生赴小营庆贺协约国及美国最后胜利。

十七日,接教育部电,本校七年度经常费增加一万五千六百元,已准财政部咨提前提出,阁议议决照准。

晚间,赵校长召集全体学生开临时讲演,题为《欧战结局与中国之前途》。

十八日,槟榔屿华侨学生丘文奇自上海南洋中学转入本校。

二十一日,决议修建礼堂,制造礼堂用坐椅,并规定商业博物馆房屋。

文岛学生陈长富回国来校肄业。

二十五日,高等师范学校校长郭鸿声君到校讲演,续由校长训话。

二十九日,各教室及办事处装设火炉二十处。

三十日,黄筹办员朝会时训话。

十二月一日,电请韩希琦君来校。

四日,华侨学务调查员熊理君函送学生温其普到校肄业。

五日,三宝垅中华学校校长石鸣球君到校参观,即住校内函购动植物仪器,价约六百余元。

九日,许克诚君率大喜马拉雅学生张进厚来校,入补习科。

购到英语演说留声机一架。

各科学生学期试验自本日始。

十三日,日本中央大学毕业生朱章宝君到校参观,朝会时讲演《华侨实业上之竞敌与弱点》。

购到英文图书多种。中有值价一百五十元之《商业政治地理大全》一部。

十九日,赵校长率学生演说会代表梁孙谋、游进勉二员,赴上海江苏省教育会所发起之演说竞进会。

二十一日晚,黄筹办员、赵校长在上海与北京大学、南京高等师范学校、江苏省教育会、中华职业教育社五团体会议,共同组织新教育共进社,当经决议进行各事。

演说员游进勉在演说竞进会演说。是日预赛,计到会出席者十九校,由评判员择尤录取十一人为演说决赛员,游生与焉。

补习科主任许克诚君因将重游南洋赴上海,全校职教员学生开欢送会。

二十二日，演说员游进勉在上海演说竞进会中决赛，听者深为赞许。

二十四日，游进勉、梁孙谋二生返校。

安班澜中华会馆学生洪坤顺、洪维煜、洪金龙、戴东侠、洪元安、洪东来等六人由上海复旦公学转入本校。

赵校长赴杭州考查武林铁工厂及征集商品。

二十八日，教育部视学员林锡光君与南京高等师范学校附属中学主任陆规亮君到校参观。

三十日，师范科设置训育主任一人，请附属小学主任刘平江君兼任。又补习科决改为中学科，除拟章呈请教育部外，并函约高阳君、柯成懋君分任中学各年级主任。

师范科学生出外参观。各小学商科学生出外参观各工厂。

三十一日，全体学生赴高等师范学校参观，由学监主任陈主素君容在大礼堂讲演。

晚上，校长在学生俱乐部召集全体学生，为过年之训话。

（《中国与南洋》1919 年第 5 期）

暨南学校概况报告书

（第一次）

一、侨生就学之踊跃　我校筹办于欧战正酣、航轮阙乏、国内失和、金贱银贵之秋。第一困难之事，为招致侨生回国就学。盖南洋群岛远离祖国，航轮阙乏，则不能飞渡；国内失和，则人怀疑虑；金贱银贵,则汇兑受亏。此三原因,皆足以使侨胞子弟裹足不前者也。正平会同黄君炎培筹办之初,即共同注意及此。一方以私人名义,广为通信,并发行定期之周刊杂志与其他印件,以祛侨胞疑念;一方于校内规划力求完备,并按照逐年进行计划亟亟施行,以树信仰风声。幸赖海内外热心君子之辅助,自民国六年冬十一月开始筹办,七年三月开始授课,至今不满两年,而海外侨生踊跃来归,先后就学者达二百零二人。以时区分之,则七年一月就学侨生只七人耳,阅半年,增至六十四人,又阅半年,增至百零四人。至今年暑假则增至一百六十四人。暑假以后两个半月内则续来三十八人。此皆长风万里立志求学之闽粤两省爱国少年也。今更分其侨居地如下。

	地名		先后到校人数	出校人数
荷属	爪哇		八一人	十二(转校及升学)
	苏门答腊岛		一三	
	文岛		八	一(转校)
	婆罗洲		七	四(三人毕业一人转校)
	龙目岛		一四	三(三人毕业)
	其余各岛		一	
英属	海峡殖民地	新加坡	二二	四(一人回南三人转校)
		马拉甲	二	
		槟榔屿	五	
	马来半岛		三二	二(一人毕业一人转校)
	缅甸		四	
	锡兰岛		一	
美属	菲律宾群岛		八	一(故)
	檀香山火奴鲁鲁		一	
法属	安南		二	一(回南)
	暹罗		一	

以上南洋各属侨生二百零二人中,除毕业、升学、转校、病故外,今皆在校。值困难之时机,以复兴之未久,而能集英、荷、美、法各属之侨

胞子弟于一堂，求世界之学术，习祖国之言文，斯固初料所不及者也。

一、学科学级扩张之猛进 本校念华侨子弟回国求学之不易，教育上唯一之注意，在使人人各得其所，而各成其材，故编制学科学级，一不以校中经费为前提，二不以学生多少为前提，惟视来学者之需要，竭力以应其所求。抱此宗旨，事实上之进行，遂不能不超过预定计划。当七年三月开课之初，留级学生不足十人。学生目的，惟在补习普通学科，以备升学，故按照预定计划，只设补习科，至去年秋季始业，照预定计划，应设师范、商业两科，而来校学生亦多志愿学习两科者，且有若干学生已有中学毕业程度，于是增设师范、商业两科之外，复设师范第二部，以内符学生之求，外为迅速造成师资，供南侨教育界需要之计。此为事实进行超过预定计划之一。至去年末，补习科学生日众，其中多愿留校二三年，修毕中学程度再图升学，乃知组织简易课程阙略年级不分之补习科万不足以餍学生之望，遂即拟定中学科章程，呈准教育部于本年正月成立中学科。昔之甲乙两级补习科，至此遂分成中学四年级。此为事实进行超过原定计划之二。本年秋季，照预定计划，师范、商业应各开新级，并添开农科或工科，开办附属小学。中除农业或工业科以中学科中自三年级起，已分设文理两科。学生志愿学工者有所归宿，无急速开设之必要，暂从缓办。其余进行计划，均次第实施。且于新旧两商业科外，增设一商业特科，以教授已在中学毕业或甲种商业学校毕业之学生，备一年毕业后供南侨商界之需。复于新旧两师范科外，增设一社会教育科，以养成从事南侨社会教育事业（如新闻记者等）之人才。附属小学则上年本已开办，本年扩张至五级。补习科亦重加厘订。此为事实进行超过原定计划之三。以经过一年有半之岁月，而学科学级之编制由一补习科增至十余级，扩张或不无太骤。然为应付万里来归之侨生计，固不能不兼程以进也。今综计现有之学科学级如下。

师范科第二年	一级
师范科第一年	一级
社会教育科	一级
商业科第二年	一级

商业科第一年	一级
商业特科	一级
中学第一年	一级
中学第二年	一级
中学三年文科	一级
中学四年理工科	一级
英文国文算学补习科	各一级
特别补习科	一级
附属小学	五级

一、国内学生之附加与全校学生数 本校定章入学资格本只限于华侨学生，嗣爪哇三宝垄商会建议，请兼收若干内地学生，以收互相观摩之益。其余各埠以此为言者，不一而足。遂于七年五月呈准教育部，凡国内高等小学毕业、其父兄或保护人现在南洋经营工商业者，又师范科华侨学生有缺额而国内学生有赴南洋为教师之志愿且具相当资格者，均得适用入学手续，准予入学试验。于是国内学生援据此条，纷请入学。计自去年暑假后，至本年秋季始业止，一年间入校之国内学生，除附属小学之六十余人不计外，分入师范、商业、中学各科者，先后达七十三人，其中半与华侨有关，半则志愿从事南洋教育或商业。习师范之内地学生，其入第二部者，已毕业十四人，大半已派往南洋英荷各属服务。今将此已经毕业与中途辍学者不计，现在全校各科学生总计如下。

师范科第二年级	三三人
师范科第一年级	三〇
社会教育科	四
商业特科	二八
商业科第二年级	二三
商业科第一年级	二〇
中学科各年级及补习科	七〇
特别补习	二

附属小学各级 八二

总计{本校 一一〇
附属小学校 八二

一、本校与南洋华侨之联络 本校与南洋华侨之联络,为至重要之天职,亦即至繁难之问题。筹办以来,关于此事,极为注意。幸内外精诚相感,声气日通,侨生就学日众即其明效。今特将一年余中本校与南侨互相关系之事,举其荦荦之大端如下。

(甲)南洋方面之对本校

1. 护送学生回国来校之人物 去年三月以后,南洋华侨教育界之校董、校长、教员及学生亲族亲送学生来校者,有前暨南学堂毕业生爪哇华侨林思温君、新加坡养正学校校长梁襄武君、教员石维森君,有柔佛宽柔学校校长林国樑君(两次护送学生),有巴达维亚中华会馆董事陈金山君(三次护送学生),有吉隆坡尊孔学校校长宋森君,有中途病故之苏门答腊日里民礼埠中华学校教员朱炳文君,有爪哇岛大锡马拉雅中华学校校长许克诚君,有安班澜中华学校教员容璞完君,有巴达维亚商人张东海君,有苏门答腊报馆经理刘士木君,有爪哇岛茂物埠中华学校校长李玉衡君,有大吡叻埠华侨教育会副会长何照轩君,有泗水中华学校校长许孝先君(两次护送学生),有前暨南学堂毕业生傅溪水君、许毓介君,有吉隆坡巴生港口中华学校总理郑受炳君、董事曾纪孔君,有三宝垄中华学校教员吴锡嘏君,有吉隆坡中国学校教员张近荃君,有新嘉坡道南学校校长顾旭侯君。此一年余侨南学界对于本校热忱赞助之一斑也。

2. 特来本校参观之人物 自去年八月以后,华侨之到校参观者,不一而足。对于本校前途皆抱殷殷期望,于办法之未尽善者开诚指导,于办法有可称者尽力宣扬。此至可感佩者也。今依到校之先后,纪其姓氏如下。

巴达维亚侨商今该埠商会副会长梁炳农君

爪哇岛巴达维亚华侨黄涂城君芝拉扎华侨张寿侯等五君

前暨南学校学生毕业于伦敦大学之爪哇华侨沈紫成君

苏门答腊岛侨商梁福屏等三君

前南洋视学员郑心南君

华侨联合会会长李登辉等三君

火奴鲁鲁华侨程联君

新嘉坡侨商李克己君

苏门答腊岛华侨吴世泽等五君

新嘉坡侨商何仲英君

三宝垄华侨李元创君等

巴达维亚巫文新报总理侯德广君及其夫人

暹罗华侨代表陈沅君

缅甸仰光华侨陈清源等三君

槟榔屿侨商邱明昶、陈民情、邱润德等三君

3. 各属侨胞与本校通信之概况　上述亲送学生及到校参观者外,各属侨胞对于本校之通信亦甚频繁。此种通信,或致上海中华职业教育社,或寄黄君炎培与正平个人。其寄本校者,实不足二分之一。然计本校一年半中所得重要函电,如保送学生,如讨论校务,如托聘教员,如致谢学校者,统计英荷美各属,已约达三百件。其中新嘉坡、泗水、仰光三地之教育总会,巴达维亚、三宝垄两地之商会,菲律宾怡朗岛之商业学校、新嘉坡新建之中学校、苏门答腊日里埠敦本中华等学校及爪哇各属中华学校、各领事署,于本校关心尤切,而通信尤多。此尤本校之荣誉也。

此外尚有牺牲精力为本校服务、赠送物品、助本校设备者,容另条述之。

(乙)本校之对南洋方面

1. 实际之联络　筹办本校之黄君炎培于筹办本校以前,躬历美英荷各属,考查教育成绩,提倡实用主义,劝导侨民子弟回国就学,是为实际联络之始。本年春,复以宣布本校办学情形与进行计划及征集南洋商品、劝导侨生回国之宗旨,偕韩君希琦重游英荷各属及法属,到处开会演讲,备受欢迎。黄君阅三月始归,韩君今正留滞爪哇岛,四处接洽,尚未竣事。查韩君在爪哇历任荷属教育总会及三宝垄商会驻办,信用既孚,热忱尤著，故所到之地，商学两界均表欢迎。此本校实际联络南侨之情形也。

2. 人才之介绍　南洋各属华侨多能以独立之精神经营教育，只以人才难得，致发展迟迟。本校有鉴于此，故介绍人才列为进行计划之一。自筹办迄今，计以黄君炎培个人名义或本校名义介绍南行担任中小学校长暨男女教员不下三十余人。其中如新嘉坡中学校校长涂君开舆，则为本校至得力之学监也。槟榔屿中学校校长许君克诚，则为本校至繁难之补习科主任也。新嘉坡道南学校新教员四人，婆罗洲山大根中华学校校长教员各一人，爪哇之泗水、望引、文地兰各埠及马来半岛双溪、丹年等属之中华学校，每处新教员各一人，皆本校师范部毕业生之优秀者。不独此也，凡归本校介绍之教员所需川资，有由本校垫付全部者，有由本校贷付一部者，故自本校复兴，南中热心兴学之侨商可大减延师之困难。此又本校实际联络华侨之一端也。

3. 编辑通信招待等事之布置　本校为沟通内外声气，发行一种杂志，即名《中国与南洋》，每两月一册，现已出至第七期，每期一千份，专送南侨各机关各要人及国内之关心南洋侨况者。又出周刊一种，初名《中国与南洋外刊》，后改《暨南周刊》，现尚继续发行。除发送南洋各属外，并备本校学生购阅。此两事均归本校编辑部办理。

本校校内又设通信部，专司中国与南洋间之通信事宜。初由校长兼摄，嗣聘韩希琦先生为该部主任，并于英荷各属要地置特约通信员。又托上海中华职业教育社为发行及通讯机关，沪宁两处发出函电约在千通以上。

华侨初返国门，必须招待，故本校并托上海中华职业教育社特置专员，负招待责任，并以友谊恳托上海华侨学生会会长谢碧田君分招待通信之劳。谢君热忱，尤为可佩。前述护送学生及到校参观之侨外同胞，大半皆曾经招待者。招待之事不独限于上海，即到校华侨有其他游历或考查等任务，本校亦引为己任。又本校无女学部，而华侨女学生之回国求学由本校保送入学者，亦有六七人也。

一、校内之组织与教员　本校内有形形色色之学生，外有联络南侨之职责，事务繁重，殆全国各校所未有。欲期事无遗漏，断非校长一人精力所能堪。故自本年秋季始,校内组织依据德谟克拉西 Democracy 主义,将全校事权分属两处三部。何谓两处?教务处与学监处是也。何谓三部?师范部、商业部、中学部是也。教务处由三部共同组织而成,教务主任即由三部主任公推担任。监学处则统率训育、事务两部,使设备上毫无阻隔。今举干部之组织,表示如下。

监学处
- 训育部主任
- 各科训育主任
- 事务主任

教务处
- 师范部主任
- 商业部主任
- 中学部主任

此静的组织之外,又有动的组织为辅助,即全校之校务会议、学监处之训育部会议、教务处之全体教务会议与分部会议、学科会议等是也。(学科会议分为四:曰国文科,曰英语科,曰自然学科,曰社会学科)

机关之运用,全视夫人。故本校延聘教职员尤尽属一时之选,今记本校现在教职员之姓氏如下。

留学美国得博士学位者一人　朱进君(银行学教员)

留学美国得硕士学位者二人　高阳君(学监主任)、柯成懋君(中学部主任)

留学英美国得学士学位者二人　王敬礼君(英)、王毓祥君(美)(商科教员)

留学日本早稻田大学经济科毕业者二人　丘心荣君(商业部主任)、傅希说君(法制经济教员)

留学日本东京高等师范学校毕业者二人　姜琦君(师范部主任兼教务主任)、贾观仁君(数理化教员)

国内美国各大学毕业者三人　唐锡恩君(商科训育主任兼英文教员)、朱亦崧君、王庆功君(英文教员)

国内各高等师范学校毕业者六人　杨匡君(史地教员)、陈灿时君(图画手工教员)、郑祖武君(商品农博教员)、吴元涤君(博物教员)、

吴企南君（国文教员）、黄斌生君（体育教员）

国内各专门学校毕业者四人　林鸿斌君（英文教员）、吴企彭君（英文教员）、赵际昌君（金工教员）、吴伟正君（木工教员）

国内老于办学者三人　黄守孚君（国文教员）、刘平江君（师范科训育主任兼附属小学主任）、齐天久君（算学教员）

久任南侨教育积有经验者六人　林国梁君（训育部主任）、俞锷君（国文教员）、许豪士君（国文教员）、柏汉襄君（补习科教员）、朱寿颐君（补习科算学教员）、朱春雷君（补习科国文教员）

以上教职员皆于华侨教育具有热心，故有参义务性质者，中如丘心荣君、高阳君俱有为学校全尽义务之意，此尤教育界至难得之佳象，而本校前途至可乐观者也。

一、校内附属机关之设备　侨生万里远来，不啻以校为家庭，以校为社会，故本校一切设备尤当较他校为周密。今举要如下。

1. 附属小学校　附属小学校于七年秋季即行开办，当时宗旨重在教育在校之华侨幼生，而师范科实习尚在其次，故开办时规模简单，设备草草，其时教员仅三人，学生三十余人。嗣经小学主任刘平江君逐渐扩充，至本年秋季增至教员八人，学生增至八十二人，其中华侨小学生约二十人，均驻校。此等小学生初由校长家族以家庭风管理养护之，本年秋季已聘女教员二人，改由女教员接管。校中编制、教授、训练，悉采最新之方式。其内容及分年进行计划，另有报告。兹不具述。

2. 图书馆　学校图书馆筹办于开课之始，开幕于七年十月，所存中东西各种图书杂志，截至本年九月二十日止，统计一千八百四十种、二千零二十四部、五千四百二十九册。虽未臻闳富，然普通参考图书殆已尽具。现正陆续扩充。又附属小学图书分馆之书不在此内。

3. 学校银行　学校银行之设立，宗旨有三：一、养成学生储蓄习惯；二、减少学生本身存款随时浪费之危险；三、供商业科实地练习之需。然此外又有一极大效用，即到校之学生或以川资已罄，书籍费、膳费、衣服费均无所出，或身罹疾病发生特别要需，学校均不能不为临时之通融。此种通融必须与学校会计处划分，故专属银行。今统计七年五月间开办以来,至本年九月十八日止,学生存银行未支之款三千二百八十六元,借与学生未还之款二千零五十元。今后学生日众,款项出入必日益繁,本校已委托日本东京高等商业学校毕业生周苊忱君专司其事,一方整理簿记,一方扩充业务,正在积极进行也。

4. 商业博物馆 此馆宗旨,一为本校商科学生研究国内外商品,一为使国内外工商业家得有所比较。其搜集陈列分本国与南洋两大部。每部分天产、人造若干类,并列有货币一门。去年夏开始征集以来,截至本年九月二十日止,计国产品六百十三点,南洋特产品四百九十三点,附东西洋货九十三点,各外国货币五十一点,统计一千二百四十点。此等货品,由本校出资购买者仅十之三四,其十之六七皆由国内外襄助本校者之寄赠。寄赠者之中,半系南洋侨胞。今纪寄赠商品之侨胞姓氏如下。

新加坡林义顺君 同埠端蒙学校张岫云君 同埠培元学校黄文辉君 槟榔屿陈新政君 北加浪岸杜吉成君 廖成国君 三宝垄中华学校石鸣球君 同埠商会韩希琦君 且美士吴振元君 峇塘苏笃庆君 胶容毓秀学校丘次升君 柔佛宽柔学校林木卿君 缅甸仰光庄银安君 徐赞周君 曾文谦君 龙华寺僧性原 曼特来陈敬堂君 李任卿君 仰光知模两埠侨商 上海华侨有限公司

此外,菲律宾科学局寄赠藤竹麻草各种编织物一百二十一种,植物标本三十九种,由傅君焕光居中征集。又荷属东印度之农部尤为搜集爪哇农产品全份,寄校陈列。皆为本校至荣誉之事。

又英荷各属商品经韩希琦君征集,尚未运回者,约有数百点。现在校中陈列所只有一室,正在力图扩充中也。

5. 医院 本校管理学生最重要之事,无若卫生,故开课后两个月内即在校内设置诊病所。初由赵周文洁女士完全担任义务,驻校随时诊察。其疾病之疑难者,则另与校外医院特约,随时请诊。一年余来,校内医疗器械药品逐渐增置。现在正图布置房室,成一正式医院。至已往一年余间,诊察之经过成绩尚堪自慰。除送往校外医院及另请校外医员到校诊察者不计外,统计诊病人数,七年上半年,内科一百五十六号,外科二百九十八号;七年下半年,内科一百七十八号,外科三百十六号;八年上半年,外科四百八十七号,内科一百九十六号;七月至九月,外科一百八十六号,内科四十六号,均完全就痊。其中有临时急症三人,几濒于危,亦赖赵周文洁女士施急救法,得以无恙。又校中学生虽有病故者三人,然均在校外,与本校卫生无关。又有一人患咯血症,一时不能告痊,以本人不愿南旋,故送往焦山调养。

6. 贩卖部　贩卖部宗旨,直接所以为学生购置书籍物品之便利,间接可以减少学生之因购物而请假外出。部中所得赢余,原定提出若干成,补助学生俱乐部经费,只以经理不尽得宜,成绩尚无可告。现正改良簿记,采用新商店分部组织法,并托谙于商业而诚笃可恃者为经理,以图挽救。

一、教授上之特别困难与补救　本校训练教授之困难,在全国学校中殆未见其匹,本校一一以新教育主义解决之。今分述之,要亦教育界一参考资料也。

(甲)关于训练方面者

1. 矫正行为之困难　华侨学生性习与国内学生较,自有特长,然亦有短处。例如意志强固,一特长也,而情操稍弱,即其短处;心地质直,一特长也,而易流粗暴,为其短处;思想纯粹,一特长也,而失之简单,为其短处,因此长短互见。故管理侨生者,刚柔两道均不得当。何也?刚则因其情操稍弱等短处足以激生正面之冲撞,或不可挽回之离心力,柔则因其意志坚固等长处而无法转移其谬误,甚或成放任自然之惰习。故初时,刚性之人任本校训育失败者有之,柔性之人任本校训育而无成功者亦有之。然刚柔两性兼具,学问上非彼信仰或责任心不甚富足,则仍不足言管理。此在国内中等学校中所特著之困难。

补救　选担任训育之人,以富于弹性、有责任心、学科上为学生信仰者为标准。至管理方法,纯本恳挚之热忱,为明白之劝导,以唤起学生良知,而令自然感化为要诀。正平与训育部同人牢守此意,实施训练,成绩渐著,差可慰也。

2. 涵养校风之困难　国内学校学生入校有定时,故得于一定时期，聚精会神训练新生，使合于原有校风。然本校侨生入学，以航路关系，决不能施时期限制。于是入校者后先络绎，终年不息。且或自英属来，或自荷属来，或操粤语，或操闽语，言语不同，性习互异，而一致之校风难期实现。

补救　根本救济在别新旧寄宿舍为二。新生于校中规则，未能熟谙，或未全符合之时，先入校外寄宿舍，以为准备。庶入校内寄宿舍者，不致紊乱原有校风。然此事以经费关系，方在计划中。至目前救济法，只有施行以下数端为补救。（一）利用每日十五分钟之朝会，宣布校中要则。（二）利用演说会、运动会、研究会等机会，令新旧生多所接触。（三）校长、学监、主任及各科训育主任，随时开新生茶话会或轮邀聚餐。（四）提倡旧生与新生交际。此数端行之，成绩尚著。

3. 监督金钱之困难　浪费金钱最足败坏品性，损及学业。而侨生中多富家子弟，不知经济艰难，且远离室家，无人监督，浪费为最大之病。本校关于此事尤极困难，幸设种种补救方法，得以去其太甚。然较之国内学生犹为奢也。

补救　第一，设立学校银行，定学生有款须存银行之规则。存款时经学监处附印，支款时银行亦即照支款通例，要求附印者加印。学监处得于此时询问用途，而决其盖印与否。此法行于存款之学生颇著成效。然有少数学生接受家庭汇款，并不存储，于是有第二法焉。一面通函南洋家族，请将汇款径寄本校，或通知款数，而于寄与学生之保险信到校时，学监处即传知本人当面开拆，以视有无汇款。此法行后，南洋家族照办者甚多，然仍有不周密处。今又有第三法。由学校分别性质，定一每年预算标准，发令学生斟酌自己境遇，自行填造预算，由学监处核准，通知银行。银行即照预算，自由支付。今后拟将附印规程废止，如有超过预算时，仍须学监处盖印。此法所以省频频盖印之烦渎，而减去学生存储困难，今正在试验中。

以上数法励行，撙节学生用费者甚大。某某三生，在上海某校每年用款千元左右者，入本校后每年减至三百金。其他华侨学生学商业中学科者，每年用款不出二百金。学师范科者尤省。

4. 垫付金钱之困难 侨生固多富裕，然亦不乏清寒。到校后，家族汇款有不足供书籍、衣服、学膳等费之所需者，本校对于此等学生亦不敢忽视，盖万里来归，不能以区区经济之故而阻其求学之路也。

补救 一减免学费；一在学校银行为有限制之通融；一应本人能力，令为学校服务，学校酌予津贴。

5. 注意卫生之困难 保持侨生健康为本校第一要务，而少年卫生不慎尤为通习，加以多数学生侨南时有好食杂物之习惯，彼此气候尤不相同，故侨生于衣食两端偶不经心，即患疾病。尤困难者，寒暑两假大多数仍驻校内，学校不能不负保管之责，而寒暑假内殊易得病也。

补救 除驻校医生以时检查饮水及清洁外，力图减除学生购食杂物之习惯。一面举卫生常识，载之规则，使知遵守。在寒暑两假，则规定补习时间或课外作业与指导教员，以减少其不卫生之事。

（乙）关于教授方面者

教授方面之困难，有精神、形式两种。精神方面之困难，为学生重视实用知识之价值，而不解学业积分为何物，且缺乏学理上细密之研究。与国内教育界忽视实用价值，如为空理之敷衍，强以分数诱迫学生作业者，适得其反。本校关于此事已规定各科教育方针，且随时与全体教员讨论适确之教材，采有兴味之教授法，并另定编辑教科书计划，务期贯彻所谓适应于南洋华侨需要之宗旨。（各科教育方针及编辑教科书计划另刊）

形式方面之困难，重大者有三。

1. 全体程度之不齐一 各属到校侨生之程度，低者仅国民学校二三年，高者英语已超过中学。且志愿各殊，年龄相差亦远。又有年龄已在中学时代，而国英两语全不解者，分配学级，困难万状。补救之法，惟有尊重个性，多开学科学级。如前所述。

2. 个人学力之不均衡 到校侨生，有英文程度颇高而国文算学程度极低者，有国文已达中学三四年而英文极幼稚者，有国文英文俱可而算学幼稚者。编制学级，几几无从着手。本校教务处深思熟虑，得下列数端，为解决之道。

一、师范科以国文相近者为标准。一切学科，多用国文教授。

二、商业科以英文相近者为标准。一切学科，多用英文教授。

三、教授英文国文时，采用分团教授法。统全校学生，混合编成高下各级，于同一时间教授，令学生各随程度入相当之学级。

四、中学科编制不取笼统之年级制。就中学科各科目，区分为国文部、英文部、数理学科或社会学科部为三，每部各分为四年级。各部学科与时间之支配，令不相悬，以使学生任何编组（如英文一年级、算学二年级、国文三年级或英文三年级、算学二年级、国文一年级等是）。每星期授课时间之统计，无过多或过少之差。今录中学教科分配表如下。

分部	年级	科目及每周时间	总计
国文部	一年	国文　六　中国历史地理　四	一〇
	二年	国文　六　中国历史地理　四	一〇
	三四年文	国文　六　文学　四	一〇
	三四年理工	国文　六	六
英文部	一年	英文　一〇	一〇
	二年	英文　一〇	一〇
	三年文	英文　六　文学　四	一〇
	三年理工	英文　六　世界地理　三	九
	四年文	英文　六　文学　四	一〇
	四年理工	英文　六　世界历史　三	九
算学理科部	一年	算学　六　博物　四　图画　二　手工　二	一四
	二年	算学　六　理化　四　图画　二　手工　二	一四
	三年理工	算学　六　物理　四　图画　二　手工　二	一四
	四年理工	算学　六　化学　四　图画　二　手工　二	一四
社会学科部	三年文	世界历史　三 法制经济　四 世界地理　三	一〇
	四年文	世界历史　三 商业或教育学　五 社会学　二	一〇

（续表）

分部	年级	科目及每周时间	总计
备　考	各年/部共通科目为修身及体操 三四年文科以打字代图画与手工 英文算学已超过二年程度者得志愿入理科中学或文科中学 英文算学已超过二年程度而志愿入文科中学者得习社会学科		

3. 入校时期之无限制　学生入校时期不能施以限制，已如前述。此在教授上所感困难亦大。幸分科既多，或编入相当学级，或留置补习科，尚可应付。

一、将来之计划与经费　本校筹办之始，定有五年间进行计划表，已于七年三月呈奉教育部核准。此后两三年间自可循序进行。惟有一言附加者，已往之经过已超过预定计划，将来之进行势不能为原定计划所限是也。兹事体大，当俟后日之续行报告。本校所需经费由江苏省财政厅划拨，苏省秩序未乱，财政系统未破，加以行政长官重视本校，故历届领款尚称顺利。至领款数目，当七年上半年每月一千五百元，下半年亦只每月二千八百元。盖本校同人所持主义，不独一钱得一钱之用，更期一钱而得若干钱之用，所谓需费少成功多之经济主义也。以事实之猛进、内部之复杂、关系之重大、规划之周远如彼，而用费之少如此，办理之艰难，在全国学校中恐无逾本校者。虽然，本校同人不馁也。本年下半年，按照原定计划之新预算虽未实行，而事实进行已超过新预算，非好冒险进取也。为国家观念海外侨胞之美意计，为不负侨胞子弟万里来归之热忱计，不能不如是也。海内外不乏热心爱国之士，一念南洋三四百万华侨如何可改善教育，如何可发展实业，如何可大有造于祖国，其责任一属诸本校，则对于本校之前途必益多起而赞助之者矣。

（《中国与南洋》第1卷第8期，1919）

学校行政之新组织

一、基本行政会议

(一)基本行政会议以下列各委员会之全部或一部组织之:

1. 聘任委员会;

2. 预算委员会;

3. 审计委员会。

(二)基本行政会议由校长召集之并为主席。

(三)上项委员会委员由校长就原有职员中推请之,但学监主任及教务处各部主任为聘任会当然委员。

(四)本会议之召集至迟在一学期终了之前一个月。

(五)本会议中各委员会之职责如下:

1. 聘任委员会　主管下学期新职员之聘任或旧职员之续订。

新聘或续聘员名单由聘任委员各视需要,于会议前准备之会议时提出之,附属小学教员之聘任由小学主任经师范部主任提出之。

2. 预算委员会　谋使聘任委员会提出之聘任人员适应于预算标准。

3. 审计委员会　审查用途另有专则。

二、基本教务会议

学制研究委员会

(一)本会由校长或教务主任召集之。

(二)本会由教务处各部主任及专任委员组织之,但学监处得推代表出席。

(三)本会研究之范围如下:

1. 分科问题(原有各科之改制及添设新科等);

2. 选科制问题;

3. 毕业能力标准及年限问题;

4. 其他关于教育制度上之重要问题。

三、行政会议及各项委员会组织大纲

(一)行政会议以下列各委员会组织之:

1. 预算委员会;

2. 训育委员会;

3. 学生自治委员会;

4. 图书委员会;

5. 仪器委员会;

6. 商品委员会;

7. 庶务委员会;

8. 卫生委员会。

除以上各项委员会委员外,教务处得推代表出席。

(二)上项委员会除预算委员会于每年三月临时组织外均为常设。

(三)行政会议由学监主任召集之并为主席。

(四)除各项委员会自身召集外,行政会议之召集法分下列三种:

1. 全体会议由全体各委员出席;

2. 部分会议由关系之若干部各委员出席;

3. 委员长会议由全体各委员长或两部以上委员长出席。

(五)各委员及委员长除学生自治委员会外,均由校务会议就原有职员中公推,并由校长函请之。

(六)部分及干部会议无定期,但全体会议至少每学期须有一次。

(七)会议结果即由有关系之委员会负责实施之。

(八)各项委员会之职责如下:

1. 预算委员会;

2. 训育委员会　另有训育主任专则；
3. 学生自治委员会　另有专则；
4. 图书委员会　司图书之扩张、采购、保存及图书馆之整理；
5. 仪器委员会　司仪器之购置、保存、修理、检查；
6. 商品委员会　司商品之征集及商品博物馆之整理；
7. 庶务委员会　司全校设备各事；
8. 卫生委员会　司全校卫生各事。

暨南学校校内行政组织系统表

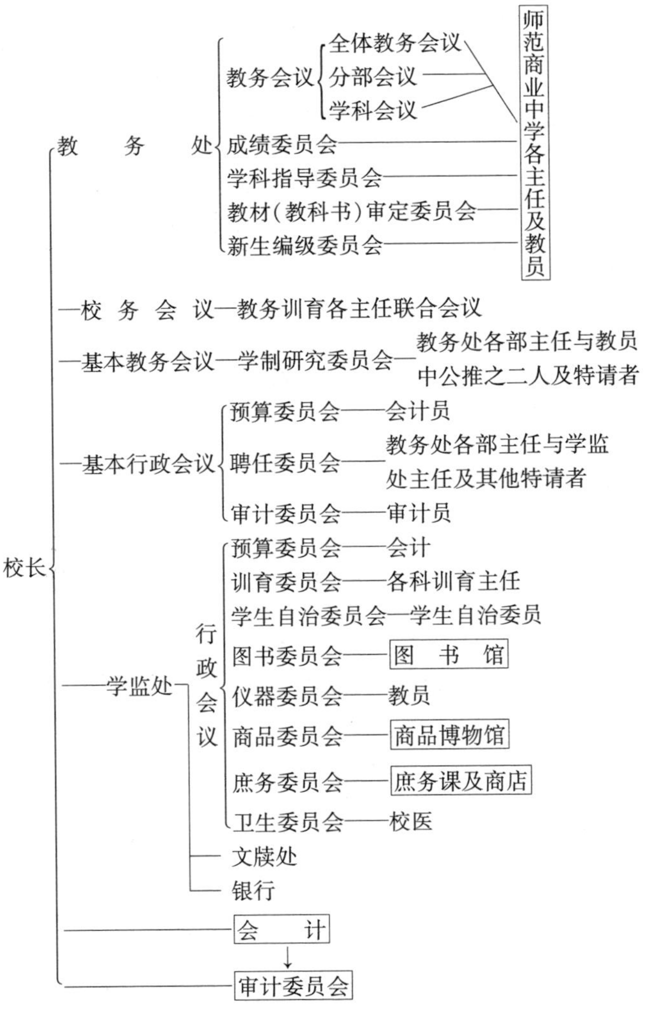

学生自治委员会规程

一　本自治委员会由每科学生选举委员若干人组织之,受训育主任之指导,试行自治。

二　全校就宿舍之便分三自治区,每区分若干组,每组举一自治委员。

每组人数以十人为度,至多不逾十二人。

三　每区公举一区委员长,全体自治委员中公推一委员长,得出席于学校行政会议。

四　委员长主持全体委员会议,规划全体自治事宜,并得陈述意见于学校。

五　区委员长主持区自治委员会,规划本区一切自治事宜,并注意本区全体之风纪及清洁。

六　自治委员应注意本组内之清洁卫生及纠察本组内同学之风仪行动(各种规定集会之出席及自修时间之作业均包在内)。

七　关于公共之卫生检查及全校风纪之纠察,由全体自治委员分部任之。

八　食堂、俱乐部等处之管理亦均由自治委员中分部任之。

九　自治委员厉行学校规程之际,同学中有不听指挥者,自治委员得请区长协同办理之;再无效时,报告训育部训诫之;屡诫不听时,得命其退出区外。

十　自治会为有益于自治之意见及方法,得随时经训育委员会之赞同提议施行。

十一　自治委员之任期为半年。

十二　同学中有重要争议时,即由一区或数区自治委员组织审判部公判之。

审判员由区长商同委员长,就自治委员中推定之。

十三　假期中或假期外,自治委员假归时,托由本区内他委员兼任之。

(《中国与南洋》第1卷第9期,1920)

指令第一千九百二十九号

(九年十月二十九日)

令暨南学校校长柯成懋:

呈一件请聘袁希涛等为校董祈核示由。

据呈阅悉。所请函聘前教育次长袁希涛暨前校长赵正平为该校校董之处,应准照办。此令。

(《教育公报》1920年第12期)

暨南学校商科校舍记

慕 陆

本校商科为便利学生参观实习起见,特于二月二十八日迁至上海,目下校舍共三处,兹特分述如下。

1. 教室。本科教室设于松社内。松社在法租界徐家汇姚主教路,门牌一百三十五号，梁启超等所组织者也。内有蔡松坡图书馆，广藏中国图书。又有祠堂一座，蔡松坡、张承礼、黄大暹、熊其勋、戴戡、汤叡、谭学夔、王广龄、吴传声诸伟人之神位及遗像在焉。本科第三教室在祠堂楼上。楼下之中央为学生休息及阅报所。两旁有教员室两间。楼上四面窗牖，空气清鲜，光线充分。推窗一望，远有工厂民房，近有菜圃茅舍。农夫数人，往来阡陌，儿童三五，出入茅舍，俨然一幅风景画。此祠堂之背景也。左边有大厦一座，壮丽可观，许氏宅也。右边旷地一片，良田数亩。居宅间处有乡村之气象。祠堂之后，界以篱，植竹围之。有芭蕉十余株，尚未叶。祠堂之前及左右，围以木栅。栅内有梅，有柏，有玉兰，棚外荷地一湾，跨以板桥，池水清澄。旁植杨柳，已萌芽矣。过桥，花木颇多。有梅、柏、冬青、玉兰及其他树木。再行十余步，有草地一片，可为网球场。场围以铅丝，周植冬青，间以梅花、玉兰、松柏等树。由草场直行，而蔡松坡图书馆至矣。本校第一二教室及办事室在楼下，楼上则教员宿舍及学校银行在焉。教室空气充分，光线适宜，四壁洁白，布置齐整。馆左之短垣，松社之界也。右则树木成行，茅亭两座。幽径曲折，冬青夹路。路旁或以木为柱，格以枯枝，藤盖其上，夏天可以避暑。馆后有旷地一片，可为篮球、壁球及网球场，现正着手整理，不久可以应用矣。厕所在祠堂左边远隔之处。问事处设在出门处，所有学生信件皆送于此。此本科校舍之一也。

2. 学生俱乐部。在徐家汇路与姚主教路交界之处。由宿舍往教室必经于此。厨房、老虎灶、浴室、膳堂、学生娱乐部及《中国与南洋》杂志编辑社均在其内堂。有门面二，颇大，可为商店。除贩卖书籍、文具、化妆、食品外，并可兼作校外之营业，现已集股试办，不久则徐家汇市场上将有暨南商店出现矣。此本科校舍之又一处也。

3. 宿舍。宿舍在中国界与法租界徐家汇间一溪，过天钥桥再行数十步便是。外观虽不美，然内容整齐。寝室十一间，大小不齐。六人者二，五人者四，四人者一，二人者二，共可容校生五十人。此外尚有教员寝室一间，阅报室兼会客厅一间。前面尚有八间，因光线不足，且未修竣，故除一间为校役住外，余均放空。舍后新筑厕所一行，颇合卫生。舍前有空地一小块,可为校园或作运动场之用。室内每人床一、桌一、椅一、公共书架一、保险油灯一。室外设有洗面所。宿舍内所用之冷热开水,皆俱乐部运来者也。此本科校舍之再一处也。

计自教室至俱乐部约六百余码,自俱乐部至宿舍约二百余码,共须行十余分钟。每日必行四次,是诚锻炼足力之好机会也。此处电车可通。自教室至宿舍,头等三分,三等二分,雨天可用以代步。以上所述乃本校校舍之大略也。

(《中国与南洋》第2卷第2、3期,1921)

上海商科大学缘起

进 之

今日之世界,一商战之世界也。盖自欧美各国盛行机械工业以来,莫不多量制造,以致出产日多,销路停滞。于是各国始知不可偏重工业,莫不研究商略以推广市面为第一要义。商业遂为世人所注意。近时各国商战之胜利,莫非由于注重商业。商业知识技术之进步,莫非由于提倡商业教育。从前商业教育,在西洋亦素为人所轻视。近年则以商业人才之需要,与夫商业教育之程度日高一日,社会心理遂为之一变。大学课程已将商业学与哲学、文学同视。德、法两国于一九〇〇年及一九〇二年先后都颁法令,许商科毕业生与文科毕业生享同等大学权利。英、美两国注重商业,且有过之无不及。一八九九年,英国伯明罕大学成立,已设商业专科。美国重商更甚,故商业教育之发达亦更早。本薛丸尼大学于一八八一年即专设商科,是为世界商科大学之鼻祖。日本维新政策,工商并重,一九〇〇年已有商业大学两所,欧战以前已有六所。此可见商科大学之重要矣。

我国商业教育素未注重,商业人材亦鲜。近来国人已知注意实业,工商诸事,渐形发达。或设各种工厂,或组有限股份公司,或经营进出口贸易,或立银行,或办交易所或信托事业,在在需要高等人材,而人材缺乏异常,实业界领袖孤掌难鸣,常有才难之叹。今欲养成是项人材,则非设立商科大学不可。

不特是也,我国商界人材固不敷应用,而领袖人材则更稀少。此我国商战失败之一大原因也。今日各商业学校,其所造人材,不过至文书、会计之类而止,尚不能养成实业界之指挥者也。我国人民资质并不庸下,奇特之禀,亦往往有之。徒以未受充分之教育,致所禀不能尽量发展,而成就遂寡。如是者岂不可惜?岂不可悲?商科大学则将授世人以世界最新、最完全、最适用之知识,使奇才异能得此锐利之工具,更可发展其才能。

商科大学为商界而设,然亦不仅为商界而设。何则?今日世界经济现象可谓复而杂矣。经济潮流日新月异,其变动可谓奇而速矣。种种问题层出不穷,恐虽尽我心智亦不能解决矣。然而种种问题莫不与吾人生活有密切之关系而不可一日忘者。研究之,论断之,传播之,其责在国民,不尽在商界也。但有商科大学则可集中天下人材,为有统系之研究,以备各方面之顾问。由是观之,商科大学之有功于国,于社会,岂浅鲜哉!

更有进者,今日南洋与中国,其关系日趋密切。华侨爱国,世所共闻。其老者长者争相携资返国,为宗邦谋兴工商诸业。其幼者壮者亦都负笈来游,习国语,求国学,研究商情并及世界高等学问。华侨子弟近来相率来海上者不绝于途,是亦最近新潮流之一也。华侨既抱向学之忱而来,吾侪当谋所以应之。南京暨南学校,专为侨生而设,实足应社会之需求。但宁垣僻处内地,无商业可言,实不利于侨生之学商者。且世界学术日新月异,学校所授学科、所定程度,再不宜因陋就简。故今暨南学校商科,以添设商科大学部于沪为当务之急。同时东南大学亦既议决于沪筹设商科大学。两校目的既同,遂定合办,冀收众擎易举之效。以尚贤堂房屋为校址。公举聂云台、张公权、黄奕住、简照南、钱新之、穆藕初、陈光甫、史量才、黄任之、赵厚生、郭秉文、柯箴心、朱进之、张子高、高践四十五人以董理其事。今已布置就绪,择日招生开校矣。是校之得商学界之赞助如此,而能应社会需求又如彼。前途之发展,岂有涯涘。莘莘学子,盍兴乎来!

(《钱业月报》第1卷第8期,1921)

改订暨南学校章程

本章程已于十二月十日在校董校长各主任联合之校务会议中通过。

第一条　宗旨　本校以招集华侨子女已在南洋受有初步之教育者,授以适应于南洋需要之知识技能,并发达其爱国思想,俾毕业后从事于华侨教育或实业,冀其事业之改良与发展为宗旨。

又,本校为发展华侨之教育与实业计,特酌收南洋以外地方之华侨子弟及国内学生。

本校对于第一项凡直接间接足以完成是项目的者,得规画并施设之。

第二条　程度　本校依中、高两等教育办理。为师范生实习计,兼营初等教育。在高等教育科目设备未完全时,华侨有欲送其子女入本国大学或专门学校者,本校负指导介绍之义务。须补习者并设法使之补习。

第三条　校董　本校置校董若干人规画本校进行事宜。

校董会资格及职权另订之。

第四条　校长及职员　本校置校长一人，统摄全校事务。教务主任一人，训育主任一人。每科置主任一人、教员若干人、事务主任一人、事务员若干人。校长以下职员统归校长聘委之。

又置校外教育部、招待部、出版部，其组织另订之。

第五条　分科　本校设置中学科、商业科、师范科及附属小学，其农林、工矿诸科俟调查需要量力添设。

第六条　中学科　中学科修业年期定为四年。前二年为初级中学兼为师范、商业各科之预备科，其科目如下：

公民须知（内包修身、中外历史、地理、政治、法制、经济、社会各常识）国文　英文　算术　代数　几何初步　博物及生理卫生大意　图画　手工　唱歌

中学科后二年为高级中学，科目如下：

修身　国文　英文　第二外国文（荷、暹、法、日中之一）

代数　几何　三角　地理　历史　物理　化学　图画　手工　法制　经济　商业　打字

以上各科分必修科目、选修科目。其选修标准另定之，师范科同。

第七条　师范科　修业年期五年。前二年入初级中学预备，后三年就下列科目选习之。

修身　教育　国文　英文　第二外国文（荷、暹、日、法中之一）历史　地理　数学　博物　理化　图画　手工　商业　簿记　打字　乐歌　体育

第八条　女子师范科　分第一、第二两部。第二部毕业年期一年，第一部毕业年期五年，就下列科目中选习之。

修身　教育　国文　英文　第二外国文（荷、暹、日、法中之一）历史　地理　数学　博物　理化　图画　手工　家事（内包家政、生理、卫生等）　乐歌　体育

第二部科目同。

附属小学规程另定之。

第九条　商业科　商业科毕业年期五年。前二年入初级中学预备,后三年之科目如下:

商业道德　国文　英文　第二外国文(荷、暹、法、日中之一)　数学　理化常识　商史　商地　商法　经济　簿记　速记　打字　商品　银行　保险　商业实践

第十条　简易商业科　毕业年期三年。前二年入初级中学预备,第三年之科目如下:

商业道德　国文　英文　经济学大意　商业簿记　商算　经济地理　打字　商业常识

第十一条　商业科大学部　毕业中学科、商业科者得入商科大学部。毕业年限及科目另定之。

第十二条　入学　凡系南洋华侨子女已有小学程度,具备下列手续者,得于学期及学业之始(即每年阳历一、二两月及七、八两月)经本校认可入学。

一　须有南侨父兄或学校及团体之入学请托书。

一　须有旧时修业或毕业学校总理或校长签名盖章之证明书。

一　须缴清一学期之学膳费、书籍费、制服费。

但国内生及免费生由本校考选之。

第十三条　学费　商业科大学部学费每年六十元。商业科学费每年四十元,膳费至多每年六十元(办法另订,盈余发还)。中学科及补习科学费每年三十元,膳费同前,并纳制服费、课业用品费。师范科免收学膳费,只收制服费、课业用品费。

第十四条　免费生　除师范生为当然免费生外,又酌设免费生若干人。

免费生由本校就南洋各地教育机关考选,以家境清寒、聪明勤学者为合格(中途自行到校者无免费)。但入学一年以上,品学优良而境况清寒者,得依缺额补充免费生。

免费生额得依本校经费之增加与社会上之赞助随时扩充。免费生除因病久假外,课业成绩有两学期不及格者得取消免费。

第十五条　学年　本校以每年八月一日为学年之始。

第十六条　本章程未载事项，均遵照部定各项规程与本校宗旨参酌办理。

本章程呈报教育部备案。

（《中国与南洋》第2卷第6、7期，1921）

暨南学校　东南大学
合立上海商科大学委员会简章

第一章　组　织

第一条　本委员会依据上海商科大学章程第□条之规定组织之。

第二章　名额及选举

第二条　本委员会有委员十五人。东南大学推举六人，暨南学校推举三人，两校合举六人。

为发展校务起见，得由本委员会公推顾问委员，无定额。

第三章　任　期

第三条　委员任期三年。每年改选五人，连举连任，但第一次委员任期一年、二年、三年者各五人，抽签决定之。

第四条　两校分举之委员在本校有职务者，其脱离校务时在委员会即为缺额。凡有中途缺额之委员，按照本简章第二章第二条选补。补选委员任期至原任委员任满之日为止。

第四章 职 务

第五条 委员会之职权如下：

一、审定商科大学之计画预算及决算（大学每年计画及预算由大学□□会商东南大学及暨南学校两校长交由会审定之）。

二、保管私人捐助之财产。

三、推举商科大学□□。

四、协助其他关于商科大学发展之事业。

第五章 会 议

第六条 会议细则另订之。

第六章 附 则

第七条 本简章如有未尽事宜，应行修改者，可由委员三人以上之提议，经委员会四分之三通过改定之。

本校委员会委员十五人如下：

聂云台先生 张公权先生 黄奕住先生 简照南先生 钱新之先生 穆藕初先生 陈光甫先生 史量才先生 黄任之先生 赵厚生先生 郭秉文先生 柯箴心先生 朱进之先生 张子高先生 高践四先生

入学手续

一、资格 凡有中等学校毕业资格经考试及格者皆得入学。

二、考试 凡报考者须受下列各项考试：

（一）体格检查；（二）常识测验 包括历史、地理、物理、化学、生物、卫生、社会常识；（三）国文；（四）英文；（五）数学 代数及平面几何；（六）口试。

三、报名 报名时应缴下列各件：

（一）履历书；（二）毕业证书；（三）最近四寸半身相片（相片务须

单层，勿另粘纸。并于相片后面注明年岁、籍贯、通讯处。请毕业学校校长署名盖印）；（四）报名费一元，取否概不退还。

以上报名手续不完全者不得应试。

四、插班　插班生办法临时另订。

学费及其他费用

一、学费　每学期三十元；

二、阅书及讲义费　每学期三元；

三、运动会费　每学期一元；

四、书籍费　每学期约二十五元；

五、膳宿及其他杂费　每学期约五十元。

注册

一、每学期开始，各学生须按照学校所定时日入校注册，交纳学校所需要各项表格及费用。

二、迟到者须另缴注册费，以每日一元计，至五元为限。

三、新生不来校注册，一星期后即行除名。

医药

本校延聘校医为教员及学生诊病，诊金免收，但药费概归自理。

寄宿舍

本校为便利学生起见，特备寄宿舍两处。一为女生，一为男生，各在学校附近之地。如学生自愿通学，不在学校寄宿舍寄宿亦可，但其所居之地须得学校认可。

退学

一、学生中途因事不能或不愿继续肄业者，学校得许其退学，给与修业证明书，但所缴各费除膳费外，概不退还。

二、学生如成绩太劣或品行不良，学校得令其退学。至其修业证明书之应否发给，学校可按照情形定夺。惟所缴各费除膳费外，亦概不退还。

学业及学位

一、学生按照本校章程将所需学程修毕，得满一百三十学分时，即得毕业。

二、本大学毕业生得受学士学位。

三、研究科学位及特别生办法另订之。

介绍部

本校为沟通实业与教育起见，特设介绍一部，意在使人材与事业各得相当之利。凡本校毕业生皆可在该部报名。外间欲觅相当商业人材者，亦可函告该部代为物色。

课程

预科课程表

学程名	上学期时间	下学期时间
国文	3	3
英文	6	6
世界近世史	2	2
商业地理	2	2
经济学大意	2	2
平三角及立体几何	4	0
高等代数	0	4
商业原理	2	2
社会学大意	0	2
珠算	2	0
共计	23	23

本科一年级课程表（自第二级起分学系）

学程名	上学期时间	下学期时间
国文	3	3
英文	5	5
商法	2	2
商业算术	2	2
会计学	5	5
经济学	3	3

国文商业尺牍	1	1
英文商业尺牍	2	2
共计	23	23

学系分类表

下列各系自第一至第五所列科目包含必修科及选科两种,详细分类另定之。惟第六系所列科目皆系必修科,其余各系科目皆可选读。

(一)银行理财及保险学系

银行原理	近代币制改良问题	合组法
货币原理	劝业与农工银行	商法
银行与信用	公司理财	统计
国际汇兑	生命险	广告学
国际汇兑会计	水险	销售
银行实习	火险	商业组织
商业管理	代理法	公司法
第二年会计学	银行簿记	微积
写字间管理法	保险簿记	财政学
金融机关(信托公司储蓄银行等)	合同	交易所

(二)会计学系

公司会计	官厅会计	会计原理
商业统计学	稽核学	解析几何
投资会计	会计问题	初等微分
银行会计	成本会计	商法
铁道会计	高等会计	公司理财
国际汇兑会计		

(三)国际贸易及领事学系

德法及他国文	世界经济地理	金融及银行学

国际汇兑	运输	中国商业地理
销售	广告	世界商业史
合组法	银行与信用	水火险
商业票据	银行实习	商法
国际公法	国际通商	外交史
关税问题		

(四)交通运输学系

陆运	铁路管理	铁路会计
水运(河运海运)	电报电话	轮船公司簿记
铁路问题	公利事业	写字间管理法
第二年会计学	投资	水险火险
铁路统计	第二外国语	银行货币
商法	商业史	商业地理
营业报告解析		

(五)工商业管理学系

商业道德	雇工问题	心理学
管理学	工厂法	机械学
实用化学	打样	合组法
广告	销售	投资
劳动问题	公利事业	金融机关
交易所	营业报告解析	工商业统计
资本论	第二年会计学	成本会计
投资会计	写字间管理法	

(六)普通商业学系

商法	统计学	会计学
经济学	公司理财	银行及货币学
工商业组织及管理		

(《中国与南洋》第2卷第4、5期,1921)

上海商科大学十年度预算书

经常费全年计	四〇·九二〇·〇〇
第一项　俸薪	二四·七二〇·〇〇
第一目　薪水	二四·〇〇〇·〇〇
第一节　职薪	一〇·八〇〇·〇〇
第二节　教薪	一三·一〇〇·〇〇
第二目　役食	七二〇·〇〇
第一节　夫役工食	七二〇·〇〇
第二项　办公费	五·三四〇·〇〇
第一目　文具	九六〇·〇〇
第二目　邮电电话	四八〇·〇〇
第三目　购置	一·二〇〇·〇〇
第四目　消耗	二·七〇〇·〇〇
第三项　杂费	一〇·八六〇·〇〇
第一目　房捐房租	七·六二〇·〇〇
第二目　工程修理	七二〇·〇〇
第三目　杂支卫生	七二〇·〇〇
第四目　特别招待及调查	一·八〇〇·〇〇
第五目　调查出版部	五〇·〇〇
筹备费	一三·〇〇〇·〇〇
修理房屋	一·五〇〇·〇〇
家具	二·五〇〇·〇〇
已付洛氏	四·二〇〇·〇〇

已付朱贡三	二九〇·〇〇
装置电灯电话等	八〇〇·〇〇
杂支黑板钟	七一〇·〇〇
大会场及雨操场	三·〇〇〇·〇〇
汽车	一·五〇〇
特别费	一六六·五〇〇·〇〇
购地	六〇·〇〇〇·〇〇
建筑	一〇〇·〇〇〇·〇〇

(《中国与南洋》第2卷第4、5期,1921)

民国十年度暨校预算计划说明书摘要

(呈教育部文)

按照本校预定五年间进行计划表,民国十年度,除师范科、商业科外,应有农业或工业科三级,农或工或商专门科二级。惟揆之南洋教育界、实业界现状,师范、商业两科实有急图扩张与充实之必要。而农工科设备、经费浩繁,同时并进,力有不逮。爰先就师范、商业两科范围,拟呈扩充计划如下。

一、师范科增设海外研究部并附设模范小学

本校师范科,两年前已有第二部一级举行毕业。毕业生十余人,均经悉数介绍往南洋各埠任校长、教员等职。惟南洋与祖国相离辽远,本校对毕业生之服务南侨教育者殆无从指导,致声气不免睽隔,精

神不免涣散。欲救此弊，惟有于南洋中心地点设一研究教育机关，以便联络指导。此师范科之宜增设海外研究部者一。本校从今年起，每年有师范毕业生二十人以上。此等毕业生，如介绍得法，实不足以供南侨教育界之求。惟彼此相距既远，关于人才之选择，条件之商订，通讯问答不免费时，供求两方均感不便。倘于南洋中心地点设置师范研究机关，则无论何埠，欲得良善之教员，不难就近选聘。而在学校一方，亦不致坐失机会。此宜增设海外研究部者二。南洋各埠，小学校设备均极单简，教授尤感困难。环境既殊，教材亦须特别。然以初毕业国内之人，遽尔从事南侨教育，或觉形格势禁而废然思返，或以扣槃扪烛而成绩难著。此在本校毕业生中，间有呈此等现象者。而统观南侨教育界全体情状，教员与办学者之情感不相符，教员与学生间之供求不相应，则实为迟滞无进步之一大原因。今若就南洋当地设置研究机关，并自营一模范小学，俾练习教授，搜辑教材，观察南洋教育上之需要，与夫对彼中社会之接洽，则一切得以准备。此宜增设海外研究部者三。（下略）

二、师范科增设女子第二部

南侨办教育者，最感苦痛之事，无如难得良教员。而欲得良女教员，尤为难之难者。近年南洋女学日见发达，办学者以无法聘得女教员，因委托本校代聘之函电纷纷而来。惜本校以介绍女教员负责甚重，非素有训练确知其为人者，亦不敢轻有所应。然本校既负改进华侨教育之责任，对女子教育当然无漠视之理。且南中学校教育之成绩不著，除缺乏良教员与良教材之两大原因外，尤推家庭教育不与学校一致为最大原因。譬之学习语文，纵使学校竭能尽力，课以国语国文，而一入家庭便舍国语而操马来语，学校教育又如何能闳其成绩。故诚欲立南侨教育根本之基础，必先改善其家庭教育。而促进女子教育，实为改善家庭教育之前提。是本校对于南侨女子教育尤不可忽视。惟造就从事南侨之女教员，较之造就男教员，其难倍蓰，而其关键则全在得人。本校因以此项意见，博询从事南侨女教育之著有成绩者。现据各方报告,均谓本校添设女子师范部异常切要。将来如果开办,教务上、训练上襄助为理者必不乏人。因拟于十年度起,添设女子第二部,就已在国内中学或同等学校毕业,有志远游,服务南侨女子教育者,招致二十人左右。再施以一年以上之教授与训练,则一年以后,南洋办女学者,得仰给教员于本校,本校亦不致感才难矣。(下略)

三、商业科筹办专门部

本校筹办商业专门部,有根本上之需要二,有现状上之需要二。何谓根本上之需要?我中华民族散处海外以七百万称,其中人口密集,历史深远,实业发展,资力雄厚,对祖国关系之亲切,尤莫如南洋群岛之华侨。以南洋群岛数百万之华侨之资力,与其商业天才,假使济以学识,加以训练,则祖国银行、航海及国际贸易事业,与夫伟大之公司组织,种种方面,何难大放光辉?与外商竞胜,乃以教育幼稚,专门人才缺乏,致遇报国之时机而少所贡献,有游动之资本而无大作为,殊为可惜。今欲使海外数百万侨胞优秀之商业天才,特殊之经济地位,雄厚之资本势力不致埋没,惟有培养其商业上之专门人才,以为经营百业之基础。此其一也。世界经济竞争日烈,我国应谋制胜于国际贸易,以图国家经济与国民经济之发展。夫国际贸易为举国农工各业与一切经济制度之总试验场,今我国农工业不振,经济制度不良,而欲期国际贸易之制胜,良非易易。然近时贤哲怵于国际贸易之失败,纷起而筹补救。如棉业改良,外货仿制,与夫银行、航路等事之种种新企业日盛月兴,今后扩张出口货之计划实为重要。南洋群岛物力富饶,购买力强大,华侨更作其经济上之中坚,洵我良好之商场也。假使内外贯通,遍设进出口贸易之机关,自谋金融机关、运输机关之独立,则原料之来,国货之往,其发达繁盛自在意中,利我国家殊非浅鲜。而其枢纽,一在国内外商业家之提携。今筹办商业专门部,一面为华侨造就专门人才,一面为国内青年开求学之方便。则现时同学,即将来握手之始基。此其二也。何谓现状上之需要?华侨商业向多藉个人奋斗成功，至公司组织较形缺乏。然如南洋兄弟烟草公司与先施永安各公司，以及中国邮船公司，亦未尝不呈巍然大观。近年以来集资之举，更如潮而起。自前三年三宝垄糖商大失败后，侨商渐凛然于金融关系之重要。迨日本台湾银行创设华南银行于三宝垄，以吸收我华侨资本，又恍然于金融权之不可旁落，于是大小银行应时而起者，计有新加坡千万元之华侨银行、泗水五百万盾之中华银行，余如巴达维亚之百万盾银行，尚有若干起。他如国货公司，或务制造，或务推销，亦蜂起于上海、泗水、巴达维亚、棉兰、日里诸埠，此诚侨商界最可喜之新气象。然人才缺乏之声所在同慨，假使不急为供给人才之计，则非独为新事业发生障碍，且为旧事业扩大之难关。此就商业上观察也。华侨子弟近年回国求学者既日以多，而新加坡、槟榔屿与三宝垄各埠又均设有中学。三数年后，此等毕业学生势必纷纷回国，求高等学科。以华侨地位所需专门学术，宜无急于商业者。顾国内不独无完备之商科大学，即以商业专门名者，亦寥寥无几。国立大学，今已无商业一门，其余外人所立各大学，除香港大学外，竟鲜设置商科者。本校虽有商业一科，然限于经济，专门设备，诸待进行。而行将毕业之商业科学生中，又有急待升学之志愿。以华侨需要商业人才如彼其急，而青年之愿受商业教育如此其难，不能不迅筹补救。此就教育上观察也。综上需要，本校筹办商业专门部实甚迫切。近东南大学筹备处拟在沪筹办商科大学，以本校此项计划筹之已久，有与本校合办之提议。本校以商业人才难得，为人才经济集中计，当然赞成。遂与共同磋商办法。（下略）

（《中国与南洋》第2卷第4、5期，1921）

教育部为合设上海商科大学会请核批文

(1921 年 9 月 23 日)

教育部指令第一六七〇号

令国立东南大学筹备员郭秉文等:

呈一件为合设上海商科大学会请核备由。呈悉。查所陈东南大学与暨南学校合设上海商科大学一节,情形既属特别,办法亦尚适宜,应即准予备案。此令。

教育次长代理部务 马邻翼

中华民国十年九月二十三日

(《国立上海商学院史料选辑》,上海财经大学出版社,2012)

上海商科大学开学礼纪

(1921 年 9 月 29 日)

上海商科大学于昨日上午十时行开学礼。校长郭秉文因公晋京未回,由校长办公处副主任朱进之主席。学生到者约一百五六十人,教育、实业两界到者有杨瑞生、沈信卿、黄任之、赵厚生、高践四君等。首由主席朱进之报告本校经过情形,教务主任马寅初报告教授宗旨及注意各点,后复由沈信卿、杨瑞生、黄任之、赵厚生四君相继演说,大致均勖学生将来注重商业道德,而黄君并述是校创办之原因,且望学生有世界眼光,及吸收商业新文化云云。辞毕已十二时。闻今日为该校夜校开学期,学生有一百五六十人,至正式开校典礼,尚须定期补行云。

(《申报》1921 年 9 月 29 日第 11 版)

上海商科大学夜校开学纪

(1921 年 10 月 1 日)

上海商科大学开学情形,已纪本报。昨夜七时半,该校又举行夜校开学礼,学生到者一百五六十人。校长郭秉文仍在京未回,由朱进之代表主席。报告夜校经过情形,谓沪为东亚商业中心,顾少商业教育,尤少高等商业教育,欲求商业发达,非有领袖人才,深明世界潮流,洞知经济趋势者不可。本校有鉴及此,爰设夜校,以为商界诸君增进学识之助。然本校志愿,甚欲推广造成全国商业专门人才,除夜校以外,为需要计,拟再筹划商业补习教育,先自上海一隅,逐渐推广,以期普及全国各省,刻正在进行中,实现当不甚远也。次由教务主任马寅初报告夜校现开班数缘由,谓国立学校仰政府为生活,际兹国库空虚,校中经费,自难充足,不能不有节省之计。夜校初定学程三十余门,每学程选读在三十人以上者,只银行学、银行簿记、商业簿记、经济学、国际汇兑五门,其他各学程,有只报名三五人、七八人者,亦有阒无一人者。固由需要之不急,亦以校中经费窘迫,不能为少数人特开一班,嗣后倘得外界之补助,或不难将所有各学程悉数开班也。银行学本欲自己担任,因在北京大学尚须担任功课,亟须北行,改请周启邦先生担任。周先生留学美国,曾任摩根银行公司职员多年,现任本埠淮海实业银行国际汇兑科主任,以之担任银行学,并兼授国际汇兑,允称得人。瞿季刚先生亦留美有年,精于各国最新银行簿记制度,现任中美懋业银行会计科主任,并任复旦大学与中国公学两校之银行簿记,今特请其担任夜校银行簿记学程。刘树梅先生自美国留学回国后,即任南京高等师范商科教授,学识经验,两皆丰富,今担任夜校商业簿记学程。朱进之先生为留美经济学博士,著述等身,今任夜校经济学学程。以上诸位先生,允称近今商业专门人才,悉任本校功课,想能有以餍诸君之望也。复有瞿季刚、刘树梅、周启邦三君相继报告所授学程教授法,至钟鸣九下,始礼毕散会。

(《申报》1921 年 10 月 1 日第 14 版)

函郑洪年等敦聘为暨南学校校董

(第六十二号,十一年二月十七日)

敬启者,暨南学校校董会规程,前经本部核准施行在案。查规程内开应设校董各员,均由本部聘定。夙仰先生热心侨学,海内钦崇,用特肃函敦聘,务希惠允担任,俾该校前途获所匡导,至为企盼,此致。郑洪年、叶兆菘、黄奕德、简照南、林熊征、丘燮亭、韩希琦、范源廉、史家修、钱永铭、严家炽、李登辉、陈炳谦诸先生。

(《教育公报》第 9 卷第 2 期,1922)

上海商科大学校消息

（1922 年 2 月 14 日）

注册日期　上海商大本学期将于二十日开始学生注册，二十一日夜校学生注册，二十二日一律上课。

新聘教授　该校此学期聘定教授，有哥伦比亚大学硕士蔡正君（商业原理）、前中义银行副行长李道南君（会计）等。

添设学程　预科添商业算术一学程，本科添商业原理一学程，夜校添会计学及欧战后列强经济状况二学程，担任教员为胡明复博士、蔡正硕士、李道南、詹文忠各教授。

夜校课程　商大夜校，原为便利商界研究高深之商业学问知识而设。第一学期学生即达一百八十人，此届报名者益众。其各学程钟点表如下：七时十分至九时，星期一为银行学、商业史、商业统计、广告学、运输学。星期二为交易所、商业地理、银行簿记、买卖论、英文速记。星期三为进出口贸易、商业簿记、国文商业尺牍、公司理财、商业心理。星期四为商法、货币论、财政学、国外汇兑、保险学。星期五为商业管理、成本会计、票据法、经济学、中文速记。星期六为欧战后列强经济状况、商算、会计学、英文商业尺牍、审计学、打字。惟星期三九时十分至十时为商业簿记，星期六同时为会计学云。

（《申报》1922 年 2 月 14 日第 15 版）

暨南学堂创校年月的考证

源则俭

我爱暨南

我爱暨南,自然关心暨南的一切,不论在何时何地,偶然见到有关暨南的读物,我必以先睹为快的心情,一口气把它读完,才肯释手。《暨南年鉴》,是最有代表性的暨大校刊,也是暨大最早的出版物。余生也晚,无缘拜读一九一〇年暑假前出版的第一期外,以后的都几乎读过,其中以一九二九年陈翔冰主编的一本最为完备,全书三百六十余页,洋洋大观,图文并茂,对于研究暨南当时状况极有参考价值,可惜校史的记载,和其他历年的同样简略,年鉴说:

《暨南年鉴》如是记载

"清光绪三十二年西历一九〇六年两江总督端方自欧洲考察宪政返国,知华侨教育之不可缓,乃创立暨南学堂于南京,委温秉忠先生为总理,郑洪年先生为堂长。翌年改办中学,又翌年郑氏他调,由杨熙昌先生继任。辛亥革命,学堂停办。民国六年,教育部派黄炎培等规复暨南学校。七年春学校组织成立。"

第一次中国教育年鉴,所载关于暨校的沿革,也说是光绪三十二年(一九〇六)设立的。事实这年端方刚从欧洲考察宪政回国,十一月间他才接到由北京学部派往南洋调查华侨学务的南洋查学委员钱恂和学部专门司董鸿祎二人的电称:"爪岛学生,通晓官音,可接中学程度者，约三十人，志切归国读书，选地南京，川资日用自备，惟请官给食宿。”同时端方也接到北京学部电咨“该岛侨民，笃志内向，自宜因势拊循”等语。端方对这些有志青年的回国求学运动十分支持，他即刻上奏：“爪岛侨民，流寓远方，不忘归国，派生内渡，就学金陵，洵属爱国情殷，极堪嘉许，自当官备食宿，妥为照料。当经宣饬该员钱恂等，允为照料，属其传语华侨，益相敦勉。札饬江宁提学使，俟该生等来宁，即查询志愿，分送各学堂肄业。嗣后南洋各岛及檀香山旧金山等处侨民，如有愿送子弟来宁，令其就学，并当一律收取，以宏教泽，而系侨情。”

这时政府虽然欢迎招待回国学生，但只准备查询各人志愿，然后分送各学堂肄业，并无创立专校来收容这些学生的准备和计划。《暨南年鉴》所载校史，与事实不相符合。

陈育崧先生首先提出暨南创校年月的质疑

一九五七年四月十三日，《南洋商报》副刊《星期六》397 期，载有《暨南创校考》一文，作者陈育崧先生在文内引用了许多早年有关暨南历史的珍贵资料，首先提出暨南创校年月的质疑，使我发生浓厚的兴趣。迨一九六九年秋，新加坡校友会落成，编印纪念特刊时，为了要确切认识暨南的创校年月，特地驱车到东海岸路探访陈育崧先生，蒙他在椰阴馆藏书楼中，尽量供给我一切的资料与图片。最难得的莫如清朝末年出版的《学部官报》一百余册，大大地增广我的见闻，益觉《暨南年鉴》所载关于母校创校年月的问题，有待考证的必要。

这首批廿一名意气高扬的爪哇学生，于光绪卅二年十二月二十日出发，廿二日途经星洲，廿三日中华总商会大设公宴，以后即候轮北上。光绪卅二年十二月廿四日（一九〇七年二月六日）《叻报新闻》报导：

《叻报》报导首批印尼侨生途经星洲商会设宴招待

“学部特派巡视爪哇等处学务员钱念劬太守恂，前者言往吧城等处,抵吧以后,亲历各埠学堂查考,见其中多有认真教育,而学生中亦多可造之材,于是在各埠学堂中拔其尤者六十人,准以官费拨往南京中学堂肄业。本月二十日,经已带同头帮学生二十一人来叻,以便换轮北上。而太守之婿董洵士孝廉鸿祎,及委往澳洲巡视商务委员黄敦夫司马,亦与太守偕行,廿二日经抵叻中。本坡总商会得悉诸学生过坡,即于昨廿三日大设公宴,邀请太守等暨诸学生到会中宴饮,以资鼓励。是夕六点余钟,太守率同诸生列队而至,小者前导,大者后随,一律衣装甚为整齐,且各学生均能操国语,盖在爪哇学堂业经习熟,与向者生长南洋之客,迥不相同也。是夕宴毕,诸生并相与歌诗数章,以志盛会。歌毕,诸人同声喝采,乃相与兴辞而返。”

光绪三十二年底荷属学生出发前摄影(中坐者汪凤翔视学)

(《新加坡暨南校友会四十四周年纪念特刊》,新加坡校友会,1984)

端方与暨南学堂

夏 泉

清光绪三十二年（1906 年）在南京创办的暨南学堂，是暨南大学的前身。这是我国第一所由国家创办的华侨学校。两江总督端方（1861 年—1911 年）作为暨南的创办人，为暨南的创立、发展以及我国侨教事业的兴起，作出了开创性的贡献。端方在暨南校史乃至我国华侨教育史上，都占有不可替代的重要地位。但长期以来，囿于资料所限，尚没有系统论述端方与暨南学堂关系的论著面世，端方在华侨教育史上的地位也久为人所疏忽。为了能为今日之暨南人勾勒出近 90 年前，暨南的先辈们为创办暨南筚路蓝缕、苦心擘画的大致轮廓，用学校的传统对广大师生进行爱国爱校的教育，笔者通过爬梳史料，拟从三方面探究一下端方与暨南的关系。①

一、创办暨南学堂的背景

暨南学堂的创办，是 20 世纪初叶特定历史条件的产物，是各种主客观因素交互作用的结果。其背景大致说来有以下四点。

1. 晚清侨务政策的根本性转变

清朝入主中原后，由于历史、政治及文化的原因，采取了“闭关锁国”政策，严禁华民出国，把海外华侨视为“化外顽民”“天朝莠民”，一直顽固地实行敌视、排斥、打击华侨的政策，使得华侨不敢回归祖国。

① 端方的评传及其教育思想，笔者将在其他文章中专门论述。

直隶总督谭廷襄就公然声称：华侨"未经批准而擅离祖国，没有加以保护的理由"①。步入近代之后，由于英国的坚船利炮打开了中国的大门，受到内忧外患交相煎迫危机的影响，东南沿海地区的小农经济受到严重冲击，而且人口压力沉重，战乱频仍，大批华工迫于生计漂洋出国，流落异乡，在世界各地遂逐渐形成了一些为数不少的华侨社区。这些"海外孤儿"饱受歧视与虐待，得不到政府的保护，但随着 19 世纪 60 年代洋务运动的勃兴，以及开眼看世界思潮的兴起，清朝的侨务政策也在因应时势发生缓慢的变化。

1871 年，目光犀利的洋务派官员曾国藩首先主张在日本设领护侨，得到了中国首批驻外公使郭嵩焘辈的积极响应。1890 年，薛福成任驻英等国公使。他在出洋途中经实地考察，力主在华侨聚居区设领。其时，正值北洋海军提督丁汝昌督领水师巡视南洋，他目睹了中国在南洋诸岛（除新加坡外）"未设领事之处，多受洋人欺凌剥削的惨景"，乃恳请清朝在南洋设领。1892 年，薛福成从随员黄遵宪的一份禀报中了解到侨胞视归途为畏途的痛苦，遂主张彻底摒弃严禁侨胞归国的错误政策。1893 年 6 月，他向清廷呈递了著名的《请豁除旧禁招徕华民疏》，吁请清廷废弃旧禁，申明新章，以护商民。② 这封奏疏深深打动了年轻的光绪皇帝，不久光绪令刑部删改私出境外的旧例，并敕令沿海各省督抚出示晓谕州县乡村，申明旧例已除，善良的商民无论何时均可"任其回国谋生置业"，"与内地人民一律看待"。③ 此举标志着晚清侨务政策的根本性转变。19 世纪末 20 世纪初，戊戌变法失败后康有为逃难南洋，在华侨中宣传其主张；孙中山也在海外进行革命活动。清朝为了维护岌岌可危的统治，以便能争取海外华侨对其在经济与政治诸方面的支持，对华侨采取了怀柔的方针。清朝从关心华侨的教育入手，以达到其"施教育以端趋向而正人心，俾知朝廷复载之

① 陈翰笙主编：《华工出国史料汇编》第七辑，中华书局 1984 年版，第 10 ~ 11 页。

② 薛福成：《出使奏疏》卷下。

③ 《清季外交史料》卷 87。

恩无远弗届”的目的。由此可见,清朝侨务政策的改变,为暨南学堂的兴办提供了前提与可能。

2. 20世纪初兴学热潮的兴起

当近代中国的历史艰难地迈入20世纪门槛之后,危如累卵的国势、支离破碎的山河,无不使人遍染感时忧国、跃跃欲行的忧患意识。1901年,清政府被迫签订丧权辱国的《辛丑条约》。同年,清政府宣布实行“新政”。“新政”在文化教育方面的改革主要包括以下内容:废除科举制度;建立新学制;厘订教育宗旨;改革教育行政机构。

1901年8月,清政府颁布《兴学诏书》,鼓励兴办学堂,认为:“兴学育才,实为当务之急。”诏书还要求:“除京师已设大学堂应切实整顿外,着各省所有书院,于省城均改设大学堂,各府厅直隶州均设中学堂,各州县均设小学堂,并多设蒙养学堂。”①1905年,清朝下令自丙午年(1906年)开始废除科举,从学校选取人才。至此,在中国历史上存在了1300多年的科举考试制度被正式废除。这在中国教育史上是一个划时代的重大事件,也是历史的进步。上述废科举、兴教育的措施,在主观上是为了培养一种热爱清王朝和始终忠于清帝的人,但在客观上,它不仅有利于新式教育的发展,而且在一定程度上扩大了资产阶级思想和西学的传播。正是在这种“教育救国”、开办新学之风甚炽的大背景下,暨南学堂的创办被提上了议事日程。

3. 海外华侨求知甚切

华侨尽管散居在世界各地,但作为炎黄子孙,他们的根都在中国这块黄土地上。他们热爱祖国,眷念乡土。受到国内兴学热潮与民族主义思潮的影响,以及为改变愚昧、闭塞的状况,提高自身素质的迫切需要,他们强烈希望自己的后代通过教师的传道、授业,能够继承中华民族优秀的传统文化,接受良好的华文教育,以便在日后激烈的工商业竞争中处于有利位置。而要受到正规的教育,就离不开学校。20世纪初,南洋、日本、美洲等地华侨较为集中的商埠,由各地华侨团体相

① 《光绪朝东华录》卷169。

继兴办了一批新式学堂，家庭富有的还自设教馆，请塾师到家里教子弟学习华文。清政府也于1906年派员调查南洋学务。次年，清学部奏请派员赴美筹办学堂事宜，奏称："海外侨民同是朝廷赤子，其平日眷怀宗国，历久不渝，若再牖之以诗书，勉之以忠孝，则内向之意益笃，爱国之忱益坚，于以维人心而收国权，所关实非浅鲜。"①同时，还可以藉此消弭革命派对其影响。清朝政府注意到了华侨教育的重要性。

而侨胞远在海外，由于经济、文化的原因以及殖民者的压制，他们在办学过程中遇到了诸多困难，如缺乏校舍、师资、课本等等，而且教学质量与办学水平参差不齐，办学规模也不能满足日益增长的广大侨胞子弟的就学需要。广大华侨及其子弟希望能回国学习，学成后返回居住地，从事文教事业和工商业活动。暨南学堂的创办，正好满足了侨胞的这一要求。

4. 端方个人的作用

在晚清史上，端方是一个较有影响的人物。作为一个出身满族的封疆大吏，他曾先后出任权倾一时的两江总督与直隶总督之职（兼南洋大臣与北洋大臣），对于清朝，他是死力效忠的；对于孙中山领导的革命活动，他又毫不犹豫地予以镇压。但同时，他还是一个较具维新观点的人，善于接受新事物，对于各项新政十分热心，尤其是在任内大力兴办新式教育。正如曾在暨南执教过的著名学者曹聚仁先生所说："端方要算满洲贵族中最开明的一位。"②端方曾作为五大臣之一出洋考察宪政，他每到一地，必定参观各类学校，了解各国教育状况，并与中国教育状况相比较，他很欣赏西方的教育普及程度。端方对华侨寄人篱下的悲惨命运也深表同情，在南洋与华侨还有过接触。

正由于端方热心新式教育事业，"锐意新政，所至以兴学堂为

① 舒新城编：《中国近代教育史资料》（下），人民教育出版社1981年第二版，第82页。

② 曹聚仁：《暨南的故事》。

急”①,关心华侨子弟的求学问题,“知华侨教育之不可缓”,加之身居督抚要职,易于向朝廷奏请设立侨校。另外,他掌握有财权,便于筹措建校经费。出于“维侨情而弭隐患”②的考虑,于1906年在其管辖地南京创办了暨南学堂。

二、端方创办暨南学堂始末

1. 奏办暨南学堂

南洋是华侨最为集中的地区之一。光绪三十一年(1905年),两广总督岑春煊委派刘士骥前往南洋视察华侨教育,他遍历英荷两属各埠,大力鼓吹侨民兴学。次年9月,清政府学部又遣南洋查学委员钱恂和学部专门司董鸿祎,到荷属东印度爪哇等地考察华侨学务。

钱恂(1853年—1927年)是一位思想开通,于旧学新知都有所了解的人物。早年曾随薛福成出使欧洲,1905年,又作为五大臣之一端方的随员出洋考察宪政。钱恂与端方关系密切。1906年12月,钱恂等从爪哇拍电报给端方,电称:

> 爪岛学生通官音可接中学程度者约三十人,志切归国读书,选地南京,川资日用自备,惟请官给食宿。并准学部电咨,以该侨民笃志内向,自宜因势拊循。③

端方对此表示赞同。同时,他亦接到主管全国教育的学部电咨,内容大致相同。他立即上奏朝廷:

> 伏查爪岛侨民流寓远方,不忘归国,派生内渡就学金陵,洵属爱国情殷,极堪嘉许,自当官备食宿,妥为照料。当经电饬该员钱恂等,允为照办,属其传语华侨,益相敦勉。札饬江宁提学使,俟该生等来宁,即查询志愿,分送各学堂肄业。嗣后南洋各岛及檀香山、旧金山等处侨民,如有愿送子弟来宁就学者,并当一律收

① 《端总督传》,见《端忠敏公奏稿》。
② 《请饬维系侨情折》,《端忠敏公奏稿》卷9。
③ 《华侨分送肄业片》,《端忠敏公奏稿》卷7。

取,以宏教泽而系侨情。①

清政府准其所奏。但端方原本无专设学堂的打算,考虑到侨生程度参差不齐,且不谙国内风土人情,若不专设一学堂,就很难按照侨生的特点进行教学和管理。于是专门为侨生所设的暨南学堂得以在南京薛家巷(今汉口路)筹办起来。该地居南京城中央,鼓楼之南,唱经楼之北,原为屈子祠堂,亦称妙相庵,西北毗邻金陵大学,其余环列民居,地点闹中带静,是一个进德修业的理想场所。薛家巷后来成为中国华侨教育事业的摇篮。

2. 端方与暨南校名之关系

"暨南"一词源自《尚书·禹贡》:"东渐于海,西被于流沙,朔南暨,声教讫于四海。"意即中华民族优良的道德风范和文化教育,以中国为中心辐射、传播到四面八方,其影响遍及于四海。当时的江宁提学使②陈伯陶(1855年—1930年)探花受端方委派,筹办学堂事宜。考虑到学生主要来自南洋,又同为炎黄子孙,他建议偏取南方一义,将"暨"(有"及、至、到"之意)调至南方之前,用"暨南"做校名。端方"笃嗜金石书画,海内孤本"③(被当代著名学者曹聚仁先生称为考古家),有一种考古癖,对陈伯陶提议用既深且僻的"朔南暨"一词将这所华侨学堂命名为"暨南",欣然允诺。这与该校的办学宗旨及生源特点是相吻合的,可见,"暨南"校名由陈伯陶所拟后,端方积极地予以采纳。端方不仅是暨南学堂的创办人,而且还是校名的主要命名人之一。从此,暨南就成为传播中华文明、维系海内外炎黄子孙交往及中外文化交流的一条重要的文化纽带。

3. 暨南学堂的首批侨生

1907年3月,董鸿祎和爪哇岛中华会馆董事张硕龙护送首批侨生21人抵达上海。由于侨生大部分祖籍广东,为了方便照料,端方即派

---

① 《华侨分送肄业片》,《端忠敏公奏稿》卷7。

② 提学使:1906年设立,秩正三品,在布政使之次,为督抚之属官,总理一省学务,考察所属职员功课。

③ 《端总督传》,见《端忠敏公奏稿》。

广东人温秉忠、郑洪年负责接待工作。这是侨生回国学习的肇始。同年3月23日,暨南学堂正式开学。端方指派温秉忠为学堂总理,郑洪年为庶务长,陈延俊为会计文案,叶崧为司事,清铨等6人为教员。因为侨生"初回内地,语言骤难合一",端方为其"延订教习,分科教授,派员管理",补习国文国语及各项科学。所需经费由江海关每年筹拨款5000两。侨生所学课程主要有:修身、国文、经学、算术、英文、图画、历史、地理、理科、乐歌、体操等。① 为纪念这一重大事件,并以示重视,端方还亲自与21名侨生及全体教职工合影,端方坐在正中。这一相片一直保留至今,成为弥足珍贵的校史资料。1907年8月28日,巴达维亚中华会馆董事潘立斋、梁映堂又护送10名侨生来南京学习。1908年5月,南洋各岛第三批46名新生到达南京。至此,由国家兴办的华侨教育事业迈开了艰难的第一步。

三、端方对暨南发展的贡献及其历史地位

在暨南学堂创办后,端方还身体力行,改学堂为中学,继续关心学校的发展。端方并不是教育家,但他对侨生因材施教,既严格管理,又在生活上关怀备至;既注重中国传统文化的教育,又吸收西方的教育内容与思想。这些闪光的华侨教育思想成为暨南的重要传统,一直延续至今,对暨南的恢复与发展都产生了深远的影响。

1. 奏改学堂为中学

为了更好地适应侨生的学习要求,因材施教,"以敷教育而系侨情",光绪三十四年(1908年)四月,端方决定将补习学校性质的暨南学堂改办为中学,并附设高等小学。在谈及为什么要改办为中学时,他认为主要有以下两点理由:

其一,"原拟俟诸生补习国文国语及各项科学一年,再行考验程度,查询志愿,分送各学堂肄业。刻经体察情形,似此办法,未臻完备。

---

① 《筹设暨南学堂片》,《端忠敏公奏稿》卷8;《暨南校史资料选辑》第一辑,第125页。

以诸生程度不齐,优者有中学第二年程度,其次或与高等小学第二年程度相当,或与高等小学第三年程度相当,实难厘为一致,遽欲分送宁中各学堂,求一适合之学校,盖不可得"①。

其二,"诸生初次回华,风俗人情,多未习惯,管理教授,尤当定一合宜之规,性情不同,办理亦不能不稍示区别。以髫年血气未定,习尚不同之幼童,遽令分入他堂,既恐造诣未深,易染习气,复恐因散处而召思归,其向学之心转纷,自应就其程度妥筹善法,使易于成就"②。

端方的上奏为朝廷批准,他在将学堂改为正规中学并附设高等小学后,将侨生分为中学一班,高等小学两班。中学所招之学生,择其程度较优,且有中学第二年程度者,定为中学第三年级,侨生修完中学三年即可毕业。为了使侨生藉以练习国语,端方选国内品学纯谨学生十余人,相其程度,列入各班。他还告诉侨生,毕业时若成绩优异,当予以重奖③,并"择学优各生送西洋留学,酌给官费"④。

由于学校渐趋正规完备,加之教学颇有成效,"在堂学生以班次既有定程,受课益知奋勉","爪哇一埠风声传播,不独业经来校各家属欢欣鼓舞……凡附近各埠闻风而起,均愿选取练习中语合格之学生送宁就学"。⑤ 1909 年 6 月,学校已有侨生 167 人,下半年还将有 70 余人前来求学。学校对南洋的影响不断扩大。因为办学经费紧张,而侨生"向学情殷",1909 年,端方奏请清朝,将学校规模限定额数为 500 名,足额之后不复增收,仍暂分为中学及高等小学两级。⑥

2. 摸索到适合侨生特点的教育管理方法

早期的暨南学子大多来自荷属东印度群岛(印尼),英属马来亚、暹罗(泰国),美属菲律宾,法属越南等地。他们年龄一般在十三四岁,不仅生理、心理方面尚不成熟,而且普遍缺乏生活自理能力。他们负笈南京,远离父母。由于长期生活在海外,他们在语言、学习、宗教信仰、风俗

①②③ 《暨南学堂办理情形折》,《端忠敏公奏稿》卷 12。

④⑥ 《暨南学堂添筹经费折》,《端忠敏公奏稿》卷 15。

⑤ 《暨南学堂添收学生折》,《端忠敏公奏稿》卷 14。

习惯诸方面仍有不少短期内难以适应之处。端方作为中国华侨教育的开拓者,针对侨生的上述特点,他有针对性地采取了以下三点措施。

其一,在学习上因材施教。针对侨生的实际情况及学业水平之差异,他延聘教员为其补习功课。如不会说国语的就补习国语,对在学业上程度不同的学生依次分班上课。考虑到侨生学成后要回到居住地发展,学校特为其开设英语等课程。从而使每位侨生都能循序渐进,学有所成,届时能按期毕业。在体育活动方面,因为侨生来自印尼者居多,而他们体魄粗健活泼,爱好运动,且家境宽裕,学校除开设体操课外,还为其专设篮球场、足球场与秋千架、铁环等健身器材,以利其身心全面发展。

其二,在生活上关怀备至。端方对侨生多方照顾,极为优待。规定侨生除自备衣着和零用钱外,学费和食宿费一概豁免,每年另由学堂发给冬夏两季制服。他还增拨银 1000 两用来为侨生治病,学校备有中西医生及医务室,学生随时都可以免费就诊。据梁德坤老先生在一篇有关暨南的文章中说,端方还"经常巡视学生宿舍,检查伙食,对学生问寒问暖,征求意见,并要学生提出要求。当他乘车在南京马路上遇见暨南学堂的学生时,往往停车邀请他们同游"①。端方还注重加强侨生与家庭、学校与家长之间的联系和沟通。他要求学堂定期将教员名册、教科名目、课时数、学生食品衣式、作息时间以及学生各科分数,分门别类列表送巴达维亚中华会馆,由其转告家长。每周星期一,他规定侨生必须写家信一封,一来以"练习文字",二来使家长定期了解小孩的各方面情况②,"联以家人骨肉之情"③。侨生及其家人对端方的此举非常感激,暨南在海外的名声也随之越来越大。

其三,在德育教育方面实行严格管理,注重对侨生进行中华文化与品行修养方面的教育。侨生的家长远在海外,而侨生因年幼,自觉

---

① 《暨南校史资料选辑》第一辑,第 114 页。
② 《暨南学堂添收学生折》,《端忠敏公奏稿》卷 14。
③ 《密陈华侨事宜片》,《端忠敏公奏稿》卷 14。

性较差,家长莫不要求学校代为严管。端方饬令学校制订了各种章程和规则,以管理学生上课、自修及课余活动。另外,学校还设有训育处、教务处,设监学和舍监,对学生加以严密监视,除上课外,在自修室及宿舍亦实行点名。除此,端方还强调用中国传统文化对侨生进行修身养性方面的教育。如侨生所修功课中就有修身、经学、历史等三门教会侨生为人处世知识的内容。又譬如,暨南校训"忠信笃敬"源自《论语》,它也要求侨生言语忠诚老实,行为敦厚严肃。这些都是为了培养侨生的综合素质,全面发展侨生的个性,使其不仅学到文化知识,而且具有优良的道德品质,成为有抱负、有责任心、严于律己、精业、敬业、爱国、爱校的有用人才。

3. 端方在暨南校史上之地位

作为一个复杂多变的近代社会铸造出来的过渡型人物,端方有着其时代及阶级的局限性。这就决定了不能用一个单一的尺度来衡量和评判他,而应该把他放在当时特定的历史环境里,进行具体分析和合理评判。他的所作所为,无论是锐意新政,兴办教育事业,还是镇压革命,等等,无疑都是为了维护清朝的封建统治。但在客观上,他在兴学与立宪等方面的一些举措,是富有进步意义的。端方充当了历史不自觉的工具。

作为暨南的创办人,以及中国华侨教育事业的开拓者,端方在暨南校史上有着举足轻重的特殊地位。近 90 年来,他的名字是与暨南紧紧连在一起的。饮水思源,从某种意义上可以说,没有端方就没有暨南,有暨南必有斯人。端方是一位已经在暨南校史上打下了深深烙印的人物。①

[《暨南学报》(哲学社会科学)1995 年第 2 期]

① 许多校友在回忆母校时,仍念念不忘端方。如新加坡校友会前会长庄右铭先生在一首诗中就提及:"振铎传薪朔炎荒,心香一瓣敬端方。"(载《暨南大学建校八十周年新加坡校友会成立四十六周年纪念特刊》,第 121 页)

真如时期（1923.9—1937.8）

国立四校校长联衔致齐燮元函

(1924年11月24日)

抚师赐鉴:

敬肃者,苏省国立四校经费本多积欠,自军兴以后,完全无着。去年以来,负债累累,困苦艰难,不堪言状。嘉森等私念国家一日不亡,教育事业不可一日中断。苏省素称文化重心,尤不容以一时纷扰,遽误百年大计,且四校对于学术、政治、经济、文化诸方面各负特殊重任,关系国际观听,无论若何困难,义当竭力维持。故仍以个人能力之所及,设法开学,虽如同济、暨南校舍当军事之冲,亦未尝中辍。惟存此唯一希望,以为战事既平,学款仍必有着,不意近与韩省长、严厅长迭次商请,迄未明示恢复原状之办法。嘉森等自审四校宣告破产之厄,即在目前,在苏省文化,睹此悲运,诚为不幸。而在素以整军兴学并重之公,竟以军费之故,使四校无生存余地,增举世非难之资夫。岂本怀嘉森等踌躇无计,只有于宣布无法维持以前,及早陈明,倘公不忍见此,兼筹并顾,俾得徐度难关,扶持不坠,则四校数千学子曷胜感幸。临书不尽。

祗颂

勋安

国立自治学院院长张嘉森

国立暨南学校校长赵正平

国立同济大学校长阮尚介

国立东南大学校长郭秉文

十三年十一月二十四日

(《南京大学校史资料选辑》,1982)

教育部委任令第九号

兹派姜琦代理国立暨南学校校长。此令。

部印

中华民国十四年七月十一日

教育总长　章士钊

（《政府公报》1925 年 7 月 19 日第 3339 期）

教部实授姜琦先生为本校校长

十月三日校长办公处，接到教部训令一纸录下：教育部训令第二五三号（中华民国十四年九月廿八日）教育部为训令事。本部兹派姜琦为国立暨南学校校长。合行训令该校仰即遵照。此令。（十月三日到）

（《暨南周刊》1925 年第 3 期）

校长向董事会声明辞职

九月三十日,校长以学校经费困难,特致董事会声明辞职。兹将原书录下:

敬启者,琦前于六月十六日奉江苏郑省长电,略开:除电部推荐先生继任国立暨南学校校长外,敬请先生先就代理校长之职,到校主持一切等因。琦以校中无人负责,为时已久,不能不允以暂行维持。因即来校任事,旋于七月十六日奉教育部令,内开:兹派姜琦为代理国立暨南学校校长等因。琦自维平庸,恐难久膺重任。业经备函恳请贵会转陈江苏郑省长咨请教育部速聘正式校长来校接替在案。旋奉郑省长面谕,暨贵会函覆,嘱为安心任职,照常进行,故不得不于短期间内力任维持,勉图报命。惟是到校以来,将逾三月。所有聘请教员开学上课等事,经已布置就绪,未敢有负委托。而数月以来,本校所领经费,均未能达善后会议所核减银额之半数。其所得之数,实不足以敷教职员薪俸一项之用。其他一切正当设施,所在需费,进行无由。琦原惧才力之不胜,现复感受经费困竭之苦,迫不获已,只得退藏鸠拙,冀免陨越。用特函请贵董事诸先生议决,准予辞职。并函江苏郑省长转咨教育部,迅简贤能,接替斯职。区区之忱,幸希亮察是荷。此致董事会。

姜 琦

(《暨南周刊》1925 年第 3 期)

东南大学、同济大学、自治学院、暨南学校四校联合会筹备处记录

（1925年2月3日）

十四年二月三日下午六时，东南大学、同济大学、自治学院、暨南学校四校联合会筹备处记录。

会场：一□香

到会者：袁观澜、黄任之（暨南）、沈信卿（同济）、史量才、张君劢（自治）、郭秉文（东南）、郭梦良（自治）、金其眉（自治）、邹秉文（东南）、沈籁清（东南）

议决事件：

一、四校组织联合会，请袁观澜、黄任之、沈信卿三位先生起草会章。

二、四校会同南洋大学请求交通部拨江苏境内交通附税。请袁观澜先生先行调查收入实数。

三、俄国退还庚赔。请张君劢先生函京调查进行情形。

四、指定江苏税所若干处收入充四校经费问题。定明日下午六时由四校宴请曾孟朴先生先事接洽，然后决定赴宁向省政府请愿之人选问题。

（《南京大学校史资料选辑》，1982）

四校联合会成立记录

（1925年2月15日）

十四年二月十五日午后二时，东南、同济、自治、暨南联合会成立会记录。

会场：上海商科大学客厅

主席：沈信卿

出席会员：袁观澜、沈信卿、黄任之、陈光甫、蒋竹庄（黄任之代）、严孟蘩、史量才、阮介藩、张君劢、郭秉文

一、公推主席：因被推者多谦让，议决用无记名投票选举。结果沈信卿先生以得票最多数当选。

二、报告事件：

（一）报告与省政府接洽经费保障情形。黄任之先生报告，谓炎培承托赴宁接洽此事，本拟请省署财所指定税所收入，抵充四校经费。后访李耆卿先生，知大半早经抵押，须至年底满期。而又亏欠甚多，到时未必能清，再四商榷，经省厅决定，改以屠宰税、牙行税抵足。不足另行筹补。由财、教两厅会拟设立江苏教育经费管理处组织大纲，请省长批准，至省教育经费，则仍以早经定案之各县漕粮附税及卷烟特税充用，并由管理处管理。其处长一席，照大纲规定，由江苏教育行政委员会加倍推举，已推出方唯一、顾述之二君，请省长择一聘任，所有案牍另已油印送览，谨再报告。

（二）推定书记。郭秉文先生报告，照本联合会简章规定，本会书记由轮值付主席之校长指定职员担任之。兹已请由东南大学分设上海商科大学文牍部主任赵叔通君担任。谨用报告。

（三）加入江苏教育经费委员会。黄任之先生报告，江苏教育经费

委员会，本由教育行政委员会、省教育会、省立各校等会选人员组织，兹江苏教育经费管理处已统管国立省立各校经费，是项委员会自应有国立学校等加入，已由该会拟定，请四校推出二人加入，不日当有正式公函通知，谨先报告。

三、议决事件：

（一）冷御秋先生来函辞职，议决由会再行函请，并说明开会时如值公忙，可请会员代表。

（二）签定乙种会员任期，议决请陈光甫、郭秉文二位先生抽签，签定一年任期者：盛竹书、蒋竹庄、黄任之三位先生；二年任期者：严孟蘩、陈光甫、袁观澜三位先生；三年任期者：史量才、冷御秋、沈信卿三位先生。

（三）刷印联合会信笺信封及刊用章戳议决照办。

主席　沈信卿

书记　赵叔通

（《南京大学校史资料选辑》，1982）

四校联合会关于经费致省教育厅经费管理处函

（1925 年 7 月 3 日）

敬启者：十四年度四校经费问题，前经照六月十六日临时会议决案，函复江苏教育厅去后。兹接苏教厅七月一日复称：径复者，接准公函开：本月十六日敝会临时会以四校均接贵厅大函开：以奉省长训令，十四年度国家政费应依照民八预算范围编造预算，汇送财政厅转呈察核等因。转函查照办理等因。经出席会员详细讨论,佥以十四年度预算案之已经编送者,无可再减。来函所属照十三年度预算数百分之七九支配一层,各校亦深知现时财政艰难状况,自当暂时忍痛,照此标准具领。一致议决,相应备函奉复,即希查照办理为荷等因。准此。除转咨财政厅教育经费管理处知照外,相应函复。即希查照等因。到会。谨以奉闻。

祇颂

台安

东南大学、自治学院
同济大学、暨南学校 联合会谨启

十四年七月三日

(《南京大学校史资料选辑》,1982)

国立暨南学校改革计划意见书

姜 琦 拟

窃维暨南学校为国内之唯一特殊华侨教育机关,在中国教育制度上及国民革命工作上实具有一种重大之任务,而有独立存在永久保持之价值。欲明乎此,则不可不先知暨南学校已往之历史。以历史为基础,然后始能规定将来暨南学校之宗旨、名称、经费、行政组织、学科组织、课程及其他一切设备。兹为读者明了计,先将琦个人对于将来暨南学校应如何改革计划之意见,举其纲目如下。

一、本校依据廿年历史,为国内之一特殊华侨教育机关,单独设立,不附属于任何学校。

二、本校以对于国外一般华侨子弟,施以某种相当教育,养成其有善良之品性、智识、趣味与技能,居留各国殖民地区域内,对个人方面,能独立自营,对社会方面,能改善互助,以保持祖宗所辛苦创成之固有的地位,而发扬中华民国民族之光,并获得使各居留地政府及其人民,无论在政治上或经济上,能以平等待遇我侨胞之资格为宗旨。

三、本校定名为暨南学院。

四、本校经费分为下之三项。

1. 基金(由海内外募捐收入)。

2. 经常费(由公款项下收入,每年预算定二十五万元,预算表另订)。

3. 特别收入(由各国庚子赔款等项下收入)。

五、本校行政组织。按本校特别情形,折中于委员制与校长制之间。委员名额定为二十五人。(组织法详后)校长由委员推举华侨中之富有学识经验或国内素研究南洋教育者,呈请中央政府任命之。兹将行政组织系统列表如下。

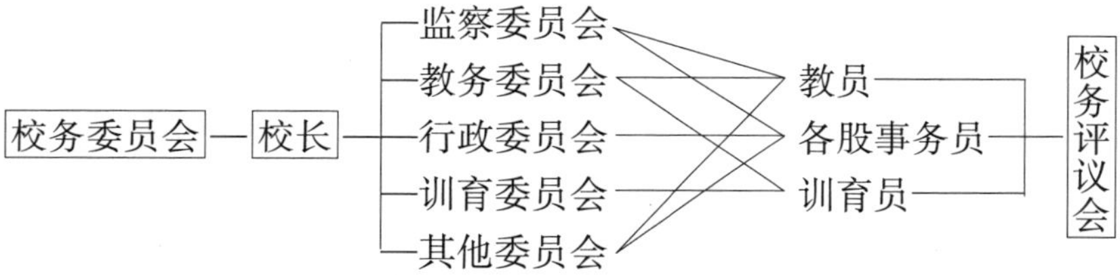

六、本校学科分为大学部、高级中学部、初级中学部、小学部及补习科。大学部仅设商科,三年或四年毕业。高中部分设师范、商业、普通(文、理两系)三科,三年毕业。初中部三年毕业。小学部分高、初两级,各三年毕业。补习科不定年限。

七、本校课程以适应南洋社会需要为原则。课程表另订。

八、本校设下之诸种研究机关。

1. 南洋图书馆

2. 南洋博物馆

3. 南洋科学馆

4. 南洋丛书编译社

5. 南洋教材研究社
6. 南洋职业指导及介绍社
7. 南洋华侨招待所
8. 其他

上举八大纲仅为概括之文字耳。欲知其详,更论列如下。

(一)历史　暨南学校开办于前清光绪三十三年(民国前五年),两江总督端方实为创议最力者。考其创议之动机,实与中国国民革命历史有一种密接之关系。请申言之。我中国国民党先总理孙中山先生尝痛汉族之沦亡于清,首以民族主义鼓吹种族革命。辛亥以前,孙中山先生屡奔走南洋群岛间,秘密运动,征求同志,一时南洋华侨父老闻风而起,倾囊资助者甚众。清廷闻之,甚形忧虑,谋诸端方。端方献策于清廷,奏准设立华侨学校,专收华侨子弟而教育之,盖欲用怀柔政策,假借优待华侨名义,使南洋华侨感恩内向,效忠清廷,而消灭其种族革命之思想也。清廷嘉纳其策,遂命端方拨用江海关关税,设立暨南学校于南京薛家巷之妙相庵,并派郑洪年任堂长。凡侨生由南返国求学者,舟车往来均由政府亲自派员照料,而一切费用亦皆由政府津贴。毕业后,除特给凭奖励外,并选派优俊学生赴外洋留学。优待华侨,可谓无微不至矣。最初华侨父老遣送其子弟来校求学者,仅限于荷属爪哇一隅,嗣后逐渐推及于英荷属各埠。迨辛亥光复,南京战事起,本校学生悉数分散,或避难他往,或束装返南,本校遂以中辍。至民国六年,海外华侨陈金山等及国内名硕黄炎培、袁希涛、赵正平诸人痛惜华侨处境危险,皆以为教育设施实为要图,乃联名建议于北京政府,详陈规复暨南之必要。政府深韪其议,令准规复,仍用南京旧校址,继续开办,任命赵正平为校长。当时应南洋社会之需要,先设中学部及补习科。中学部分设师范、商业两科,继设普通中学科。民国十年,为商业科毕业生升学计,除原有商业科外,再与东南大学合立商科大学,定名为"东南大学暨南学校合立上海商科大学",假上海尚贤堂为校舍。民国十一年,本校与东南大学商定,退出上海商科大学,单独设立商科大学部于上海徐家汇松园。民国十二三年之交,因学生人数增加,南京中学部校舍不敷应用,于沪上郊外之真茹站旁购地二百余亩(另学校村三百余亩)作为本校基地。议定分期捐资募债,设计建筑新校舍,留南京旧校址专作本校女子部之用,以期完成一规模宏大之华侨学校也。第一期(即民国十二年间)已筑成校舍六大座,可容四百余人。于是全校学生,除女生外,悉数迁来。嗣后原照预定计划,继续进行第二期工作,不意民国十三年间齐卢战争突起,本校之经费大受影响,所有一切计划遂致完全停顿。民国十四年,赵正平校长辞职,琦来继任,仍困于经费,不能积极进行。然因学生人数日见增加,所有真茹校舍渐不能收容,乃商诸前校董,向银行借款一万八千元,添筑新校舍一大座,可容二百余人。后复发起向国内外热心华侨教育者募捐,国内已募得者,计前校长郑洪年五千元,英美烟公司二千元,及教职员学生等数千元,合共一万余元。建筑图书馆一座,不日落成。至国外募捐,正在进行中。就目前状况而论,本校外观与内容虽不能称完善,然亦可谓国内一规模粗具之华侨学府也。现有学生,论其人数,合计男女共有八百余名之多;论其地域,实包有荷属爪哇、苏门答腊岛、文岛、婆罗洲、龙目岛、英属海峡殖民地(新加坡、马拉甲、槟榔屿)、马来半岛、缅甸、锡兰岛、美属菲律宾群岛、檀香山火奴鲁鲁、法属安南以及暹罗等处。侨胞向心祖国,近年益知教育之重要。今后南洋学子负笈来校,络绎不绝,自在意中。如上所述,系暨南学校历史之概略,国人读此,当知暨南创办之旨趣矣。

(二)宗旨　暨南学校之历史,已如上述。然则本校在中国教育制度上及国民革命工作上果具有若何之任务乎?曰:暨南学校之任务,在于依照孙中山先生之政纲而继承其遗志,养成南洋华侨子弟有善良之品性、智识、趣味与技能。居留各国殖民地区域内,对个人方面,能独立自营,对社会方面,能改善互助,以保持祖先所辛苦创成之固有的地位而发扬我中华民国民族之光,并获得使各居留地政府及其人民,无论在政治上或经济上,能以平等待遇我侨胞之资格也。然而暨南学校之具有此种重大任务,则不免引起各居留地政府及其人民之误解。彼等以为,我国家之设立暨南学校,实具有一种狭义的国家主义(所谓帝国主义)之野心,欲养成一种侵略他人土地之强悍人民,使此种强悍人民,一旦学成返南,即从事革命运动,煽动当地土人,以破坏各居留地政府,没收他人土地为己有而归入中华民国版图之内。此种见解,实属误谬,是无异于杞人之忧天。殊不知中华民国国民党之目的,仅在求中国之自由平等,同时使国外华侨在各居留地亦享受国际上之自由平等。故吾人亦仅欲使各居留地政府憬然知其在政治上或经济上以不平等苛待我侨胞及压迫我侨胞,即为自杀之政策,继此毅然改悔,容我侨胞独立自营于南洋社会,并将南洋社会种种事业发展之,开拓之,而与殖民政府共荣共存耳。吾可断言之曰,我国政府决无模仿所谓列强各国对外手段,实行其所谓帝国主义侵略政策,暗使本国人民任意掠夺他人土地收为己有而入本国疆土之野心。且中国国民党之素来主张,在谋打倒帝国主义及废除不平等条约,焉有自身反为帝国主义者侵略他民族之理。己所不欲,勿施于人,即我中国自古以来建国之道。凡稍明我国情形者,决无虑此。孰料荷英属殖民地政府不解此理,竟目暨南学校为一种对于彼等国家利益上有致命伤之危险品,往往散布侦探,秘密调查本校之内容与工作,甚至有时对于本校毕业返南之学生不许其上岸回家,种种留难,不一而足,致令多数华侨子弟裹足不敢回国求学,以图上进。在暨南学校方面,亦屡惧引起荷英属殖民地政府之注意,吻口葫芦,噤若寒蝉,不愿将本校之宗旨明白宣示,仅仅在表面上用"养成有用之师范及商业上之人材"等文字,以遮蔽外人之面目。斯双方均毫无开诚布公之诚意,徒用旧式的秘密外交政策,以惹起双方互相猜忌,不仅互相猜忌,抑互相排斥耳。今后中国与任何国家欲免去双方误会,以增进国交上之情感,则双方各须本开诚布公的意旨,无论在政治上或经济上,互相谅解,不仅互相谅解,抑须互相赞助也。夫教育政策,对于国外,尤不可含有一种文化侵略的意味。双方必须将一切教育的方针及其宗旨明白宣示,方能免去其误会,对于国交始无所窒碍。所以今后暨南学校应先将其宗旨详加说明或解释,同时呈请中央政府教育部及中央党部海外部将本校宗旨报告各国殖民地政府。晓以暨南学校之宗旨原在养成一般华侨子弟有善良之品性、智识、趣味与技能,不仅使各个侨胞能自由独立生存于全世界,并且使全世界上人类,因布有此种善良之人民,亦能享受安全和平之幸福。然则暨南学校之宗旨何在?可概括言之,曰:对于国外一般华侨子弟施以某种相当之教育,养成其有善良之品性、智识、趣味与技能,居留各国殖民地区域内,对个人方面,能独立自营,对社会方面,能改善互助,以保持祖宗所辛苦创成之固有的地位而发扬中华民国民族之光,并获得使各居留地政府及其人民,无论在政治上或经济上,能以平等待遇我侨胞之资格是也。

(三)名称 暨南学校之名称,取义于《书》经"声教朔南暨",意即中华声威文教将被沾普及于南洋全土之谓。夫一国之民族,不欲生存于世界则已,苟欲生存于世界,并欲提高其地位,不致受他人之凌辱或苛待,则不可不先了解本国之历史与文化。我中华民国既承各友邦认为一完全之独立国,则各友邦决无权禁止或干涉我国内外一般人民对于祖国文化谋其所以了解之者。我国内外一般人民既欲了解祖国文化,则我国家不能不有一种教育设施以教养之。不仅我国为然,抑世界上任何国家,各为本国民族图生存计,莫不有一种民族自卫教育政策之设施。然我中国决非实行其狭义的国家主义教育政策,利用祖国文化以作侵略他人土地之工具也。"暨南"二字,实涵有民族自卫教育政策之义,而能贯彻孙中山先生所谓民族主义之精神也。近人有提议废去"暨南"二字,改称为"华侨大学",余极不赞同。况"暨南"二字已有二十年之历史,亦应保存,以留纪念。惟"学校"(School)一语尚需斟酌。盖暨南学校,论其程度,实包有大学、高初级中学及小学诸部;论其性质,除学科外,应设多种附属研究机关。(此问题以后再讨论)若用"学校"一语,实不能概括一切要素,故又有人提议改称为"暨南大学",余亦觉不甚妥当。何则?暨南学校,如上所述,既包有大学、中小学各部,且以中学部为主体,若将"大学"一语应用之于暨南学校,则暨南学校即侧重大学部成为一主体,而以中学部为附属品,殊失创办本校之本旨。况所谓"大学"(University)一语,在欧美各国,普通有四学科以上并设有研究院之学校,始克当此,否则,若仅有一二学科且无研究院之设立,则只可称之为专门学校(College)。近来国内多数国立单科大学,例如北京师范大学、农科大学、法科大学及上海商科大学、政治大学等,大抵滥用大学名称,甚属不妥。所以余以为,今后暨南学校欲为名副其实计,则不如改称为“暨南学院”。夫暨南学校之英文名称,固为“Chi-Nan Institute”,而“学院”与 Institute 两语颇相类似。考中国之“学校”一语与英文之“School”一语,以单纯学习为主,而“学院”一语与“Institute”一语,学习与研究兼备。夫暨南学校,固有学习与研究两重作用,若改称之曰“暨南学院”,可谓名实相符。至于“国立”二字,今后应否沿用,俟讨论次项经费时另行解决也可。

(《国立暨南学校改革计划意见书》,1928)

本校概况

（民国十五年五月呈报教育部）

一、本校之组织

(甲)本校行政系统

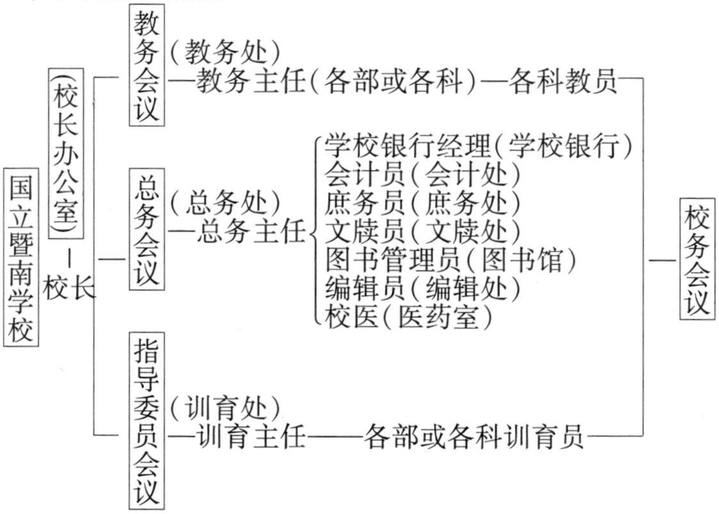

(乙)本校现行学制

⊙但学生自治会另设立义务学校,收容校区附近儿童,兼作本校师范科实习之用。

(丙)本校现有班数及学生数

(一)男子部

商科大学部:三、四年级,合一班,二、一年级,各一班,共计一百二十二人。

旧制商科(一名专门部):三、二年级,各一班,共计五十五人。

高级中学商科:一年级,一班,计四十一人。文理科(一名普通班):二、一年级,各一班,共计五十七人。师范科:三、二、一年级,各一班,共计四十八人。

初级中学:四、三、二年级,各一班;一年级,甲乙组两班,共计一百九十六人。

⊙以上共计十五班,共计五百十六人。但新生自南洋负笈来就学者,络绎不绝,随时按照程度,编入初中、高中各年级肄业,故学生总数时有变动。

(二)女子部

高级中学:一年级一班,计二十人;初级中学:三、二、一年级,各一班,六十六人以上。共计四班,共计八十六人。

全校统共六百零二人。

(丁)教职员

(一)人数

男子部教职员,共四十九人。内专任职员者,十六人;职员兼教员者,十人;专任教员者,二十三人。

女子部教职员,共十六人。内专任职员者,四人;职员兼教员者,四人;专任教员者,八人。

(二)资格

国内各学校毕业或任事者,计三十人,占全校教职员人数62.5%。

留日毕业者,计六人,占全校教职员人数之12.5%,但内有二人,一兼留欧,一兼留美。

留美毕业者,计十三人,占全校教职员人数27.1%弱。

留欧毕业者,计二人(德一,法一),占全校教职员人数4.2%弱。

以上指男子部而言者,至女子部教职员,除音乐教员系留美毕业,及校医系留日毕业外,余皆系国内学校毕业或在南洋学校任事者。

二、教务概况

(甲)概说

教务处不设总教务主任,所有各部或各科教务事宜,即由各部或各科主任教员分途担任。另置助理员数人,帮同办理,如有各科相关系事项发生时,开各科主任教员联席会议共同解决。至各该科本身问题,由各该科主任召集各该科教员开会讨论。

(乙)各科现行课程

各科现行课程表,另详本校一览内,故不赘述。兹将各科概况略述如下。查商科大学部,自十四年度下学期起,分设专系如下:(一)普通商业系;(二)银行理财系;(三)会计统计系;(四)国际贸易系;(五)工商管理系。共开学程三十六种。较上学期多八学程,即市场学、劳工问题、财政学、国际贸易、国际汇兑、广告学、银行会计、公司会计是也。本校有所谓"旧制商科",三、二年级(一名专门部)一切课程,较新制高级中学商科略高。稍与大学一、二年级相同。此科沿从前之旧,专收旧制中学毕业生而设者,论其毕业程度,优者,辄许其入商科大学部，大学二年级或一年级肄业，亦能及格。然此亦不过系过渡时期之权宜办法，而与部章有所抵触。俟其毕业后，即行停止，遵照新学制办理，与现有高级中学商科一年级成一系统。

高中文理科课程，适应南洋社会之需要，计分四组如下：（一）国语国学组；（二）外国语学组；（三）自然科学组；（四）人群科学组。科目分为三类：（一）普通科目；（二）主要科目；（三）选修科目。普通科目约占全体学分十分之四，主要科目约占全体学分十分之三，选修科目约占全体学分十分之三。

高中师范科课程概不分组，仅就学科之性质，分科目为三种：（一）教育科目；（二）实用科目；（三）补助科目。教育科目，须全修实用科目，除指为必修者外，须选习者，占全学分十分之五以上。技能科目，每人至少必修二种。补助科目得自由选修。

初级中学，本普通原则，不设分科制。惟三年级，除必修科目外，略设选修科目五种，如下：（一）教育常识；（二）商业常识；（三）英文文选；（四）图画；（五）音乐。

女子部课程，除添设女子必修科如家事等及教材内容另行选择外，大致与男子部高初中课程相同。

（丙）教授及学习概况

（一）商科大学部及高中商科

①大学部及旧制商科所用教科书，多系英文，原本惟新制高中商科一年，大半用中文教授。

②大学部各级现采用选科制，每学期学生优良者，得选二十五学分。成绩不佳者，至少须选十七学分，其所选读之科目，先以必修科目为主，次及选修科目。但普通选科标准，以二十一学分为度，旧制中学商科两级及新制高中商科一年级，仍采用年级制。

③大学部教授方法，采用自动主义。学生在上课前，先行预习并检阅参考书，至上课时，再由教员依教本讲演。旧制中学商科及新制高中商科一年级，均取辅导主义，由教师按书详解，时加问答，俾得切实明了。

（二）高中文理科及师范科

高中文理师范两科，现均采用学分制，各科学程用最近对于学生最易得益的方法教授，学生亦均肯勤奋，故每次试验成绩尚佳。一切学科所用书籍，虽多采用英美原本，然因使学生易于领悟起见，概用普通国语教授。

（三）初级中学

初级中学各班教科书，均选用最近出版之新学制各种书籍教授。此外，另授关于南洋社会所需要之各种教材，编发讲义或摘要笔记。各级学生年龄虽较轻，然对于学业颇知奋勉。

（四）女子部各科

女子部各科教学主义，则取我国固有之自得主义而运用之，务使学生锐意研究，养成自动能力及习惯方法，则活用启发式及讨论法。课前重预习，课时重辩难，课后重发表。教员随时指导，使之安其学而乐其业。学生自习方面，除上课及星期日外，每日下午四时后及晚间七时至九时，皆为学生自修时间。自修时，由各科教员轮流出席，以备学生质疑问难。至于阅读书报、举行时事测验、评阅笔记日记，本学期尤竞竞为之。每周开教务会议一次，各科开分科研究会各若干次，以资促进教学之改良。

三、训育概况

（甲）训育方针

本校自规复以来，即以忠信笃敬为校训，盖鉴于华侨之能立身于海外，非仗强力，实赖先民遗训，演为良俗，居其地而能益于其地之民，故虽致富有，不招嫉视。故今训练仍以此良训为宗。华侨生计端赖实业，晚近实业之发达及其基础之巩固，需有大规模之组织，华侨于此，尚有缺憾。私人经营之事业，资力雄厚者，所在皆有。而集资组织之公司，无论规模之大小，直至今日，仍为数无多，往日无论矣，此则组织力之缺乏也。故本校训育方针又注意养成学生组织力。国家设立暨南学校之始，意盖欲养成侨民内向之心，故本校训育尤甚注意唤起学生之国家观念，以养成其爱国心。而学生归自海外，目睹他人国势之富强，身受不平等之待遇，爱国心油然易生也。

女子部训育方针，鉴于个性之差异，务求不好高不骛远，脚踏实地，切实做去。平日注意养成温良恭俭让诸德，服从理性，明辨利害，奉公守法，勤俭耐劳，互助协作等良善习惯。总之，在养成健全之个人，适合南洋社会所需要之人物。

（乙）训育方法

在男子部，其训育方法，大别为二：（一）个别训练。学生初入校时，先考察其身体，于生理、体质两方面，有无特别现象，精神上知、情、意，有无特殊表现。然后根据考察结果，用谈话、申诫、反省等法而施以个性训练，以期发挥其所长而补充其所短，俾身心得正当之发展。平常于校内或校外旅行时，与学生自由谈话，可发现其真性情，以为训练之根据。凡学生发现不良行为，则行私室训话，加以训勉，以期改悟。（二）团体训练。由学生全体组织学生自治会，使养成自治能力，并练习其办事才能。初级中学特设公民科，授以公民应有知识，如关于个人身体上之卫生及锻炼学术之研究、对于家庭之态度、社会之服务等，凡有关于公众行为之指导与申诫，均于每星期一及星期六全体朝会时行之，重要者，则集礼堂行之。至各科朝会，其时间及其次数，由各科主任自定之。每逢节假或纪念日等，邀请名人讲演关于学生道德修养、学术研究或世界知识等，以增高学生知识，而陶冶其性情。各种集合，如文学会、演说会、辩论会等，由各科学生在主任指导之下自由组织之外，利用新年、节日、纪念日等，举行茶话聚餐演剧等，以图共同生活之趣味。

在女子部实施训育时，依据前列方针，分三步进行：（一）事前，当未发生事项前，晓之以大义，释之以利弊，未雨绸缪，使各遵理性之指示以行。（二）临事，导之以计划，鼓之使执行，适应时机，因势利导，使有勇于任事之兴趣，择善固执之毅力。（三）事后，有小善，即鼓舞嘉奖之，使之乐其始而勉其终。有小过，即惩其前，恐其后，使之弃其旧而开其新。总期其幡然觉悟，善之可为，恶之当避，过之当改。本部持此方法行之至今，学生之潜移默化者不少。其施行时间，则不离乎朝会、周会及随时随地之个别训话。其他各种会合，如各级阅书会、公共阅书室、俱乐部演说竞进会、卫生队自治会、贩卖部、贮蓄部等均供养成公同生活之用。

四、体育概况

本校对于体育素极提倡，于普通体操及课外运动中，施以自动之训练，使人人对于体育发生兴趣，养成乐于运动之习惯，由此锻炼身心，培养高尚之品格、优良之技能，以增进全校体育之效率。

（一）早操每晨盥洗后，全体习早操二十分钟为必修课，在男子部作一学分计算。

（二）普通操及兵式操。男子部无论何科，每班每周授普通操及兵士操各一小时；女子部每班每周授普通操二小时。其教材为步伐分队。柔软操、游戏、舞蹈等，视年级之高下，施以相当之教程。

（三）无论男子部或女子部，于每日课余行之，其种类为足球、篮球、队球等。由学生签名，选定种类，分组演习，平时迭与沪上各学校作友谊的比赛，屡获胜利。

（四）体格检查及疾病预防。本校专聘校医，随时诊察学生疾病。每年检查学生体格，预防疾病，春间施种牛痘，以防天花，时疫流行时，预先注射，以防中毒。每月所购药品费约五十元之谱。又，南洋气候习惯与内地迥异，南侨子弟每日至少洗澡一次，故本校将建冷热水浴室，专备学生浴身。此于卫生上亦大有裨益。饮水均取之于自来水井，此水已由上海公立医院详细检验证明，此水可作饮料，惟稍含阿莫尼亚气，乃用沙滤法滤后，用之厨房。食品由校医庶务及膳堂管理，随时查察，常使清洁。阴沟、水道今春均已开通，不使浊水积滞，发生蚊蝇等不洁之物。厕所每日冲洗两次，洗以石灰水，以除秽气。各室按日洒扫，务求洁净。宿舍四围满植花木，常使养气充足，以利卫生。女子部亦甚注重卫生，大致与男子部相同。

五、事务概况

(甲)会计概况

本校自民国十一年度起,原定预算经常费九万六千二百元,临时费二万元。十二年度十二月,财政会议决定临时费核减一万元,但临时费一万元,经江苏省长公署核定为本校建筑费负债还本之担保。十四年五月,受上年度江浙战事影响,江苏善后会议又依十三年度额核定标准,将本校经常费减少百分之二十一,若按此领款,本校全年应领七万五千九百九十八元,平均每月应领六千三百余元。查自民国十四年七月起,至十五年三月止,共领五万四千余元,平均每月领到六千余元。民国十四年下半年,本校本量入为出原则,非常节俭,故支出数每月亦仅为六千余元,收支对照,尚足相抵。自民国十五年一月至今,因校务稍事扩张,恐支出数较大,约需七千元左右,决算确数正在编制中,所有本年度上学期所收入之学宿数约一万元,曾经校董会议决定,以作付还旧教职员欠薪及其他一部分债务之用。总之,本校本年度内,除在校教职员均领现薪外,尚能付还旧欠六千余元,若与任何公立学校相比较,总算首屈一指。

女子部经费向由本校支拨,原无定额,以收支足以相抵为度。至民国十四年七月起,遂限定月支七百元,不敷时,统由学宿费收入项下补充。该部既守量入为出之原则,则一切校务遂不免呈左支右绌之象,空弩蹶张,颇费踌躇。

本校每月会计收支概况,由会计处编造报告,在《暨南周刊》上发表,再根据校董会所组织之经济检查会规则,由经济检查会委员会同各科主任及教职员代表,于每月尾之前三日审查之,以示公开。

(乙)庶务概况

本校原有宿舍四所,共一百四十六间,内有办公室、教室、盥洗室、厕所等,约占五分之一。今春学生骤增,原有宿舍已不敷用,故拟另建新舍一所,不日将开工矣。校前马路桥畔新建号房一所,桥内添造铁质大门一对,上铸校名,既可范围,且壮规模。厨房后面附建煤灶间一所,内砌煤灶两对,与厨房大灶隔离,不使煤气飞绕大灶四周,以重卫生(煤灶向与大灶合建于一室,今已拆去)。校之西部,有隙地三亩许,今围以竹篱,作暨南学校园,内植花木多种,更有已故同学数人亦合葬于此。师范科之西边,有隙地约一亩,亦围竹篱,作园艺部,由师范生种植菜蔬花果之属。又,四周河道已阻塞不通,今春重行修浚,更种荷花、菱芡其间,以助美观。此外新增网球场、队球场、篮球场数处,均已竣工。校具方面,新置课椅、自修卧榻、圆椅、长椅、长凳、方桌、方凳、书架、书厨以及各种运动器械等,约五百余件。其他琐屑之事不及备载。

女子部以限于经费,不置庶务,所有采办物品,接洽工匠,监督工程等事,悉由会计员兼理。关于卫生清洁与学生需用品之整理、购置,悉由训育员兼顾。事务仅设事务员一人,助会计员、训育员之不及。

(丙)编辑概况

编辑部刊行品现有四种:(一)《暨南周刊》。于民国十四年九月二十六日创行,每星期出版一次,现已出至第二十七期。(二)《南洋研究》专号。本校因感中南关系之重大,故特刊此号,讨论中南重要问题,现正在编辑中,预定本年七月内出版,系不定期刊品。(三)《经济汇报》。系本校商科经济研究会发行,年出两期,现已出至第三卷第二期矣。(四)《文艺月刊》。系本校文科学生刊行,现已组织完备,不久可出版。其他学生自行组织之刊物,如《星光》《景风》《南光》之类各有特色。

(丁)学校银行概况

本校向设学校银行,专为保管学生银钱及生息,并养成学生储蓄之观念。兹查本年份每月平均收入总数约一千六百余元,全年收入约二万之谱,利息常年三厘。

六、未来计划

窃维计划云者,虽为现在之理想,而将来固求其实现者也。欲求理想之实现,必先预计其可能之程,否则徒为纸上空言,无补实用。夫欲一校预定计划之能否实施,经济与人材二者,实为重要之关键。而人材之美备与否,又视经济之有无以为断。际兹时艰,本校与其他国立各学校同处于经费竭蹶之会,欲求维持现状已属万难,更有余力以预期实现将来之计划乎?是以徒言将来远大之预期,未免蹈于空想之嫌,而目前教育设备所必须,为事势所万不能省者,则又不得不勉力以赴,兹陈其急要诸端如下。

(一)关于增加班类

查本校十四年度商科大学部四年级人数太少,酌用选科办法,除一、二特别科目外,与三年级合班教授,名为两级,实则一班。然来年度,第二年级升为第三年级之高大学生,共有五十余人,自不能与四年级合成一班,非分别教授不可。再,商科大学向无预科,故旧制中学毕业生及其同等程度学校毕业生,均无班可插,只得将其编入商大一年级,同时听讲,此不特与部章有所抵触,而程度不齐,在施教上亦多窒碍难行,故必须添预科一班,以容纳此项学生,而与部章适合。

高中部文理科,本年仅有一、二年级两班,而来年度原有一、二年递升为二、三年级后,应再添设一年级新生一班。再,高中部师范科本年度人数尚少,所有普通科目(如国文、英文之类)均与文理科合班教授,而十五年度学生人数增加,自不得不分班教授。

初中部前年度上学期仅有一、二、三级三班,至下学期自南洋归来之学生人数一时骤增,自应一律收容。但此项学生程度甚属不齐,今后不得不将一年级分为两组。此外更须添设补习科一班,以便自南洋初来,而程度不能编入初中一年级之学生选科补习。如此因材施教,收效更多。女子部十四年度仅有高中一年级一班,初中一、二、三年级三班,而来年度应添设高中二年级一班、补习科一班。

(二)关于添设科目

凡学校课程,当依据社会之需要而定,此乃教育不易之原则,无待赘言。本校既为造就华侨子弟及从事于南洋事业之人材而设,则本校课程自不得不适应于南洋社会之需要。然国内专门研究南洋问题而能担任本校教授者实不易得。本校历年访求此类人材，终难如愿以偿，而来年度拟在课程上添设南洋特殊科目（如南洋历史地理之类），至少必须聘定教员一二人担任教授此项科目。

（三）关于建筑校舍

本校既为造就华侨子弟及从事于南洋事业之人材之学校，除少数系由国内有志南洋事业之学生考入外，大多数皆由海外华侨子弟，负笈归来，万难拒绝，阻其内向与来学之忱。全校人数日有增加，实为事势使然，就目前而论，现有校舍已不敷用，非急行设添建宿舍一所不可。前曾提交校董会会议公决，业经议决通过，借款建筑宿舍一所，以资应用。正在兴工，预定来年度开始时落成。

（四）关于建立图书馆

前年秋江浙战争，真茹当兵火之冲，本校为营垒者两月，图书、仪器荡然无存。两载以来次第添购，百不及一，学术研求大感困难，因之拟向国内外热心教育诸公募集捐款，建立图书馆一所，以为实施之用。兹已组织图书馆募捐委员会着手进行。

以上四项，不过就其大者言之，至于其他应办事宜甚多，难以悉举。总视本校财力与材力之能否办到而定，尤视国家政治问题之能否入于轨道，政府注重教育予以提示为衡也。

（《暨南周刊》1926 年第 28 期）

母校校史

（一九二六年）

前清两江总督端方自欧洲考察宪政归，鉴于南洋华侨教育之应设法提倡,创造本校于南京,取《书》经声教“朔南暨”之义而名之曰“暨南”,招抚侨胞子弟回国求学,此为奏设本校之缘起。辛亥革命,南京战乱,本校遂以停办。

民国七年,黄炎培、袁希涛、赵正平诸氏,环睹华侨教育之阙乏,国内有特设华侨教育机关之必要,呈请教育部规复本校,而暨南学校于是复活。迄今海内外子弟之负笈来就学者随在而有,中华之声教将不以南洋为止境矣。全校之组织,若自横面观察,有女子部,有文理科,有师范科,有商科,每科可自成一系统。更自纵面观察,有补习科,有初级中学,有高级中学,有大学,全校可分为数阶段。此则全校组织之大概也。师范最初办时为二部,毕业一次,继办完全师范,毕业两班。毕业者大多数往南洋服务,颇称尽职,复见重于南洋父老昆仲中间。为提高教师职业之程度起见,改办五年师范,现仅毕业一班。嗣因采用新学制,添设高级中学师范科,以三年为毕业期限。现有学生三班,其学生自初级中学毕业生选升。学生在初级中学时,受普通教育。入本科时,则受职业训练。庶几毕业后各学生能归各处侨居地,提倡侨民教育而发扬国光。

本校规复时,先办师范、商业二科。继因专造就此二项人才,尚不足供华侨社会之需要及满足学生求学之志愿,遂增设中学科。历年均有毕业升入国内外大学者颇不鲜。自新学制施行后,中学部分为两级,一为初级中学,一为高级中学。初级中学除三年级添设一二选择科目外,不分科。高级中学分为普通科(文理两系)、师范科及商业科。普通科学生亦多自初级中学之毕业生选升,现有两班。此科宗旨,务求毕业后学生能成为华侨之领袖与为社会服务的人材。师范科已见前述。兹再将商业科及女子部分别载于后。

商业科大事记:

民国七年九月,商业科开办第一年级,定三年毕业。聘王敬礼为主任。招收已在中等学校肄业二三年之学生共二十余人。

八年九月,主任王敬礼辞职,另聘王毓祥接替。开办第一年级新班,共有新生二十三人。并增设第二年级,升级者共二十人。又添办商业特科，招收中学毕业生二十八人，定一年毕业，供南侨商界之需。

九年六月，商业特科学生孙纯一等二十人毕业，又选科毕业生陈振福等四人。

九年九月，商科开办第一年级新班，招收新生约二十人，并增设第三年级。计商科一、二、三级共有学生五十余人。

民国十年二月，商科迁往上海徐家汇，假松社为讲舍，另租寄宿舍于附近地方。

十年六月，商科第一届毕业，计丘文英等十四人。并组织经济视察团，沿沪宁津浦胶济路，自青岛渡大连，并沿南满及京奉铁路视察各地商业状况。是为海外华侨学生第一次之壮游。

十年九月，除原有商科外，与东南大学合立商科大学，定名为"国立东南大学暨南学校合立上海商科大学"，假上海尚贤堂为校舍。公推委员十五人，本校校董、校长、商科主任及侨界之负重望者黄奕住等，均在委员之列。嗣主任王毓祥辞职，另推本校教员高阳接替。

十年九月，商科开办第一年级新班，计一、二、三级共有学生八十余人。商科毕业生升入上海商科大学者六人。

十年十一月，商科学生张家栋等组织经济研究会，以调查商业实情，研究经济状况，预备将来在中国与南洋活动为宗旨。先就上海工厂、商店着手调查。十一年秋，发刊第一次调查报告书。十二年春，组织南通、无锡、苏州等分队，前往调查。十二年五月及十二月，各发行经济汇报一期，后改为每年刊行两次。十一年六月，商科第二届毕业，计张家栋等十三人，刊行商科毕业纪念册。

十一年夏，与东南大学商定本校退出上海商科大学，自行筹办商科大学部。

十一年九月，商科开办一年级新班，计一、二、三级共有学生八十余人。

十二年春，常务校董会议决，于是年秋开办商科大学部，定名为"国立暨南商科大学"，即呈报教育部备案，并筹备招考新生。

十二年六月，商科第三届毕业，计林宗安等十五人，刊行纪念册。

十二年秋，商科自上海松社迁入真茹新校舍。

十二年九月，商科大学开办。计由本校商科专科毕业生升入大学三年级者四名，招收大学二年级新生八名，特别生三名，一年级新生三十余名，内由本校中学毕业升入者约十名，又一年级特别生五名。同时开办商科高级中学，一年级共有学生二十余名，内由本校初中毕业升入者约十名，合商大、商专、商高中三部，计共有学生百三十人。

十二年秋，商科学生除经济研究会外，更组织会计学会、银行学会、打字竞进会等，会计学会于成立一年后，发行《簿记与会计》一书。

十三年六月，旧制商科第四届毕业，计于长缨等二十四人，刊行纪念册。

十三年秋，商科主任高阳辞职，另聘朱如棠接替。同时本校因受江浙战事影响，经费无着，乃将商大三、四年级暂行停办，所有学生转送吴淞中国公学等校肄业。本校只商大一二年级、商高中一二年级及旧制商科三年级，计共学生百三十人。

十四年二月，江浙战事既息，所有曾经转学他校之商大三四年级学生，要求回校，遂再开班，合商大一、二、三、四年级，旧制商科三年级及商高中一、二年级，共计学生百六十人。

十四年六月，商科大学第一届毕业，计傅楷文等五人。旧制商科第五届毕业，计涂炳立等十三人，刊行纪念册。

十四年八月，主任朱如棠辞职。另聘潘序伦接替。

十四年九月，商科大学开办第一年级新班，招收学生六十名。一、二、三、四年级计共有学生百四十人。同时添办商高中一年级新班，合原有旧制商科两班，计总共有学生二百三十六人。

十四年十月间，主任潘序伦提出改良商科大学计划书，计开分设专系，添设预科，增加学程，改用选科制，提高程度，酌增学费等项，交由校董会决议施行。十四年十二月，除主任潘序伦兼担一系主任外，校长添聘本校教员吴倚沧、黄念远、李权时、周茂蕃四人分担各系主任。

十五年三月，学期开始时即实行选科制，并公布施行新订教务规程。

女子部沿革：

本部自民国十一年春开始筹备，夏初租定南京成贤街房屋，秋初招生开学。当时因屋舍狭隘不能多设班级，仅设二部，师范及补习科各一级。至于设备及教学方面均属因陋就简。洎十二年夏末，本校真茹新校舍落成。男校师范、中学二部悉数迁往南京，原有校舍改充本部使用。是年男生自海外来归者甚多。真茹新校舍不敷支配，不得已仍将男生补习科暂行留宁。本校诸校董及校长等为慎重华侨女子教育，妥为布置，将原有校舍划分为二部，其后半部充男校补习之用，其前半部充女校用。是年本部添初中一年级，并续招二部师范一级。十三年夏，真茹添建之补习科宿舍落成，是秋补习科迁沪。南京校舍完全归本部使用。适江浙战事起，新生来学者不多，房屋极觉宽畅，同时梁炳农先生捐资翻造之宿舍竣工，暑后开学，师范一级因经济关系，提前毕业，增设中二一级，学生五十余人，悉居新宿舍。其余空房颇多，地广人稀，至为幽静，且空气极充足，于卫生、修学颇为适宜。十四年夏，招考新生，应试者极众。侨生由沪各校转学来者不少，是时增设高中一年级，投考插班者亦复不少。学生既多，学校精神随之益振，因此教学、训育各方面，颇有蓬勃气象。无如第二次江浙战事复起，于是本部直接间接均受其影响，学生因畏惧，而中途辍学者为数不在少数。十五年春，招收插班生，应试者甚多，可惜程度过劣。合格录取者仅十余人，其中有侨生三名。溯本部自开办以来，迄今四载，其间两遇战事，以故迟滞不见进步，侨生之裹足不前。今后希望时局和平，力图进展，向华侨各埠广招学生，则本部实力既充，精神自能振作。目前尚有许多新事业，限于经济，限于人力，不能兴举，殊属缺憾。斯为本部成立以来四年间之概况也。

（《暨南校史资料选辑 1906—1949》第 1 辑，1983）

组织大纲

（民国十七年六月修正）

第一章　编　制

第一条　本校分下列各部：

一　大学部；

二　中学部；

三　南洋文化教育事业部。

第二条　大学部设下列各院：

甲　文学院分以下各系：

本国语文学系；

外国文学系；

教育心理学系；

历史社会学系；

哲学系。

乙　法学院分以下各系：

政治经济学系；

法律学系。

丙　理学院分以下各系：

数理学系；

化学系；

生物学系；

地质学系。

丁　农学院分以下各系:

农学系;

林学系。

戊　商学院分以下各科:

银行科;

会计科;

工商管理科;

国际贸易科;

普通商业科;

运输科。

己　艺术院分以下各系:

国乐系;

西乐系;

国画系;

西画系;

图案画系;

雕塑系;

戏剧系。

第三条　中学部分下列两级:

甲　高级中学分以下五科:

普通科 { 甲组
乙组;

商科;

农科;

工科;

师范科。

乙　初级中学。

第四条　中学部为南洋回国学生各种科目之补习特设补助班。

第五条　本校为教育心理学系高级中学师范科学生实验起见，特设实验学校。

第六条　南洋文化教育事业部分下列各股：

教育股；

文化股。

第七条　各部规程另定之。

第二章　特种设备

第八条　本校次第举办下列各项设备：

农场；

图书馆；

南洋馆（附设商品陈列所）；

博物馆；

科学馆；

美术馆；

体育馆；

气象观测所。

第三章　行　政

第九条　本校设校长一人，由国民政府任命，总辖全校校务，聘任委派各部职教员。

第十条　本校大学部设教务长一人，辅助校长，主持大学部教务。

大学部教务处设助理一人，教务员若干人，办理文牍，登记成绩，统计事务。

第十一条　本校设秘书长一人，辅助校长办理全校事务。

第十二条　秘书处设秘书二人，帮办秘书□人，掌理文书出版、财务庶务，因事务之繁简，得设佐理员若干人，佐理事务。

第十三条　秘书处为便利学生储款取款起见，特设学校银行。

第十四条　秘书处设校医室。

第十五条　大学部各院暂不设院长,或因必要,院先设主任一人,各系各设主任一人或加设副主任一人,处理各院各系教务,均以教授兼充之。

第十六条　中学部设部主任一人、副部主任一人,各科及初级各设主任一人或加副主任一人,处理该部各科级教务。中学部教务处与大学部联合办理。

第十七条　大学部、中学部合设训练处,以本校改组所标道德、政治、军事、科学、职业五种训练贯彻三民主义教育,为本校学生修养与团体生活之最高指导机关。正主任由校长自兼,聘党义教授为专任副主任,各系科主任兼任副主任,因事务之繁简,得设干事若干人,佐理事务。

第十八条　训练处外并设校纪委员会,为维持学校风纪秩序之民团,专办纠正学生过失,考核学生勤惰,稽查学生名数等事,设委员五人,当然委员若干人,并由校长在委员中指定常务委员三人。

第十九条　南洋文化教育事业部设部主任一人,因事务之繁简,各设股员若干人,分任各股事务。

第二十条　本校图书馆设馆长一人,统理全馆事务;助理二人,协助馆长办理一切事项;文牍一人,专司办理公文函件、编辑报告等事。

图书馆设馆员若干人,分任登录编目典藏事务。

第四章　会　议

第廿一条　本校设下列各种会议:

甲　校务评议会　由校长、秘书长、教务长及各部各系各科主任、职教员代表各二人组织之,职教员代表由校长提出,经评议会多数同意聘任之,以校长为主席,议决全校事务及各会议不能解决之事项。

乙　南洋文化教育会议　由本校及南洋华侨学校学术机关与其他有关系之团体组织之,议决关于南洋一切文化教育事业。

丙　教务会议分以下六种:

一　大学部教务会议　由教务长、各院各系主任及副主任等组织之。

二　大学部各院系会议　由该院或系主任、副主任及该院或系教授、讲师组织之。

三　中学部教务会议　由部主任、副部主任及各科主任、副主任组织之。

四　高级中学科务会议　由该科主任及教员组织之。

五　初级中学级务会议　由该级主任、副主任及教员组织之。

六　大中学联席会议　由大学教务长，中学部主任、副主任及大学各系主任、副主任，中学各科主任、副主任组织之。

丁　教务处秘书处处务会议　由该处职员组织之。

戊　南洋文化教育事业部部务会议　由该部职员组织之。

第廿二条　各种会议细则另定之。

第五章　委员会

第廿三条　本校除设训练处校纪委员会外并设下列各种委员会：

总理遗教实施委员会；

预决算委员会；

查帐委员会；

建筑设计委员会；

图书设计委员会；

校具设计委员会；

购置评价委员会；

卫生设计委员会；

体育委员会；

学生成绩审查委员会；

中英文演说辩论委员会；

招生委员会；

其他临时委员会。

第廿四条　各种委员会之组织及办事细则另定之。

第六章　附　则

第廿五条　本大纲呈明中华民国大学院备案。

第廿六条　本大纲如有未尽事宜，得由校务评议会会员五人以上之提议，经会议通过修改，呈明中华民国大学院备案。

［《国立暨南大学校务特刊（十六年度）》，1928］

一年来之经过并今后之计划

郑校长　讲演　李邦栋　记述

——在宴会新闻记者席上——

▲扩充学院

▲经费概况

▲建筑与布置

▲教授与学生

▲三民主义教育之实行

▲南洋文化教育事业部之设立

▲十七年度扩充及添设之科系

▲集会与考察

▲对于办学之旨趣

▲今后计划之完成

洪年自去年六月十四日受命中央，接长暨南以来，荏苒光阴，倏忽一载！当时所以未与诸位聚晤者，深恐改组伊始，无所建树，中心惶惑，用滋兢惕！屡荷各报加以揄扬，惭感交并！今当学年结束，爰备菲□，酌杯酒，欣承诸位贲临，谨将一年来改组经过之全部情形，并预定今后之计画，报告于诸位，藉以呈露于国人之前，非敢有所炫耀也，一则以求教，一则以自策励耳！

过去之暨南，言设备，则因陋就简；言经济，则时虞竭蹶；言编制，则限于中级；后虽有商科大学之设，亦鲜见完备。洪年重长斯校，鉴于侨胞处于殖民政府铁蹄之下，受尽帝国主义之蹂躏，暨南教育非提高程度，扩充为完善之大学，不足以增进侨胞之地位，不足以谋适应其特殊环境，不足以使华侨父老咸达自由平等之目的！准此旨趣，乃具彻底改革之决心；因时制宜，益定华侨教育之方针；草具计划大纲，通过于中央教育行政委员会，设立六学院，二十三系，六科，粗具规模。实行之步骤，计划之完成，预分三时期，十六年度为第一时期中之一小段落。其实施经过，可得撮要报告者：

一、扩充学院　十六年度开办之系科

(一)文哲学院　已开办三系：

中国语文学系

外国文学系

教育学系

(二)社会科学院　已开办两系：

政治学系

法律学系

(三)自然科学院　已开办系一：

数学系

(四)商学院　已开办五科：

银行科

会计科

工商管理科

国际贸易科

普通商业科

二、经费概况

自去年七月至今年六月,共收到:

(一)政府经常费二十四万有奇

(二)学费约四万元

上项收入支诸:

教职员薪水	约十八万余元
津贴各学术研究团体	约八千余元
补助旅行参观考察	约一万四千余元
建筑费	约六万元
设备校具购置图书仪器	约三万五千余元
童子军特别设备及服装等	约一万二千余元
学生军军服及枪械等	约三千余元
植树	约三千元
迁暨南园及凿井购地	约一千元
其他杂支	约八万余元

以上共约四十余万元。

收付相抵,不敷约十万余元,皆洪年设法在银行挪借。

此外国府发给之二五国库券二十二万五千,抵押得九万元,为建筑之用。

三、建筑与布置

第一期建筑:

(一)莲韬馆(即办公室及教员宿舍)	九千二百五十两
(二)科学馆	四万七千六百二十两
(三)女生宿舍	一万五千七百九十六两
(四)初中宿舍	三万一千三百五十两

第二期建筑为礼堂、高中宿舍、体育馆、扩充图书馆及膳堂，约于明年寒假暑假前次第完成。

暨南处于沪西乡郊，四野农旷，空气清鲜，校址宽敞，颇宜布置，今春遍植花木数万株，计费三千余元，以后每年春季，均种植一次，由师生集资合作，以期成一花园学校，实施美感教育，为申江最鲜明清秀之地，读书最佳之所：行见浓荫树下，莘莘学子，□歌徘徊，琴韵书声，相间成趣，感读书之至乐，怡情陶性，而益鬯其天机焉。

四、教授与学生

本校校纪方面，日事整顿，近复成立校纪委员会，竭力涤除旧日积习，陶养肃穆学风，期成纯洁学府。教授方面，则多方罗致硕学，延揽通才，以任讲席。一年以来，师生之间，情感弥笃，亲厚有加！只今年四月间曾有最少数教职员，性质不宜于华侨教育者，煽惑事端，旋即平息，此殆洪年之诚信，不足以感动学者，曷胜隐痛！（邦栋按，吾校师生，颇能道义相尚，爱研学术，自有一种特具之精神。凡普通大学所不能免除之不良现象，在暨南已渐稀罕，区区微波，诚不足为暨南病焉！）至下学年原有优良教授而为学生所戴爱者，一概设法留任。新聘教授非著述宏富，即学有专长，固皆海内知名之士，而蜚声教坛者也。

华侨学生，生长海外，对于祖国文物制度、风俗人情，鲜能有彻底之了解。改组后，洪年则主张增收国内优秀青年有志于南洋事业者，授以高深学识及荷兰马来等文，以备将来至南洋助侨胞以发展本国固有文化，而抵抗外来文化之侵略。平日在校，藏修息游，交换讨论，毫无畛域，华侨同学之刚强活泼，与国内同学之沉静柔默，彼此潜移，互相调剂，深能致中和之道。所谓相得益彰者，堪称暨南一年来之大好现象。洪年居平恒引以为自慰者也。

五、三民主义教育之实行

改组以还，厘定道德、科学、军事、职业、政治五种训练为暨南教育方针，而其出发点则根据于总理之三民主义。党义学程，则聘请党内对于三民主义教育有深切研究之同志担任。此外,复成立总理遗教实施方法委员会,如总理建国方略实业计画中之交通之开发,商港之开辟,煤矿之采掘,蒙藏之灌溉,荦荦诸大端,均加以明晰之研究,附以详赡之系说,将使华侨同学对于祖国发生兴趣,爱此河山,留恋宗邦,恢复固有之民族精神,不致久生海外而为异族所同化,此本校对于民族主义教育之精髓也。

北伐完成,破坏告终;训政开始,建设需才;四大政权之真谛,五大治权之作用,平日均殷勤训诲,务使暨南同学了解无遗。最近周佛海同志所著之《三民主义的理论与体系》,胡汉民同志所著之《三民主义的连环性》,金曾澄同志所著之《三民主义问答》,暨南同学均人手一编,反复研究。同时得上海特别市党部允许,成立真茹独立区分部于校内,使学生参加种种工作。以后更添设模范法庭与议会,从事实际练习,造成立法与司法机关之专门材人,与夫训练宪政时期之民众领袖,知行并进,实事求是,养成三民主义之忠实信徒,为党国效用。而最大目标,将使参与祖国政治上之一切活动,回归南洋,而能出其所学,运其知能,达到享受殖民政府政治上之自由平等,不致久寄篱下,任人鱼肉,此本校对于民权主义教育之方针也。

心者必须劳力,劳力者亦当劳心,心力交用,为当今办理教育者所应注意之点,而在暨南尤当有特殊之训练。暨南已设之科,在高中有农、商、师范;大学有教育、艺术、商业、自然科学、社会科学等各专业训练。十七年度结束以后,除继续充实原有各系科外,则专注全力开办农学院。今春拟在镇江购地六百亩为农场,但目前尚须财政部调查允许乃能备价给领,又就暨南近郊择租六十亩为苗圃,三十亩为养鸡院,积极准备。良以南洋气候温暖,土地肥沃,极宜稼穑,侨胞之业农者,仍沿旧法,近年外人挟其利器,岁收丰余,侨民落后,不思改进,惟归咎于天命,亦可怜矣。倘能灌华侨子弟以农业新知,使运用科学方法,利用自然环境,垦牧造林,发展生产,衣食住行,得以安享,必能维持其经济上之自由平等,此本校对于民生主义教育之鹄的也。

六、南洋文化教育事业部之设立

现在大学院采用大学区制,已在江浙两省试行,暨南大学实南洋之大学区也。所以不能以大学区名者,深恐殖民政府对华侨加以教育上之碍制,反使不自由也。洪年扩充大学改组中学之后,以为统一南洋所有文化教育事业,并与华侨各种教育机关联为有系统之组织,必设立南洋文化教育事业部,为集中机关,从事调查研究,为将来设施改进之根据。该部于去年九月廿一日组织成立,分教育、调查、指导、宣传、编辑五股办事,其任务约举为:

1. 指导南洋华侨一切改进事宜,及南洋各种问题之研究。
2. 宣传祖国文化于南洋,谋与其他民族互相亲善。
3. 谋教育上之联络,并指导华侨子弟回国读书。
4. 调查南洋一切状况。
5. 编审关于南洋之书籍、刊物及教材。
6. 办理本国与南洋之各种宣传事宜。

该部自成立以来,赖内部同人之努力,成绩已有可观。发行之《南洋研究》月刊,亦出数期,内容丰美,深蒙社会人士之赞许,且能引起研究南洋之兴味。

七、十七年度扩充及添设之科系

甲、关于扩充者:

(一)政治□系扩充为政治经济学系。

(二)教育学系扩充为教育心理学系。

(三)数学系扩充为数理化学系。

说明:

(一)政治经济学系

洪年纵观我国二百七十年来政治之变迁,要不外有三种口号,可以代表:

(子)反清复明　　　洪秀全起义时,明朝遗老所倡。

(丑)扶清灭洋　　　义和团起事时所倡。

(寅)打倒帝国主义　中国国民党所倡。

此种口号均以政治为对象而起之反应。然而政治之变迁,社会之杌陧,其最大原因,发生于人民经济之受桎梏。如何以解决此经济问题,是即政治。总理民生主义之精义,在节制资本,平均地权,果使以优良方法,及早实现,则政治之清明,可立而待,社会之纠纷,不排自解。本系之扩充,所以熔和政治与经济学说于一炉。而尤注意国内与南洋之土地问题、粮食问题、劳资问题,为穷本探源之研究。

(二)教育心理学系

自卢梭 Rousseau 倡导自然主义,轰动于全世界,影响于实际教学,引起后代教育家主张教育心理学化、科学化、社会学化等,教育思潮,奔放澎湃。在本校组织大纲,依近代学术趋势,心理学系原列在自然科学院,惟教育学系既经开办,负有改进与实施南洋教育之重大责任。教育与心理,有严密之关系,心理学系未便久延,只以限于经济,遂暂归并于教育系先行开办,待至相当时期,再分设专系,以资精进。

(三)数理化学系

西哲柏拉图 Plato 尝标示于其户曰:"非几何家莫入此门。"此种重视数学演绎之精神教育,足使吾人心折。专攻数学,而佐以物理化学之研究与证明,如力、热、声、光、磁、电诸现象,状态与实质之变化,学者必倍增兴趣,且可促进推理求证与发明之能力,此本系扩充之要义也。

乙、关于添设者:

(一)历史社会学系

(二)生物学系

(三)中国画系

(四)商学院水陆运输科

说明:

(一)历史社会学系

历史学识,可使青年一则以了解世界之演进,文化之递嬗,风教之变易;一则以了解人类之渊源,现处之地位,所在之环境。后者对于南洋同学尤属切要。顾我国历史,向为帝王所独有,略于社会背景与民间风俗之纪载。即如革命史迹,断非一国史馆所能尽量采集,翔实无遗,故历史必须建筑在社会学基础上,方不失依据,要能民众化、科学化,方能发现新知识,此本校所以历史与社会学系合并开办也。本系成立之后,参考有史料陈列室,研究有考古学会,并将加入大学研究院之中央考古学会,远往边疆,掘发古城古墓,搜集地下材料,为考古之佐证,期在文化上有新贡献。

(二)生物学系

本校将于明年秋,注全力以兴办农学院,前既言之。农场苗圃,先后购置,仪器图书,次第准备。欲巩固农学院之基础,特先开办生物学系以为嚆矢。

(三)中国画系

艺术学院自本年秋季始,先开办中国画系。吾国书法在世界上占相当位置,亟有提倡之价值。而侨胞处在南洋天然美景之环境,尤宜提倡祖国国粹,表现其个性,陶冶其志趣,愉快其生活,发挥其爱国之情感。本系之开办,亦缘适应于需要也。

(四)水陆运输科

总理谓欧美经济进化,运输迅速亦居主因。南洋群岛为欧亚商业交通之孔道,亟宜考究运输,藉谋中南来往之沟通。添设此科,兼以完成本校商学院之计画。

八、集会与考察

南洋同学有合群性,乐于团体生活;国内同学互相研究之精神,亦为他校所不多观。一年来之集会研究,若雨后春笋,学校均酌量补助,以促其发展,各项出版物,不下数十种,内容均有可取。

华侨子弟万里归来,应多予以观察祖国之机会,内地同学类不远千里而至,亦宜谂悉各地之情形。故春假之团体考察,寒暑假之毕业参观,洪年均在可能范围之内,竭力以促成行。东渡扶桑,西溯湘鄂,南至闽粤，北达平燕，莫不有暨南学生足迹涉历其间。实地之观察，胜于课本上之抽象，殆为教育家所公认。且也日人每年来吾国内地调查窥采者，肩摩踵接，近复盛倡南进之论，大有取华侨地位而代之之势，野心勃勃，在在暴露。则是吾人亦未尝不可倡东征之说，考彼维新，研彼诀要，取彼之长，补我之短，侦彼准备，策我应付，本校东渡考察之举，盖亦寓有至意焉。

本校既设立南洋文化教育事业部，洪年犹虑其调查容有未周，欲免除与南洋实际情形之隔膜，以后每年暑假拟轮流资助各系科教授赴南洋详加考察，归来再定课程之兴革，务求谋适合于南洋之生存。总之，洪年对于华侨教育，无日不在悉心研究改进之中也。

九、对于办学之旨趣

洪年离开教育界十有余年，历长财政交通事业，亦尝就铁路方面，办理职工教育，颇著成效，差堪告慰！比年教育救国之说，甚嚣尘上，洪年重有感焉！远念海外数百万同胞，在昔专制政府，不加保障；民国以来，频年内乱，又无实力以援助。今幸国府成立，大学院有华侨教育委员会之组织，渐知注意。华侨对于祖国兴办实业慈善建设等事，辄不惜巨大牺牲，慷慨输将，其希望至切，祖国之所以报答侨胞者，厥惟尽教育上之义务。本校为国立机关，实负有此项重要使命！洪年回辙宦途，续了初愿，此来苦心经营，惟冀以教育力量，教育手段，使华侨父老咸达自由平等之目的，以求良心上之安慰，他非所计！每于总理纪念周中，以"读书不忘爱国，爱国不忘爱校"之语，谆谆告诫。对此新事建设力求发展之华侨学府，希望同事同学，一致爱护！对于洪年个人，则绝对不准有拥护之表示，此语几成口号矣。

十、今后计画之完成

照洪年所拟本校改组计画大纲，全部完成，期以民国二十年上学期止。此后系科之添设裁并，惟视缓急之所需，方法虽异，而方针不变。特种设备如南洋馆、体育馆、博物馆、教育馆、美术馆、气象观测所、师生俱乐部等,均在计画进行之中,务求完成此唯一最高之华侨学府,巩固此学术渊薮,为南洋文化教育事业发祥之策源地!固望新闻界予以有力量之赞助,补暨南之未及,匡洪年之不逮。俾侨胞对于祖国之观念,对于本校教育之方针,有确实之明了,微独暨南之幸,抑亦国家之幸也。

[《国立暨南大学校务特刊(十六年度)》,1928]

国立暨南大学十六年度教职员统计表

部　别	类部	人数	统计	备　　注
大学部	教授	36	186	大学部及中学部各教员人数系根据十六年度之聘书统计之
大学部	讲师	48		
中学部	教员	102		
教务处	职员	23	124	各处职员人数系根据十六年度之派职书统计之
秘书处	职员	26		
图书馆	职员	19		
南洋文化教育事业部	职员	20		
各委员会	职员	36		
总　　计	教职员	310	310	

[《国立暨南大学校务特刊(十六年度)》,1928]

全国教育会议本校提案

本届全国教育会议,本校校长提出关于华侨教育、成人教育、职工教育三要案。本校提案委员会提出关于艺术教育及教育行政等十案,共计十三案。兹将各案之详细说明及办法,分述于下:

(甲)提议者:国立暨南大学校长郑洪年

(乙)组　别:教育行政组

(丙)提　案:南洋华侨教育以环境关系应确定其方针而维持其独立案

说明:南洋地处热带,吾华侨与其他各民族,共同生息于其间,其环境与本国复然不同,为华侨前途计,自应确定其教育方针,而维持其独立,俾得与他民族共存共荣。至关于南洋华侨教育方针,应按下列四个方面定之:

(一)华侨在南洋者达七百万人左右,农工商各方面均占重要地位,自应培养其各种专门知识及技能,以适应其生活上之需要。

(二)凡属中华民族,均应有充分运用中华民族语言文字之能力,华侨既为中华民族之一部分,自应灌输以本国文化,俾得发展吾中华民族之精神。

(三)学术本无国界之可言,除上述两方面特为南洋华侨而定者外,更须注意社会科学、自然科学、文学、哲学、艺术诸科,俾其得以学术化达到自由平等之地位。

(四)大学院及国立暨南大学应与南洋华侨教育团体为切实联络,使南洋华侨有多与本国接近之机会,一以促成国人向海外发展之企图,一以奖励华侨参加本国一切运动,以共同完成国民革命。

（丁）办　法：谨据上列华侨教育方针四项，拟具办法六条如下：

（一）暨大为国立南洋华侨学府，已有二十余年之历史，自民国十六年秋季改组后，扩充大学部，增设中国语文学系、外国文学系、心理教育学系、政治经济学系、法律学系、数理学系、商学院之银行会计、工商管理、国际贸易、普通商业、水陆运输六科，十七年度经校务评议会议决，增设中国艺术学、历史学、生物学三系，并期在六年以内逐渐扩充完成。国立暨南大学为南洋华侨最高学府。

（二）由国立暨南大学设立南洋文化教育事业部已开办，系奉前中央教育行政委员会核准有案，对于南洋各种教育团体，为切实之调查与联络，并将南洋中小学校学制划一，俾与国立暨南大学衔接，以后侨务委员会、侨务局，凡关于此类事项，均应与该部联络以收指臂之效。

（三）为便利南洋华侨子弟归国就学计，大学院或国立暨南大学须特派专员为之指导，其在南洋动身时，或委托南洋各领事或侨务局之侨务专员、南洋各报馆阅书报馆及南洋各大公司负招待之责，此外并须发行定期刊物，将华侨子弟在国内学校之实际状况，以及华侨在国内经营之各项业务，详细载入（现在国立暨南大学有周刊及《南洋研究》月刊多载此项消息），俾华侨子弟归国就学，不感受任何困难。

（四）南洋华侨子弟，远涉重洋，负笈归来，其志良可嘉尚，在我政府自应予以优待，增加学校经费。当其在校时，应减轻其各项费用，并设免费学额，以示鼓励。并应规定旅行调查办法，给以补助费，俾得多与本国人士及各名胜之区相接触，使其心中常怀亲爱本国之观感。毕业以后，我政府更应多予以在本国服务之机会，其在欧美大学卒业者，如关于商农医工及河海工程师等人才，均不可多得。现在本国种种建设事业，正须筹备进行，如关于治水、开公路、敷铁道等项，如聘请外国工程师，曷若延用侨胞人才。将来侨胞在本国服务者既多，亦可为促成南洋华侨参加本国一切运动之一助。

（五）华侨在南洋所立之学校，不受任何政府之津贴，其开创之始，或因侨胞奔走劝募，或由富商慷慨输将，大都无固定基金。在南洋华侨固多热心教育之人士，大学院应订立奖励兴学条例，俾南洋华侨学校经费易于募集。

(六)集合南洋各学校、各学术团体、各教育机关,及其他与学术教育有关系者,联合组织南洋华侨教育学术会议,其宗旨完全为提倡学术及国内外教育组织行政之统一及其联贯,每年由国立暨南大学领导会议(曾经前中央教育行政委员会核准有案),凡将来关于南洋学术及教育事业之一切计划,即根据此种会议之议决案实施之。

(甲)提议者:国立暨南大学校长郑洪年

(乙)组　别:社会教育组

(丙)议　题:实施成人教育案

(丁)理　由:我国人口号称四万万,其间失学儿童与成人,向无精确之统计。数年前曾有人将此问题加以粗略之调查。彼谓中国识字者百人中只有七人,据此则中国识字之人,仅有二千八百万,而不识之人乃有三万七千二百万,纵谓此项计算不甚精确而近数年国内教育又渐次发达,入学人数年有增加,失学人数或不至如是之多?但以现下中国教育状况论之,此数年间,入学人数即以速度之激增,亦不能超越七百万以上。是今日中国至少尚有三万万不识字之人。除去学龄儿童五百万(占不识字人中六分之一)现正推行国民教育为之救济外,至少尚有二万五千万不识字之成人,现尚无法以为之救济。本案所谓成人,即指此二万五千万不识字之成人而言。试思一国之内而有过半数不识字之人,则其国政治之紊乱,经济之衰敝,断无容讳言。处今日民智竞争之世界,将何所恃以为立国根本而与他族相抗衡乎?欲待国民教育之振兴,则非短时期所能奏效,而一般学龄以外之成人,亦不得不划出国民教育之外。故欲使中国在短时期内经济兴盛以扶助国民革命而达到全民政治,实施成人教育,在目前实为刻不容缓之图。其理由有四:

一、根据教育平等原则应实施成人教育　人类同具圆颅方趾,智慧才能其初应无过甚之差异,而生于富厚之家,即能受教育,生于贫贱之家,即不能受教育。人类以受教育与未受教育之故,其智慧才能遂有显著之差别。此种显著之差别乃由贫富之阶级酿成。人类之不平,孰过于此?故今日一般社会改革家均主张教育平等,即凡为圆颅方趾之人,须受同一教育,由国家设一种公共学校,不特不取学膳等费,即衣履书籍亦由公家任其费用,尽其聪明才力分专各科,即资质不能受高等教育者,亦按其性之所近接以农工商技艺,使有独立谋生之才能,分送各处服务,以尽所能,庶几教育之惠,不为富人独享。此项理想虽陈义至高,在现代恐不易实现。但为目前计,亦应根据教育平等原则,为不能受教育之成人,稍谋补救之方,基础既至立,再俟他日逐渐改善而弥其不平之憾。此实施成人教育所以刻不容缓者一也。

二、养成健全之公民应实施成人教育　所谓公民者,界说亦多不同,但至少应备后列四个条件,即对于自身者,(1)有健全之身体,(2)有普通常识或技能;对于国家与社会者,(3)能遵守秩序,(4)而热心公益。凡备此四者,始得谓为伟全之公民。国家与社会即以此种公民为单位而组织之,故欲观人、国家与社会之盛衰,即以此种公民占全人口中之若干而定之,今我国乃有大多数不识字之成人,即此大多数之成人,均为不健全之公民,此真国家与社会前途无穷之隐忧。故我国今日之急务,不在土豪劣绅军阀政客不能割除,而不能使此种不健全之公民,一变而健全之公民。成人学校即授予一般失学成人以识字以及一切普通常识,务使其成为健全之公民,而对于国家与社会为有效率之一人,以共同负担国家与社会之事业。此实施成人教育所以刻不容缓者二也。

三、提高生产能力应实施成人教育　一切企业,须有相当之教育为之指导,始有发展进步之望。我国一般成人,既以环境关系而失学,即对于职业之选择,亦不能自由,以致在业务上亦难得良好之效果,因此酿成我国今日之经济低落之势。成人学校对于失学成人,教以识字,教以粗浅之普通常识,使其对于国家与社会为健全之公民。对于自身渐有运用文字之能力,以解决其自身之职业,并因此以引起职业上之兴趣,而增加其职业上之知识。关于职业上兴趣与知识既渐次增加,则生产能力亦自然因之提高。此实施成人教育所以刻不容缓者三也。

四、提高国际地位应实施成人教育　民族与民族之间,应常保存一种庄蔼和善之态度,庶几互相敬爱而益增其情感。由此且可以泯去民族间一切猜忌与误会,因以维持世界上之永久和平,其为用之广,要非一切物质上效率所可能比拟。我国素称礼教之邦,今且试问我国礼教二字,何自表现?国际上之地位不但在国力上已落人后,即人民通常交往之间,他人亦往往不以平等民族待我,如华侨所到之处,无不受人歧视,其事尤为明显。此其原因虽由国力不及他人,而我国国民教育未能普及,一般成人受教育者少,故其举动言辞之间,遂不免为他人所轻亵,国体所关,未容忽视。此实施成人教育所以刻不容缓者四也。

(戊)办 法:

(一)在劳动大学内设师资训练班。

说明:现在实施成人教育之始,暂时自可聘用高中师范科及旧制普通师范毕业生。但成人教育与国民教育以年龄上之关系,其教法自不能一律。以施之国民教育者而施之于成人,容有未合之处。且成人教育而聘用高中师范科及旧制普通师范毕业生,亦妨碍国民教育之发展。故成人教育之教师,应由劳动大学设师资训练班以应其需要。

(二)在城市及乡村间广设成人学校。

说明:成人学校之施教,宜于成人业务之余行之。每日多不过四小时,少不过两小时。在城市及乡村间各视其需要而定。校舍可就庙宇草舍檐隙林下为之。教师有固定而校舍无固定。自晨至夜可分数班,循环教授,俾各就其业余之时,分别学来。

(三)经费由下列数项筹措之:

a. 由各国退还庚子赔款内划出一部分;

b. 由国内统税内划出一部分;

c. 由市政府给此以补助费;

d. 由个人捐助之。

说明:今以庚子退还之赔款用之,以增进一般民众之知识,惩前毖后,极为得所。且此一般失学之民众,均为中国国民,故政府及市政府亦应负教育之责,至个人之捐助,在捐助者原为热心公益之举,而大学院亦应予以相当之奖励。

(四)成人学校教师之待遇,应以与普通学校教师相等为原则。

说明:成人学校学生为业余之事,而教师则为正业。必具有强毅之志愿而能耐劳苦者,始能胜任。国家自应优其待遇。

(五)编纂成人学校之课本。

说明:成人之知识与学龄儿童之知识,相去甚远。且成人学校授课之时间,亦不及国民学校之多。故国民学校所用课本,决不适于成人学校。大学院应延揽行专门研究成人教育之人才,编纂成人学校之课本。

(六)奖励成人求学办法分下列三项:

a. 免除其学费;

b. 供给其文具与书籍;

c. 在中等以上学校设成人免费额,予以求专门技能及高深学问机会。

说明:一般民众,须使其自身感觉识字之需要,而后成人学校始能发达。但现在我国不识字者尚居大多数,其能感觉识字之需要者,尚为少数。故目前必须加以奖励,使其不费而有获得专门技能及高深学问之机会。

(七)成人学校之趣味教育,分下列四项:

a. 幻灯;

b. 电影;

c. 演剧;

d. 歌谣。

说明:幻灯教授,一般人均承认其效用远过于黑板教授。为增进成人学校教学上之效率计,有时亦当采用幻灯教授,有时亦可借电影与演剧在娱乐之中寓教育之意。至民间歌谣,亦宜加以选择借为成人学校补助教育之一。

(八)审定或编纂成人学校各种补充读物。

说明:大学院审定或编纂若干补助读物公布,俾一般民众有购取标准。

(九)举行识字运动。

说明:由大学院规定每年自何日起至何日止为识字运动日,俾全国举行规模识字运动,藉以促起一般民众之自省。

(十)举行各种通俗讲演。

说明:由市政府聘请专员在各地巡回讲演,并指导其入成人学校。

(甲)提议人:国立暨南大学校长郑洪年

(乙)组　别:社会教育组

(丙)议　题:推广职工教育

说明:比年以来,国内各地之工商业,其间罢工及劳资争执之事项,日有所闻,致使货物之出产能力与乎转运交换之数量为之锐减。直接影响国民经济基础,间接影响国家财力源泉,其关系国力之伸展者,实为至大。考其原因,知促起此种悲剧之发生者,其原因由于资本方面之压迫所致。自近六十年来,欧美之资本主义的生产方法及其产业组织侵入我国之经济社会后,系逐渐引起我国之产业革变。二千年来以手工业小商业为基础之产业组织,遂因崩坏,而逐渐进入如欧美之产业组织与其资本主义之发展过程中。于是劳动者之利益,与其待遇问题,亦相伴而生。在资本方面,则图其企业发达与利益增积之关系,对于劳动者之生产力,则盼求过量之汲取,而其赁银则盼求最低之规定。而劳动者方面,则图其生活的充裕与家族的安全之关系,对于雇主之待遇,不能不要求较好之改善,而其工资不能不要求较高之改定。各执其是,两不相让,于是罢工及劳资相抗之悲剧起矣。

故推广职工之教育,实为补救此种病状之最善之方案。先总理在民生主义中曾谓:"民生就是社会一切活动中的原动力。因为民生不遂,所以社会的文明不能发达,经济组织不能改良,以及发生种种不平等的事情,像阶级战争和工人痛苦那些种种压迫。"所以本党之政纲其对内政策之一即"规定劳工法,改良劳动者之生活状况,保障劳工团体并扶助其发展"。本党之主义与政策,实为能适应中国产业之发展现状及解决劳资争执之最佳方法。为宣传与灌输本党之主义与政策于职工,故当广职工教育,藉以使劳动者对于本党之主义与政策有明了之认识。于是集合彼辈之能力,以协助国民革命之实现。

知识与技术同为增进生产能力之原动力。而近代企业界只知注意于工人技术之训练,而不知注意工人知识之提高。殊不知工人知识之增加,其有关于出产能力之增进,实与技术方面有同等之效果。现以排字工作为例言之。吾人皆知排字数量之多寡,视工人的技术之熟练定。然现今排字工人类皆无读书之能力,只知按字检排,以故错误百出,极费校对者之时日。苟工人能有普通知识与读书能力,能逐句检排自知改误,则校对者时力之节省,与乎印刷上出产能力之增加,不言可知。此其一例耳。概而言之,举凡各种事业之发达与进步,莫不与工人之知识有关。故增加工人之知识,实为使产业原料之不致浪费,工作时间之得以节省,生产能力之藉以锐进等之最大原因之一。

由上观之,在我国现今推广职工教育,实为刻不容缓者也。

(丁)办　法:

(一)现今工人大都缺乏普通知识,且有家室负累,只能利用其工作之余暇,施以其所需要之教育。其教法与编制自不能与普通之教育一律。必须设立各种补习学校,按照其实际上之需要,编纂教材,制定教程。其设立补习学校之职责,由下列团体肩任之:

a. 由各工会各业公所设立夜校,或相当之补习学校;

b. 由大学院加以规定,凡至四十人以上之工厂与商店,应设上列学校之一;

c. 由市工农局设立之。

(二)职工教育之经费就下列四方面筹集之:

a. 由工厂厂主或公司股东负担;

b. 征收各项出产附加税;

c. 在各工厂或公司商店之公积金内划出一部分;

d. 在职工储蓄金内划出一部分。

(三)职工补习学校,其施教育之目的虽在补助,然教师必须具有丰富之常识,且有正当之思想者,才能胜任,故其资格及待遇,自应与普通中小学教师相等为原则。

(四)职工补习学校之课本,决不能借用一般学校所教用者。大学院应延揽专门研究职工教育之人才,编纂职工学校之课本,其教材之范围,必须包含三民主义之浅近知识,以及各种重要之普通常识,与其职业上之特别技术等。

(五)由市政府或各工会各业公所聘请专员,在各工厂巡回讲演,或临时讲演,藉以引起职工之读书兴趣。

(六)幻灯教授,一般人承认其效用远过于黑板教授。为增进教育上之效率计,有时当采用幻灯教授。有时亦可借电影与演剧,在娱乐中寓教育之意。至运动之事,既可强健工人之体力,且可养成其运动之习惯,藉之改正现今工人之赌博等种种不良之嗜好。

(七)为补助课本及教师讲演之不足计,最好是刊行各种浅显文字或图画之书馆,俾职工得以时时获得各种新知识之机会。

(甲)提议者:国立暨南大学

(乙)组　别:艺术教育组

(丙)议　题:艺术院应注重国画并谋良案

迩来研究艺术之士,大都重视西洋画法而鄙弃国画;守旧者则固守国画成法而不思改良,实则吾国画法于世界艺术上占相当位置,有注重之价值。本国艺术院中应有提倡之必要,惟旧书法中,其思想上有不合于时代趋势,或事实上不合于画理者颇多,故并应谋改良之法,以成新中国艺术。其理由与办法分述如下:

理由:(1)艺术以表现个性、发挥作者之情感为贵,中国画写意之法富于表现个性之趣,故西洋后期印象派亦有采用东方艺术之作风,可见中国画在艺术上有高超之价值。

(2)艺术院为研究艺术之最高学府,对于中国固有艺术应有保存并提倡改良之责。

(3)中国画法,笔意颇高。然不合透视、比例、光线等事实之处颇多,往往为西洋画家所指摘,故有整理而改良之必要。

办法:(1)艺术院应将国画系尽力扩充,如经济困难,不得已时,可先办国画系而缓办西洋画系。

(2)艺术院应设法使全国中学兼授国画,勿偏重西画。

(3)国画系中须将南北二宗、各家画法作有系统之研究,考查其变迁,比较其得失,使学者有取长舍短创设新体之观念。

(4)国画系中须设透视学、光学、色彩学等各学科,并兼习西洋画法,以为改良国画之助。

(5)西洋画系中兼习国画定为必修科。

(6)提倡以中国画为本,而采用欧法以补所短之作风,并奖励新中国画之作者。

(7)购置新中国画作品,陈列院中,以备学者之研究参考。

(甲)提议者:国立暨南大学

(乙)组　别:中等教育组

(丙)议　题:高级中学文、理、商、师各科均应注意重绘画案

理由:(1)关于文科的——绘画与文学,同为陶冶情感、发扬文化之工具,有相得益彰之妙,不宜偏废。

(2)关于理科的——绘画于工艺上有切实之应用,且研究生物学等科学时,藉绘图以说明者颇多。

(3)关于商科的——广告为商业竞争上必需之利器。广告非艺术的不足以引人注意,与绘画有深切关系。

(4)关于师范科的——绘画应用于教育事业者,更属广遍,任何学科,教授时常需藉图画以助说明,不仅造就艺术教师已也。

(5)关于升学艺术院的——高级中学如不注重绘画,则升学艺术院中时,程度必感不足。而艺术院招收新生时,亦必大感困难。

办法:(1)高级中学文、理、商、师各科各学年均应定绘画为必修科目。酌量情形,每星期授课二小时至三小时。

(2)学校中提倡关于艺术之集会,如法画研究会等,并于学期之终开会,展览其成绩,而择优奖励之。

(甲)提议者:国立暨南大学

(乙)组　别:专门教育组

(丙)议　题:划一大学学位制度案

此案分三项办理:

(一)全国公私立各大学毕业生学位,应由大学院授予。理由:(1)整齐各大学毕业生程度。现在公私各大学毕业生,程度至不整齐,而滥行授予某种学位,致失社会上一般人之信仰。非由大学院派员监视考核,不足以昭慎重。(2)集中授予学位权。

办法:(1)由各大学组织学位考试委员会,请大学院派员监视,其应试及格者呈请大学院给予学位。(2)由大学院制令各级各科学位制服,颁行各校,选为定式。

(二)凡曾受国外大学学位者,应由大学院审查,重行给予本国相当学位。

理由:(1)尊重本国学制,各国学位制度不同,应以本国学位制度为标准。(2)示本国大学院承认其所得学位之有价值。

办法:(1)由本人自行呈请大学院审查。(2)大学院每季开审查会一次。

(三)赠授名誉学位。

办法:由大学院组织赠授名誉学位委员会办理之。

(甲)提议者:国立暨南大学

(乙)组　别:专门教育组

(丙)议　题:凡关政治、法律、经济各科之教员,应于可能范围内一律采用本国文字语言教授,并参用关于该种学术之中国文字著作为参考书案

理由:(1)国内各大学关于此数种科目,每以外国语文教授,致学生毕业后,不能应用于本国各种社会。(2)凡关系民生教育之各种学科,应引用本国现在之各种情形为例证,庶切实际而免空谈。

（甲）提议者:国立暨南大学

（乙）组　别:专门教育组

（丙）议　题:各大学应多聘专任教授,少用兼任讲师案

理由:(1)现在国内各大学多用兼任讲师,任课时间太少,与学生极少接洽,学生个性,无从了解,教授上难得若何裨益。(2)凡兼任教员,奔任各校之间,终日仆仆道途,致对于所教之学科,无暇深究。(3)因各校授课时间,每多冲突,致教务处排课为难,或竟无故轮流缺课。

（甲）提议者:国立暨南大学

（乙）组　别:专门教育组

（丙）议　题:国立大学应每年轮派教授出洋研究或调查某种学术案

理由:各国学术进步,日异月新,国内学者少得机会与之接触,必致故步自封,势所难免。

办法:大学教员凡教授至三年以上,而有专门研究或著述者,得由该校校长酌派之。期限以一年至二年为度,于原薪外酌给相当旅费及常年用费。

（甲）提议者:国立暨南大学

（乙）组　别:教育行政组

（丙）议　题:……

办法:由大学院通令各大学遵行。

（甲）提议者:国立暨南大学

（乙）组　别:教育行政组

（丙）议　题:国内外各大学得交换教授案

办法:(1)国内各校得彼此交换教授。各领原薪外,再给予相当川资。(2)国外各校教员,得给予川资,及相当待遇。(3)派教员出国,应由对方学校给予川资及相当待遇,其月薪斟酌各国生活情形,予以

相当补助费。

(甲)提议者:国立暨南大学

(乙)组　别:中等教育组

(丙)议　题:中学师范教育应展长一年并分组研究案

理由:

一、提高小学教员之程度;

二、适合现今学校之需要;

三、便于适应个性;

四、便于参观及实习。

办法:

将此一年分为三组:一、社会科学组(含文学、史地等),二、自然科学组(含物理、化学及生物学等),三、艺术组(含图画、手工、音乐、体操等),使各选一组习之,至参观及实习亦作为此学年之最重要课程之并行。

(甲)提议者:国立暨南大学

(乙)组　别:中等教育组

(丙)议　题:中学师范教育应以国语程度限定毕业资格案

理由:

国语为国民思想交换之重要工具,凡为教师者不可不于国语有正确而自由之谈话能力。

办法:

即其他成绩均佳,如惟国语资格不备时,应当使之补习至及格后乃许毕业。

(《暨南周刊》第2卷第11期,1928)

暨校之今昔

征　夫

（一）绪　言

惨无人道的济案一经发生，久受惯了帝国主义的各种压迫下之南洋华侨，风起云涌来援助祖国的革命群众。在殖民地——帝国主义之铁蹄下，一致向倭奴作彻底的抵制。其精神之勇敢，力量的伟大，确令西方的侵略者十分惊骇，而至于疑忌！

祖国外交事件的产生，确足使南洋数百万华侨发生剧烈的影响。这个影响更足以增加祖国革命群众的精神，发展民族革命的威权，而益使帝国主义者骇然的。

帝国主义者向来于其殖民政策之传统战略是这样的，在甲帝国主义者统治下的华侨，不能有反对乙帝国主义者的可能。反之，在乙帝国主义者统治下的华侨，当然不必作反对甲帝主义者的迷梦。

S 国虽然算是一个独立国，其实毫无疑义的是英法日三帝国主义者底公共殖民地，因为 S 国的政治经济，都要一一听命于帝国主义者。那末，S 国的华侨，在政治行动上，当然也和其他殖民地的华侨无异，不能反对任何横暴的帝国主义。这种信条是成为他们的法律。在 S 国，不但行动上绝对不容反抗帝国主义的横暴，就是言论的宣传亦成为公然的禁忌，平时已经是如此了，济案发生，更郑重的通告，新闻禁登其事，社论更是“请闭尊口”罢！

我是一个现代社会的残余者，老早就因为喜说话受监视，济案一来，更是 S 国所不喜，素性逃出了人家的铁蹄下，满想回来美丽的江南,伟大的旧国,饱吸些新鲜的空气,受些革命的洗礼,那知一切的一切,都成为疑谜,这样的这样,真真"其妙莫名",差不多连知觉都丧失了,做什么文章呢?

倒是故校的回映有趣些,昏昏乱乱中就胡写几句,或许是大家同学所不喜,或许是一般先生们深以为不然的,不过只可算是一个小小的感想耳。

(二)外观之差异

三几年前,从沪宁车上观望暨校真是依稀而又依稀,半株树儿都看不见,仅是三四座空洞洞的建筑物错综在田中,现在呢,十数座校舍散布起来,各处的工程方兴未艾,多么令人满意。校中各处的树木都渐长大了,虽还谈不到绿叶成荫,然亦足为暨校之新点缀。

记得那年新从首都迁来,除了商科,高中初中的宿舍和中间那座课室外,甚么东西都没有,其他设备自然是稍为具体而已。单就校中几条道路来说,就不禁令兴其今昔之感了,从前由车站到校里的大路,尽是泥涂,每当微雨,辄令一般喜到南园食猪腓的同学感到行路难。

现在的筑建,早已完成的有洪年图书馆、师范科及新宿舍、莲韬馆,暑后可以落成的有初中第二宿舍、科学馆、女生宿舍及协作社等,这都足增加暨校外观的宏大。将来能够陆续扩充,建起体育馆和大礼堂,那末其时的暨校,当已是具模而大了。

(三)学术方面

关于学术方面确实不容易说,倘若没充足的考证,从大体上看起来,现在自初中、高中、师范以至大学各系,所修的科目都比从前来得复杂些,或许是更完备。大学旧时只有商科,现在法律、政治、艺术、文科都有了,在量方面当然增加许多,究竟在质的方面能否较从前的精纯,那就很难决断。以我在这暑期匆促的考察,倘若是平常的状态,则让我不客气的说一句,暨校过于学分化了。这种倾向,对于学术的本体,殊欠忠实,很愿校中教师稍检点一番,是否大家能很忠实的引导同学走向学术的大道而不至于徒务虚名呢?

中国几十年来教育,其为成功与失败虽未易说,可是中国今日的学术，是落后的、衰微的。我以为不自信的朋友，对于此点，当不致怎样的否认。中国今日高等学校亦随处都有，但是除造成许多无聊文人之外，有什么学术人材呢？做几篇风月文章，是不是学术呢？然而今日许多受过高等教育的朋友，除掉能写几句白话文之外，有何真实学术之可言。这件毛病，故由于中国青年之缺乏自治性，好高骛远有以致之，而社会经济瓦解、民族遗传性教育家之沉迷，亦是其中的大原因。大凡一种制度之仿用而无弊者，还要赖社会的习惯性来扶助它，我国教育力仿欧美的制度，可惜中国的青年没有欧美青年那种自治的本能和习惯，遂形出学术上的缺点。

中等教育在欧美是一致的采取严格主义的，无论是课程抑或管理，暨校中学的管理和课程，似乎都较从前欠认真些。无多优美而勤劳的中学生，一定不会产生优美勤劳的大学生，原来侨生的天性已经动得昏天黑地，苟是课程不严格认真，这样极适宜于动的暨校环境，要令同学确实地得一点学识，恐怕不大易罢。实在的现在心外的一切，都不利于潜修学业，因为四周的空气来得紧张，学校应负引导的责任的。

若是包括的说，从前的暨校，因为环境不同，学生对于学术，虽不能说较现在的深爱一点，但是从前同学在大体上对于研究学术的精神，确较现在的勤勉些。

（四）学生生活

学术是要积渐的才能见出显著的不同，只有生活方面，顶容易见出前后的变迁和倾向。最有趣味的暨校学生生活，若把从前在首都的一切都记录出来，那真是十分奇观，几几可以说在全国各校的学生生活，绝没有暨校那样可爱的精神。

从前穿漂亮的西装、饰文雅、谈恋爱这三件事是现在同学们的圣典，而在当年却是吾们的大戒，大家所企慕的非脂肉的强大，便为运动之精进和尚武的风度，虽然有多少同学亦尝在那时追求异性，那是很例外的。夜里与早晨宿舍的走廊随便都可看到同学们拼命锻炼铁环杠架、大石沙包等等的工夫，平日三五成群一坐谈起来，都以怎样成为一个强健猛勇的青年为依归，因此当时确尝养成一种勇猛的精神，这种精神有时给吾们误用了，遂造成外人所认为野蛮的风气，我们到处便留给人们一个健儿的印象，当时在首都人们只见些尚武强健的青年学生，便会料定这是暨南学生啊？这种遗风迁来真茹时尚保留着，现在真不得了，到上海跳舞啊，看影戏开房间玩弹子呀，文绉绉的带个可人儿去行街呀，所看者恋爱之文学也，所谈者恋爱之迷梦也，美国式的洋装，一个多么漂亮，一切的生活，都无形的给纸醉金迷的上海同化了。

当然还有些当年的种子，可是极少数罢！我愿同学一面追上现代的文明，一面好好的保留当年的精神，宁可使几百个同学都雄纠纠，为女性所厌弃，切勿为往日多病的才子，给女性痛爱。

（五）后　补

拉杂的说了许多，真是驴唇不对马嘴。以上的话，不管对与不对，我总祈大家有则改之无则加勉罢。现代社会的崩裂，虽很足使青年起了莫大的怀疑，可是处世的立足点，吾们终要先自打定的“志不立世无可为之事”。虽是老生常谈，但亦青年朋友确应服膺的，我很大胆说一句，从暨校同学的背景来说，因其经济环境多半优良，故能够真正立志的，恐怕少得很罢，这是同学所应留意的。

（《暨南周刊》第3卷第8期，1928）

十七年度暑期学校概况

本校学生多属华侨，万里归来，往返需时，每遇假期，仍多留校。因鉴于学业不进则退，故于长期之暑假，例有暑期学校之创设。欲使优良之学生仍可进修，不足者藉以补习，一方面再交换他校优良之教员来校授课,学生得益,诚非浅鲜也。自郑校长重长本校后,教务设备日求完美,而于学生课外作业,尤为注意。是夏暑期学校,援例举办,所设课目,皆切合于学生之心理,务求实际,以便将来适用于社会,并补助平时之不足。此次先推杨汝梅、张天方、邓胥功、陈荩民、余佑人诸先生为筹备委员,负责办理一切。后聘张天方、曹聚仁为正副主任,以专责成。上课时间为五星期,各生选读学分以六学分为至多限度。每科每周上课三小时者为一学分,惟初中学生则以补习为目的,概不给学分。学费大学部每学分二元,高中部每学分一元,初中部每人仅收二元。师范生及教育系免费学生,学费仍一律免缴以示优待。继以初中三年级C组学生,原于今年冬季毕业,因感于升学困难,特为暑假期内补习二月提前毕业,学费每人为五元。凡进暑校学生,须于五月二十一日起至六月五日止,在注册课报名,随缴报名费二元。注册时,即于学费内扣算,不注册者概不退还。于七月六日、七日缴费,注册过期,补报名者须罚洋半元。九日起上课。其中于十四、二十两日,因校中招考新生皆属停课,至八月十一日结束。本届暑校所收学生以本校学生为限,凡新自南洋回国之学生,下半年欲进本校读书者,经主任之特许后,亦得在暑校肄业。注册者大学部九十七人,高中部一百二十四人,初中部一百十一人,合计三百三十一人。今将所设科目及授课教员开列如下:

大学部科目及授课教员表

国文(散文)	刘纪泽先生
国文(韵文)	冯沅君先生
法文	高达观先生
英文	谢无衡先生
中国币制史	张天方先生
商店管理	蔡正雅先生
劳工问题	曾同春先生
关税问题	赵守愚先生

社会问题 群众心理	吴泽霖先生

高中部科目及授课教员表

国文甲组（读过一年者）	汪静之先生
国文乙组（读过二年者）	
英文甲组（读过一年者）	周谷城先生
英文乙组（读过二年者）	顾仲彝先生　钟作猷先生代
生物学大意	陈智贻先生
近世几何	樊映川先生
中国近百年史	刘肖愚先生
物理师一	王济仁先生
国音学	彭家煌先生

初中部科目及授课教员表

甲组（读过一年者）	
英文	杨人楩先生
国文	周　容先生
数学（算术 代数）	徐上周先生
乙组（读过二年者）	
英文	姚三恩先生
国文	黄若明先生
数学（代数 几何）	陈志强先生
物理	陈志强先生
化学	蒋　彝先生　洪铁琴先生代

初中三年级C组科目及授课教员表

国文	梁孝谦先生
数学	徐上周先生
博物	陈智贻先生

英文	钟作猷先生
物理	王济仁先生
化学	蒋　彝先生　洪铁琴先生代
历史	刘肖愚先生
地理	周　容先生

（《暨南周刊》第3卷第8期，1928）

暨南的片断写真

秀　生

寄宿所的话声

——第二宿舍正在开唱留声机呢！是广东调。

——这把胡琴拉得真呒啥！

——是，余音缭梁，后起之秀也！

——一马……离……了……

——的康的康的的康。

……

——Mr 方！她的信又来了！

——撒谎！靠不住！

——谁来骗你？真的！

——请拿来给我看！

——这岂不是××女校的信笺吗？

——你真是活见鬼！难道用了××女校的信笺,就算是她的吗?

——接续是一阵笑声。

——我们还是叫茶房去买只西瓜解渴吧！

……

——老徐！拿刀来！劈！杀！剖！

——呵！还是全红的！

——看上去似乎起沙蜜饯！

——唔！老徐！老林！味道真不错！真不错！

……

——明天是星期六了,你套西装呢?

——藏在箱子里,问它什么?

——我不会来借你穿的,请放心！不要像煞有介事。

……

——你们这里真是落英缤纷！琳琅满目！

——满地都是花生米的壳！洋洋乎大观！

——啊呀！还有西瓜皮！香蕉皮！……

……

——他总是一天到晚睡在床上看小说。

——他呵！他是全球有名的小说迷！

——他喜欢看性爱一类的诗歌小说。

——像落叶、瓶、飞絮、苔莉、最后的幸福、迷羊、我们的女朋友们、男友等便着是。

——总而言之:他是不喜欢读硬性的文字者。

……

足球场的一瞥

当一轮酷热的暴日快要杠在西山的峰峦辰光,我们的健儿——运动健儿,都兴高采烈地发展各人的英才了。健儿的体魄是多么的强壮,各部肌肉的发达曲线,是多么显然的表露着。尤其是足球队的腿儿,网球队的腕臂,篮球队的敏捷,很可以表示出精神的抖擞,健儿的英武!

残弱的阳光,似软无力的照在一片广大的草场上。那儿有我们的健儿逐角跳跑,训练技术。朋友!你看,健儿随着一个皮做似西瓜圆的东西滚跑,东南西北的滚跑。在这那逐角跳跑的混战中,有惊人的球艺可以发现。

呵!这位 Mr 的大腿肌肉真是特别发达!高凸出来的地方且很结实!好似一位希腊时代的勇士。伫足场上观看的 ×君对他的同学很羡慕的说着。

——唔!可是运动员的皮肤色素大都浓厚,大约是多受日光的缘故吧! ×君的同学,似乎对于皮肤色素之浓厚,有碍于美观的语意。

——皮肤色素虽是浓厚,但是全身的肌肉发达,这是一种力的表现。他们的一副气宇轩昂的精神,倒可以称为美男子。×君很郑重地说着。

——呵!R 君的盘球技术真高明,使对方手足失措,势如破竹,长驱直入,如入无人之境,大有神乎其技之概。头戴一顶草帽的西装少年很神气的批评道。

——你看,个个都是气急大喘,面孔黧黑,身上的汗珠已被阳光晒干了!W 君带着一副滑稽的态度笑说。

——Here!Here!一个健儿对自己的同志招呼着!

皮球是被 A 方健儿所支配而渐渐滚流到 B 方的球门了!双方都竭力在挣扎,进攻!在一堆健儿竞争中的一个,忽然被一个力大如牛的健儿冲倒了!皮球亦随着他的足尖而冲出人群之外了!B 方才化险为夷!

H 君看了这位健儿被力大如牛的健儿冲仆地上的一副姿态,不觉哈哈地失声笑着!

——Hand,Hand,二位短少精悍的健儿高声喊着。

——Hand ball,罚球!对方正不约而同的一齐喊着。

这位力大如牛的健儿开球了!登的一脚,球作呼呼声,可惜球的方向距离 Goal 差斜一些了!

大家都叹了一口气,接续又是一阵勇敢的战斗。

饭馆内的气象

校外有三五片小而整洁的饭馆。每餐差不多是“佳宾满座”。我们的男女同学们，都是“春风满面”“笑容可掬”的在那雪白竹布覆着的桌上托着腮儿；或者靠椅背而交足坐着。也有吸着卷烟，用手指弹着灰烬，吐出一道缭缭的白烟，乘风蟠腾在一间小小的室中。

雪亮的刀钗交错摆在洋瓷的盆碟面上，有的是用中国筷子。

傍近窗外的一桌座位有三人。

——Mr Wang！今天天气热闷得很！我们先来吃冰冻汽水好吗？N君要征求王君的同意。

——好的！我也是这样想，真是干燥得很哩！

——Mr Ling，你如何？N君和W君向L笑问着！

——吾从众！L君读出一句四书。

——喊！三瓶汽水！N提响了喉咙用本乡广东话说着。

靠近墙壁一桌的是一对青年男女。

——Miss 杨！你喜欢吃些啥？M君用上海话对她说。

——呒不啥末事好吃！还是香蕉冰淇淋吧！Miss 杨用左手向上掠着额发后，便娇笑的对他说道。

……

一种热闹复杂的谈话声，竟充满了这三五片的饭馆中。听不出他们说些是什么话！只闻一片洪洪的异声而已。

——喂！猪肝炒韭菜！

——牛肉丝炒蛋。呵！来了！

——楂菜开羊汤！快些！

——呵！排骨炒菜来了！

——喂！开羊烧豆腐！

——洋葱炒牛肉丝！

……

他们吃饭的技术表现，我可以归纳起来：有的是狼吞虎咽，有的是细细缓嚼,有的是且谈且笑……种种不一,然而结果大家都是汗流浃背跑出馆外。

夕阳下的徘徊

那炎热似火般的阳光已向西山沉沉下了!一片锦绣般的晚霞飘浮在天空。当中是挂悬着一个深红的太阳。那阳光好似铁炉熔化的金质在流动一般地晶红。这彩霞和阳光返映在蜿蜒的沪宁铁道轨上,发出闪烁的微弱彩芒。铁道旁的渚沼,金光色的银波,微风吹皱了荡漾。芦苇间的蛙声和树枝上的蝉声,总是力竭声嘶,奏它们的交响乐,添加夏暑晚景的自然音乐。

我们同学就在那凉风习习的晚色景上而散步徘徊。所以铁轨道上,时有我们同学的人影憧憧。(有几位同学,匠心独意地创造一种沿铁轨行走的方法,好似江湖卖技的女子在一根铁丝走路一样。这种固有的特别风姿,煞是好看!)河浜桥畔,时有我们同学的叙情谈笑。田陇里,丛林中,时有一对一对的同学足迹人影。暨南里的大树下,也有三五成群的同学挥扇纳凉,仿佛要做大树将军。这些这些,是一种不可磨灭有兴趣的夏晚生活。

我们同学的皮肤,大多数色素浓厚,这也许是身体强壮的象征。差不多都穿洁白的反领衬衫与那挺直的西装裤子,所以从远远看起来,可以说是整齐美观,为他校所独无。

图书馆的肃静

夜之神展开黑幕于大地了!那暨南的幢幢壮丽洋房,灯火齐明。那建筑新落成的洪年图书馆上,仿佛灯光格外地晶亮。阅报室和图书室,设在该馆楼上。垩白的粉墙,光漆的地板,西式的桌椅,整齐的书架,玉色的电灯,不但布置与形式合乎科学艺术,而光线与空气亦更充足考究。所以那儿有莘莘学子很肃静的阅读各人自己所爱读的书报杂志。大家都很能遵守摆在各桌上的一块白板黑字的"肃静"两字。这里可以看出我们同学有团体生活之精神,有良好公民的涵养。内有少数喜欢静的生活之同学,往往把书本拿到图书馆里自修。

何处来的梵哑林和钢琴的奏拉音乐?还有那优美清妙的歌声!随着凉风频频吹送到那静肃阅读者的心灵上,不觉地会起了一种陶然的感应:

"鸳鸯呀!情能久,爱能长,增进你的荣光,增加你的欢畅。我不是在鸟类之中,偏偏地爱你呀!因为你总是时时刻刻,成对成双!"

"妹妹来!牵着我的手!花园儿里头慢慢走。"

"妹妹看那枝上头,甜蜜的葡萄已经熟透。让我哥哥吃几口,让我妹妹吃几口。"

另有几位同学时作口哨唱着各种歌曲。还有几声令人动魄的军号呜呜!

晴雨后的晚景

每逢新雨霁后的晚上,异常凉快。从图书馆楼上凭窗眺览,只见烟雾迷漫于四野,把青葱的树荫遮没了!在似长蛇的轨道上,还有几点人影。雨后的青蛙,格外地欣喜嘓嘓欢鸣。它的自然情调,实在是锦添乡村晚景不少。在夜色沉沉的天空中,尚有几盏黄黯色的路灯,发出那凄凉的光芒。

从侧面去瞭望,就有红绿两色的路灯,高高地悬竖于铁道之旁。在阴晦漆黑一团的夜里,这红绿的路灯,很可以使人惊动。当火车站的钟声铛铛不到五分后,遥遥地可以闻那笨浊重大的辘辘车声,地质仿佛在震动一般,故又可名之曰"听车楼"。

如果是月白风清的良宵,那皎洁月光照耀在大地上好似水银泻地一般的晶亮。以花木为篱笆的夹道中——一条用煤屑铺成的道上,有好多白衣的同学是在踯躅,那皮鞋与沙砾摩擦之声,可以听得十分清楚。在那绿茵满地的广场上,在我朦胧的醉眼中,仿佛遥见有那成对成双的舞影飘飘,享那人间的青春幸福。

呵!伟大!这暨大的四周自然美景!

(《暨南周刊》第3卷第8期,1928)

本校十七年秋季学生入学人数统计表

大 学 部

学生 \ 科别 \ 年级	商学院				中国语文学系		外国文学系		教育心理学系		政治经济学系			法律学系		数理学系		历史社会学系	生物学系	中国画系	共计
	1	2	3	4	1	2	1	2	1	2	1	2	3	1	2	1	2	1	1	1	
本校旧学生		45	33	38		25		15		30		39	5		5		6				241
本校高中毕业升学生	17				4		9		21		11			2		7		1			72
考取生	25				16		9		6	1	50	4	2	12	1	13		15	13	6	173
各年级共计	42	45	33	38	26	25	18	15	27	31	61	43	7	14	6	20	6	16	13	6	486
各系共计	158				45		33		58		111			20		26		16	13	6	486
备考																					

中 学 部

学生 \ 级别 \ 科别 \ 部别	高中部																初中部					
	文科			理科			商科			师范科					农科							
	一	二	三	一	二	三	一	二	三	一甲	一A	二甲	二A	三	一	二	一甲	一A	二甲	二A	三甲	三A
本校旧学生		25	25		16	11		34	24			34	30	21		18			31	34	28	43
本校初中毕业升学生	10			8			19			26	26				12							
考取新生	19	2	1	33	3		27	1		4	4	2	2		13		30	27	25	21	20	5
各级各组统计	29	37	26	31	19	11	46	35	24	30	30	36	32	21	25	18	30	27	56	55	48	48
各科统计	92			61			105			149					43							
全部统计	450																264					

(《暨南周刊》第3卷第10期,1928)

国立暨南大学校纪委员会暂行简章

第一条 本会职权如下:

一 稽查教员缺席;

二 稽查学生缺席;

三 检查本校学生团体、出版物,取缔学生不良宣传品;

四 核准学生请假;

五 检查宿舍情形;

六 检查学生自修;

七 管理学生挂号信件;

八 关于校纪临时发生事项。

以上一、二、四各项须通知教务处,其余各项于必要时,得为相当之处理。

第二条 本会设委员七人,当然委员若干人,并由校长在委员中指定常务委员三人。

第三条 当然委员以教务长、各院系部科主任充之。

第四条 本会委员由校长聘任之,执行一切事务,遇必要时得与教务处协商办理。

第五条 本会于每月第四星期开全体会议一次,会议时以常务委员中推举一人轮流主席,遇有紧要事件,得由常务委员召集临时会议,并得会同教务处训练处开联席会议。

第六条 本会所处理之一切事务,于每次全体会议时应由主席作详细报告。

第七条 本会会议以出席委员过半人数为表决,决议案送请校长核准施行。

第八条 本简章自校长公布之日施行。

十七年九月十日

(《暨南周刊》第3卷第10期,1928)

改组后的国立暨南大学

黄振汉

本校自国民政府简任郑洪年先生接收改组以来,为时虽仅半载,而郑校长本其创校之初衷(郑校长为本校开办时堂长,即本校第一任校长),谋实现华侨最高学府之计划,对于校务进行,诚有一日千里之势;同时吾同学于课外余暇,组织团体,互相攻错,又为吾校空前发达之时期。种种消息,上海各报章,虽时有登载,但均属片段文字,语而不详,是以靡特校外人士对于本校改组后之校务、教务、教职员、学生团体等等,难同时得其梗概,即吾同学于本校改组前离校者,亦难能想像其一二,爰将各种情形,分述如后,以供国内外人士之观览焉。

一、校 务

本校改组后,校务进行,诚有长足的进展,兹将其荦荦大端,述之如后。至欲得本校详细情形,请参阅本校改组特刊。

1. 扩充大学部

(甲)将原日商科大学改为商学院

并银行理财系为银行科,会计统计系为会计科。增设水陆运输科、工商管理科。普通商业科则仍其旧。

(乙)成立三学院,增设□学系

文哲学院:中国文学、外国文学、教育学三系。

社会科学院:政治学、法律学二系。

自然科学院:数学一系。

2. 改组中学部

将原日文理科改为普通科,下分甲部、乙部。

甲部包文哲社会诸科,乙部则注重数理与自然科学。增设农科。师范科与商科,则仍其旧。

3. 增设南洋文化教育事业部

部内分教育、指导、调查、编译、宣传五股。

4. 合并女子部

本校女子部,向另设于南京,改组后实行合并。

5. 增设球场

本校球场向有足球场一,排球场二,篮球网球场各四,改组后除将原有足球场铺以绿苇,网球场围以线网外,并在师范科科舍前面,加辟篮球场一,排球场二,网球场四。

6. 加聘专科医生

本校向仅聘请校医一人,改组后,除照旧请内外科医生一人外,加聘耳目口鼻专科医生一人,驻校看护生一人,并规定诊病时间如下:

每日上午八时至下午五时止;

逢星期一、三上午八时至下午六时专擦痧眼;

逢星期二、四、六上午九时专治内外科;

急痧随时可诊;

星期日停诊。

7. 设立驻校警察

本校向无校警,附近杨家桥地方虽有警察局一所,但离校稍远,照料为难。改组后,上海特别市公安局特在真茹邮局旁建筑上海特别市公安局四区三,暨南大学驻在所一间,并派警察十五人专责保护本校之公安。

8. 洪年图书馆正式开馆

去年本校教职员同学，均感觉图书馆之需要，爰有募捐建筑图书馆之发起。所定章程，以捐资最多者即以其名为名。及向各界募捐结果，当以郑洪年先生之慷慨捐助七千金占同人建筑预算之二分之一为最多数。馆于十五年十二月兴工，中间因军事影响，直至本年日始克落成。及待所有图书整理编制完全藏事后，于十一月廿二日正式开馆。

9. 校舍之分配与建筑

（甲）校舍分配：本校改组后，因人数增加，女子部合并，以致原有校舍不敷分配，学校当局原拟将女子部迁住校外，大学部移设上海，但两部同学均以迁移甚形不便，彼此均请学校当局设法。后经学校当局再三计划，只得由各教职员暂住移外，女同学暂住师范科楼上，并将各科图书室迁至洪年图书馆。及借学生会立义务学校为教室及男生宿舍之用，以是教室及宿舍尚属勉强足用，其教室则由大教室内辟十三间，洪年图书馆辟三间，师范科宿舍（即今第五宿舍）楼下辟五间，文理科宿舍（即今第三宿舍）及新宿舍（即今第二宿舍）各一间，连同义务学校教室两间，共计二十五间。

（乙）校舍建筑：郑校长鉴于校舍之不敷分配，急需建筑，便于月前招工建筑教职员宿舍一座于初中宿舍南面之前，刻已落成，闻不日又将建筑大教室一座及女生宿舍一座云。

10. 筹备农场

现正积极筹备，测量地亩，化验土质，不久即可成立。

二、教　务

本报改组后，关于教务上的改进约有四点：

（一）确定道德、科学、军事、政治、职业五种训练为大学部、中学部共同的教育方针。

（二）为贯彻教育方针起见，规定党义、国文、大学方法、军事学及兵式体操为科学部各系共同必修科目。高中各科规定党义、国文、军事学与兵操为各科共同必修科目，初中部则规定公民与党义、国文、党童军为各年级必修科目。

(三)采用学分制,仍不失学年制的精神。

(四)考核学业成绩,文科注重听讲笔录、读书札记,理科注重实验报告。

至于大学部教务长黄建中、中学部教务长汪奠基,为谋实现校长华侨最高学府之计划起见,规划教务尤见周详,计本学期大学部各系各科,及中学部各科各级所开学程,有如下述:

甲、大学部

(一)大学部各系所开学程

文哲学院
- 中国文学系:学选、国学法、文学概论、中国文学史、诗选、文字学、中国通史、论理学、中国哲学通论、伦理学。
- 外国文学系:基本英文、新闻学、小说、英文作文、英文修辞学、戏剧、英汉对译、英文文学史、英文演说辩论、商用英文。
- 教育学系:科学方法、逻辑、中国哲学通论、伦理学、心理学、教育心理学、教育学、西洋教育史、社会学、教育论文选读。

社会科学院
- 法律学系:民法总则、债权法、中国亲属法、英美亲属法、商法、罗马法、会议法、国际法。
- 政治学系:政治学、东亚各国史、中国外交史、欧洲近世史、商法、罗马法、会议法、国际法。

自然科学院　数学系:物理、解析几何、微积分、方程式论、近世几何、近世代数。

(二)大学部商学院各学所开学程

簿计、国外汇兑、人寿保险、高等会计、会计学、广告学、商业组织、销售学、统计、商用统计、经济学、工厂管理、商业地理、会计实习、工业会计、银行实践及会计、中国金融市场、银行制度、投资学、货币学、商业理财、国外贸易、高等经济、费济问题、陆路运输、铁路管理、审计实践、商用英文、修辞学、商法、国际法、小说、新闻学、公司会计。

(三)大学部各学院共同必修学程为党义、国文、科学方法、军事学及兵式操。

(四)大学部各学院共同选修学程

英文、日文、法文、马来文、荷兰文。

(五)大学部预科所开学程

必修科目:国文、英文、高等数学概要、伦理学、第二外国语、会议法、军事学及兵操。

选修科目:国学概论、社会学大意、文艺学门、数学、物理学、化学、珠算、商学大要、经济学大要、政治学大要、论理学、心理学、哲学大意、生物学、中国近代外交史。

乙、中学部

(一)高级中学所开学程[注意:以下 abcde 各科各年级所开学程,如有(　)是选修学程,余为必修学程。]

a 普通学甲部

一年级:公民与三民主义、国文、英文、几何、中国史、论理、(国学概论、学术文、修辞学、英文会话)、军事文与体育。

二年级:国文、高等代数、物理、伦理、中国史、英文、(英文文学史、国学概论、文学史、学术史、英文小说、英文会话)、军事与体育。

三年级:国文、解析几何、中国史、化学、英文、生物、(教育学文字学、英文学概论、会议法)、军事与体育。

b 普通科乙部

一年级:公民与三民主义、平面几何、三角、国文、英文、化学、(矿物、植物、英文选读、用器画、代数演习、军事与体育)。

二年级:国文、高等代数、物理、解析几何、伦理、(平面三角、无机化学、有机化学)、英文、(力学、动物、近世几何)、军事与体育。

三年级:国文、英文、高等代数、解析几何、(微积分大意、应用化学)、(电磁学、会议法)、生物、军事与体育。

c 商科

一年级：国文、公民与三民主义、实用物理、英文、商算、几何、珠算、军事与体育。

二年级：国文、英文、高等代数、簿记、速记、心理、军事与体育。

三年级：国文、组织、银行、国外贸易、会计、论理、英文、社会学大意、（会议法）、军事与体育。

d 师范科

一年级：公民与三民主义、国文、平面几何、物理、地理、图画、手工、音乐、三角法、英文、教育史、心理、（算学）、军事与体育。

二年级：国文、普通代数、普通几何、儿童心理、历史、图画、家事实习、手工、音乐、化学、英文、教育学、小学教育、博物、军事与体育。

三年级：国文、英文、学校管理、教育心理测验、解析几何、烹饪、生物、（南洋地理、南洋历史）、军事与体育。

e 农科

一年级：公民与三民主义、国文、几何、英文、农学大意、园艺、农畜学、化学、军事与体育。

f 各科共同选修学程

一年级：日文、法文、马来文、荷兰文、世界地理、美术史、心理学、论理。

二年级：日文、法文、马来文、荷兰文、经济大意、政治大意、法学通论、世界史。

三年级：日文、法文、马来文、荷兰文、社会学、哲学概论、南洋文化研究、科学概论、近世史。

（二）初级中科所开学程

各年级共同必修学程：公民及党义、国文、英文、地理、历史、图画、乐歌、童子军。

一年级另开英文文法、数学、生理卫生及手工。

二年级：数学、博物、理化、手工。

三年级另开：代数、几何、博物、理化、英文选读。

三、教职员

本校自改组以来,内部极力扩充,已如上述。郑校长以实现改组计划,完成华侨最高学府起见,罗致硕学,不遗余力。是以国内各大学(为北京北大、师大、女师大、北京东南大、上海商大、复旦、东吴法科)名教授,如黄建中、汪奠基、叶崇智、夏丏尊、梁实秋、谢循初先生等十余人咸聚集于吾校,兹为便利阅者起见,特将本校教职员履历及其担任职务、教授学程等表列如次,至着内"担任学程",所填者均为大学部学程,担任中学部学程者,其职务上多既标明某科教员,或专任教员,故不复赘。幸新阅者谅之。

职员一览表

姓　名	职　务	履　历	担任学程
郑洪年	校长		
黄建中	大学部教务长兼教授、大学部训育委员及南洋文化教育事业部委员	国立北京大学文科毕业,英国爱丁堡大学教育科毕业,剑桥大学研究院毕业,前国史编纂处编纂员,第一届世界教育会议代表,曾任国立女子大学教授,北京大学、师范大学讲师	伦理学、中国哲学通论、伦理大意(预)
叶　渊	事务长、商学院主任兼教授及大学训育委员	美国本雪文尼亚经济学士	簿记、国外汇兑、人寿保险
夏丏尊	中国文学系主任兼教授、大学训育委员及南洋文化教育事业部委员	曾任浙江第一师范教员十三年,湖南第一师范教员一年,现兼任复旦大学立达学园教员	文选、国文法

叶崇智	外国文学系主任兼教授、大学训育委员及南洋文化教育事业部委员	安姆士德大学文学士、哈佛大学硕士、北京师范大学讲师、北京大学教授、英文《东方时报》副编辑、《波士顿记载日报》驻华通信员	基本英文、新闻学、小说
汪奠基	教育学系主任兼教授、中学部教务长、大学训育委员及南洋文化教育事业部委员	巴黎大学数学硕士、里昂大学哲学硕士、国立北京大学讲师、国立北京师范大学教授、北京中法大学教授、国立北京女子师范大学哲学系讲师	科学方法、逻辑
陈荩民	数学系主任兼教授及大学训育委员	法国波桑格大学数学硕士，曾任国立北京大学、师范大学讲师	物理、解析几何、微积分
石　颎	法律系主任兼教授及大学训育委员并兼代政治系主任	东吴大学法科毕业，美国麦西干大学法学硕士、耶鲁大学法学博士、东吴法科教授	商法、罗马法、会议法、国际法
翟俊千	政治系主任兼教授		政治学、东亚各国史、中国外交史
张慰慈	政治系讲师		
杨汝梅	商学院副主任兼教授高中商科主任及大学训育委员	美国密西干大学经济博士	高等会计、会计学

林宝权	中学部师范科主任兼专任教员	巴黎大学教育博士	
张　凤	中学部普通科主任兼讲师及专任教育	法国巴黎大学文学士,清附生	法文
余佑人	初中主任兼专任教员、南洋文化教育事业部委员及教育股助理	国立北京大学毕业,曾任北京大中公学教员、北京快报编辑	
黄　侃	教授	曾任北京大学教授	
林思温	教授中学部训育主任兼大学部训育主任及南洋文化教育事业部委员	保定军官大学毕业,黄埔军事政治主校教官	马来文、军事学及兵式操
蔡正雅	教授	约翰大学理科学士,哥伦比亚大学、纽约大学高学士,国立东南大学商科教授,中国公学大学部教授	广告学、商业组织、销售学、统计学、商用统计
刘　颐	教授		中国文学史、诗选、文字学

赵季言	教授		投资学、货币学、商业理财、银行实践及会计、中国金融市场、银行制度
徐志禹	教授		会计实习、工业会计
谢循初	教授兼大预主任、大学训育委员及南洋文化教育事业部委员	美国支加哥大学硕士、北大师大教员	心理学、教育心理学、教育学、西洋教育史
潘序伦	讲师	圣约翰大学文学士、美国哈佛大学商学硕士、哥伦比亚大学商业经济博士，历任国立东南大学分设上海商科大学、国立暨南大学主任	审计实践
周德熙	讲师	南京青年会及上海南方大学教员	
夏康农	讲师		
余楠秋	讲师	美国意利诺大学文学士，现任复旦大学文科主任	英文修辞学、英文演说辩论、商用英文

方光焘	讲师	东京高等师范毕业,京都帝国言语学研究,曾任上海国民大学、南方大学、学艺大学教员	日文文学概论、文艺入门(预)
孙本文	讲师	美国社会学博士	社会学
徐中舒	讲师兼南洋文化教育事业部委员、秘书长及教育股主任	北京清华学校研究院毕业,上海立达学园、复旦大学教员	国文、国学概论
刘世芳	讲师		英美亲属法
梁实秋	讲师	北京清华学校毕业,美国科罗拉多大学文学士,美国哈佛大学研究院、国立东南大学教授,上海《时事新报》记者	英汉对译、英文、英文文学史
唐颖犀	讲师		
魏璞完	讲师		方程式论、近世几何
安绍芸	讲师		公司会计
张树铭	讲师		中国亲属法、债权法
郑宝照	讲师兼南洋文化教育事业部委员	美国佛南克林大学政治学士	欧洲近世外交史

沈孟钦			英文、英文作文
康选宜	讲师兼高中商科及大学训育委员	国立北京大学法学士、上海党务训练所教员	党义、政治学大要、经济学大要
李权时	讲师	美国支加哥大学经济硕士、哥伦比亚大学哲学博士、复旦大学商科主任	高等经济、经济问题
吴文蔚	讲师	美国哈佛大学铁路管理科经济学硕士、本薛尼亚大学铁路管理科经济学博士、湖北省立文科大学教务长兼经济学教授	陆路运输、铁路管理
程祥云	讲师	日本东京帝大毕业	
余上沅	讲师	北京师大教员	英文作文、英文戏剧
陈科美	讲师		
汪翰章	讲师兼训育委员会办事	曾任湖北法政大学教员	民法总则
周茂蕃	讲师		经济学、工厂管理、商地、国外贸易
李培恩			

邓胥功	中学部教务助理兼专任教员及高中师范训育委员	日本东京高师毕业,前成都高师教授兼附小主任,代理成都高师校长,又部派留学德国一年	
梁官松	体育指导员	东吴大学体育教员	
梁漱玉	女生指导员兼出版课课员及大学训育委员	北京国立女子大学毕业	
唐克中	打字指导兼速记员及注册课课员	九江南伟烈大学教授及江西省立第三中学教员	
袁　哲	农场主任	立达学园农场主任	
林　彦	高中农科主任兼农场办事及专任教员	燕京大学农科毕业	
蔡开德	南京校舍保管员		
凌炽桓	耳目喉鼻专科校医		
徐逸民	校医		
潘企尧	看护		
王雨生	注册课主任兼商学教员	国立东南大学商科商学士,曾任本校注册训育员、商大会计助教、高中教员	商业大要
施　瑾	中学珠算教员	曾任吴淞公学、上海商科大学及清心中学商科珠算教员	

阎振玉			
顾仲彝	高中部英文文学教员兼高中普乙训育委员	国立东南大学文学士，历任商务书馆编辑、集美学校教员	
高达观	法文教员	曾任京师公立第一女子中学专任教员兼国立女子师范大学讲师	法文
吕炳水	专任教员		
黄若明	中学教员		
王季华	专任教员		
来格斯宾	音乐教员		
王名烈	中学日文教员兼南洋文化教育事业部委员	日本明治大学法学士、国立北京法政大学教授、华北大学教员	
王济仁	中学数理物理教员兼高中普甲训育委员	日本东京高等工业机械科毕业，进日研究科一年，曾任山西斌业专门机械科教授兼兵工厂技师二年	
唐　耀	教员		
卫　中	部小学教育教员		教育论文
王隐秋	中学手工教员		
章衣萍	高中国文教员兼出版课副主任及南洋文化教育事业部委员	中华教育□进社编译员、交通部职工教育委员会编审员、文化教学教授	国文概论、国文

龚业光	初中历史教员兼南洋文化教育事业部委员		
丘　捷	专任教员		
林培镛	军事学教官		军事学及兵操
徐上周	数学教员兼初中训育委员	国立工业大学毕业	
刘德泽	中学国文教员兼高中农科训育委员	前直隶第七师范国文主任教员	
谢慧君	教员		
周传儒	中学史地教员	北京师范大学毕业，北京清华大学研究院毕业	中国通史
钟作猷	专任教育兼初中训育委员		
程　憬	教员兼南洋文化教育事业部助理		
曹聚仁	教员兼专务处办事		
崔陟巍	图书课课员兼教务处办事	湖北法政专门学校毕业，故宫博物院文献部整理档案处主任，前蒙藏蒙回史编辑	
徐绍曾	专任教员兼初中训育员		

程　纶	中学数教员	北京大学数学系毕业,曾任师大附中教员	近世代数
马月梅	中学音乐指导员	国立东南大学商学士	
陈敬之	事务处秘书兼教员及总务课		
刘寿慈	中学英文教员	燕京大学英文系研究科毕业	
舒之锐	中学美术史家专科教员	法国巴黎大学史地科	
廉相成	中学国文历史教员		英文(预)
涂炳立	中学部英文教员	本校商大毕业	
龚业雅	女生体育指导		
周行仁	童子军教员		
许克城	图书课主任	曾任南洋槟榔华侨中学校、巴城中华学校校长,本校师范科主任及中学部主任	
汪竹一	图书课办事		
杨昭悊	图书课助理兼南洋文化教育事业部委员	美国南加大学政治科硕士、伊利诺大学图书馆学士,历任北京女高师朝阳大学法政大学教员	
凌　翔	图书课兼南洋文化教育事业部文化股助理	本校商大毕业	

李邦栋	图书课课员	
金善培	图书课课员	江苏省立二师毕业,国民大学图书馆学系肄业
谢玉树	注册课助理兼教务处文牍事务员	
胡鸿翥	注册课课员	江阴南菁中学毕业,曾任无锡工商中学陶□教员
韩禄生	注册课课员	本校毕业
郑先铨	注册课点名员	
韩　薰	教务处办事兼教员	北京大学文科毕业,曾任北京法政大学教授、北京明治中学教员、四存中学教员
许民一	总务课课长	曾任南洋婆罗洲吗哌中华学校校长、爪哇泗水中华学校校长
宋萨奎	注册课点名员	南京钟英中学毕业,曾任南杂志社发行部主任、本校教务员图书管理员、训育处办事员
冯启新	总务课课员	天津南开学校帮办体育事宜,津浦铁路站务处
蔡经济	出版课办事员	本校商学院肄业生
方　彬	总务课办事员	历任行政暨盐务各机关书记及课员,并考入上海美商慎昌银行广告部事务员

韩运生	总务课办事员兼庶务	历充本校缮校员、训育图书馆管理员及高中部教务员等职
章铁民	出版课主任兼教员及南洋文化教育事业部文化股助理	北京大学毕业,南京建业大学教务主任兼教授,湖□平民大学文学兼数学教授,广东外交部翻译
程镜华	出版课课员	本校女子部师范科毕业,国立北京女师大肄业
徐世度	出版课课员	前通运银行文牍,共和纪念万国博览会事务员,故宫博物院办事
姬　灏	会计课课长	
杨清瑞	会计课办事员	南京奉直公学教员
顾元庆	会计员	
戴千里	会计课转事员	本校商大肄业
刘薰宇	南洋文化教育事业部教育股助理	北京师范大学毕业,曾任春晖中学、立达学园教员
汤文聪	南洋文化事业部委员、教育股助理	
蔡和钦	南洋文化事业部委员兼文化股助理	

刘士木	南洋文化事业部委员兼文化股主任
周国钧	南洋文化事业部文化股助理
刘叔琴	南洋文化事业部教育股助理
杨时百	古琴研究会导师
李定球	书法研究会导师
顾大栋	书记领班员
沈　武	书记
孟联泉	同上，兼出版课校对
茅宗伟	同上，派在教务处
娄后曜	同上

四、学　生

本校为国内之唯一特殊华侨教育机关，是以年来学生除招收少数内地学生外，余均来自非洲、美洲、暹罗各地，及南洋英、荷、美、法、日各属殖民地之华侨学生。自改组后郑校长为实现改组计划计，特布告各报章，拟招收国内学生有志于南洋事业者多人，一时途疆各省如四川、云贵、吉林、陕西学生闻及，咸远道投考。同时本校女子部由南京迁移来沪，与本校男子部实行合并，故外间对于本校男女学生人数、华侨学生内地学生人数、全体学生人数、全体学生省别人数、各属华侨学生人数，很难得一真确的明了。兹因篇幅所限，未能详细写出，仅制统计表三：

一　本校华侨生内地生性别人数统计表

部别系及科别		大学部													高中部					初中部				总数
		文哲学院			社会学院		自然学院	商学院						预科										
		中国文学系	外国文学系	教育学系	法律学系	政治学系	数学系	普通商业科	会计科	银行科	工商管理科	国际贸易科	未分科生		普通科（甲）	普通科（乙）	商科	师范科	农科					
年级别		一年级	一年级	一年级	一年级	一年级	一年级						一年级	一年级					一年级	一年级	二年级二学期	二年级二学期	三年级	
华侨生	男	6	2	14	3	5	2	13	7	2	3	8	9	20	40	16	39	56	11	41	49	34	63	443
	女	1	1	1										2	5		4	6		4	7	1		36
内地生	男	21	12	6	5	24	7	21	27	32	9	1	40	42	35	17	34	7	8	16	6	1	4	375
	女		2	3										2	4	4		9		3	2	3	5	37
总数		28	17	24	8	29	9	34	34	34	12	9	49	66	84	37	77	78	19	64	64	39	76	891
附注		计全体华侨生为四七九，全体内地生为四一二。全体男生为八一八。全体女生为七三。其年级别格内未填者商学院各科为二、三、四年，高中部各科为一、二、三年级。																						

二 本校全体学生省别人数统计表

部别＼省别	广东	福建	江苏	浙江	广西	安徽	江西	湖南	湖北	四川	云南	贵州	陕西	山东	直隶	吉林	未详	总数
大学部	108	37	122	34	13	6	8	2	3	11	1		1	1	3	1	2	353
高中部	138	50	63	11	10	10	2	1	4	1	0	1					4	295
初中部	147	65	11	1	6		2		2	2							7	243
总　数	393	152	196	46	29	16	12	3	9	14	1	1	1	1	3	1	13	891
附注	各省总数，广东有华侨生三二一人，福建有一四〇人，广西有七人，湖北有二人，江苏一人，安徽一人，未详省别者七人，除外为内地生。																	

三　本校各属华侨学生统计表

附说：本表未详一项，即未调查明白其人果属何埠，如爪哇有未详 25 人，即知爪哇中尚有 25 人未曾调查明白属于何埠，余类推。

		非洲，毛哩哂哑 Mauritius 1			新加坡 Singapore 62	吉隆坡 Kuala Lumpur 15
					麻六甲 Malacea 18	暗邦 Ampang 2
		美洲加拿大 Canada 1	海峡殖民地 Straits Settlements 89		槟榔屿 Penang 9	呀吃山 1
		缅甸 Burma 0				古毛 Kuala kubu 3
	英属 183				雪兰莪 Selangor 43	双溪浦庐 1
		香港 Hongkong 7				万挠 Rawang 1
		婆罗州，山打根 Sandakan 1	马来属邦 Non-Federated Malay States 14	吉粦丹 Klanton 3		巴生 Klang 11
		马来半岛 Malay Peninsula 164		丁加奴 Trengganu 2		沙丁 1
	法属 3	—安南 Annam		柔佛 Johore 9		甲洞 Kepong 1
	13	神户 2				士毛日 3
		台湾 11				加影 Kajang 4
		檀香山 Honolulu 4	马来联邦 Federated Malay States 61			怡保 Ipoh 4
	美属 25	美洲，山多村埠 1	马尼剌 Manila 6			金保 Kampur 2
		菲律宾 Philippine	宿务 1			实吊远 1
			未详 13		霹雳 Perka 13	埔新 Pusing 1
						打问 Tsmbern 1
		摩鹿加群岛 Moluccus Is 2	—安汶 Ambon 2			木歪 1
						大平 Taipina 1
						华都拉耶 Ratugajah 1
						安顺 Anson 1
				坤甸 Ponti nak 10	彭亨 Pahang 4	丹林明 1
			婆罗洲 Borneo 16	山口羊 Singkawang 5	芙蓉 Negri Sembilan 1	未详 3
				三马林达 Samarinaa 1	民利蚄 Blitar 1	芙蓉 Seremban 1
			西里伯 Celebes 2	未详 1	多隆亚公 Toeloengageong 4	
				孟加锡 Makasar 1	泗水 Soerabaja 5	
				东爪哇 East Java 10	大喜马拉耶 Tasikmalaja 2	
					庞越 Bandjar 2	
					西郎 Serang 1	
					井里汶 Cheribon 1	
华侨学生 479	D.E.I. 荷属 203	大巽他群岛 G.Sunda 186	爪哇 Java 83	西爪哇 West Java 29	巴达维亚 Batavia 17	
					万隆 Bandoeng 9	
					加拉旺 Krawang 1	
					北加浪安 Pekalongan 1	
					梭罗 Solo 1	
					马浪 Malang 5	
					三宝垄 Semarang 3	
				中爪哇 Middle Java 15	布窝加尔多 Poerwokerto 1	
				未详 25	直噶 Tegal 2	
				日里 Deli 11	冻义里 Kedin 2	
				棉兰 Medan 1	南榜 Djeboes 3	
				Sibalga 1	高木 Koba 3	
			苏门答腊 Sumatra 85	廖内 Rionw 6	烈港 Soenggeiliat 9	
			答里 Bali 2	大亚齐 G.Atjeh 1	沙横 Toboali 3	
			安班澜 Ampenan 1	勿里洞 Billiton 7	流石 Batoe Roesa 5	
			帝问沽邦 Timorkoepang	占碑 Damhi 1	昔泠 Soengie Slan 1	
		小巽他群岛 Small Sunda 15	浪目 Lombok 1	邦加 Banka 54	勿追羊 Blinjoe 3	
				未详 2	槟港 Pangalpinang 15	
		曼谷 Bangkok 27		Bindjei 2	文岛 Muntok 1	
		竹板杏 1			未详 11	
		红统 1				
	暹罗 52	素银 1				
		南邦 1				
		未详 22				

五、学生团体

本校学生对于团体生活素极注意,譬如英荷各属以及暹菲各地学生会和商学院经济研究会会计学会之诞生,均有多年的历史。自学校改组后,郑校长、黄教务长以及各系主任对于课外作业,尤竭力赞助,以是各种学术团体,如风起云涌,先后成立。计现在所有团体除中国国民党真茹特别区党部外,尚有四十余个,兹略分学生会、同学会、研究会及会与社四种叙述如次。至各级级友会、各地同乡会,以篇幅关系,恕未具述。

(一)学生会

(1)国立暨南大学学生会

(2)国立暨南大学大学部学生会

(3)国立暨南大学高中部学生会

(4)国立暨南大学初中部学生会

(5)英属华侨学生会

(6)荷属华侨学生会

(7)暹罗华侨学生会

(8)菲律宾华侨学生会

(9)台湾华侨学生会

(10)邦加华侨学生会

(11)新加坡华侨学生会

(12)仰光华侨学生会

(二)同学会

(1)商学院同学会

(2)中国文学系同学会

(3)政治学系同学会

(4)师范科同学会

(5)农科同学会

(6)尊孔同学会

（7）华侨中学同学会

（8）华中同学会

（9）沪江同学会

（10）培□同学会

（三）研究会

（1）教育研究会

（2）经济研究会

（3）数学研究会

（4）初中图画研究会

（5）西乐研究会

（6）京剧研究会

（7）潮乐研究会

（8）古琴研究会

（9）书法研究会

（四）会与社

（1）会计学会

（2）努力青年会

（3）国立暨南大学演说会

（4）初中部演说会

（5）文艺会

秋野社

结冰社（又名倒处社）

浪漫社

丽泽学社

上述诸端，仅择其大要，他如学生生活、校工生活等等，均略而未书，又本篇之作原为述事，故未加赞否，及仓促完稿，谬误之处，在所难免，幸祈阅者谅而教之。

（《暨南周刊》1928年开学号）

暨南解

王维骃

昔夏禹之化,东渐于海,西被于流沙。文王之化,先及于江汉之间,次及于汝坟之国。子游得孔子之化,吴人皆知文学,而圣道南行。吾暨南之化,亦由北而南。北者指南洋群岛之北,南者指南洋群岛而言,其面积甚广,包括苏门答剌、爪哇、婆罗洲、西里伯岛,以上属于荷领东印度群岛;马尼剌、伊罗伊罗、塞布、布图、安,以上属于美领菲律滨群岛;北婆罗洲婆罗乃、萨拉瓦克,以上属于英领婆罗洲;及如葡领之摩尔岛等。夫暨者,及也。暨南者,文化及于南方之谓也。本校以“暨南”名,殆有下列种种关系焉。

本校开办以来,迄今已二十有余载矣。校址虽在真茹乡僻,实为南洋特殊文化教育机关。是以莘莘学子,远道而来,其目的将求中国之文化输于南洋群岛,且以学术进化之速,冀达到中国南北自由平等地位。此由文化上言之,由北而暨南者一也。

郑校长素具热心兴学计划,并将提高华侨教育程度,第一务使暨南一校,完成华侨最高学府,第二在造就学生高深学术,俾将来卒业后,从事于文化教育,改革南洋一切教育事业。因材录用,各展其长。此由教育上言之,由北而暨南者一也。

海外侨胞,在南洋方面,未得高等教育机关,故远万里而来,孜孜向学。学成归去,服务社会,试观南洋需用何种人才,暨南即为造就何种人才之地。换言之,南洋有用人才,本校当负培植之责。此由服务上言之,由北而暨南者又一也。

本校凡欲建筑大厦,或则创造新事业,遇有经济困难之处,首蒙南洋父老慷慨赞助。饮水思源,实深铭感,然则本校之名称,取以暨南,颇为精确。此由经济上言之,由北而暨南也。

他如侨胞在国内,常以救祖国为前提,事事参加爱国运动,以求革命成功,全国统一。吾暨南大学之设,影响于南洋各岛,同时唤起海外华侨,一致奋斗。此由政治上言之,由北而暨南者又一也。

综上荦荦诸端大端,“暨南”二字,意旨深远。其与南洋方面,有特殊之关系,既如上所述矣。南人北学于中国,北学先及于南方,所谓北方之学者,未能或之先,吾以斯语,勉南洋同学。《尚书》云:朔南暨,声教讫于四海,禹锡玄圭,告厥成功。旨哉斯言。

(《暨南周刊》1928 年寒假特刊)

我所知道的暨南

来寿山

天冷了,严酷而猛烈的北风——追随着这狼狈残喘的北风——吹捷的益发狂厉了!道旁种植的杨木,都被吹得秃头曲背似地,在那儿装出一种求助的摇曳;平坦而多沙的广道上,抿着嘴、缩着头的男女学生们,随时都可以看见,在这种尘沙飞舞的道中踽踽的走着。

向广道的上行望去,立刻可以看见五座高大而严肃的楼房,巍峨峨地前后耸立着,介乎头二座的中间,有一方很整洁的园地,星星的黄花,密密地点缀着;二旁寸心口径的竹篱,灰淡得呈出一种雅致不俗的神色;网球场的球网静悄悄地立着;那儿,不时有数对男女学生们或一大群学生们在玩着,“拍拍”的球声,随时可以传进我们耳鼓里来而发生一种反应。

在足球场的末段,有一所半旧不新的宿舍,屏障在河身上,这一座宿舍——是诞生没有几年的——亦就是我寓居的处所了!所建的方向,是背南朝北的,所以气候就比较冷一点;在没有转季候的时候,都已感觉着特殊的寒冷,何况在这个无情的北风淫威之下呢?从楼窗上向郊外望,那对□广大的草场上,有一口池塘,沿左边的草路过去,有一条二道竹篱夹着的小道,道路的中心,铺的是很好的花岗岩,在每逢行人走过的时候,总会发生出一种微弱的光闪,灼灼地在我们眼帘上辉耀着。黄脸色的梧桐失了魂魄似地伸着腰挺着干在这朝雾迷蒙中站着,无论清晨或傍晚,我常去这天然的织绵上玩着:有时看书;有时看水;有时斜卧着,听来往的小车声、摊声和自来水机器(Machinery of supplywater)的“轧轧”声;更有时反扑着大地,静听着那曝晒日下之衣服飘舞声。

在晨曦发现鱼肚色的时候,血般似的太阳,斜挂在东方,煌耀地俯视着。红艳而强有力的光线,把暨校校景反射得万缕光辉,冉冉的晓霞、云翳着光辉而变成红色,那时,我独自冒着朝寒,彳亍地踏着绵绵的草地——听鸟声,顾盼朝阳,这是多么有趣呢!回首后望时,那楞楞的霞光已笼罩大地了。

沿着左边的田畦过去,二旁匀匀的棉木,在那微风荡漾中轻轻的飘着;沾阔的露球,被晓霞反射得点点成星;缕缕的炊烟,成丝的成卷的,在朝气迷蒙中旋旋的上腾,仿佛互相竞争似的,渐渐没灭以至于不见。行尽了这田畦,便是一带丛林,静悄的四周沉寂无声,只得见那啾啁的小鸟,巧黠伶俐的在这大自然中飞来飞去。

傍晚时,那全场的光彩都变了褐色,泞脏的河水,也渐渐地静下去了,空中的光线也灭了强度,发射出一种冷气寒光。散在道旁上的黄叶,随着寒风,在空中翩翩的跳舞,成群结对的男女们,彳亍地在跑着,走着,一刹那,全景沉寂,只看见数排微弱的黑光,从那窗棂中射出……

一九二七,冬节晨,于暨南。

(《暨南周刊》1928 年新年特刊)

暨南华侨的学生的统计

暨南学校统计大学部、高中部、初中部全校学生，除内地生外，华侨生共四百七十九人，英属华侨学生一百八十三人，荷属二百零三人，暹属五十二人，法属三人，日属十二人，美属二十五人。

（《南洋研究》第1卷第4期，1928）

改组后的暨南

蔡崇光

国立暨南大学是南洋华侨的最高学府，它诞生已廿一周年了。在这廿一周年中的沿革，不用说是多的很的。我们现在如果单地叙述改组后的暨南，而忘却改组以前的暨南，那末，改组后的暨南和改组以前的暨南究竟有何差别，局外人定无从了解的。本篇为表明暨南改组后进步的迅速起见，所以不嫌冗长，把未改组的暨南略述一下，然后才详述改组以后的暨南以相比较。

当清廷末叶的时候，华侨教育很少人注意。恰巧那个时候清廷的老官僚两江总督端方氏奉清帝命去欧洲考察宪政，端方氏归国的时候道经南洋,感于南洋群岛华侨教育的缺乏,遂萌提倡华侨教育之念。抵国之后便创办了一个华侨学府,这个华侨学府就是现在峥嵘中国的暨南大学。所谓暨南两个字的意义,本无庸解释。为使阅者明白,所以不得不下了简单的解释。暨,就是及的意思;南,即南洋群岛。概括的说,就是把我们中国的优美文化传至南洋群岛,使南洋侨胞脑海里都充满了祖国的优美文化。至于暨南两字的来源,则采取《书》经中"朔南暨"之语。

暨南起初创办于南京,那时校名为"国立暨南学堂"。由政府当局敦聘郑洪年先生(即本校现任校长)为堂长,招抚华侨子弟回国就学。可是那个时候南洋群岛还多属草昧洪荒,文化程度本已极低,兼之一般华侨父老多以空手在南洋刻苦成家,他们的观念只在于不怕苦便能致富。因之,对于学识一层,视为无关紧要。所以,华侨回国就学的有如凤毛麟角。(据说那时全校学生不过七十多名。)

宣统三年(辛亥),民军起义于武昌,推翻朽败清廷,南京卷入战涡,暨南遂因之闭户。到了民国七年,幸亏赵正平、黄炎培、袁希涛等氏,不忍华侨学府的沉沦,联名要求教育部恢复。于是华侨的最高学府——暨南,又复与他校争雄于南京了。这个时候,南洋群岛的侨胞,因受居留国政府与洋大人的抑压和领受祖国革命潮流的洗礼,顿然觉悟非有高深的学识,不足以与彼白色的欧美人、黄褐色的马来人以及黑色的土人争胜。他们于是争遣子弟回国就学。自此以后,华侨归国升学的绵绵不绝。暨南两字的意义也就渐渐与事实相符合了。

可是那时南洋文化尚属幼稚,各埠设有华校的寥若晨星。即有一二华校也不过是高小和国民而已。暨南既负培养华侨子弟的使命,自应按照南洋华侨同学的程度开班。考暨南初创时,只有旧制中学。后因民国成立,学制更新,改办新制中学,分高中、初中两部。高级中学有文理科、师范科、商科,此外,又有补习科(为应程度不够入初中者而设)。民国九年,学校当局因鉴于商业学识为南洋侨胞所最迫切需求的,为造成专门人才起见,创办商科大学。同时增设女子部,奖励南洋女同学来校就学。民国十年,把原有商科大学与东南大学合立商科大学，定名为“国立东南大学暨南学校合立上海商科大学”。次年秋季，商科大学退出东南暨南合立的上海商科大学，自行筹办商科大学部。民国十三年秋间，江浙战事爆发。学校经济尽为军阀扣充军费，校库空虚，不得已，把商科大学三、四年级宣告停办。到了民国十四年，江浙战祸平息，本校始克完全恢复旧状。这个时候，恰值真茹的新校舍落成。所以除把女子部留南京外，其他统统搬到这里来。这时所建的校舍仅有五大座和两小座洋楼。民国十五年再建新宿舍一座与图书馆。以上所说，就是改组前暨南的大概。

改组前的暨南，我们既然明白了。现在进一步来谈谈改组后的暨南。

自江浙战事结束，上海握于军阀孙传芳氏之手。国立学校虽能苟延残喘，然经费支绌，校命奄奄，能够维持开课已是万幸！当然配不到说什么改革、刷新。所以暨南出世二十多年，总脱不出中学的躯壳。到了去年，北伐军克复了上海，国立学校才得复苏。那时姜校长（伯韩）因事辞职，国民政府遂委郑洪年先生继任校长。郑先生素具兴学救国的热诚，尤其注意华侨教育。他不辞艰辛，毅然负起改造华侨学府的重任。郑校长本富高深的国学，加以洞悉世界的大势与南洋群岛现状，深知暨南学校所负的责任决非海外任何事业所可同日而语。接事之后，锐意兴革。感于校里的设施组织均涉于简陋，遂下决心把整个的暨南从新改革，使校里所设和华侨中小学校表里一致。于炎夏之日，暑气逼迫，手创改革大纲。这种改革的计划大纲，已历次登载我校改组特刊，这里本可无须赘说。为使阅者无事搜求而能一目了然起见，特把改组大纲里面的荦荦大者摘录于下。

（A）大学部

一、文哲学院　分以下四系：

中国语文学系；

外国文学系；

教育学系；

哲学系。

二、社会科学院　分以下四系：

社会经济学系；

政治学系；

法律学系；

历史学系。

三、自然科学院　分以下六系：

数学系；

心理学系；

物理学系；

化学系；

地质学系；

生物学系。

四、农学院　分以下二系：

农学系；

林学系。

五、商学院　分以下六科：

银行科；

会计科；

工商管理科；

国际贸易科；

普通商业科；

水陆运输科。

六、艺术院　分以下四系：

中国画系；

西洋画系；

音乐系；

图案画系。

（B）中学部

一、初级中学　不分科别。

二、高级中学　分以下四科：

文科；

理科；

商科；

师范科。

(C)南洋文化教育事业部

一、南洋文化教育事业部　分以下两股：

文化股；

教育股。

二、南洋学术教育会议。

(D)特种设备：

一、农场；

二、图书馆；

三、体育馆；

四、科学馆；

五、博物馆；

六、气象观测所。

(E)实行之程序　分三期：

第一期　从十六年上学期起至十八年下学期止，举办下列各项：

大学部

文哲学院	先办下列三系：
中国语文学系	十六年度上学期开办
外国文学系	同　前
教育学系	同　前
社会科学院	先办下列三系：
政治学系	十六年度上学期开办
法律学系	同　前
社会经济学系	十六年度下学期开办
自然科学院	先办下列二系：

数学系　　十六年度上学期开办

物理学系　　十七年度下学期开办

农学院　　先办下列一系：

农学系　　十七年度下学期开办

商学院　开办下列六科，十六年度上学期计划完成：

银行学科；

会计学科；

工商管理科；

国际贸易科；

普通商业科；

水陆运输科。

艺术学院　先办下列二系：

中国画系　十六年度下学期开办

西洋画系　同　　前

中学部　计划完成

南洋文化教育事业部　十六年度次第完成

特种设备　　十六年度次第完成

农场　十六年度上学期开办

图书馆　同　　前

体育馆

第二期　从十八年度下学期起至二十年上学期止，举办下列各项：

大学部

文哲学院　增办下列一系计划完成：

哲学系

自然科学院　增办下列二系计划完成：

物理学系

心理学系

农学院　增办下列一系计划完成：

林学系

艺术院　增办下列二系计划完成：

音乐系

图案画系

特种设备　增办下列一项：

博物馆

第三期　从二十年度下学期起至廿二年度上学期止，举办下列各项：

大学部

社会科学院　增设下列一系计划完成：

历史学系

自然科学院　增设下列三系计划完成：

化学系

生物学系

地质学系

特种设备　增设下列二项计划完成：

科学馆

气象观测所

（附注）心理学系、生物学系、科学馆，均提前于十七年度上学期开办。

以上所述的是改组后学校组织与行政方面进行的步骤。

复次，开球场、农场，扩充校舍，增设优待华侨条例，提高中学部同学程度……都是改组后的斐绩，所以现在特地分开来说一说：

（一）开辟球场：我们知道未改组以前校内的球场，仅有大讲室正面的四个网球场和三个篮球场、两个排球场而已。改组之后增设的有篮球场一，网球场四，排球场二，以及修辟足球场。

（二）扩充校舍：我们学校校舍已有九大座洋楼，本可够用。改组后学校组织扩大，同学增加一倍（由四百余人增至九百余人）。于是原有校舍便不够用。除上期已建筑成的总办事处——莲韬馆外，现已在建筑中的有科学馆、女生宿舍,已投标而将动工的有中学宿舍、礼堂等等,溯建筑费数在二十万两左右。

(三)增设优待华侨条例:我们学校是南洋华侨最高的学府,这是前面所说过的了。从来对于远涉重洋万里而来的华侨同学已具优待办法,改组之后,学校为了要奖励华侨踊跃回国升学起见,除将改组前所有优待条例照例履行外,仍增订下列四条:

(1)增加大学部免费生:凡曾在本校毕业,在南洋服务教育二年以上之华侨学生,及十五年度(即民国十五年)毕业之师范科学生,愿意入本校大学部教育学学者,学、膳、宿费全免。愿入中国文学系、外国文学系、数学系、政治系、法律系者,学费全免。(观此则更可明了我校奖励华侨教育之至意了。)

(2)优待南洋小学教师:凡在南洋各埠充当小学教师,愿回国来本校求学者,经该地学校证明,免得入学考试。

(3)增加特别生名额:凡华侨学生因路途遥远,不及在招生考试以前到校,或因特殊情形未能与入学考试者,得准编级试验后作为特别生。

(4)增设辅助班:华侨学生归国后,常有程度不合格者。本校为救济此种学生,特自今年(民国十六年)秋季始,加设辅助班,专为华侨学生之补习学校。

(四)提高中学部学生程度:自郑校长莅任以后,为使中学部与大学部相衔接,所以特地提高中学部同学程度,以便中学部同学毕业之后,直接升入大学部各学系而无阻。

(五)合并女子部:我校女子部原设于民国十一年(已见前),后因金陵旧校校舍狭小,遂把高级、初级中学和商科大学部移来真茹新校。去年学校改组各事兴举,学校当局觉得在这男女平权的声浪高唱中,女同学和男同学自应互相观摩,砥砺学业,所以,把南京女子部取消,实现男女同学。

(六)扩大图书馆:无论哪一个学校,都应有图书馆。因为学生每日在课室里所读的课程,都是学校所规定的。换句话说,学校规定去读的知识是有限的。有了图书馆便可按照个性所喜欢的去研究。这种知识才是无涯的知识。我们校里向无正式图书馆,民国十五年,姜校长向各热心教育家募集捐款,幸承郑洪年先生和另外几位热心教育家慷慨捐题巨资为我们学校建筑图书馆。到了去年夏间,那庄严伟丽的洪年图书馆才告落成。现在学校为增进同学知识,增购两三万元图书,同时将图书馆范围扩大。

(七)修筑马路,栽植花木:我们学校校地宏博(约共千余华亩),非他校所能比拟。年来积极开辟,已大有可观。但马路狭小,花木稀疏,也属憾事,学校为求整洁精致和符合卫生要道,日雇工友数十人,将全校干路略事修筑,和增筑支路三条。同时购买大宗形形色色的花木,遍植校舍周围与前后空地。最近以炎夏迫近眉睫,又将学校南北面小河两岸修成峭壁,中植以荷花,现在那可爱的小荷正在勃发。

(八)开辟农场:我校为振兴国内外(指南洋群岛)农业而有农学院之设,但当兹科学时代,任何学理决不可单靠理论,因单靠理论往往涉于空泛,所以必定要理论与实际合一。然欲使理论和实际合一,非实地试验不可,农业知识当然不能外此。我校为谋农科同学知识经验丰富,特收回邻近校地辟成农场,以供同学课外实习。

(九)增设南洋文化教育事业部:我校是华侨的最高学府,除掉养成华侨人才之外,还要负解决华侨一切问题之责任。故于改组后,新设南洋文化教育事业部,从事于南洋文化之研究,华侨事业之指导。现在初步的工作,是编辑《南洋研究》杂志、《南洋丛书》,发寄国内外通信,调查南洋华侨学校状况。其他各种工作,也正在准备之中。

以上所述均系荦荦大者。其他兴革实难枚举,恕不多赘。

由上面所说的看来,暨南改组后的进步,诚非社会人士所能预测的。如果能长此努力维护下去,何愁暨南不能蒸蒸日上而成一完善之大学呢!

(《南洋研究》第1卷第6期,1928)

国立暨南大学之近况

现有学生一千二百名，各种设施均极可观

本部特讯

国立暨南大学自郑洪年氏重任校长以来，积极扩充，成绩卓著。就学生言，十六年度仅有六百余名，今已增至一千二百余名矣。就编制言，原分师范、商业二科，中学分文、理二科，今则大学分为五学院、十五科系，高中又分五科。特种设备，已成立者，有莲韬馆、洪年图书馆、科学馆、中学宿舍、女生宿舍，次第举办者，有农场、南洋馆、博物馆、大礼堂、美术馆、体育馆、气象观测所。内部组织除各部处、各院系会议外，有总理遗教实施委员会、训育委员会、校纪委员会、预算委员会、建筑设计委员会、购置评价委员会、卫生设计委员会、学生成绩审查委员会等。近且以训育委员会改组训练处，此亦暨大之新设施也。出版物为数甚多，有《暨南周刊》《暨南丛书》《南洋研究》《南洋丛书》《中国语文学系期刊》《经济汇报》《十七年度教务一览》《会计学报》《秋野》《丽泽》《斐律宾研究》《华侨教育》《荷属华侨学生会季刊》《邦加学生会杂志》十四种。或每周发行，或每月每季发行，诚洋洋乎大观也。最可令人注意者，暨大特设南洋文化事业部，专负研究指导南洋文化事业之责，原分文化、教育两股，今已改分事务、编译、调查、宣传四股。月出《南洋研究》一册，年出《南洋丛书》若干种，且将举行南洋问题公开演讲会，本校同学分属研究会，以鼓励国内人士对于南洋发生注意与兴趣，他日收效之宏，当可与大学、中学等量齐观也。兹将该校已开各科系与学生数列表如下：

国立暨南大学	（甲）文哲学院	中国语文学系	45	1200 名
		外国文学系	23	
	（乙）社会科学院	政治经济学系	111	
		法律学系	20	
		历史社会学系	16	
		教育心理学系	58	
	（丙）自然科学院	数理学系	26	
		生物学系	13	
	（丁）商学院	普通商业科	158	
		工商管理科		
		银行科		
		会计科		
		国际贸易		
		运输科		
	（戊）艺术院	中国画系	6	
	高中部	文科	92	
		理科	61	
		农科	43	
		商科	105	
		师范科	149	
	初中部		264	

（《南洋研究》第 2 卷第 2 期，1928）

国立暨南大学职教员待遇规则

第一章 总 纲

第一条 本规则于大学部教务长、副教务长、各院系主任、副主任及教授、讲师、助教等适用之。

第二条 教务长、副教务长及各院系主任、副主任均为职员,由大学教授兼任,应于教授薪俸外另支职薪。

第三条 教授、讲师及助教均为教员,应支教薪。

第二章 教务长及主任

第四条 教务长应支职薪每月一百二十元至一百四十元,副教务长应支职薪每月八十元至一百二十元,各院系主任应支职薪每月八十元至一百二十元,副主任应支职薪每月六十元至一百元。其兼两主任者,兼职不兼薪。

第五条 前项职薪一年均按十二个月计算,每年自八月起至翌年七月底止。

第六条 教务长或主任于学年中间到校者,其薪俸均由到校之月起至翌年七月底止。

第七条 各职员遇开办暑期学校时,不另支薪。

第三章 教授、讲师及助教

第八条 教授每周任课时数以十二小时至十五小时为度,其薪俸每月二百元至三百元。

第九条　教授兼主任职务者,每周任课时数以八小时至十小时为度,其兼两主任职务者不在此限。

第十条　初聘教授其薪俸自九月起,一年按十一个月计算,至翌年七月底止;续聘教授其薪俸自八月起,按十二个月计算,至翌年七月底止。但如于续订聘约时,教授自动辞职者,其薪俸应支至离职之月为止。

第十一条　教授于学年中间到校者,其薪俸由到校之月起,至翌年七月底止。

第十二条　讲师薪俸以每星期一小时三元半、每月四星期计算,其薪俸均由开课到校之月起,至翌年停课之月底止。

第十三条　助教之薪俸每月四十元至九十元,由开课到校之月起,至翌年停课之月底止。

第十四条　职教员在招生委员会服务者,得于报名费收入中,酌支临时酬金。

第四章　聘　书

第十五条　职教员聘任书以一年为有效期间。

第十六条　讲师改聘教授,教授改聘讲师,及职员之任务有更动时,均另送聘书。

第十七条　职教员至翌年暑假后七日尚未接到本校续聘书,即作为解约。

第十八条　职教员于收到新聘书或续聘书之日起,七日内不应聘者,该聘书即作为无效。

第十九条　职教员在聘书期限未满以前自动辞退者,其薪俸即于其离职之月停止。

(《国立大学联合会月刊》第1卷第6期,1928)

国立暨南大学教职员服务暂行规则

第一章　总　纲

第一条　大学部教职员之职务及其权限适用本规程各章之规定。

第二条　职员及教授应按时出席总理纪念周。

第三条　教职员对于学生思想与行为有随时随地予以指导之责任。

第四条　教职员有指导学生课外作业及活动之责任。

第五条　教职员应出席有关系之各种会议并履行其决议案。

第二章　教务长

第六条　教务长扶助校长办理下列各项事务：

（一）主持教务处一切事务；

（二）拟定大学教务上各种计划并促进其实施；

（三）召集大学教务会议及大中联席会议并执行其议决案；

（四）调查大学部课程之进行状况；

（五）计划招生事宜；

（六）会同各院系主任审订教材。

第七条　教务长须每日到教务处办公，其办公时间上午下午至少各须两小时。

第三章　主　任

第八条　各系主任之职责如下：

（一）商同教务长计划该系课程及其他应兴革事项；

（二）出席教务会议及召集该系系务会议并执行其议决案；

（三）编制该系课程指导书，送交教务处汇编教务一览；

（四）商同教务长办理招生事宜；

（五）商同教务长选定教材，审查学生选修课程，并督促学生课业之进修。

第九条　各系主任每周至少须有办公时间三次，每次两小时为标准，于开学前一星期内送交教务处布告学生。

第四章　教授及讲师

第十条　教授及讲师对于所任学程，其职责如下：

（一）上课下课依照铃声为进退；

（二）记载学生出席、缺席、迟到、早退，报告于教务处；

（三）上课时维持教室秩序；

（四）按照大学教务规程及教务处布告，按时举行各种考试，其分数及考卷于考试后五日内交教务处登记。

第十一条　教授、讲师因病或遇不得已事故不能上课时，须先时向教务处请假，如不请假而缺席，应按时扣薪，如不请假，逾两星期不到校者，得由本校解除聘约。

第十二条　教授、讲师请假，如逾一周，所授之课程时数者，须与教务处接洽，妥觅代课教员，但其时间不得逾两月。

第十三条　教授不得兼任他校教职，但事前得校长特许者不在此限。

第十四条　教授、讲师于每月终了时，须将授课历程填表送教务处。

第十五条　教授所任课程时间由教务处斟酌编排，排定后不得更改。

第十六条　教授、讲师所授每种课程时数，一日内不得连续至三小时。

第十七条　教授、讲师每年七月十五以前，应将下学年所授课程内容计划及教科书名称，按照教务处所制表格填交备查。

第十八条　本规程自校长核定之日施行。

（《国立大学联合会月刊》第1卷第6期，1928）

暨南新村建筑村舍计划

沪宁路带中真茹镇暨南新村建筑事项，因村款有着，积极进行各情，已志上节。兹悉该村委员会，复于本月七日下午七时，在暨南大学郑校长公馆开第二十九次委员会，到会会员，计有郑洪年、王云五、袁观澜、张颂周、钱如玉、甘鸿逵诸君，以及会计师潘序伦、建筑师蔡君锡等。佥议本村村友计数百人，其已在村内建立私舍者，尚属寥寥。兹为提倡私人筑舍起见，决用村有公款之一部分，先行建筑房屋若干宅，一方暂由暨南学校包租，作教职员住宅之用。兹将议定建筑办法录下：（一）造双间平房二十五宅，面积连走廊以六方半为限，厨房在外。（二）每宅造价连填土在内，平均以一千元为限。（三）造价由村公款担任二万元，郑洪年君代借五千元。（郑君代借之款按年六厘付息，满五年后，由村委员会随时筹还。未筹还以前，以村内第十八区地十亩，及地面旧房屋三宅，及新房屋两宅，作为抵押品。）（四）所有房屋二十五宅，均由校方包租五年，按月缴租。五年期满，校方应将房屋交还村委员会。倘在五年期满以前，村方欲收回房屋若干所者，须照本计划第八条A项办理。（五）每宅租金按照价分十二年折旧，并加年息六厘计算。（六）由各宅房屋通至学校之道路，由村方建筑之。（七）租借期内，如房屋有破漏，应照通例，由村方出资修理。但其他粉刷装修,均由校方自理。(八)拟筑各房屋,应择环公园各区地方,分别商得各该地主同意借用,不给地租。但地主得于房屋落成一年后,按下列条件付款,向村委员会收回各该房屋自用:A 在收回之前六个月,先行备价交村委员会,另行择地建筑同样房屋,租给校方。B 在房屋落成未满二年收回者,按建筑实价九折付款。C 在房屋落成未满三年收回者,按建筑实价八折付款。D 在房屋落成未满四年收回者,按建筑实价七折付款。E 在房屋落成未满五年收回者,按建筑实价六折付款。F 在房屋满五年后收回者,按建筑实价五折付款。(九)房屋落成满五年后,再过六个月,地主仍不备价收回者,村委员会得按该地原价加年息六厘,向地主收购该房屋所在地一亩。(十)村委员会择定建筑地点,应即用书面分别向地主商量借用。如十日内无相当答复,则由村委员会另行商择他地点建筑。(十一)所有房屋限本年四月内投标动工,八月内竣工。(十二)设建筑委员会,主管工程及其用款。又议决案呈新村委员会,聘任潘序伦会计师为顾问兼书记。又议决本会推定建筑委员七人,分别担任下列各职务:蔡君锡担任工程设计及管理,郑洪年担任工程稽核,张颂周担任款项出纳,袁观澜、王云五担任款项稽核,甘鸿逵、潘序伦担任庶务。

(《津浦之声》1928 年第 5 期)

民国十七年度大事月表

往岁春夏之交,苏浙底定,暨南旧校董会解体,前校长姜伯韩先生亦于夏间向国民政府辞职。院派郑洪年、戴夏二先生接收暨校,戴夏先生不就;今校长郑洪年遂于六月十三日莅校接收,扩充暨校为完全大学,呈院改名为国立暨南大学。暨校成立二十余年,此为最大规模之扩充。

扩充之初,大学部文哲学院开办中国文学、外国文学、教育学三系,社会科学院开办政治学、法律学二系,自然科学院开办数学系,商学院开办银行、会计、工商管理、国际贸易、普通商业五科,中学部初级中学仍旧,高中师范科、商科仍旧,文理科改称普通科,分甲乙二部,又增设农科。事务方面,设秘书处,下分文书、注册、出版、会计、庶务、图书六课。一年来制度间有迁变,人员亦有更替,具见下表。

民国十六年六月十三日

郑洪年校长奉国民政府命莅校接收。

六月二十七日

郑校长发表改组暨南大学计划大纲(详见重要文件)。派谢作舟为秘书长,组织秘书处。

七月十日

暑期学校开学。

大学部举行第一次教务会议,规定道德、科学、军事、职业、政治五项为本校教育方针。

八月八日

中学部举行第一次教育会议。秘书处举行第一次处务会议,议决新生入学手续及注册办法。

八月十一日

大学部举行第二次教务会议,决定大学部完全采用学分制。

八月十六日

大学部举行第三次教务会议,通过教务规程。

秘书处举行第二次处务会议。

八月二十四日

聘黄建中为大学部教务长,汪奠基为中学部教务长兼教育系主任,夏丏尊为中国文学系主任,叶崇智为外国文学系主任,陈荩民为数学系主任,陈炳章为政治系主任,石颎为法律系主任,叶渊为商学院主任,杨汝梅为商学院副主任兼高中商科主任,章克标为预科主任,黄培心为初级中学主任。

八月三十日

聘林宝权为高中师范科主任,张凤为高中普通科主任。

大学部举行第四次教务会议,决定以时局关系将大学部迁沪。

九月五日

郑校长正式就职,大学院派易培基先生为代表,莅校主席监督。郑校长宣誓后,暹罗王代表 Romubatun 演说中暹之交谊。

举行开学式,并补行商科大学毕业典礼。郑校长主席致词,宣布本校教育方针。易寅邨先生致训词。谢秘书长,黄、汪二教务长先后报告改组经过。来宾熊理先生演说。

九月九日

大学部第五次教务会议,通过关于共同必修科之变通办法。

教务处第一次处务会议,通过教务处办事细则。

中学部第二次教务会议,通过中学部教务会议组织法。

九月十三日

中学部第三次教务会议,决定各学科应用教本,指定专员审定。

九月十七日

大学部第七次教务会议,通过大学部教务会议规程。

九月十九日

改秘书处为事务处。文书庶务合为总务课,注册、图书两课划入教务处。余仍旧。

秘书长谢作舟辞职,派叶渊为事务长。

九月二十一日

南洋文化教育事业部第一次部务会议。

九月二十三日

聘林彦任高中农科主任,余佑人任初级中学主任。

九月二十七日

南洋文化教育事业部第二次部务会议。

九月三十日

南洋文化教育事业部第三次部务会议,通过组织条例。

十月五日

大中学第二次联席会议,议决组织各科系课程讨论委员会。

十月八日

《暨南周刊》第一号出版。

十月十日

庆祝双十节,举行演剧提灯。

十月十三日

南洋文化教育事业部第四次部务会议,决定刊行《南洋研究》。

十月十七日

大学部第八次教务会议。

十月十八日

加入上海各大学中英文辩论演讲会。

南洋文化教育事业部第五次部务会议。

高一涵先生莅校演讲读书与革命。

十月十九日

教育研究会成立。

十月二十四日

中学部第五次教务会议,决定补考办法。

十月二十五日

南洋文化教育事业部第六次部务会议。

十月二十六日

初中教务会议。

十月二十九日

南洋文化教育事业部招待全校教职员及学生团体。

十月三十一日

大学部第九次教务会议。

师范科教务会议。

十一月六日

工农夜校成立。

十一月七日

大中学第三次联席会议。

中学部第六次教务会议，决定将学生自治会所办义务小学下学期起收归学校办理。

简又文先生讲演西北军大概。

十一月八日

南洋文化教育事业部第七次部务会议。

排球队以三与一之比胜交通大学。

十一月十一日

党童军参加上海露宿。

戴季陶先生讲演今日中国青年应走的道路。

饶孟侃先生讲演现在之新文学。

十一月十二日

纪念总理诞辰。晚间参加提灯。

蔡孑民先生讲演我国新教育之趋势。陈少白先生讲演总理革命历史。

足球胜复旦大学，三与一之比。

聘谢循初先生任预科主任。

十一月十五日

南洋文化教育事业部第八次部务会议。

十一月十六日

大学部第十次教务会议。

十一月十八日

事务处第一次处务会议。

呈送新预算。

十一月二十一日

中学部第七次教务会议。

罗贡华先生讲演三民主义。

十一月二十二日

沈叔钦先生讲演讲演学大概。

十一月二十三日

聘石颎先生代政治系主任。

十一月二十六日

大学部学生派代表参加拒毒演说比赛。

十一月二十九日

召集教职员大会讨论校务评议会组织法。

聘徐中舒先生任南洋文化教育事业部主任秘书，林思温先生任训育主任，翟俊千先生任政治系主任。

十一月三十日

举行中英文辩论会。

足球以五与二之比胜乐华。

十二月二日

参加上海四大学演说辩论会。

十二月五日

俞希稷先生讲演会计学之原理。

十二月六日

大学部第十一次教务会议，决定寒假日期及学期考试方案。

十二月七日

参加上海四大学英文辩论会。

十二月十二日

中学部第八次教务会议，决定插班生学分及女子部以前学分办法。

十二月十三日

自流井开工。

十二月十四日

荷属东印度汉务司司长来校参观。

十二月十七日

足球以七与〇之比胜光华。

十二月十八日

初中部举行图书展览会。

十二月二十一日

鲁迅先生讲演文艺与政治的歧途。

十二月二十二日

大中学第五次联席会议。大学部第十二次教务会议。

莲韬馆落成。

十二月二十四日

徐求永先生讲演改良中国会计问题。

十二月二十六日

马叙伦先生讲演校读古书之第一问题。

十二月二十七日

前泗水领事黄昌怀夫妇来校参观。

十二月二十八日

中学部第九次教务会议。

党童军举行成立典礼。

民国十七年一月五日

聘陈钟凡先生任中国文学系主任。

教育学系参加上海特别市教育局市乡村教育调查。

一月九日

大学部第十三次教务会议。

一月十一日

举行商学院第九次毕业式,大学院代表肖友梅先生、市政府代表季惕凡先生、交涉公署代表郭德华先生均列席演说。

事务长叶渊辞职,派陈敬代事务长。

一月十四日

寒假开始。

商学院戊辰级毕业生十四人赴日考察商业。

一月十八日

党童军晋京露宿。

一月二十四日

党童军返杭。

一月二十五日

图书馆独立，聘叶崇智先生为馆长。

二月一日

中学部第十次教务会议。

聘左元华为高中普通科主任。

二月四日

事务处第二次处务会议。

二月九日

商学院赴日考察团由长崎乘上海丸返沪。

二月十三日

大学部第十四次教务会议，议决组织党义、教法研究委员会及各科教材研究委员会。

改义务小学为实验小学，聘薛士凯为主任。

特别童子军借座上海中央会堂游艺筹款。

二月十八日

中学部举行教务会议。

二月二十二日

依组织大纲仍改事务处为秘书处，改总务课为文书课，庶务课独立，出版、会计两课仍旧。注册课改为注册部，分成绩、统计、登记、注册四股。增设讲义课，隶属教务处。派陈敬为秘书长。

二月二十四日

南洋文化教育事业部第一次部务会议，决定刊行《南洋丛书》。

二月二十七日

大学部第十五次教务会议，筹备十七年度增办各系。

二月二十八日

篮球胜持志。

二月二十九日

秘书处一次处务会议,通过办事总则。

三月二日

初中举行教务会议。

篮球胜复旦大学。

南洋文化教育事业部第二次部务会议。

三月四日

参加华侨教育协会。

三月七日

聘陶冷月为中国画导师。

南游队出发。

三月十二日

孙总理逝世纪念,陈季博先生、潘雨峰先生莅校讲演。

三月十四日

大中学第四次联席会议。修正免费章程及招生简章,并决定优待本校教职员子女案。

汪奠基先生辞中学部教务长,林宝权先生辞高中师范科主任,聘张凤先生代师范科主任。

三月十六日

秘书处第二次处务会议。南洋教育文化事业部第三次部务会议。

三月十八日

党童军参加上海特别市总检阅。

三月二十日

篮球胜复旦大学。

三月二十一日

大中学第七次联席教务会议。

植树。

三月二十三日

南洋文化教育事业部第四次部务会议。

三月二十七日

陈实谔先生讲演党化教育之我见。

中学教务长裁撤，改设部主任。注册部仍改为注册课，隶属秘书处。

黄建中辞大学教务长，汪奠基辞教育系主任。

三月二十八日

布告植花木。

秘书处第二次处务会议。

三月二十九日

黄花岗纪念日。

三月三十日

黄建中、汪奠基在校外造谣，意图破坏，全体同学发宣言驳斥。

聘杨汝梅代大学教务长，叶渊代高中商科主任，邓胥功代高中师范科主任，张凤代大学教育系主任。

南洋文化教育事业部第五次部务会议。

全体教职员对于黄、汪造谣生事发表宣言。

四月三日

参加上海华侨联合会。

四月四日

春假开始，旅行队分别出发。

四月十日

春假终，旅行队先后回校。

四月十四日

大学部第十六次教务会议。

四月十七日

校务评议会第一次会议，议决建筑科学馆及女生宿舍，及十七年度应添各系。

四月十八日

校务评议会续会,查膳账,通过提交全国教育会议各案。

四月二十日

聘张凤任中学部主任,曹聚仁任中学部副主任。

南洋文化教育事业部第六次部务会议,通过调查南洋学校入手方法。

学生举行同学大会。

四月二十二日

党童军赴杭露宿。

四月二十三日

初中第五次教务会议。

四月二十四日

大中学第八次联席会议,议决组织暑校筹备会,组织招生委员会,决定注册办法。

四月二十六日

农科学生赴苏参观。

四月二十八日

提交全国教育会议议案共十三件。

聘黄凌霜任十七年度历史社会系主任。

五月一日

劳动节。全体学生出发赴真茹讲演。

五月二日

聘黎国昌任十七年度生物学系主任,谢循初教育心理系主任,陶冷月中国艺术系主任。制定本校学生军训练规程十条。

五月三日

大学部第十七次教务会议。

五月四日

五四纪念日。

初中部举行师生茶话会。

女生宿舍开标。

五月五日

孙总理就职非常大总统纪念日,并庆祝北伐成功。

五月七日

依大学院令,本日起至九日止,讲授特别课程:一、民族主义,二、日本研究,三、中日交涉史。

校务评议会第二次会议,讨论组织大纲。

五月八日

全体学生出发讲演。

校务评议会续会,组织大纲修改完毕,决定学生缴费项目。

五月九日

全体教职员学生参加真茹市民反日运动大会。

五月十日

聘陈钟凡任十七年度中国文学系主任,翟俊千政治经济系主任,石颎法律系主任,陈荩民数理系主任,叶渊商学院主任,叶崇智外国文学系主任兼图书馆长,杨汝梅商学院副主任兼大学部教务长。

五月十一日

全校运动会第一日。

五月十二日

全校运动会第二日。

筹备暑校。

五月十五日

女生宿舍开标。

郑校长出席全国教育会议。

学生出发赴锡募捐。

五月十六日

追悼五三济南殉难烈士。

大中学第九次联席会议推定委员五人,审查教务一览。中学部第十四次教务会议,修正高初中教务规程。

五月十七日

秘书处第三次处务会议。

篮球得决赛锦标。

五月二十三日

大学部第十八次教务会议，修正大学部教务规程。

五月二十五日

学生代表参加国语辩论会。

初中宿舍开标。

五月二十六日

聘周国钧等三人筹备暨南合作社，开始招股。

五月二十八日

高中师范科戊辰级由主任邓胥功率领，旅行苏州、无锡、镇江、扬州、南京、汉口、汉阳、武昌、九江、庐山、南通等处。

五月二十九日

聘夏开权任十七年度中学部部主任。

五月三十日

五卅纪念日。

聘曹聚仁任十七年度中学部副主任，邓胥功高中师范科主任，叶渊高中商科主任，左元华高中普通科主任，林彦高中农科主任。

五月三十一日

中学部第十五次教务会议，通过中学部课程大纲。

六月一日

大学部第十九次教务会议，决定十七年度招生名额。

呈送决算书。

六月二日

公布查账委员会查账结果。

张君劢先生莅校讲演俄国政治制度。

六月四日

中学部第十六次教务会议，决定统计十七年度课程。

体育委员会推委员起草改组江南体育协会。

六月五日

公布十七年度招生简章。

聘刘麟书任数理系副主任。

六月七日

实验小学童子军行宣誓式。

《会计学报》刊行。

六月十四日

决定中学部下学年始完全实行学分制。

校务评议会临时会通过十七年度预算案及校务评议会规程。

夏沧一、张其浚先生讲演无线电。

六月十五日

聘张凤任十七年度历史社会系副主任。

六月十六日

大学部学生应三民主义试验。

孙总理蒙难纪念日。

郑振铎先生讲演到民间去。

六月十八日

中学部第十七次教务会议,推定招生委员。

大学部第二十次教务会议。

六月十九日

中学部第十八次教务会议。

六月二十三日

派陈敬为十七年度秘书长,吴衍慈、范慷源、虞殿宜、姬灏为秘书,分掌文书、出版、会计、庶务四室事务。

聘刘士木为十七年度南洋文化教育事业部主任。萧道五为初中主任。

六月二十六日

聘张凤为大学部副教务长,蔡正雅为高中商科主任。

六月二十八日

初中三四学生要求提早毕业，经该级教员审查准予补习二月，于十七年度开学前毕业，并呈请大学院核准。

六月二十九日

聘张凤为暑期学校正主任，曹聚仁为副主任。

七月一日

举行大中学各系各科毕业典礼。

七月五日

秘书处第一次处务会议。

高中师范科戊辰级由海道旅行北平南口。

七月六日

南游队回校。

七月九日

暑校开始。

七月十一日

左元华辞职，聘尤巽照为高中普通科主任。

（《国立暨南大学校务特刊》，1928）

暨南学校创办经过及今后打算

（1929年11月在南洋华侨教育会议上报告）

郑洪年

诸位代表，诸位同志，我们本校的成立今年是第二十三年，今天与海外父老来讨论华侨教育问题，实在是很荣幸的。这次开会是根据本校组织大纲所规定，今日开幕参加的代表有七十多位，大家非常热心，很为本校光荣。鄙人为学校当局感谢诸位代表先生，由远道而来，热心参加。

由本校的成立历史来讲，先前只有南洋子弟从海外来校，美洲的华侨子弟从没有来过。但是本校改组以后，有好几十位从美洲到来，所以本校的南洋文化事业部从前只定南洋一部，现在将改为南洋及美洲文化事业部，这次大会不能够请美洲的华侨代表来参加，下次当然要请他们来的。

现在我有几点要同诸位代表先生来谈谈：第一点，把暨南的成立历史来演述一下，第二点，改组后各种情形要向诸位报告，第三点是我们学校怎么样与海外华侨联络一气。本校规定的种种计划很多，要请大家商量商量。这次南洋华侨教育会议，各属代表提出议案有二百六十多件，希望这些议案将来得到很良好的结果；我们学校也希望各位代表讨论指教，将来得到很好的成绩。

（1）本校成立的历史　本校成立了二十三年，是在清末的时候即光绪三十三年先总理创立同盟会的第二年。成立的动机，是驻荷兰公使钱念劬先生特派一位参赞到爪哇去调查华侨教育，觉得这班华侨子弟应该到中国来读书。钱先生的意思，要想要求端方允许他遣送二十一人归国求学，端方接了这个信不大清楚，打电报去问他，后来接到爪哇的回电说，有二十一个学生要回来读书，后来清廷允许了。学生之中，广东、福建人居多，要找几个广东人去管理他们，当时温秉忠先生和兄弟都在两江学务处办事，就把我们两人保荐做委员，当时爪哇两个字人家都不晓得是什么意思。我们把二十一个学生带到南京去，在三牌楼寻了一个地方，不料起居饮食侨生多感不便，而且在冬天的时候侨生尤其怕冷，病了十几个，都来要求回到南洋去。端先生的意思，应该找几个教员把这些侨生补习一二年，因为他们的程度不齐，后来每天把他们补习起来，学生也是很好。但是当时南京没有好的学校，只有中英学校、两江师范学校，我们就组织一个学校起来，江南提学使陈伯陶先生很热心的，给它取了一个名字，叫做暨南，就是中国文化传到南洋去的意思。后来爪哇又有四十几位学生送来，再过半年新加坡也送五十几位学生来，全体有一百八十多人，大家都是很好，像一个家庭的样子。学生之中李全发年纪最小，一天同我说，南洋都是我们中国的，将来我们可以把他拿回来。

开办不久，我就做了一个校歌，本着总理的民族主义，我们始初开办，以革命的宗旨做立足点。当时海外华侨分保皇党同革命党两派，清廷的官吏对于他们不很注意。后来端方不在两江，调到北洋去了，军机大臣要查办他，因为他办了这个暨南学校，内有许多的学生是革命党。当时学生中到保定军官学校去的有好几位，到海军里去的也有五六位。辛亥武昌起义的时候，我们的学校真危险极了，江宁将军尤其嫉视，要保荐二个旗籍教员来监督我们学校，我们不让他们进来，后来端方来说，只好让他进来。张勋的军队在南京时，最注意的是有没有辫子，起义时同学到上海去的有许多，到武昌黄克强先生那里去的也很多。到民国元年我们学校解散了，后来我同教育部司长董鸿祎先生商量说，我们应该把暨南恢复起来才好，因为董先生是暨南学校校董之一，第一批学生又是他带来的，但是董先生总是无确切答复。南京政府成立后我在交通部办事，民国五年袁世凯死后，由江苏省教育会把暨南恢复，董鸿祎先生那时也死了。在先董先生也同袁世凯说过数次，袁世凯总是不愿意恢复，因为恐怕暨南的学生有革命党。民国十一年由南京搬到真茹，当时我也是董事之一。江苏省教育会能在军阀之下把暨南恢复起来，也是不容易的一件事，这就是关于我们学校成立的几句话。

（2）本校改组的经过 民国十六年三月的时候，国民军追到上海，全上海是很混乱的。那个时候暨南因受时局的影响，很难维持下去，那时校内教员学生与前姜校长商量，要请几位老先生出来，我是一个董事，所以也加入委员之一。姜校长因经费没有办法，不能维持，请兄弟及蔡先生在五月内接收，蔡先生不能来，叫我一个人来接收，我在民国十六年六月十四日来接收的，到现在刚刚两年。来接收之前，学校开二十周年纪念会，姜校长请我演讲，我说维持到这个地步也不容易。

现在同学的程度是比从前不同,南洋的事业也是进步,从前中学只有初级商科,我接收之后就照我的计划去做,我个人对于办学的方针是客观的。我们总理革命得到海外华侨的帮助很多,南洋的父老牺牲也是很多,总理既然去世,我们对于海外华侨是要怎样去安慰他们呢?从前的革命华侨帮忙很多,要个个的去安慰是不可能的,为公为私为安慰华侨父老起见,我们的工作是要打倒帝国主义,应该从教育着手,使青年人人都要学术化、科学化,明白真理,程度智识,同白种人一样。要华侨父老达到平等自由,唯一的方法就是教育,不过是很难的,如果方法不妥当,去侵害别人的自由平等,那就不行。我们总理是和平的,是公道的,我们应该补助弱小民族,得到自由平等。

南洋华侨教育差不多办得有二十七八年,本校是海外华侨教育的一个总机关,有些人提倡大学区,一般教育家有赞成的,有反对的,这个大学区是不是有益于我们中国,暂时可以不必去管他。我们暨南大学不能说是一个大学区,但是鄙人一定要联合海内外的人士,对于教育上,使有一个整个的办法。这一次开会的意思就是要把这些事做出来,使得海内外联成一个整个的机关。

(3)本校建设的工作　民国十六年的六月到现在的六月,物质上的建设,如莲韬馆、办公室、中学宿舍、女生宿舍、科学馆、临时宿舍、教员宿舍、暨南村(内有十七座房子)、全校的马路、全校的树木,都是这两年弄起来的。图书馆在十七年之后才能完工,用具添置的很多,书籍差不多有四万块钱,中国书差不多大本头的都有,外国书一起添了一万块钱,标本几千块钱。全校十分之三的经费是用在建设上的,但是房子还是不够,现在大礼堂已经动工,还要想添造高中宿舍。学校共计亏欠三十多万,新预算在本年三月里才通过,经费困难达于极点,然而兄弟决不灰心呀!

本校在改组的时候想与第四中大一样,但是现在不能够办到。先要把海外的教育发达起来,照组织大纲只有文学院、理学院、商学院、教育学院四院,教育学院设有师资专科,是要提高南洋华侨教育的程度,凡在南洋服务一二年之后,再进我们师资专科最为相宜。还有一个农业专修科，拟附设在理学院里，专讲实在的学问；另外还拟办一个土木工程专科，因为建设的人才、工程人才是很需要的。

外间的人以为我们华侨子弟是很有钱的，其实我们的学校是一个平民学校，不是一个贵族学校。因为在南洋有种种商业的苛例，我们还想添一个商业专科，使华侨在商业上的智识高一点，高中、商科、农科、师范科三年以后都不要了，普通科毕业之后进商业专科、师资专科、农业专科。内地同学也要明了南洋华侨教育，所以我们有南洋文化事业部之设。我们中国人也要同日本人一样，要有南进的政策，南洋文化事业部的工作是要仿效日本南进的工作。

今天诸位父老来开这个会，好像是一个恳亲会，自五卅运动之后学风是很差的，不及前五年的学风，但可以安慰诸位父老的，就是学生的学识是长进的。我们学校有不良的分子是不能免的，最困难的就是大中两部，一时不能分开；师资问题也是很难，革命以后许多教育家都去做官了，找好教员非常之难。在家庭方面有一个责任，就是多写几封信教他，少寄几个钱给他，钱一多嗜好也多，所以寄他的钱，只有够相当的费用就是了。如是，我们管理方面可以便利得多。我们是主张严格的来办理学校，海外的父老不要多寄钱来，使他们专心在学问上用功，这是兄弟所最盼望的一件事。兄弟到校两年以来，是处于客观的立场，是为革命，不是为个人。本校各种建设，是样样经评议会议决，我们要立一个表，把好的和不好的都记下来，做一报告，使大家明白得清清楚楚。我今报告这些计划对不对？希望诸位父老，多多指教，今天好比是开个恳亲会，大家都是学生的兄弟，一点不要客气啊！

〔侨务委员会及所属机构档案〕

［中国第二历史档案馆编《中华民国史档案资料汇编　第五辑　第一编　教育（一、二）》，1994］

暨南创校以来大事年表

曹聚仁

一九〇七年(清光绪三十三年)

二月上旬,南洋各属总视学董鸿祎、爪哇中华会馆董事张硕龙,护送爪哇学生二十一名抵南京,是为华侨学生回国之始。

两江总督端方饬令江宁提学使陈伯陶、洋务局总办温秉忠照料一切。并借用实业学堂之一部,供寄宿之用。旋派温秉忠为总理,郑洪年办理庶务,聘请教职员四五人;并奏请由江海关税项下,拨银五千两为当年经费。嗣因各埠学生有陆续回国消息,乃拓妙相庵房舍作暨南学堂。即于三月二十三日迁入新校,派郑洪年为堂长。

秋,总理温秉忠护送三江学生赴美留学,端督饬田吴炤接任。

七月二十日,爪哇八马垄谏义里二埠复送学生十名来南京就学。是年下学期分补习班为甲乙两级,并招内地学生十名,教职员增至十余人。

校中以学生程度不齐,由端督奏请变通调度,改办中学,附设小学。

四月,巴城泗水中华学堂董事梁颀、庄啸国等,护送学生共四十六名来校(内泗水十二名)。是时共设中学一班,高等小学第二、三学生各一班。规定本班级为中学程度,不复设小学班;学额定为五百名。

第一、二期学生,首先回国,校中格外优待;自宿、食、书以至衣服、零用等费,一律由堂供给。其后续来者,则仅供给宿、食、书籍各费。

五月,经理田吴炤他调,端督札委陈伯陶为本校监督。

七月,学部移知新加坡领事,每年亦可选送学生四五十名来校肄业。

十一月,爪哇学务总会选送学生三十八名,由特派员叶兆崧护领至宁。(合前共百十五名。)

十二月,泗水商务总会来函,请本校印刷章程,颁布于南洋各岛。

一九〇九年(宣统元年)

堂长郑洪年他调,遗职由教员杨熙昌继任。

三月,新加坡、吉隆坡、槟榔屿、大吡共送学生五十四名来宁肄业,是为新加坡学生来宁之始。

四月,日惹商会总理郭桢祥亲送学生郭博元等六名来宁肄业。

一九一〇年(暂缺)

一九一一年(暂缺)

一九一二年——一九一六年(民国元年至五年,学校中停。)

一九一七年(民国六年)

十一月一日,教官部派黄炎培筹办暨南学校。二十七日省派员□交前暨南学校校舍校具等。黄筹办员邀同赵正平君拟订开办章程,呈教育部。

十二月,教育部托陆规亮君送苏门答腊学生游进勉校。校中与高等师范学生商定附设补习科,教育游进勉等七人,定十日开课。

一九一八年(民国七年)

元月,教育部派赵正平君会办暨南学校。

三月八日,教育部委赵正平为本校校长。二十一日,以南京疫起,全校学生十四人旅行镇江、无锡、通州等处避疫。

六月,爪哇、新加坡、柔佛等地学生先后来校。校中筹设师范、商业两科。

七月,姜伯韩君来任师范科主任。

八月十四日,试验师范科新生。九月九日开学,计华侨学生七十人,内地学生四十人。中入商科者二十五人,入师范科者四十九人,入补习科者二十五人。

十月六日，本校图书馆行开幕式，计有图书一千二百十三册。

约姜伯韩君任本校教务主任仍兼师范科主任，约王散礼任商科主任，许克诚君任补习科主任。

十一月十七日接教育部电，七年度经常费增加一万六千五百元。

一九一九年（民国八年）

本校学生，依次激增。七年一月，就学习者增七人。阅半年，增至六十四人。今春增至百〇四人。

正月，中学科正式成立，昔之甲乙两次补习科至此分成中学四个年级。自三年级起分设文理两科。师范科仍旧。商业科增设商业特科，以教授已在中学毕业或甲种商业毕业生，以供南侨商界之需。

附属小学本年扩张至五级。此时学级如下：

师范科二三年　社会教育科　商业一二年　商业特科　中学一二年　中学三年级文科　中学四年理工科　英文国文算术补习科　特别普通科　小学

斯年暑假，学生增至百六十四人，暑假以后续来二十八人。以地域分配，计

美属
- 菲律宾　八人
- 檀香山　一人

法属
- 安南　二人
- 暹罗　二人

荷属
- 爪哇　八一人
- 苏门答腊　一三人
- 文岛　八人
- 婆罗洲　七人
- 龙直岛　一四人
- 其他各岛　一人

英属
- 海峡殖民地
  - 新加坡三人
  - 马拉甲二人
  - 槟榔屿五人
- 马来半岛　三二人
- 缅甸　四人
- 锡兰岛　一人

商业博物馆于七年夏开始征收国内外物产商品，截至斯年九月止，计收到各产品六百十三点，南洋特产品四百九十二点。

九月，商科主任王敬礼辞职，另聘王毓祥接替。

一九二〇年（民国九年）

六月，商业特科学生孙正等二十人毕业，□科学生陈振□等四人

毕业。

秋,赵正平辞职,柯箴心(成楙)继任。

一九二一年(民国十年)

二月,商科迁往上海徐家汇,假松社为讲舍。

六月,商科学生组织经济视察团,沿沪宁、津浦、胶济诸路,自青岛渡大连,并沿南满及京奉铁路视察各地方商业。

秋,柯箴心辞,赵正平复职。

九月,与东南大学合立商科大学,定名为国立东南大学暨南学校合立上海商科大学,假上海尚贤堂为校舍。

商科主任王毓祥辞职,另推高扬先生接替。

冬,商科学生组织经济研究会。

一九二二年(民国十一年)

春,筹备女子部,夏初租定南京成贤街房屋。

六月,商科第二届毕业,计沈洪光等十三人。

夏,与东南大学商定,本校退出上海商科大学,自行筹办商科大学部。秋,九月,商科开办一年级新班,计一、二、三级共八十余人。

秋,女子部招生开学,设师范及补习科各一级。

一九二三年(民国十二年)

春,党务校董会议决秋季开办商科大学部,定名为国立暨南商科大学,即呈报教育部备案,并筹备招考新生。

夏,真茹新校舍落成,男子部师范中学二科悉数迁来。南京原校改充女子部校舍。□年,男生自海外来归者甚多,真茹新校舍不敷支配,不得已仍将男生补习科暂行留宁。

一九二四年(民国十三年)

真茹中学部宿舍落成,补习科悉行迁来。

六月,旧□商科第四届毕业,计于长缨等二十四人。

秋,商科主任高扬辞职,另聘朱如棠接替。江浙战争□起,乃将商大三四年级暂行停办,所有学生转送吴淞中国公学等校肄业。

女子部由梁炳农先生捐资翻造之宿舍竣工。

一九二五年（民国十四年）

春，江浙战争既息，转学他校之学生要求回校，合商大旧□商科高中共学生百六十人。

六月，商科大学第一次毕业，计傅文楷等五人。商科第五届毕业，涂炳立等十三人。

七月，校长赵正平辞职，另聘姜伯韩接替。

八月，商科主任朱如棠辞职，另聘潘序伦接替。

九月，商科主任提出改造本校商科大学，（一）学□编制，（二）学科分系，（三）学程改造，（四）学分选读，（五）学校设备。

秋，师范科主任邓只淳、初中主任马景尧□校□□。

文理科文学会

九月十二日，姜校长赴京领金佛郎款。

十一月八日，追悼潘柯、黄□四同学。

南科议决明春假设立普通商业系、会计统计系、银行理财系、国际理财系、工商管理系。

一九二六年（民国十五年）

南洋侨生归国来校者甚多，先后共八十余人。

一月二十一日，校务会议议决初中收内地学生十二名。师范科不收内地生。高中及商科招收内地生至多不得过百分之二十。

二月，初中添设春季始业班。

五月一日开校内各级运动会。九日，参加苏州□合运动大会□三十七分。

六月，举行图书馆募捐。

女子部学生张桃芬参加江苏省教育会演说竞进会于松江，以九十四分得第一名之荣选。

七月，初中主任马景尧辞职，另请王竞仁接替。

秋，招考新生，共收商科预科正式生六十四人，本科一年级二十六人，高中商科二十八人，文理科三十五人，师范科十七人，初中八十一人。

学生自治会之义务小学于秋初开学，计学生八十余人。图书馆募捐结束，得万余金。

十月三十日，召集赴南捐会于东亚酒楼。

十二月，赴南京募捐代表许克诚（荷属）、雷宾南（菲律宾）先后出发。 （未完）

（《暨南周刊》第5卷第5期，1929）

二十二周年后的暨南大学

张 凤

从现在说到将来——{ 四学院一学系及高初中各科级
两个问题{ 大学中学化？
中学大学化？ }}

本月的二十三日，是吾们暨大的二十二周年的华诞，照“初度揽揆”的故事，做起歌颂或寿序来，骈四俪六地倒很可做一篇文章。可是年岁还没有多大，配不得称到“高寿”二字，那末，这篇文章的架子，我想可以省略一点，留待再后二十二年做才好。

好在本年的年鉴快要出版，这年鉴中，五花八门，讲历史，讲成绩等等，正多咧；又好在本文的前面，有曹聚仁先生的“暨南创校已来大事年表”略述过去二十二年的缩影。总此因缘，我的文章可以省而又省，以至于“不著一字”为得。

不！过去的时间——22——确然还是幼稚，年少，配不得称“高寿”，而将来的时间，不知要连写几个2222……试去问时间老人，怕老人也同我作一样糊涂,不知应连写几个2222……常言道"来日方长""万寿无疆"等话,一时也可以搁过不说,单说现在的罢。

现在的暨南大学的规模和组织,也不是一言能了,作者很想省略,贪懒,想用经济的说法约略说明,试翻郑校长的改组计划(十六年暑假出版)、组织大纲(十七年暑假出版)、教务处的教务特刊(十七年秋季)、秘书处的校务特刊及财政特刊(十七年冬季),都很能扼要而且精细地说明。再求简明一些,则有教务处已编就而未出版的暨大指掌可以作鸟瞰的披览。然而作者仍旧认以为麻烦,而且这是过去的麻烦,当不得"现在"两字。

现在的暨大,究竟是怎样呢?非但读此文的人急要晓得,就是作此文的我,也要急于写出。

好了!国民政府在本月内新颁的大学条例若干条,我们的暨大也如法炮制地随着这条例将从新改组为四学院一学系及高初各科级了,分列如下:

(一)文学院
(二)理学院
(三)教学院
(四)商学院
}为四学院

(五)法学系——为一系

(六)高级中学 普通科
师范科
商 科
农 科
}为四科

(七)初级中学——不分科

上便是现在的功令,也便是现在的实况。将来的扩充、发达,至于什么地步?那作者不能预说,要去同时间老人商量……

现在的实况,便是这样,而我作者所要讲的现在,却更再要简单地提出两个问题,就是:

大学中学化呢?中学大学化?

论理,大学是大学,中学是中学,在品词的比较格上,已经在“学”字前安着“大”字、“中”字,把他的界限分清,况且课程标准中已分别清楚:这是大学程度,那是中学程度,在这里似乎用不到界限不清的“化”字,那末“化不化”的问题,可以不成立。

然而事实告诉我们说:“校舍还窄小呀!经费还短少呀!程度还要提高呀!”等等这些话,作者也便从省略中、贪懒中,搁在一边,不事证明。

事实既然如此,大学中学存在一处,不是大学中学化,便中学大学化,二条中的途径,我们可以任择一条。

将择大学中学化么?这句话在现在的时代说出,太不时髦,在课程上讲,大学的程度,应提高之不暇,何得与中学同化。在训练上讲,大学的训练方针,在中国今日正成问题咧。

将择中学大学化么?这句话又太时髦了。别的教学家正在主张中学要小学化,而我在这里侈言中学要大学化,言之总觉不能成理,中学的课程,中学的训练,在在以基本的为需要,一讲了大学化,一切将失所标准,要一化而为大而无当了。

所以大学还是大学,中学还是中学,谈不到化不化的问题。

然而事实告诉我们说:“校舍还窄小呀!经费还短少呀!程度还要提高呀!”等等。完了。

(《暨南周刊》第5卷第5期,1929)

国立暨南大学组织大纲

校史记略

清光绪三十三年，两江总督端方自欧洲考察宪政归，知华侨教育之不可缓，创设暨南学堂于南京，委温秉忠为总理，今校长郑洪年为堂长。其明年，改办中学。又明年，郑堂长他调，由杨熙昌继任。辛亥革命起，学堂中停。民国六年，教育部派黄炎培等规复暨南学校。七年春，学校组成，委赵正平为本校校长，设师范、商业两科。八年，中学科正式成立，三年以上分设文理两科；商科设商业特科。九年夏，赵辞职，部委柯成懋继任。十年秋，柯成懋辞职，仍委赵正平任校长。是年，商科迁至上海，又与东南大学合立商科大学于上海，复规筑新校舍于真茹。十一年，商科大学自行独立，女子部亦筹备成立。十二年真茹校舍成，男子部悉行迁来，女子部仍留南京。十三年，江浙战争起，商大三四年暂行停办。十四年春，战事已平息，商大恢复。秋，赵正平辞，委姜琦接任。扩充商科大学部为五系，全校学生增至六百余人。十六年夏，姜琦辞职，国民政府委今校长郑洪年继任。改组为国立暨南大学，分大学、中学两部；南京女子部学生亦并入真茹本校。大学部除商科改为商学院外，增设中国文学系、外国文学系、教育学系、数学系、法律学系、政治学系，规模始臻宏大。本年改义务小学为实验小学，隶属本校，全校人数增至千余人。又决议于秋季准筹开历史社会学系、生物学系、中国画系，并改中国文学系为中国语文学系，教育系改为教育心理学。五院基础，至此略已完备矣。

第一章 编 制

第一条 本校分下列各部:

一 大学部;

二 中学部;

三 南洋及美洲文化事业部。

第二条 大学部设下列各院:

一 文学院 分以下各系;

中国语文学系;

外国文学系;

政治经济系;

历史学系;

社会学系;

哲学系(尚未开办)。

二 理学院 分以下各系:

数学系;

物理学系;

化学系;

生物学系;

地质学系(尚未开办)。

附设农业专科;

土木工程专科。

三 商学院 分以下各系:

普通商业系;

铁路管理系;

工商管理系;

国际贸易系;

银行系;

会计系。

四　教育学院　分下列各系：

教育学系；

心理学系，系指教育心理；

师资专科。

五　法律学系

第三条　中学部分下列两级：

一　高级中学　分以下各科：

普通科甲组乙组；

商科；

农科；

师范科。

二　初级中学

第四条　中学部为南洋回国学生各种科目之补习，特设补习班。

第五条　本校为教育学院高级中学师范科学生实验起见，特设实验小学校及民众学校。

第六条　南洋及美洲文化事业部分下列各股：

总务股；

编译股。

第七条　各部院系规程另定之。

第二章　行　政

第八条　本校设校长一人，由国民政府任命，总辖全校校务，聘任委派各部职教员。

第九条　本校设副校长一人，由校长聘任，辅助校长办理全校校务。

第十条　本校设秘书一人，管理秘书处事务。

第十一条　秘书处总务、注册两课，各设课长一人，佐理员若干人，分掌文书、出版、财务、庶务、注册、讲义等事务。

第十二条　秘书处为便利教职员学生储款、取款并学生实习起见,特设学校银行。

第十三条 秘书处设校医室。

第十四条 大学部各学院设院长一人,处理各该学院院务,由校长于各该学院教授中聘任之。

第十五条 大学部各学院得设佐理员一人,办理各该学院文牍事务。

第十六条 大学部各系科得设主任一人,主持各该系教务,由院长商请校长于各该系科教授中聘任之。

第十七条 中学部设部主任一人,由校长聘任之,商承校长,主持全中学部事务与教务。

第十八条 中学部各科及初级中学各设主任一人,由中学部主任商请校长,于各该科或部专任教员中聘任之,协助中学部主任办理各该科或部教务。

第十九条 大学部、中学部设训育处,其办法及方案另定之。

第二十条 南洋美洲文化事业部主任一人,因事务之繁简,得设股员若干人分任事务。

第念一条 本校图书馆设馆长一人,统理全馆事务;文牍一人,专司办理公文、函件、编辑、报告等事。

图书馆设馆员若干人,分任登录编目、典藏事务。

第三章 会 议

第念二条 本校设下列各种会议:

一 评议会 由校长、副校长、各学院院长、秘书长、中学部主任、各学院所选出代表各一人,及校长于教授、教员中聘请一人至二人组织之,以校长为主席审议下列事项:

1. 全校预算决算;

2. 全校院系科之添设及废止;

3. 大中学部课程;

4. 大中学各种规则;

5. 关于学生试验事项；

6. 关于学生训育事项；

7. 关于全校教职员之资格及服务状况事项；

8. 关于各会议不能解决之事项。

二　华侨教育会议　由本校及南洋美洲华侨学校学术机关与其他有关系之团体组织之，议决关于海外一切文化教育事项。

三　大学部教务会议　由各学院院长、各学系主任组织之。

四　大学部院务会议　由该院院长及该院教授组织之。

五　大学部系务会议　由该系主任及该系教授组织之。

六　中学部部务会议　由部主任及各科主任组织之。

七　高级中学科务会议　由该科主任及专任教员组织之。

八　初级中学部务会议　由该部主任及专任教员组织之。

九　南洋及美洲文化事业部部务会议　由该部主任及股员组织之。

第念三条　以上各种会议细则另定之。

第四章　委员会

第念四条　本校设下列各种委员会：

总理遗教实施研究会；

预决算委员会；

查账委员会；

建筑设计委员会；

图书设计委员会；

校具设计委员会；

购置评价委员会；

卫生设计委员会；

体育委员会；

学生成绩审查委员会；

中英文演说辩论委员会；

招生委员会;

其他临时委员会。

第念五条 各种委员会之组织及办事细则另定之。

第五章 特种设备

第念六条 本校次第举办下列各项设备:

科学馆;

图书馆;

农场;

体育馆;

南洋馆(附设商品陈列所)。

第六章 附 则

第念七条 本大纲呈请教育部核准施行。

第念八条 本大纲如有未尽事宜,得由评议会会员五人以上之提议,经会议通过修改,呈明教育部备案。

(《国立大学联合会月刊》第2卷第8期,1929)

国立暨南大学大学部学生学籍统计表

（十七年三月十四日）

华侨生及内地生类别		科别	预科		中国文学系		外国文学系		教育学系		政治学系				法律学系		数学系		商科学院				华侨生内地生共计		统计
		年级	1		1		1		1		1		2		1		1		1	2	3	4			
		性别	男	女	男	女	男	女	男	女	男	女	男	女	男		男		男	男	男	男	男	女	
华侨生	荷属	邦加	2						1											1		2	6		37
		巴达维亚							1		1								3				5		
		爪哇	3						1		2		1							4			11		
		日里民	1								1									1			4		
		泗水									1											1	2		
		婆罗州													1				1				2		
		班年坡									1					1							2		
		坤甸																			1	1	2		
		亚及																	1				1		
		加拉比拉	1																				1		
		高木																					1		
	英属	比能					1												1				2		35
		蔴坡	1																				1		
		新加坡	4		1				1	1	2	1								2	1	1	13	1	
		香港																	2				2		
		马六甲	2																		1		2		
		大霹雳			1				1														2		
		吉隆坡							1	1													1	1	
		槟榔屿							1												1		2		
		彭亨							1														1		
		巴生							1														1		
		加拿大	1																				1		
		澳洲																	1				1		
		缅甸																	1				1		
		仰光					1																1		
		未详							1													1	2		

(续表)

华侨生及内地生类别 \ 科别			预科		中国文学系		外国文学系		教育学系		政治学系				法律学系		数学系		商科学院				华侨生内地生共计		统计
年级			1		1		1		1		1		2		1		1		1	2	3	4			
性别			男	女	男	女	男	女	男	女	男	女	男	女	男		男		男	男	男	男	男	女	
华侨生	日属	神户																		1			1		1
		台湾	2		2														1				5		5
	美属	菲列宾	1				1										2		1	3			8		12
		檀香山		1																	1		1	1	
		纽约																		1			1		
		未详																	1				1		
	法属	安南	2																1				3		3
	暹罗属	曼谷			1																	1	2	1	11
		未详	1	1					4										1				7	1	
	其他		1				2												1				4		4
内地生		江苏	17		6	1	2	1	5	1	8	1	1		1				17	11	20	4	92	4	96
		浙江	7		3			1	3	1	1	1					2		4	3	7	4	34	3	37
		广东	4	1	1		3		1		6	1	3	1			2		7	3	3	3	35	3	38
		福建	1																1	1	2		6		6
		广西	3		2						4			1					1		2		12	1	13
		四川	4		1		1				1				2						1		10		10
		安徽	1		2				1		1												5	1	6
		湖北					1					1							2		1		4	1	5
		湖南	1						1														2		2
		江西	4	1	2																		6	1	7
		云南	2																				2		2
		山西					1																1		1
		直隶			1																			1	1
		吉林			1																			1	1
		未详																							
华侨生统计			22	2	6		5	1	14	2	7		3		2		2		16	14	5	7	103	5	108
内地生统计			45	2	19	1	8	2	11	2	21	4	4	2	3		4		32	18	36	11	212	13	225
各科统计			71		26		16		29		41				5		6		139				315	18	333

(《国立大学联合会月刊》第2卷第8期,1929)

本校组织与教职员姓名

本校本学期自开学以来，大中两部极见整饬，兹觅得最近教职员之全部组织如下。

▲校长郑洪年　▲副校长洪逵

一、教员之部

▲文学院院长陈钟凡（教授兼）。一、中国语文学系主任陈柱（教授兼），教授刘颐、龙沐勋、张凤，讲师张世禄、傅东华、陆侃如、冯沅君、潘叔玑、徐中舒、谢嘉瑞，助教李冰若；二、外国文学系主任梁实秋（教授兼），教授蒯淑平、洪深、张舜琴、姜瑞，讲师沈端先、客本、劳君展、王修、高冈、苏秀梁、饶孟侃、符舜南、傍司、黄兰英，助教梁遇春；三、历史社会学系代表主任程憬（教授兼），教授徐中舒，讲师陈廷璠、康选宜、王以中、王家吉、马哲民、陶希圣、雷沛汉、李恩劭、盛叙功、杨鸿烈、刘平山、潘光旦；四、政治经济学系主任刘英士（教授兼），教授崔宗揖、唐庆增，讲师杨公达、区克宣、罗隆基、李权时、余楠秋、萧远、俞颂华、廖德珍、沈商耆（惨死，师生咸深痛悼）。

▲理学院院长何鲁（教授兼）。一、数学系主任陈荩民；二、物理系主任周烈忠（均教授兼），教授樊映川、孟心如、袁税伯，讲师张其浚、王言纶、孙叔平、方乘、马名海（兼物理试验室主任）、梁梦星、沈鹤夫、周君适、段家铜、周楚萍、胡耀楣、马孟强，助教顾燿学、姚启钧、陈伯卿；三、生物学系主任黎国昌（教授兼），教授林乔年（兼生物管理主任）、郜重魁（兼生物试验室主任），讲师曾义、周建人、刘增辉、徐人极，助教黄农。

△商院院长杨汝梅(教授兼)。一、会计系、交通管理系主任杨汝梅;二、银行系、国外贸易系主任叶渊(兼实习导师);三、普通商业系、工商管理系主任蔡正雅(均教授兼),教授周茂蕃、汪永、徐志禹、黄念远、钱祖龄,讲师施伯珩、张相时、吴文蔚、施子钦、姚章樾、杨荫溥、周振声、李中道,助教郭驹。

△教育学院院长谢循初(教授兼)。一、教育系主任邰爽秋;二、心理系主任张耀翔;三、师资专科主任沈履(均教授兼),教授陈科美、杨瑞卿,讲师董任坚、廖茂如、沈有乾、黄和钧,助教胡昌骐。

△法律学系(独立系)主任石颎(教授兼),教授汪翰章,讲师谢鸿恩、钱树声、刘世芳、张元枚、黎明、宋允惠、杨瑞卿(兼)、李谟、韦帷青,助教袁仰安(讲师兼)。

△特约讲师马崇淦、高仑瑾、陈安仁。

△中学部主任,副校长兼,普通科主任蔡正雅,农科主任戴本中,师范科主任邓胥功,初中部主任温济民(各科教员容续布)。

△高中部特约讲师袁业裕。

党义教师杨幼炯,军事教官孙如桂、余锡祉、周维经,党童军团团长陈志真,副团长王锡英,教练任萼荣,团副沈愚、盖其新,体育指导员吴炎章,女生体育指导员蹇华芬,音乐教授王瑞娴,西乐指导员来格斯宾,琴师鲍明洁。

二、职员之部

甲,校长办公处,主任秘书范慷源等,秘书樊守执。一、文书室主任樊守执兼,撰组刘松之,表册组王德禄,文卷组俞大栩,校缮组沈武,中文打字倪秀生,英文打字蔡经济,书记王维城、娄后耀;二、出版室主任吕家伟代,刊物组洪警民,讲义组孟廉泉;三、训育室主任潘华典,风纪组许民一、谢生顺,斋务组周灿煌、陈锦鸿,训育专员曾绳点、吴绍树、李时旸、吴日信,女生指导员何芸芳;四、注册室主任鲍寿康,注册组钱同洵,统计组耿心粹;五、财务室主任范慷源,会计师潘序伦、奚玉书,会计组姬灏、张楷、尹霭川,出纳组杨裕芬、潘智珠;六、庶务室主任吴邦杰,清洁组周灿煌兼、顾元庆,购置组魏章元,什务组傅循仁,校医组余建东、潘企尧、张志荣;七、学校银行主任姬灏兼,业务组戴千里,会计组张楷。

乙,各学院及中学部文学院佐理陈乃文,理学院佐理王逸轩,商学院佐理尹育民,教育学院佐理王镜溪,法律学系佐理汪守朴,高中部佐理胡鸿翥,初中部佐理蔡滋培。

丙,南洋美洲文化事业部主任刘士木,秘书兼编辑钱鹤,常任编辑张明慈、陈希文、季真如,英日文翻译陈绍琳、姚钟楠,兼理钟德恒、朱培根。

丁,洪年图书馆馆长张凤,助理许克诚,文牍宋荫奎,佐理孙岫人、谢公展(兼图书导师),中文编目股主任刘纪泽,馆员龙自强、宋荫瀛,西文编目股主任金善培,馆员鲍益清,登记股主任尹霭川,馆员汪善录,典藏员曹裕、符滋李。

戊,农场主任江楫,助理吴家淦,佐理赵天杰。

己,校长室佐理兼纪念周司仪记录专员李邦栋,驻京随校长办事书记王兆梅。

(《暨南周刊》1929 年第 23 期)

暨大实施新组织

国立暨南大学为求校务改进及适应华侨教育之需要起见,最近重新改组,采取分院行政制。大学部计设文学院(内分中国语文学、外国文学、政治经济、历史、社会、哲学六系)、理学院(内分数学、物理、化学、生物学、地质学五系,附设农业专科、土木工程专科)、商学院(内分普通商业、铁路管理、工商管理、国际贸易、银行、会计六系)、教育学院(内分教育学、心理学两系,及师资专科)、法律学系(此系独立,不属任何院)。以上教育学院系新成立,其余则就原有范围扩充,但向无院长,理由郑洪年校长特聘陈钟凡为文学院长,刘麟书为理学院长,杨汝梅为商学院长,谢循初为教育学院长,又改南洋文化教育事业部为南洋及美洲文化事业部(闻此部至相当时期将扩充为环球华侨文化事业部),部长仍为刘士木。该项改组新章已经教育部核准备案,即日施行。

(《申报》1929年4月3日第10版)

本校改革计划大纲

郑洪年

国立暨南学校成立垂二十年,实为华侨子弟归国就学之唯一的最高学府。吾人洞观世界大势与南洋现状,则知暨南学校所负责任之重决非海外任何事业所能比拟。然暨南在前此二十年中惟以中学、师范两部为中心,迄于近年始有商科大学部之增置,其一切组织规划均涉于简略,事实上又与南洋华侨所设之中小学校各自为谋,以故华侨之中小学校既无高级机关为之指导,而归国学生程度参差过甚亦为自然之结果,于是暨南学校教学上之效率亦不能不有所迁就,以如是漫无系统的组织自不足负南洋教育之大任。今者国民政府成立,自应确定海外教育政策,而洪年乃复长斯校,任重道远,时惧弗胜,因时制宜,遂不能不有彻底改革之决心,除旧换新,更不能不有通盘筹划之远虑。

案暨南学校旧仅设商科大学部，兹拟扩充为一完善之大学部，改商科为商学院，并增设文学院、理学院、教育学院，以期从质量上完成华侨之最高学府，使华侨子弟得享受世界高深的知识与祖国优美的文化，以为他日参加祖国一切运动及提高华侨地位之准备。暨南学校为辅助华侨归国学生完成大学教育起见，更应将旧有之中学部极力刷新，力求充实，期与大学部程度衔接，其中尤应注意教育学院及高中师范科，以期为南洋造就师资及教育机关办事人才。此外更当设立南洋及美洲文化事业部，与海外华侨各种教育机关联为有系统的组织，以统一南洋一带所有文化教育事业，并调查海外各属华侨的生活，以为将来设施扩充的根据，且一方面使国人明了华侨在南洋一带之现状，以促成国人向海外发展的企图，一方面使华侨明了祖国之现状，以造成华侨参加祖国一切运动的机会。此皆暨南职责所在，义无旁贷者也。谨拟改革计划如下：

（甲）大学部

（一）文学院　分以下六系：

中国语文学系；

外国文学系；

政治经济学系；

历史学系；

社会学系；

哲学系。

（二）理学院　分以下五系并两专科：

数学系；

物理学系；

化学系；

生物学系；

地质学系。

附设：农业专科；

土木工程专科。

(三)商学院　分以下六系:

普通商业系;

铁路管理系;

工商管理系;

国际贸易系;

银行系;

会计系。

(四)教育学院　分以下二系并一专科:

教育学系;

心理学系(指教育心理);

师资专科。

(五)法律学系(暂独立,以后拟扩充为法学院)。

上大学部四学院一独立学系,均按南洋目前需要之状况,就本校旧有之基础扩充而成。盖华侨在南洋商业上之地位极为重要,但习惯上多沿用旧法而缺少新式组织,以故对外竞争往往失败。本校旧设商科大学部,即为适应此种需要,此次改为商学院,除将原有之银行理财改为银行系,会计统计改为会计系,并添设国际贸易系等,其余均存其旧。至于华侨在南洋农业上之地位,亦不亚于商业,且南洋农业上已多采用新法,后此拟增设农学院,以益促其进步。至南洋在精神上所最需要者,即为水平线上之普通文化,今特设文学院,既输入中国文化,以发展吾国民族之精神,更参加以西洋文化,俾适应世界之潮流;再次,南洋华侨以政治经验之缺乏而不好参与政治运动,今特增设政治经济学,藉以引起华侨政治上之兴趣,以期学术化得渐次改善各地殖民政府之待遇;再次,自然科学为一切学术之基础,并增设理学院,俾华侨研究高深学术之机会;再次,纯粹艺术可以陶冶吾人幽丽宏壮之美感,将来尚拟设艺术学院,俾养成华侨高尚纯洁之人格。

(乙)中学部

(一)初级中学　不分科别

(二)高级中学　分以下四科:

普通科;

农科;

商科;

师范科。

(三)中学部特设辅习班

上中学部,初级中学、高级中学共四科,另设辅习班。中学部与大学部有连接之关系,故欲完成本校大学部之计划,则中学部之程度尤须严格检定,而尤须注重初级中学,盖初级中学办理得宜,则以后按年升级,自无躐等之弊。今后初级中学课程之编制,以适合学生程度为主,并注意其平时之成绩,如初年级程度不及格者,另设辅习班,俾其补习。高级中学普通科、农科为研究高深学术升入大学部各院之预备。商科为养成南洋之商业人才,并为升入大学部商学院之预备。师范科为南洋养成师资及各种教育机关办事人才之预备,在目前尤为重要,今虽划入中等教育阶级,但因师范教育所负责任之重要及训练时所需普通教育之数量与中学不同,故在相当时期师范教育有提高超越中等教育阶级之必要。其师范科详细办法另定之。

(丙)南洋及美洲文化事业部

(一)南洋及美洲文化事业部,分以下二股:

总务股;

编译股。

(二)华侨教育会议

南洋及美洲文化事业部,暂分为两股,盖本校除学校教育以外,尚须设立一种特殊机关,负研究并指导海外文化教育事业之责。此种机关设立之意义,极为远大,在将来所收之效果,与学校教育殊难第其高下,观于日本政府对于南洋专设南洋局及日本南洋协会等机关,每年耗费巨额之金币从事南洋一切问题之研究,其用意之深可以知之。吾国有五百万侨民居留南洋,目前亟宜先设一南洋文化事业部,凡南洋之一切有关文化教育之事,如风俗、习惯、政治、经济、人口、土地以及其他制度等,皆应加以深切之注意。第一步宜先延揽对于南洋各种问题素有研究或有经验之人才,或其所办事业有关联者,以组织之,务期逐渐灌输中国文化以及世界一切文化,以谋南洋华侨物质上生活与精神上生活之改善,其组织办法及办事细则另定之。至华侨教育会议,与南洋文化事业部,本是相辅而行,此种会议,拟由本校集合南洋各学校,各学术团体,各教育机关及其他与学术教育有关系者,联合组织之。其宗旨完全为提倡学术,及国内外教育组织行政统一及其联贯,每年由本校领导。会议地点,或在南洋各埠学校所在地,或在本校,轮流召集之。凡将来关于南洋学术及教育事业之一切计划,即根据此种会议之议决案实施之,其组织法亦另定之。

(丁)特种设备

(一)科学馆

(二)图书馆

(三)农场

(四)体育馆

(五)南洋馆(附设商品陈列所)

上五种设备与本校训练上、研究上关系极为重要,而本校皆付阙如。今年春间已募集国币一万数千元以为建筑图书馆之用,现已开工,并另募集款项以购置图书之用。此外,其他各馆所亦拟从本年度起设法次第举办,而农场尤宜从速进行。此对于中国南洋之农业,亦有莫大之关系,盖南洋颇有良好之植物,宜于国内种植,同时国内亦有良好之植物,宜于南洋种植。若本校办一农场,则可将试验所得之结果明白报告于国内及南洋,使国内与南洋彼此交换种植,将来必可之农业上开一新纪元。

(戊)实行之程序

(一)第一时期　从十六年上学期起至十八年下学期止,举办下列各项:

大学部

文学院　先开办下列五系:

中国语文学系　十六年度上学期开办;

外国文学系　十六年度上学期开办英国文学;

政治经济学系　十六年度下学期开办;

历史学系　十六年度下学期开办;

社会学系　十六年度下学期开办。

理学院　先开办下列四系:

数学系　十六年度上学期开办;

物理学系　十七年度下学期开办;

化学系　十七年度下学期开办;

生物学系　十七年度下学期开办。

商学院　开办下列六系,十六年度上学期计划完成。

普通商业系;

铁路管理系;

工商管理系;

国际贸易系;

银行学系;

会计学系。

教育学院　先开办下列二系:

教育学系　十六年度上学期开办;

心理学系　十六年度上学期开办。

法律学系　(暂独立)十六年度上学期开办。

中学部　计划完成。

南洋及美洲文化事业部　十六年度次第完成。

特种设备　十六年度次第完成；

农场　十六年度上学期开办；

图书馆　十六年度上学期开办。

上第一时期内所应举办之事项，盖本校全部计划以限于经济及人才，决非短促时期以内所能完成，故在全部计划之中，斟酌其最重要而事实上能举办者即先开办之。上列事项，虽属于第一时期内所应开办者，但并不限在本学期完全办齐，因每一时期本以两年为限，但求在此两年内完成而已。如理学院物理学系，因筹款添置仪器，以时间计之，物理学系非至十七年度第一学期不能成立。其他如南洋及美洲文化事业部，亦非一时所能完全办成，是乃事实上之问题也。本期内应注意事项如下：

凡第一时期内大学部各学系宜多招国内优秀学生，授以高深之学识并日文、马来文，使其毕业后能在南洋服务（按，日文使其可读日本对于南洋之出版品，马来文使其能直接教授）。

凡大学部各学系国内学生毕业后，皆由本校介绍往南洋各埠，或在各学校充任校长、教员，或在各教育机关及学术团体服务，并设法丰其报酬。

大学部各学系，凡国内学生毕业后，均应在南洋服务至少以一年为限，其办法另定之。本校既限定大学部各学系国内学生毕业后必须在南洋服务，则本校对于国内学生应有特殊之待遇，惟目前经费困难，暂时不能举行，俟学校经费充裕时，自应订定优待办法。

本校全部计划未完成以前，对于中学部力求充实，提高其程度，使与大学部衔接。本学期暂添加大学部预科二班，为升入本科之预备。

（二）第二时期　从十八年下学期起，至二十年上学期止，举办下列各项：

大学部

文学院　增办下列一系计划完成：

哲学系。

理学院　增办下列一系并两专科计划完成：

地质学系；

农业专科；

土木工程专科。

教育学院 增办下列专科计划完成：

师资专科。

特种设备

科学馆 计划完成；

体育馆 计划完成。

(三)第三时期 从二十年下学期起至二十二年上学期止,举办下列各项：

大学部

农学院 办下列二系计划完成：

农学系；

林学系。

艺术学院 办下列二系计划完成：

中西画系；

音乐系。

特种设备：

南洋馆 计划完成；

商品陈列所 计划完成。

(《一九二九年暨南年鉴》)

过去一年中之国立暨南大学

——添设院系培植南侨师资——
——建筑礼堂举行开幕典礼——
——侨教会议由文化部召集——
——全校体育誉满大江南北——

国立暨南大学，原名暨南学校，始建于清季，其创办目的，所以培植华侨子弟。二十年来，校务日有起色。鼎革以后，郑公韶觉，重长是校，力谋发展，由专门学校而改办大学。并延聘国内外知名学者担任教授，声誉斐然。过去一年中，郑氏益求精进。兹将其办校成绩之尤显著者，采录如下：

暨大开办之初，仅商科为专门程度，余如普通师范各科，皆仅中等程度。改办大学以后，亦仅设文商两科，郑氏意为仅是两科，殊不足以满南侨学子求知欲望，且于教育部所颁布之大学规程，亦有未能尽合。因就原有二科分设文、理、商、教四院。并聘陈钟凡、何鲁、杨汝梅、谢循初四君，担任院长职务。又以南侨教育急待改进，根本方法在有学行兼备之师资，特于教育学院附设师资专科，造成专业人才，以供南侨延聘，是亦南侨教育改进之好音也。

暨大年来，建筑校舍甚多，图书馆、科学馆、大教室、男女宿舍、实验学校，先后落成，备极宏壮。本年大礼堂，又告落成，于一月五日上午举行开幕典礼，计到军政商学各界来宾及该校师生千四百余人，一堂济济，郑校长于奏乐声中，登台揭幕，并报告建筑之动机与经过之艰难，及请胡汉民先生题“致远堂”之意义，略谓本校之所以急于建筑礼堂,在阐发中国古之所谓礼与国民性之以爱为出发点。总理欲恢复固有民族精神,使侨胞父老达到平等自由,我同学必须受礼的训练,将此礼带到海外,发扬光大云云。洪副校长,又以诸葛武侯"宁静以致远"为训,直至十二时,始告礼成,散会。

该校"南洋文化事业部",为国内各大学所仅有,发行杂志,编译丛书,调查研究关于南侨一切重要问题,成绩灿然。上年六月间为谋南侨教育改进起见,特召集华侨教育会议,解决华侨教育上一切问题。出席代表,除各埠机关代表外并敦请国内教育专家出席。计议决重要提案数十件,其会议报告,已由该部秘书钱鹤君编成付印,业已出版。内容殊为丰富,关心华侨教育者,允宜人手一篇也。

暨体育盛誉,发轫于近一二年中,自去岁得获江南各大学运动会锦标后,已为社会人士所称道。足球一项,尤极精巧,前去两年江大足球比赛,甲乙两组与交通、光华、中央各大学比赛最后胜利,无不全归暨南。于是声誉乃遍大江南北,使有人或问江南各大学,足球是谁家之天下?盖无不异口同声啧啧称暨南大学也。

(《南洋研究》第3卷第2期,1930)

最近之国立暨南大学

本校文化部通讯　国立暨南大学,自郑洪年氏长校迄今,已历三载,努力扩充,规模渐具,大学部原有文、教、理、商四院,本届又增法学院。下设外交法律、政治、经济三系。中学分高初中,高中又分商、理、师、普四科,本届新招学生大学部一百六十八名,中学部二百九十名,合计旧有学生共计一千六百余名,此暨大组织之概况也。

暨大中学部向与大学部学生居处混同，于管教诸多挂碍，不能施以特有之训练，本届另聘中学部主任，特建中学宿舍、教室百数十间，使大中学生全然分离。且本届特别注意训练与纪律，大学设训育处，中学设训育课，大中学设训育联席会议。总览各部院设施，无不较前完备，此暨大最近之实况也。

十九年度第一学期开学矣，九月七日在上海华安八楼，欢宴教职员，郑校长致词，说明学校建设、办学旨趣、训育纪律、经济公开诸问题。八日行开学礼，在致远堂举行，堂固新造，雄伟堂皇，令人肃然起敬。新旧师生之出席者，都数百人，主席郑校长，开会奏乐，行礼如仪。郑校长登台训话，说明华侨教育之意义与使命，及本校设立原则与旨趣。而精警处，则曰"我们要养成社会上适用的人才。对于基本学问的基础，应打得实实在在"。又曰"现代一般青年通病，都要做领袖，可是处顺则出，逢逆则退，领袖贵能在不顺之际，站在前锋，达到顺境，则当退处，这样不领袖自领袖"云云。此皆郑校长阅历有得之言，足以箴青年而诱后进矣。词长另录不赘。（见本刊第七十九、八十两期，编者志）

（《暨南校刊》1930 年第 82 期）

国立暨南大学免费规程

（民国十九年六月二十一日
第十四次校务会议修正通过）

第一条 本章程为奖励曾在南洋服务教育事业，后入大学肄业暨大、中两部学生之家境贫苦及成绩优良者而设。

第二条 免费办法分下列三种：

甲，免收学费、膳费及宿费；

乙，免收学费及膳费；

丙，免收学费。

第三条　凡具下列各款资格之一者，得照丙种办法免费：

一，本校毕业华侨学生，曾在南洋服务教育事业二年以上，自具工作报告书及所服务机关之证明书，查系确实者；

二，家境贫苦无力继续求学者，侨生须有居留地之中华商会、中华会馆或领事馆为证明，内地生须有各该地之教育局为证明，查系确实者；

三，学年成绩总平均分数在八十五分以上者；

四，服务满一年以上之现任专任教员及职员子女第三款学生免费，以一年为限，但次年仍具该款资格者，学校得继续奖励之。

由初中升高中，高中升入大学时，以最后一学年学业平均分数为准。

以上四款，凡新自外来考入之学生不得免费。

第四条　凡具第三条一、二、三、四款中任何二款资格者，得照乙种办法免费。

第五条　凡具第三条一、二、三、四款任何三款资格者，得照甲种办法免费。高中师范科及教育学院师资专科之免费考查规程另订之。

第六条　免费生名额支配（高中师范科及教育学院师资科之免费生除外），大学部三十五名，高中部三十五名，初中部三十五名。

第七条　凡免费生品行有不端时，得随时撤销其一部或全部之权利。

第八条　学生请求免费，须于九月一日前提出，各项函件于注册室由大中学部教务会议通过，呈请校长批准方得有效，过期及其他时间不得请求。

第九条　本规程如有应行修改之处，得由校务会议议决修改之，并呈报教育部核准施行。

（《暨南校刊》1930年第73期）

国立暨南大学工读生规程

(民国十九年六月二十一日
第十四次校务会议修正通过)

第一条 为奖励贫寒学生起见,特于免费生外,另设工读生,但同时一人不能兼享免费与工读两种权利。

第二条 本校工读生大学部每学期选修科目不得超过十六学分,高中不得超过二十二学分,初中不得超过二十八学分。

第三条 本校工读生名额以每月五百元之范围内定之,其成分比例,大学部应占十分之五,高中十分之三,初中十分之二。

第四条 本校工读生暂分为五级,第一级月得津贴洋十六元;第二级月得十四元;第三级月得十二元;第四级月得十元;第五级月得八元。最初津贴悉从第五级起,以后按学期递升。

第五条 工读生之资格,须家庭贫寒,品学优良,并须填具请求书送呈训育委员会,审查合格经校务会议决后,转呈校长核准。

第六条 工读生以一学期为限,期满如欲继续享受此种待遇者,仍照本条例第五条规定办理之。

第七条 工读生如欠有学校应缴费用,得于月受津贴内扣除。

第八条 凡核准之工读生,由训育委员会酌量学校情形,分派至本校各部处服务。

第九条 工读生服务时间由派定之各部处主任按照该生可能时间分配之。

第十条 工读生除服第九条之主要任务外,并得由训育委员会及各院部随时予以相当工作。

第十一条 工读生如不受派遣或故意玩忽其义务者，一经查出即取消其工读生待遇。

第十二条 本规程自公布日起施行之。

（《暨南校刊》1930 年第 73 期）

第十五次校务会议纪录

地 点 华安八楼

时 间 七月七日下午三时半

出席人员 郑洪年 刘英士 洪 逵 杨汝梅 奚玉书 沈亦珍 蔡正雅 王人麟 刘士木 范慷源 潘华典 樊守执 黎国昌 于基泰

列席者 潘垂统

主 席 郑洪年

纪 录 陈平章

开会如仪

A 报告事项

一、十九年度大学部新生报名情形；

二、聘请中学部主任之经过及彻底整理中学部之计划。

B 议决事项

一、国内各校侨生经国内外各地党部介绍转学本校者，应否准予报名案。

议决：应准报名。惟考试及格后，由校函请中央党部查明，以杜冒滥。

二、各地女侨生因未明了本校不招女生计划,从海外回国请求入校者,可否通融收纳案。

议决:凡新从海外回国女侨生应准投考。

以上两案交招生委员会办理。

三、修改中学部组织大纲案。

议决:A 草案内所有“本部”字样均应改为“中学部”;

B 草案第一、二两条删去;

C 草案第三、四、五、七、八、九、十、十一、十二、十三、十四、十五等条应改为第一、二、三、五、六、七、八、九、十、十一、十二、十三、十四等条,条文照原案通过。

D 草案第六条应改为第四条,条文修改如下:“中学部设庶务员、商承部主任,处理全部庶务及购置事宜,其有与大学部关联之事项,应由庶务员随时与大学部庶务主任商洽办理。”

E 草案第十六条应删去。

F 草案第十七、十八、十九等条应改为第十五、十六、十七等条,条文照原案通过。

G 该大纲内载各种会议及各委员规程,由主席指定沈主任亦珍拟定草案,提交校务会议议决施行。

四、中学部现既改组,原有本校组织大纲应加以修改,以符事实案。

议决:根据新订中学部组织大纲,将原有本校组织大纲有关各条文加以修正,并由主席指定洪副校长、王院长、谢院长、沈主任亦珍、樊秘书右善为修正委员,由洪副校长召集开会,将修正条文呈请校长核定,呈部备案。

五、厘定大、中学部庶务处理细则案。

议决:由主席指定沈主任亦珍拟定该项细则草案,并指定洪副校长、范主任秘书、奚会计师玉书、沈主任亦珍、蔡主任正雅为审查委员,由副校长召集开会,并将审查结果呈请校长核定施行。

六、中学部教室及办公室支配案。

议决：以第五宿舍划为中学部教室及办公室之用，由范主任秘书、奚会计师、沈主任亦珍、蔡正雅先生、潘垂统先生商定支配办法，呈请校长核定施行。

七、中学部改组后教职员添增请加经费案。

议决：由校长酌加。

八、理学院因切实改革请加经费案。

议决：由校长酌加。

九、中学部应设训育课，大学部应设训育处，办理一切训育事项，并定期召集训育会议，解决各项训育问题，如遇有重大事故时，应召集大中学部训育联席会议案。

议决：通过。

（《暨南校刊》1930年第76期）

本校大礼堂开幕盛况

本校新建之大礼堂，业已落成，于五日上午九时举行开幕典礼。该堂式样新颖，建造坚固，布置得宜，色彩调和，极庄严灿烂之致，行礼时，计到来宾有新闻界汤中、银行界陈福颐、政学界刘仁航等，各地毕业同学会首都代表沈国瑾、上海代表张家栋及卢崇容、王维驷，暨在校全体师生一千四百余人，济济一堂，首由西乐队奏乐，校长郑洪年于奏乐声中揭幕，副校长洪逵导来宾及院长陈钟凡、杨汝梅，训委会主席曾绳点，秘书樊右善及同学会代表等登坛，行礼如仪。郑校长致开幕词，报告建筑之动机与经过之艰辛，及请胡汉民院长题“致远堂”之意义，阐发中国古之所谓礼与国民性之以爱为出发点,总理欲恢复固有民族精神,使侨胞父老达到平等自由,我同学必须受礼的训练,将此礼带到海外发扬光大,故学校当局不惜艰苦,建此礼堂。洪副校长以诸葛武侯"宁静而致远"为训。来宾刘仁航望暨南同学努力世界问题;汤中谓,我国现有国立学校十三所,据兄弟观察,最有新气象与远大希望者,当推贵校,因所具优美之特点甚多,将来海外民族能否延续生命,端赌诸位责任;陈钟凡院长谓,往时礼为单节音,现须作复节音用,诠释礼俗、礼教、礼制、礼仪、礼法,极为精透,至对礼教应否维持与打倒,吾人应具研究批评与试验之态度,附带希望男女同学结婚时,在此礼堂。时全堂为之粲然,空气亦为之调和。郭维屏代表高中普通科,张家栋、沈国瑾、李明祥代表毕业同学会与在校学生会致颂祝,后响□散会,晚间又举行游艺大会。

暨南留美同学会成立,本校年来人才蔚起,服务国内外,固皆斐然有声,而远涉重洋、负笈异邦、更深造诣者,亦肩摩踵接。兹于本校留美学生刘孔贵等,发起组织暨南留美同学会,业于十二月六日在安雅堡兰厅开成立大会,当选刘君为第一届会长,余绍武君为秘书,刘望苏君为会计,在校同学李邦栋君昨接该会小启,托为转知师友及国内外各埠毕业同学云:"敬启者,我校创设二十余稔,毕业同学遍海内外,服劳社会党国,声誉卓著,而比年以还,来国外研修者,亦与日俱增。惟是天涯散处,音讯罕通,继来同学,问津乏路,孔贵等有鉴于斯,爰有暨南留美同学会之发起,本互助合作之精神,共谋母校之发展,声气相连,他山之助,窗前时获剪烛,春风无异同坐。尚希师友同学,时锡教言,以匡不逮是幸。发起人刘孔贵、余绍武、蔡寿生、刘望苏同启。"

(《暨南校刊》1930 年第 28—32 期)

暨南大礼堂落成郑校长致开幕词

李邦栋

△经费困难,缔造维艰。

△堂名致远,责大任重。

◉总理遗教,重发扬民族精神。

◉彬彬有礼,提倡士君子教育。

今天本校有一个完全的大礼堂落成开幕,承诸位来宾、毕业同学惠临指教,非常的荣幸!我们全体同学,抱着多年希望,一旦观成,当然也具有无限的愉快,现在我先将建筑礼堂的经过,为诸位报告一下:

本校对于建筑,原有整个计画,只因为经费困难,不能及早完全实现。去年我遇着梁秉农老友,对于暨南很热心,谈起建筑礼堂,梁先生可代募捐两三万元,又新加坡胡文虎先生,也可捐一笔款项,为本校建造礼堂。因此我就请梁先生进行,后接梁先生来信,事闻于殖民政府,对他已加严监视,而胡文虎先生方面,又因故不能如期捐出,但我已拿定主张,一定要动工,无论如何委曲困难,总要进行。所以东挪西移,向银行和朋友作短期的借款。今天礼堂已告成功,我也不希望有捐款了,一二天内即将捐册收回。

此次建筑费共二万八千五百两。投标的最高数为三万六千七百两,最低数为二万七千两,经详密的细究,最低数恐怕有点靠不住,所以采取此折中的数目,委托范文熙工程师计划样式。其余如卫生、工程、水道、家具等,不到两万两,一起约共五万两,能容一千五百人。因为赶期开幕,楼上还未装置完备,楼下也还要再两三个星期始可装潢得好。

其次我今要讲的:

(甲)堂名的意义。我起初拟题为“求野堂”,后到南京请胡汉民先生写额和对联。谈及“求野堂”三字还不能切合华侨学府,胡先生想出“致远”两字,较为显明切实,希望我们的同学,能明了致远的责任,以孚社会上重望!

(乙)建造的使命。现在国内大学日多,而建有礼堂的却少。按照学校建筑程序,要待讲堂、宿舍必需之校宇完成以后,方才讲到礼堂。为什么本校现在就兴造礼堂呢?这就显见本校有异于其他大学的地方。本校教育方针,在学校要纯粹的学术化,本校教育结果,在使侨胞父老,要人人能达到平等自由,那末就要将本国固有的文化,带到海外,宣传于父老子弟,以恢复固有的民族精神,使海内联贯成整个的中华民族,齐一的中华文化!

(丙)礼与国民性。中国社会几千年来都是崇尚的礼。中国的社会,就是礼教的社会。中国的国民性,是以“爱”为出发点。所谓“亲亲而仁民,仁民而爱物”,亲亲从爱自父母起,推广到仁民,溥遍到爱物。差不多中国社会即爱的社会,表现出来,就重在教育上造成敦厚之风。孔子说:“吾为君子欤?吾为小人欤?”所讲君子,就是提倡士君子教育,而成彬彬有礼的社会。自从清用愚民政策,将礼教的范围束小,失却原来的精神,所以总理要恢复固有的民族精神。因此,定出建国分三个时期,第二期是训政,因为人民经过清的愚民政策,必须要练练一番,才能回复到富于爱的民族性、礼的民族精神。

(丁)共乐的生活。别校多是内地同学,本校同学均从万里的海外归来,寒暑假不能回去。就是内地同学,也是边远省份居多,如两广川闽,因地方不安静,也多不能回去。学校有独建的礼堂,同学藏修息游,朝斯夕斯,可以养成共乐的生活,又能够触景生情,望而起敬,也不致再要到洋场的上海,受不良环境的影响。

(戊)毋忘艰与辛。因以上的种种,所以学校当局,求不到人帮忙,也不惜艰难辛苦,将礼堂勉力建成,希望同学要明白这一层意思。还有人或者说礼堂嫌小了,这是没有见解的说话,不观美国各大学如哥伦比亚学员有五万人,他们的礼堂,也只能容四千人,普通的大约容两千人。本校现有同学一千四百余,而礼堂已可容一千五百人,规模虽不能算大,却也不能算小了。

今天我已将建筑的经过和需要报告一番,最后希望同学对于一切布置、卫生陈设,要体念建筑的艰辛,加意的敬爱保护!

(《暨南校刊》1930 年第 41 期)

民国十八年之暨南大学

郑洪年

一、概　略

暨南大学创始于清光绪三十二年,到现在已有二十四年的历史。辛亥革命以后,无形停顿了六年,直到民国七年春间,才重行恢复。民国十年,真茹新校舍告成,从南京搬移过来,并增设商科大学部,规模渐渐扩大起来。民国十六年秋间,洪年重任校长,将暨校改组为完全大学,两年来组织日渐完密,或者在最短期间,暨校的基础可以完全稳固。暨南最初由于我创造出来,希望我能尽完成的责任。

华侨教育的重心差不多全在暨南大学的身上,这个特殊教育机关,一方面在沟通中南文化,一方面在训练华侨子弟,责任愈重大,工程即愈艰巨。我的努力是依着这样一个方面:一、集中人才使暨校成为学术化的最高学府;二、充实内容使暨南成为完全而且完善的大学;三、陶养侨生使成为适应社会需求的建设人才。依过去二年历史看来,达到这个目标,并非怎样困难的事。

二、组　织

暨校的组织,分教务、事务、洪年图书馆及南洋美洲教育文化事业四大部分，教务分大学、高级中学、初级中学、实验小学四部分，事务以校长办公室总其成，下分文书、出版、注册、训育、财务、庶务六室，并附设学校银行。洪年图书馆及南洋美洲教育文化事业部亦各分股，设专员主持各项事务，略如下表：

国立暨南大学组织系统表

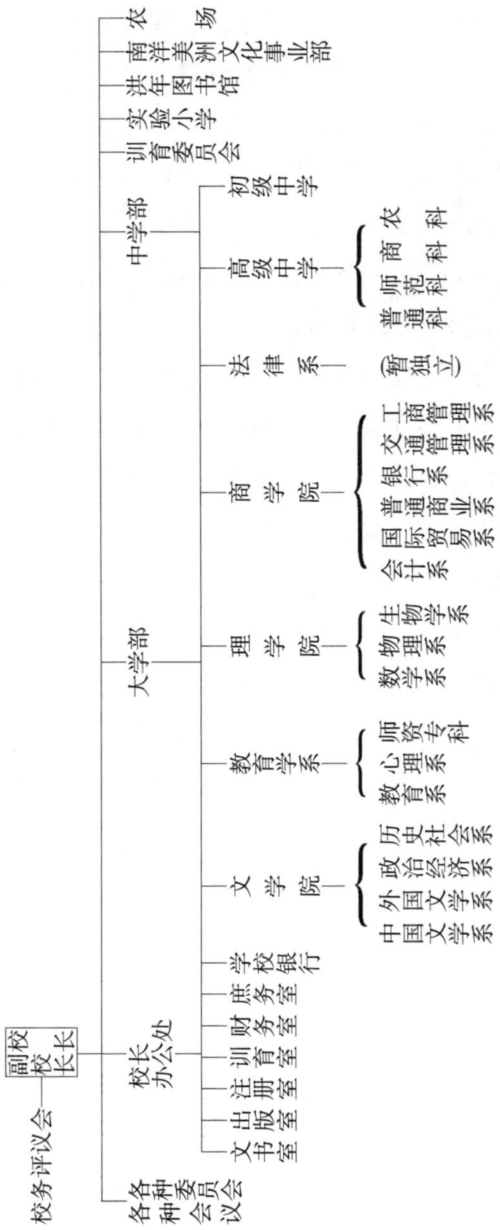

三、教　务

暨校创设之初,仅设中学,后来增设师范科、商科二科。改组以来,大学部分设十系;今年春间,依照部令合为四院一系,又应南洋侨胞之请,特设师资专科。中学部分设普通、师范、商、农及初中学五科,为提高学生程度,高中一年级概不分科。全校学生,本年春间,共计千四百余人,较之两年前(民国十六年夏间,学生共五百余人)已增至三倍之多。本年夏间,以宿舍不敷,不再招收新生;而自南洋回国本校者,先后共二百五十余人。因此秋间开学,学生又增至千五百余人,初级中学部学生二百九十余人,二、三年级每级并开三组,一年级亦并开两组。高中师范科人数亦多,二、三年级每级亦并开两组,其他各科,各年级多则三四十人,少则一二十人,以商科为最多。大学部学生计五百余人,以文学院为最多,余则商学院、教育学院、理学院以次递减。法律系为适合社会环境,移设上海,学生凡五十余人。实验小学分高初级两部,学生亦百三十余人。

校中教务由各院部分别办理。大学部各院分设办公处,由院长主持;关于各院间之事务,由教务会议及院务会议共同处理。中学部亦设办公处,由部主任主持,关于各科间之事务,亦由教务会议及部务会议共同处理。大学部自院长以下各系各设主任;中学部自部主任以下各科各设主任;实验小学亦特设主任。所有院长、系主任、部主任、科主任,对于教务各负完全责任,颇收指臂相助之效。

侨生来自不相同的侨居地,复杂的国际地位,复杂的家庭组织,替每个侨生造成一个特殊的环境。在施设教育方面,时常感到非常困难。从前来暨校求学的多是中产以下的子弟;本年回国的颇有殷富子弟,他们从前所进的都是属地政府所设立的学校,几乎连中国字都不能写。校中为这些特殊的侨生,特设国文国语预备班,替他们设法补修。校中侨生占十分之六强,关于南洋地理、南洋历史、南洋商业等课,也是必需的知识,本年在大中学各部都增设此科。侨生所最缺乏的是关于祖国的文化,除了每年游历各地从事考察外,校中亦特重历史、地理及中国文学诸科。总之，暨校关于课程的支配，是斟酌南洋侨地的情形而设的。

暨校学生关于课外的进修，非常努力；智德体三育的发展，也非常进衡。学术研究团体，有会计学会、经济学会、暨南演说会、暨南文艺研究会、丽泽学会、知行学会、秋野社、槟榔社、坚冰社、白沫社、菲菲社等十余团体，学术刊物有《华侨教育》《菲律宾研究》《经济汇报》《会计学报》《南音》《秋野》《风景》《槟榔》《丽泽》《白沫》《菲菲》十余种。历届参与上海各大学演说比赛、足球比赛、篮球比赛、队球比赛，本校常得锦标，本届重得江南足球锦标，在体育界占最高荣誉的地位。

四、事　务

暨校以组织扩大及学生激增，宿舍、讲室，都不敷应用。十六年冬间增筑莲韬馆一所；十七年夏间，增筑科学馆一所；秋间筑女生宿舍及初中宿舍及教职员宿舍各一所；先后共费将及二十万元。今年夏间，筹建大礼堂一所，费五万元，目今亦已竣工。依目前学生人数，已可勉强敷用；但侨生相继回国，人数若再增多一班，即须另建宿舍。其他体育馆及膳堂，亦为目前的迫切需要，总当设法建筑起来。海外侨胞六百万以上，满学龄的儿童，即以百分之一的比例，亦当在六万人以上；暨校须得再作大规模的扩充，那是无可疑的。暨校经费由国库支给，常年经费共五十九万元，本年教职员三百余人，薪工约四十二万元，教育系及高中师范科膳费、津贴、校役工舍及添增图书、仪器、校具及杂项开支共十五万元。暨南积年旧欠共十四万元，前曾领得二五库券以资偿还；年来种种建筑及增置，费用浩大，积欠上海各银行及各店将达二十万元之数。关于本校经济的收支，一向由财务室负责办理；最近改托潘序伦、奚玉书两会计师掌理一切出纳，并由财务委员会作统盘筹划；本着绝对公开的精神，以期达到“不虚用，用得其宜”的地步。且余为试验教授治校，用法人代管财政，以保全学府之清洁。

暨校关于训练方针，厘定道德、科学、军事、职业、政治五种，其出发点，根据于总理之三民主义。对于三民主义的深湛研究，以期总理之实施。如总理建国方略实业计划中之交通开发、商港开辟、煤矿采掘、蒙藏灌溉荦荦诸大端均加以明晰的研究、详赡的系说，使华侨同学对于祖国发生宗信，恢复固有的民族精神。关于训练管理学生事宜，本年度由训育委员会负责，实施三民主义的训育；这两方面彼此联络进行，以期周密。总理尝言华侨为革命之母，育成华侨子弟，以报酬华侨父老，亦了总理未了之愿。

五、洪年图书馆

洪年图书馆落成于民国十六年，馆成凸字形，分上下两层，上层有三室，左右两翼为阅览室，突后一室为书库，下层分五室，馆长室、阅报室、编目室、书库、馆员室，各占其一。现藏书籍，中文本二万卷，钉为二万一千册，西文书一万册，日文书千册。对于中西书籍的分类，采用统一方法，以杜定友世界图书馆分类法为根据，兼参考中国四库成例及杜威十进法加以扩充修改。编目方法，以杜定友目录学为根据，兼参考 HITCHLER 的编目法。卡片的排列，西文依英文字母顺序排列，中文试用张凤先生的形数法。这些工作，自十七年春间开始，直到今年夏间，才大致完成。

六、南洋美洲文化教育事业部

南洋文化教育事业部的设立，原期“与南洋华侨各种教育机关，联为有系统的组织，以统一南洋所有文化教育事业，并调查南洋各属华侨的生活，为将来文化运动上设备扩充的根据”。成立以来，已经二年，今年夏间，再扩充为南洋美洲文化教育事业部。

部中分设文化、教育两股编译委员会，先后发行月刊及丛书。月刊为《南洋研究》，已陆续出至第二卷四期，丛书已编成历史四种、地理二种、农业二种、法律教育风俗各种，并将南洋略图、马来半岛地图、荷属东印度地图三种编就印行。其他又从事通讯宣传以沟通中南文化,每周印发国外通讯与国内通讯各两次。国内通讯将南洋各种状况,如侨民疾苦、商业盛衰、教育状况等撰发国内各埠新闻界,又将国内最近各方面现状寄发南洋各埠新闻界,这种工作,亦已继续二年之久了。

本年夏间,由暨校召集南洋教育会议,以洪年图书馆为会场,于六月五日举行预备会,六月七日始起举行正式大会,到会代表七十六人。先后举行六次大会,议决案件共三十一件,六月十二日举行闭幕礼,并发表宣言,谓:“此次大会之开,就华侨教育本身言,则以谋教育行政之统一,教材之适宜,经费之确定,师资之养成,升学之指导,办学人员之奖励,华侨美德之保存,爱国观念之加深,与夫一切环境上之适应;就各友邦相互间之关系言,则根据三民主义之教育方法,训练我侨民,思想要学术化,行动要纪律化,生活要艺术化,凡此以谋侨民之福利者,亦所以增进侨居地社会上之福利也。以期侨胞在政治、经济、法律上之地位提高者,亦与各友邦之所以教其国民者,同其性质,而立于均等也。”十一月间,暨校派代表参与中央训练部所召集的华侨教育会议,并根据前次南洋华侨教育会议所议决的案件,提出南洋华侨教育计划大纲。那一次会议,从十一月一日开始,至九日闭幕,代表四十余人,提出案件百余件,决议案四十余件。

七、余　音

海外数百万侨胞,寄托在别人的篱下,风雨飘摇,绝无保障;而他们眷念祖国,对于兴办实业、慈善建设等事,无不慷慨输将,希望真是非常深切,我们尽教育上之义务求报答他们。暨大为国立学校,实负有此项重要使命。我这次重长暨大,总希望以教育力量、教育手段使华侨父老咸达自由平等的地位,以慰总理在天之灵,以求良心之安慰。今年,是暨大发展上的重要关头,事实上经过千磨百折,依旧曲折前进,这是我可引为最可自慰的。

(《暨南校刊》1930年第33—36期)

十九年度第一次大学部部务会议

时　间　十月三十一日(星期五)下午二时

地　点　本校会议室

出席者　洪　逵　谢循初　杨振先　于基泰　汤彦颐　王人麟　龙沐勋　陈钟凡(龙代)　沈　履　张耀翔　黎国昌

主　席　洪　逵

纪　录　潘垂统

议决案

一、学生缺席报告呈阅办法案。

议决:(甲)自本年十一月起开始呈阅校长;

(乙)每两周将各生缺席总数呈阅一次。

二、校务会议交议大学部应以体育科目为必修科案。

议决:留议。

三、校务会议交审查各院学生会考简章案。

议决:推陈钟凡先生、龙榆生先生修正。

四、学生平祖仁成绩在八十五分以上请求免费应否照准案。

议决:准免丙种费。

五、学生陈文声称尚差四个学分可否在粤各大学借修补足,然后发给文凭案。

议决:本校向无此例,不准。

六、法学院广西籍学生杨洁明、梁栋、李达能、黄振纲、黄仲威、雷一呼等六人声称家贫并遭战乱之祸请求免费应否照准案。

议决:与免费规程不符,碍难照准。

(《暨南校刊》1930年第88期)

国立暨南大学华侨学生人数统计表

（十八年一月一日教务处调制）

属别/区别/部别	荷属									英属												美属				日属	暹罗	法属	德属	葡属	非洲	全体统计
	爪哇	苏门答腊	婆罗洲	望加锡	望加兰	安班兰	安汶	谏议里	龙目	海峡殖民地	雪兰莪	霹雳	彭亨	芙蓉	麻六甲	丁加奴	缅甸	印度	澳洲	加拿大	中国香港	菲律宾	檀香山	美洲	中国台湾	神户		安南	柏林	叻利	波埠	
大学部	24	30	3				1			27	8	5	3		1	2	3		1	2	3	13		4	7	2	24	8	1			172
高中部	65	45	13	4		4	5	1	1	58	29	11		1	9		8	2		2	2	14	1	6	6		35	3		1		326
初中部	44	60	16		1	8	8		1	33	14	10		1	3	1						8			2	1	36	2			1	250
实验小学	6	2								8					2		3					1					5					27
统计	342									247											5	47			15	3	100	13	1	1	1	775

（《南洋华侨学校之调查与统计》，1930）

本学期各院部录取华侨新生姓名表

文学院

邝迁乔	李震南	张逸芳（女）
蔡光篁	姚国华	黎少达
吴报锦	黄锦田	邝仲兴
梁瑞荣	邢诒栅（退学）	杜有湇
袁文澄	蔡献荣	蔡家晖

商学院

陈　瀛　李海若

理学院

林从礼　汪盈科

教育学院

林新业	卢伟池	钟景芝（女）
刘葵秋（女）	池振超	林诅生（女）
吴郁芬	倪剑堂	陈瑞香（女）
陈瑞云（女）	丘斌存	

高　中

李毓蕃（不准入校）　陈瑞屏（女）　王兰英（女）

陈仲虞	蔡　发	蔡伯龙
林一民	郑燕卿(女)	黄祚英
魏遵善	胡桂馨	陈卓然
李福祥	杨敬舆	李湘匀(女)
黄汉纬	尤维龙	叶金枝
叶金水	杨炳燊	钟锷若
谢家燕		

初　中

吴□球	何鸿兴	陈礼发
刘微光	李侣宋	张光祖
钟国珍	江志成	林应声
黄福生	曾凤昌	陈锦志
黄世俊	白秀珠	沈时璧
李垂切	陈小娟(女)	

尚有未经本会审查之新生五名在文学院试读:

胡原海	伍忠道	刘作超
涂　琳	吴铁峰	

(《暨南校刊》1930 年第 47 期)

本院行审计部训令第二四号

（二十年七月四日）

令转国立暨南大学十九年度岁出临时预算案由

为令知事：案准国民政府文官处第五三四七号函开。径启者：奉主席交下中央政治会议函开。为国立暨南大学十九年度岁出临时预算案，经交财政组审查。旋据报称：拟共核减为八万元。复经会议决议：照审查意见通过。录案函达查照，分别令行遵办一案。奉谕：交行政院监察院转饬知照等因。除分交并函复外，相应抄同原件函达查照办理为荷等由。计抄送原函一件，准此：合行抄发原函，令仰该部知照。此令。

附中央执行委员会政治会议原函 二十年六月十九日

径启者：案查国立暨南大学十九年度岁出临时预算一案，原列二十四万五千元。前由主管（教育）部照章编成二级预算书，送经财政部加具初审意见，转请复核。曾于本会议第二百五十四次会议决议：应俟补充手续，另案核议在案。兹据该主管部呈转该校声叙临时费需要情形，专案送核前来。当交财政组审查去后，旋据报告称：该校本年度临时预算项目，除建筑设备新设施，共银十四万元外，其余如体育馆之建筑，及电灯厂、铅印室之设备，均已编入上年度临时备算，委系重列。系因上年度核准临时费尚未发给，旧事重提，致有是误。查上年度核准临时预算十五万元，虽尚未发给，应仍继续有效，由部发足。惟据称体育馆需费过昂，其不敷之数，并本年度各项新设施，拟共核减为八万元，由

该校撙节支配等语。经由本会议第二七六次会议决议:照审查意见通过。相应录案函达,请烦查照,分别令行遵办。此致 国民政府

(《监察院公报》1931 年第 4、5 期)

校 史

清光绪三十二年,两江总督端方自欧洲考察宪政归,知华侨教育之不可缓,乃创设暨南学堂于南京,委温秉忠为总理,今校长郑洪年为堂长。翌年改办中学,又翌年郑堂长他调,由杨熙昌继任。辛亥革命,学堂中停。民国六年,教育部派黄炎培等规复暨南学校。七年春学校组织成立,委赵正平为校长,设师范、商业两科。八年,中学科正式成立,三年以上分设文理两科,商科设商业特科。九年夏赵氏辞职,部委柯成懋继任。十年秋柯成懋辞职,部委赵正平任校长。是年,商科迁至上海,又与东南大学合设商科大学于上海,并规筑新校舍于真茹。十一年,商科大学自行独立,女子部亦筹备成立。十二年真茹校舍完竣,男子部悉行迁来,女子部则仍留南京。十三年,江浙战争起,商大三、四年暂行停办。十四年春,战事平息,商大恢复。秋,赵正平辞职,姜琦接任。扩充商科大学为五学系,全校学生增至六百余人。十六年夏姜琦辞职,国民政府委今校长郑洪年继任,改组为国立暨南大学,分大学、中学、小学三部。南京女子部亦并入真茹本校。大学部商科改为商学院,除原有普通商业学系、工商管理学系、国外贸易学系、会计学系、银行学系等五学系外,并添设交通管理学系,此外又增设中国语文学系、外国语文学系、教育心理学系、数理学系、法律学系、政治学系、生物学系、历史社会学系等八学系,规模较为宏大。十七年,改义

务小学为实验小学,直属本校。十八年除原有商学院外,增设文学院、理学院、教育学院等三学院。计文学院包有中国语文学系、外国语文学系、政治经济学系、历史社会学系等四学系;理学院包有数学系、物理系、生物系等三学系;教育学院包有教育学系、心理学系等二学系及师资科,法律学系则成为独立学系,并为延聘教师便利计,分设于上海。至是大学制度,益行完备。十九年复增设法学院,除原有法学系仍分设上海外,增设外交领事专科,并将政治经济系改隶该院,文学院将历史社会学系分为历史学系、社会学系两学系,理学院增设化学系。中学部则高中有普通、商、农、师范四科,初中三级九班,实验小学七班,全校学生增至一千六百余人。二十年春,中国国民党中央执行委员会第一二六次常会议决,本校设置董事会,拟定孙科、林森、陈立夫、孔祥熙、宋子文、马超俊、余井塘、吴铁城、郑洪年、陈耀垣、萧佛成十一人为董事,以期发扬侨教完成三民主义化之华侨最高学。是年六月十四日,举行本校创校二十五周年及大学完成四周年纪念,用张盛会,以资纪念,而策来兹云。

(《国立暨南大学一览》,1931)

国立暨南大学董事会章程

(廿年三月五日中央第一三一次常会决议备案)

第一条 国立暨南大学遵照中国国民党中央执行委员会决议案,为促进本校,使成为三民主义之华侨最高学府起见,设立董事会。

第二条 董事会之职权如下:

一 审定本校建设及改良之计划;

二 筹划本校基金；

三 监察本校财务；

四 审定本校各项规程；

五 考核本校师生关于党义之研究及各学科之成绩；

六 核定本校预算决算；

七 校产之保管及购入售出事项；

八 推选本校校长呈送教育部提议任命。

前项第一、第二、第三、第四、第六、第七各款所列事项，如经本校校务会议议定，由校长提出，董事会时，校务会议得指定有关系人员列席董事会说明提案之内容。

第三条 前条第一、第二、第四、第六、第七各款所列事项，经董事会议决后，交由校长呈报教育部。

第四条 下列各事项应由校长汇案，报告董事会：

一 关于教员职员进退事项；

二 关于课程编制事项；

三 关于学生成绩考核事项；

四 关于会计收支状况事项；

五 关于全校各项统计事项。

第五条 董事会对于前条之报告有意见时，交由校长办理。

第六条 董事会以董事十一人组织之，前项董事由中央执行委员会推任。

第七条 董事会互选三人为常务董事，受董事会之委托，处理董事会事务。

第八条 董事会每月开常会一次，由常务董事召集，但有特别事故时，得由常务董事酌定或经董事三人以上提议，召集临时会。

第九条 董事会开会须有在京沪之董事过半数出席，其决议须经出席人数过半数通过，董事因故他往时得除外计算，但应载入会议记录。

董事因故不能出席时，得委托其他董事或党部同志代表之，但每一董事以代表一人为限。

第十条　董事会开会时推定常务董事一人为主席。

第十一条　本章程呈由中央执行委员会批准,交由本会呈报教育部备案。

(《国立暨南大学一览》,1931)

董事会名录

(二十年二月五日中央第一二六次常会议决推派)

孙　科　常务董事
林　森
陈立夫　常务董事
孔祥熙
宋子文
马超俊
余井塘
吴铁城
郑洪年　常务董事
陈耀垣
萧佛成
校　长　郑洪年

(《国立暨南大学一览》,1931)

国立暨南大学组织大纲

第一章 编 制

第一条 本校分下列各部：

一 大学部；

二 中学部；

三 南洋及美洲文化事业部。

第二条 大学部设下列各院：

一 文学院 分以下各系：

中国语文学系；

外国文学系；

政治经济学系；

历史学系；

社会学系；

哲学系（尚未开办）。

二 理学院 分以下各系：

数学系；

物理学系；

化学系；

生物学系；

地质学系（尚未开办）。

附设 农业专科；

土木工程专科。

三 商学院 分以下各系：

普通商业系;
铁路管理系;
工商管理系;
国际贸易系;
银行系;
会计系。

四 教育学院 分下列各系:
教育学系;
心理学系(系指教育心理);
师资专科。

五 法律学系。

第三条 中学部分下列两级:

一 高级中学 分以下各科:
普通科{甲组 乙组;
商科;
农科;
师范科。

二 初级中学。

第四条 中学部为南洋回国学生各种科目之补习,特设补习班。

第五条 本校为教育学院高级中学师范科学生实验起见,特设实验小学校及民众学院。

第六条 南洋及美洲文化事业部分下列各股:
总务股;
编译股。

第七条 各部院系规程另定之。

第二章 行 政

第八条 本校设校长一人,由国民政府任命,总辖全校校务,聘任、委派各部职教员。

第九条 本校设副校长一人，由校长聘任，辅助校长办理全校校务。

第十条 本校设秘书一人管理秘书处事务。

第十一条 秘书处总务、注册两课，各设课长一人，佐理员若干人，分掌文书、出版、财政、庶务、注册、讲义等事务。

第十二条 秘书处为便利教职员学生储款、取款，并学生实习起见，特设学校银行。

第十三条 秘书处设校医室。

第十四条 大学部各学院设院长一人，处理各该学院院务，由校长于各该学院教授中聘任之。

第十五条 大学部各学院得设佐理员一人，办理各该学院文牍事务。

第十六条 大学部各系科得设主任一人，主持各该系教务，由院长商请校长，于各该系科教授中聘任之。

第十七条 中学部设部主任一人，由校长聘任之，商承校长，主持全中学部事务与教务。

第十八条 中学部各科及初级中学各设主任一人，由中学部主任商请校长，于各该科或部专任教员中聘任之，协助中学部主任，办理各该科或部教务。

第十九条 大学部、中学部设训育处，其办法及方案另定之。

第二十条 南洋美洲文化事业部设部主任一人，因事务之繁简，得设股员若干人分任事务。

第廿一条 本校图书馆设馆长一人，统理全馆事务；文牍一人，专司办理公文函件、编辑报告等事。

图书馆设馆员若干人，分任登录编目、典藏事务。

第三章 会 议

第廿二条 本校设下列各种会议：

一 评议会 由校长、副校长、各学院院长、秘书长、中学部主任、各学院所选出代表各一人及校长于教授、教员中聘请一人至二人组织之,以校长为主席,审议下列事项。

一 全校预算决算;

二 全校院系科之添设及废止;

三 大中学部课程;

四 大中学各种规则;

五 关于学生试验事项;

六 关于学生训育事项;

七 关于全校教职员之资格及服务状况事项;

八 关于各会议不能解决之事项。

二 华侨教育会议 由本校及南洋美洲华侨学校学术机关与其他有关系之团体组织之,议决关于海外一切文化教育事项。

三 大学部教务会议 由各学院院长各学系主任组织之。

四 大学部院务会议 由该院院长及该院教授组织之。

五 大学部系务会议 由该系主任及该系教授组织之。

六 中学部部务会议 由部主任及各科主任组织之。

七 高级中学科务会议 由该科主任及专任教员组织之。

八 初级中学部务会议 由该部主任及专任教员组织之。

九 南洋及美洲文化事业部部务会议 由该部主任及股员组织之。

第廿三条 以上各种会议细则另定之。

第四章 委员会

第廿四条 本校设下列各种委员会:

总理遗教实施研究会;

预决算委员会;

查账委员会;

建筑设计委员会;

图书设计委员会;

校具设计委员会;

购置评价委员会;

卫生设计委员会;

体育委员会;

学生成绩审查委员会;

中英文演说辩论委员会;

招生委员会;

其他临时委员会。

第廿五条 各种委员会之组织及办事细则另定之。

第五章 特种设备

第廿六条 本校次第举办下列各项设备:

科学馆;

图书馆;

农 场;

体育馆;

南洋馆(附设商品陈列所)。

第六章 附 则

第廿七条 本大纲呈请教育部核准施行。

第廿八条 本大纲如有未尽事宜,得由评议会会委员五人以上提议,经会通过修改,呈明教育部备案。

(《国立暨南大学一览》,1931)

国立暨南大学十九年度校历

（第三次大学部教务会议从新审定）

十九年	八月	一 日	星期五	十九年度第一学期开始		
		二十日	三	廖仲恺先生殉国纪念日	纪念式及演讲	不放假
		廿七日	三	孔子诞生纪念日	纪念式及演讲	放 假
		廿九日	五	南京和约国耻纪念日	纪念式及演讲	不放假
		卅一日	日	暑假终止		
	九月	一 日	一	第一学期开学	开学礼	
		七 日	日	辛丑条约国耻纪念日	纪念式及演讲	不放假
		八 日	一	开始注册		
		九 日	二	总理第一次起义纪念日	纪念式及演讲	不放假
		十一日	四	注册截止		
		十五日	一	上课		
		十五日	一	改选课程补考审查转入学生之学分开始		
		二十日	六	补考及审查转入学生之学分截止		
		廿一日	日	朱执信先生殉国纪念日	纪念式及演讲	不放假
		廿七日	六	改选学程截止		
	十月	十 日	五	国庆纪念日	纪念式及演讲	放 假
		十一日	六	总理伦敦蒙难纪念日	纪念式及演讲	不放假
	十一月	十二日	三	总理诞生纪念日	纪念式及演讲	放 假

十二月 五 日	五	肇和兵舰举义纪念日	纪念式及演讲	不放假
廿一日	日	年假开始		
廿五日	四	云南起义纪念日	纪念式及演讲	不放假
二十年 一月 一 日	四	中华民国成立纪念日	纪念式及演讲	放 假
十 日	六	年假终止		
十二日	一	重行上课		
十九至廿五日		办理学生转院转系事项		
十九日	一	第一学期之学期试验开始		
廿五日	日	第一学期之学期试验终止		
卅一日	六	第一学期终了		
二月 一 日	日	第二学期开始		
二至七日		学期更始期	休课	
四 日	三	开学、开始注册		
七 日	六	注册截止		
九 日	一	上课		
九 日	一	改选课程及补考开始		
十五日	日	补考截止		
廿二日	日	改选学程截止		
三月 八 日	日	国际妇女节	纪念式及演讲	不放假
十二日	四	总理逝世纪念	纪念式及演讲	放 假
十八日	三	北平民众革命纪念日	纪念式及演讲	不放假
廿三日	一	本校成立纪念日	纪念式及演讲	放 假
廿九日	日	黄花岗七十二烈士殉国纪念日	纪念式及演讲	放 假
四月 四至六日		春假		
十八日	六	国府建都南京纪念	纪念式及演讲	不放假
五月 一 日	五	国际劳动节	纪念式及演讲	不放假

三　日	日	济南惨案国耻纪念日	纪念式及演讲	不放假
四　日	一	学生运动纪念	纪念式及演讲	不放假
五　日	二	总理就任非常总统纪念日	纪念式及演讲	放　假
九　日	六	二十一条国耻纪念日	纪念式及演讲	不放假
十八日	一	陈英士先生殉国纪念日	纪念式及演讲	不放假
三十日	六	上海惨案国耻纪念日	纪念式及演讲	不放假
六月　三　日	三	禁烟纪念日	纪念式及演讲	不放假
十二日	五	第二学期之学期试验开始		
十四日	日	本校大学部完成四周纪念	纪念式及演讲	放　假
十六日	二	总理广州蒙难纪念	纪念式及演讲	不放假
十八日	四	第二学期之学期试验终止		
十八至廿三日		办理学生转院系及一年级生认系		
十九日	五	办理转出学生之手续		
二十日	六	毕业生留别纪念		
廿二日	一	行毕业礼		
廿三日	二	沙基惨案纪念	纪念式及演讲	不放假
廿三日	二	暑假开始		
廿四日	三	大学部招生报名开始日		
七月　一　日	三	国民政府成立纪念	纪念式及演讲	不放假
四　日	六	招生报名截止		
六日至八日		新生入学试验		
九　日	四	国民革命军誓师纪念	纪念式及演讲	不放假
十一日	六	录取新生揭晓		
卅一日	四	第二学期终了		

(《国立暨南大学一览》,1931)

教 员 一 览

文学院

姓名	性别	年龄	籍贯	经历	现任职务	到校年月	通信处
陈钟凡	男	四四	江苏盐城	北京大学文学士,前东南大学国文系主任,广东大学文科学长	院长兼教授	十七年春	新村十七号
龙沐勋	男	三〇	江西万载	国立音乐院国文讲师,厦门集美学校教员	中国语文学系主任兼教授	十七年九月	新村七号
洪　深	男	三五	江苏常州	美国哈佛大学研究院研究生,前复旦大学教授	外国语文学系主任兼教授	十七年	上海杜美路明星影片公司
张　凤	男	四五	浙江嘉善	法国巴黎大学博士,前在浙江服务教育十余年	历史学系主任兼图书馆馆长兼教授	十七年九月	新村二十号
许楚生	男	三七	江西九江	北京大学文学士,英国伦敦大学、法国巴黎大学社会学院研究生,广东中山大学、武汉中山大学主任、教授,黄埔中央军校总教官	社会学系主任兼教授	十八年二月	上海亚尔培路宝龙坊十七号

（续表）

姓名	性别	年龄	籍贯	经历	现任职务	到校年月	通信处
顾君谊	男	三九	江苏泰县	北京大学文学士，北京、燕京中国平民各大学教授	教授	十九年二月	校东四才阁
顾仲彝	男	二九	浙江余姚	东南大学文学士，复旦大学教授	教授	十五年九月	新村三号
蒯淑平	女	二八	安徽合肥	英国牛津大学文学士，培成女学校校长	教授	十七年九月	上海小沙渡路培成女学
客本 Miss J. D. Cubban	女	三三	英国	英国剑桥大学毕业，伦敦中学校校长	教授	十七年一月	上海嵩山路 135 号，633 avenue Foch Shanghai
余楠秋	男	三六	湖南长沙	美国意利诺大学文学士，复旦大学文学院院长	教授	十一年一月	上海爱文义路八四三号
傅东华	男	三八	浙江金华	南洋大学学士，北平师范大学、武昌中山大学、复旦大学教授	教授	十九年十月	上海施高塔路四达里六二号
马哲民	男	三二	湖北黄冈	日本早稻田大学政治经济学士，黄埔军官学校、武汉中央军校、中山大学教授	教授	十八年九月	上海法租界吕班路蒲柏路口蒲柏坊一五一号
邓昌权	男	四五	湖北	日本帝国大学政治科毕业，太原山西大学、湖北法科大学教授	教授	十九年二月	上海康脑脱路
劳君展	女	二八	湖南长沙	法国巴黎大学毕业	教授	十八年九月	上海亚尔培路宝龙坊十七号
张世禄	男	三〇	浙江浦江	东南大学文学士，商务印书馆编辑	讲师	十七年九月	上海西实兴路迁源坊十二号
马崇淦	男	三八	江苏	圣约翰大学文学士，申报馆编辑	特约讲师	十八年三月	上海望平街申报馆

(续表)

姓名	性别	年龄	籍贯	经历	现任职务	到校年月	通信处
黄菩生	男	三一	广东广州	岭南大学文学士,日本帝国大学研究生,国立中山大学教授	讲师	十九年十月	上海天通□路天保坊十三号
沈德建	男	三六	湖南长沙	北京汇文大学、湖南铁路专门学校机械高等本科毕业,长沙第一师范教员,北京明德大学文科教授	讲师	十九年八月	上海爱文义路卡德路口普益里 A1481
许文玉	男	三〇	浙江奉化	北京大学毕业,北京大学讲师	讲师	十九年十月	新村十七号
马宗荣	男	三三	贵州贵阳	日本帝国大学教育科文学士,大学院研究一年,大夏大学社会教育系主任兼图书馆馆长	讲师	十九年九月	上海北四川路麦拿里卅五号
苏少卿	男	四二	江苏徐州	日本明治大学毕业,长沙明德学校教员,复旦大学、南方大学戏曲讲师	讲师	十九年十月	上海北四川路虬江路鸿庆坊四号
王　修	男	四五	福建南安	福建高等学堂、日本东京高等师范毕业,福建公立外国语专门学校省立第一中学校校长	讲师	十八年九月	上海甘世东路新兴顺里十四号
高　冈	男	三四	福州	德国汉特堡大学学士	讲师	十八三月	上海开封路正修里五十一号
张舜琴	女	二七	广东饶平	英国伦敦大学毕业,法律内院律师,中国公学大学部、光华大学教授	讲师	十八年一月	上海霞飞路一〇一四弄十五号
杨筠如	男	二八	湖南常德	清华学院研究院毕业,厦门大学讲师,国立中山大学教授	讲师	十九年九月	车站路九四六街十三号

(续表)

姓名	性别	年龄	籍贯	经历	现任职务	到校年月	通信处
盛叙功	男	三〇	浙江金华	北京师范大学毕业,留学日本,北京师范大学讲师,劳动大学教务主任	讲师	十九年九月	杨家桥刘家宅二十一号
区克宣	男	三二	广东	岭南大学文学士,中央政治学校、中国公学教授	讲师	十七年三月	施高塔路东照里八十号
李　达	男	四二	湖南	湖南法律、武昌大学教授,现任上海法政学院教授	讲师	十九年九月	金神父路上海法政学院
粟豁蒙	男	三一	广西	日本明治大学毕业,上海法政学院训育主任	讲师	十九年三月	上海蒲柏路赓余里六号
陈启民	男	三二	湖南长沙	广东大学、法国巴黎大学毕业	讲师	十九年九月	施高塔路恒丰里四五号
康选宜	男	二七	四川安岳	北京大学法学士,前本校训育副主任兼教授,劳动大学副教授,交通大学讲师,持志大学教授	讲师	二十年二月	真如陆家花园
朱□之	男	三一	福建侯官	北京大学毕业,厦门大学教授,中央研究院研究员	讲师	二十年二月	上海亚尔培路中央研究院
樊仲云	男	三〇	浙江	劳动大学、复旦大学教授	讲师	二十年二月	施高塔路恒盛里三五号
李恩绍	男	三七	湖北	美国威斯康辛大学硕士,复旦大学教员	讲师	二十年二月	金神父路三一〇号
冯振心	男	三五	广西北流	南洋大学学士,北流县立中学校长,无锡国学专门学校主任、教授,中央大学区立民众教育学院教授	讲师	十九年九月	无锡国学专门学校
张相时	男	三九	云南鹤庆	东南商科大学商学士,交通大学教授	讲师	十八年二月	法界霞飞路和合坊六十四号
□　林	男	四二	江苏淮安	前武昌国立大学教员,兼武昌美术专校教员,在法、意两国研究美术,北平华法教育会孔德学校创办人	讲师	十九年十月	薛华立路天成里四十一号

（续表）

姓名	性别	年龄	籍贯	经历	现任职务	到校年月	通信处
陈楚淮	男	三四	浙江瑞安	中央大学文学士，东海中学英文教员，山东省立一中英文教员，又省立实验剧院文学讲师	助教	十九年二月	本校教职员宿舍二十号
李冰若	男	三一	湖南	广东大学毕业，长沙明德学校教员	助教	十九年九月	车站路九四六街十三号

理学院

姓名	性别	年龄	籍贯	经历	现任职务	到校年月	通信处
于基泰	男	四四	江苏嘉定	英国格拉哥大学理学硕士，英国苏格兰矿冶学会会员，英国伯明罕炼铜厂化炼师，上海南洋大学、复旦大学教授，江苏建设厅技正科长	院长兼教授	十九年二月	极司非而格元善里四十八号
汤彦颐	男	三一	浙江绍兴	美国华盛顿大学理学士，曾任复旦大学教授	数学系主任兼教授	十九年二月	拉都路四四六号
黎国昌	男	三七	广东东莞	法国里昂大学生物学博士，国立中山大学教务长兼理科学院院长兼生物学系主任	生物学系主任兼教授	十七年四月	虬江路宝德里七号
周君适	男	三九	四川遂宁	柏林工业大学毕业，中国公学毕业，中央大学教授	理化学系主任兼教授	十八年九月	辣斐德路辣斐坊四六号
郜重魁	男	三九	云南鹤庆	美国俄海俄邦立大学理学博士，广东大学主任、教授，中央大学植物学系教授兼主任暨代全校教务主任	教授	十六年九月	虬江路宝德里七号
刘麟书	男	三一	江苏	法国百科大学理学士，巴黎矿务大学工程师，大同大学、中国公学教授	教授	十七年八月	静安寺路底百禄里一三三〇号

（续表）

姓名	性别	年龄	籍贯	经历	现任职务	到校年月	通信处
曹梁厦	男	四六	江苏	清附生，英国伯明罕大学理学士，复旦大学、大同大学化学教授，中华化学工业会会长	教授	十九年九月	马浪路振华里三十二号
徐人极	男	二九	河南	法国梦伯列大学生物学硕士，劳动大学生物学教授	教授	十八年八月	老靶子路天福里五六三甲号
朱公谨	男	二九	浙江余姚	德国苟庭根大学数学博士，光华、大同、中央大学数学教授	教授	十九年九月	辣斐德路桃源村三十六号
袁税伯	男	二八	四川江津	法国里昂大学硕士	教授	十八年九月	胶州路六一四号
侯昌国	男	三一	湖南湘潭	法国国立格拉鲁柏电气大学工程师，巴黎无线电总公司工程师，现任交通部国际通信大电台工程师	讲师	十八年九月	萨坡赛路巴里二〇二号
汪呈国	男	三一	安徽	法国南锡大学理学院毕业，劳动大学、安徽大学教授	讲师	十九年九月	施高塔路恒盛里三十四号
马名海	男	四二	河北濮阳	美国伟斯康理学士，哥伦比亚大学硕士，北京师范大学、工业大学教授，锦县交通大学、广西大学教务长，现任大夏大学物理系主任	讲师	十八年九月	劳勃生路致和里十七号
苏汝淦	男	三六	广西藤县	法国南锡大学理学□士，广东中山大学教授，广西实业研究院长	讲师	十九年九月	北四川路精武体育会八号
许逢熙	男	三六	河南鲁山	美国段克拉大学理学士，米西根大学硕士，复旦大学生物学系主任	讲师	十九年九月	江湾永义里三十二号

（续表）

姓名	性别	年龄	籍贯	经历	现任职务	到校年月	通信处
马孟强	男	三三	四川江津	国立成都高等师范毕业，日本物理学校肄业，江津县立中学校长，成都师范大学、上海中国公学教授	讲师	十八年九月	北四川路东宝兴路欧亚书局
曹丹文	男	四七	河南固始	专研数学二十余年，曾编辑初等数学史、近世高等数学史要等书	讲师	十九年九月	引翔港公安局五区四分所转
刘增辉	男	三八	广东东莞	国立北京农大毕业，国立中山大学讲师，劳动大学教授	讲师	十七年九月	虬江路宝德里七号黎宅转交
恽季英	男	四一	江苏武进	前清江南高等学堂拔贡，中央研究院化学研究员兼秘书，中法大学教授	讲师	十九年二月	东蒲石路新门牌九十六号徐宅
劳君展	女	二八	湖南长沙	见前			亚尔培路宝隆坊十七号
胡耀熠	男	三二	江西九江	美国芝加哥大学数理硕士，中国公学大学部数理系主任	讲师	二十年二月	施高塔路四达里二十五号
高扬芝	女	二六	江西新建	国立北京大学数学系毕业	讲师	二十年二月	徐家汇交通大学石法仁先生转
戴恺生	男	三一	浙江杭州	瑞士丘里须大学化学系毕业，奉天冯庸大学化学系主任、教授，大同大学化学教授	讲师	二十年二月	辣斐德路瑞华坊十八号
黄　农	男	三〇	福建	国立东南大学毕业，大夏大学助教	助教	十七年八月	科学馆三号
姚启钧	男	二八	江苏金山	大同大学理学士	助教	十七年八月	教职员宿舍 22 号
顾□学	男	二七	江苏嘉定	大同大学理学士	助教	十七年八月	教职员宿舍 22 号
王蔚华	男	三〇	江苏泰县	大同大学理学士	助教	十九年八月	教职员宿舍 7 号

商学院

姓名	性别	年龄	籍贯	经历	现任职务	到校年月	通信处
叶　渊	男	三二	浙江宁波	本薛文尼亚大学学士,复旦大学教授	院长兼银行学系、国外贸易学系主任兼教授	十四年	施高塔路恒丰里五五号
杨汝梅	男	三二	河北磁县	美国密西干大学博士,北京大学教授	会计学系主任兼教授	十六年九月	本校
蔡正雅	男	三五	浙江吴兴	约翰大学学士,纽约大学研究院肄业,东南大学商学院、中国公学大学部教授	工商管理学系主任兼教授	十五年九月	贝勒路辣斐德路口五七五号
魏仲衡	男	三五	湖北	日本明治大学毕业,历充交通部路政司科长、签事等职	交通管理学系主任	二十年二月	上海爱麦虞限路金谷邨毛宅转
周茂蕃	男	三六	江苏江宁	美国伊利诺大学理科学士,交通、复旦大学教授	教授	十年	施高塔路恒丰里六十五号
汪　永	男	三五	江苏武进	美国麻省理工大学理科学士,交通、光华大学教授	教授	十七年九月	赫德路恒德里七一号
钱祖龄	男	三一	江苏宜兴	美国意利诺大学商业博士,复旦大学教授	教授	十七年二月	施高塔路恒盛里二号
褚凤仪	男	三四	浙江嘉兴	德国柏林大学经济系、法国南锡大学毕业,法科大学教授	教授	十九年九月	体育普东路一百号春晖草庐一号
客　本	女	三三	英国	见前	教授	十七年一月	

（续表）

姓名	性别	年龄	籍贯	经历	现任职务	到校年月	通信处
吴文蔚	男	三六	江苏宝山	哈佛大学铁路管理科硕士，本薛文尼亚大学铁路管理科博士，铁道部专员	讲师	十六年九月	北四川路吉祥路安吉里十二号
施子兴	男	四三	江苏	美国麻省理工学校学士，哥伦比亚大学机械科硕士，上海法院银行专科主任	讲师	十七年九月	慕尔鸣升平润德里一九二号
施伯珩	男	三七	江苏东台	上海高商、中央大学、中国公学教授	讲师	十一年六月	西门外安澜路瑞庆里七号
钱树声	男	四〇	江苏东台	金陵法科大学法律讲习所、北京师范讲习所毕业，上海地方法院检察官	讲师	十九年三月	白克洛登贤里 B 二一号
武书常	男	三五	浙江定海	美国本薛文尼亚大学研究院毕业，沪杭铁路驻杭事务副处长	讲师	十七年二月	北站沪杭夜班车务所长
武堉幹	男	三二	湖南溆浦	武昌大学毕业，中央大学商学院国外贸易系主任	讲师	十八年九月	湖北宝山路底灵生坊一二号
张相时	男	三九	云南鹤庆	见前	讲师	十八年二月	露飞路和合坊六十四号
潘嗣曾	男	三一	江苏宜兴	约翰大学国文教授	讲师	十九年九月	江西路四五二号立信会计师事务所转
王钧璈	男	三四	福建闽侯	美国雪理柯期大学铁路管理科硕士，交通大学教授	讲师	十九年九月	爱麦虞限路五十八号
俞志瀚	男	四〇	浙江杭州	托郎多大学硕士，东吴大学教授	讲师	十九年九月	施高塔路安吉里二三号

(续表)

姓名	性别	年龄	籍贯	经历	现任职务	到校年月	通信处
部重魁	男	三九	云南鹤庆	见前			虬江路宝德里七号
顾仲彝	男	二九	浙江余姚	见前			新村三号
温雄飞	男	四一	广东台山	美国加省大学毕业前国会议员	讲师	十九年九月	北四川路公益坊六十四号
杨荫溥	男	三二	江苏无锡	国立中央大学商学院教授	讲师	二十年二月	
凌书谟	男	三二	湖南	美国意利诺爱大学博士，中国公学大学部图书馆主任，商学院院长、教务长及劳动大学教授	讲师	二十年二月	辣斐德路桃源村三十二号
□□英	男	三六	江苏无锡	美国哈佛大学经济学硕士，中央大学商学院教授，商务印书馆会计主任	讲师	二十年二月	宝山路商务书馆会计科
孙　璟	男	三八	浙江海盐	美国哥伦比亚大学硕士，曾任天津南开大学商科主任、绥远实业厅科长，现任大夏大学商学院长兼国际贸易系主任，中国工商管理协会委员	讲师	二十年二月	愚园路四四二号
刘孔贵	男	二五	浙江	本校商学士，美国密西根大学硕士	讲师	十七年九月	高中商科

教育学院

姓名	性别	年龄	籍贯	经历	现任职务	到校年月	通信处
谢循初	男	三六	安徽当涂	美国芝加哥文学硕士，曾任前国立武昌师范大学、国立北京师范大学、北京大学教授	院长兼师资专科主任兼教授	十六年九月	愚园路愚园邨五号

（续表）

姓名	性别	年龄	籍贯	经历	现任职务	到校年月	通信处
张耀翔	男	三七	湖北夏口	美国哥伦比亚大学硕士，前北京师范大学教育心理系主任，国立中央大学教授	心理学系主任兼教授	十七年九月	暨南村三号
邰爽秋	男	三五	江苏东台	美国哥伦比亚大学哲学博士，历任南京中学校长，中央大学、中山大学教授	教育学系主任兼教授	十八年九月	暨南村二号
董任坚	男	三三	浙江杭县	美国康乃尔大学心理学硕士，历任南开大学教授，东南大学、光华大学教务长	教授	十七年九月	愚园路愚园新邨十二号
陈科美	男	三三	湖南长沙	□家谷大学教育学硕士，历任北京大学、大夏大学教授	教授	十六年十月	新闸路（小沙渡路口）同德里十七号
阮　真	男	三六	浙江绍兴	东南大学国文系毕业，历任集美专门学校教员，国立中山大学助教、副教授	教授	十九年九月	车站路大华照相馆二号
孙逢柏	女	三三	江苏	美国典雅大学文学士，曾任北平女子师范大学英文系主任	教授	十九年九月	愚园路愚园邨五号
章泰阶	男	二八	安徽	日本东京高等师范史地系毕业	教授	二十年二月	车站路李家阁十四号
孙俍工	男	三七	湖南宝庆	北京高等师范毕业，现任复旦大学中国文学系主任	讲师	二十年二月	江□立达路一百四十七号
曹　刍	男	三六	江苏江都	国立东南大学教育学士，国立中山大学副教授，国立成都大学教授，现任劳动大学、光华大学讲师	讲师	二十年二月	愚园路愚园坊七号

（续表）

姓名	性别	年龄	籍贯	经历	现任职务	到校年月	通信处
□用和	女	三三	江苏	美国安□哥大学教育学士，哥伦比亚大学师范院研究生，前江苏省立第三女子师范校长，江苏特□赴欧□教□文化观察员	讲师	二十年二月	镇江教育厅
杨保康	女	三五	江苏无锡	美国威尔斯□女子大学理学士，哥伦比亚大学教育硕士，曾任大□大学教授，□京女子中学校长、幼稚师、□赞成所所长，曾任大夏大学幼稚□□科主任	讲师	二十年二月	愚园路愚园坊十四号
张东民	男	三三	江苏	密而顿大学理学士，光华大学生物学教授	讲师	二十年二月	大西路光华大学
章颐年	男	二八	浙江余杭	美国密西根大学理科硕士，大夏大学心理学教授	讲师	十九年九月	劳勃生路致和里三十三号
郑若谷	男	三〇	河南	美国华盛顿大学研究院研究生，国立劳动大学、复旦大学教授	讲师	十九年九月	江湾奎照路庄家花园
马宗荣	男	三三	贵州贵阳	见前			北四川路麦拿里三十五号
陈启民	男	三二	湖南长沙	见前			北四川路安慎坊七号
黄敬思	男	三六	安徽	美国哥伦比亚大学哲学博士，大夏大学师资专科主任	讲师	十九年九月	中山路大夏大学教员宿舍
熊文敏	男	三三	江西	美国士丹佛大学心理系毕业，历任上海市教育局代理科长，持志大学教授	讲师	十九年九月	施高塔路四达里一百十四号

（续表）

姓名	性别	年龄	籍贯	经历	现任职务	到校年月	通信处
郭维屏	男	三〇	甘肃兰州	北京师范大学教育学士，前本校高中普通科主任	讲师	十九年九月	暨南村二十号
盛叙功	男	三〇	浙江金华	见前			真茹刘家宅二十一号
张相时	男	三九	云南鹤庆	见前			法租界霞飞路和合坊六十四号
张舜琴	女	二七	广东饶平	见前			霞飞路一〇一四弄一五号
劳若展	女	二八	湖南长沙	见前			亚尔培路宝隆坊十七号
张士一	男	四五	江苏吴兴	哥伦比亚大学教育学硕士，曾任南洋大学教授五年，现任中央大学教授	特约讲师	十九年九月	南京中央大学
胡昌骐	男	二九	江西玉山	北京师范大学毕业，曾任江西省立一女中教员，安徽教育厅督学	助教	十八年八月	车站路李家阁十七号
张契灵	男	二八	江苏南通	本校教育学士	助教	十九年九月	本校教职员宿舍十二号

法学院

姓名	性别	年龄	籍贯	经历	现任职务	到校年月	通信处
王人麟	男	三二	山西	美国华盛顿大学文学士，芝加哥大学政治经济学硕士，曾任劳动法起草委员会委员，中央宣传部秘书，第十二次国际劳动大会中国代表团顾问，《民族周刊》编辑	院长兼教授	十九年七月	愚园路三九二号

（续表）

姓名	性别	年龄	籍贯	经历	现任职务	到校年月	通信处
孙寒冰	男	二九	江苏南汇	美国华盛顿大学经济学硕士，哈佛大学研究院二年，前复旦大学社会科学科主任，国立劳动大学社会经济系主任	政治经济学系主任兼教授	十九年八月	施高塔路恒丰里一〇七号
杨振先	男	二九	广东	美国米梭里大学政治学硕士，印帝安那大学政治学博士，伊利诺密西根大学研究院研究二年	外交领事系主任兼教授	十八年三月	福生路俭德会五四号
石　颎	男	三二	广西藤县	美国耶鲁大学法学博士	法律学系主任兼教授	十六年七月	北京路六四号
黄中廑	男	二七	广西	美国士丹佛大学政治学士，复旦大学教授	教授	十八年二月	施高塔路四达里四三号
潘崇信	男	二八	广东	美国华盛顿大学政治学硕士，前国立劳动大学工业社会系主任，省立安徽大学政治系主任，现任复旦大学市政系主任	教授	十九年九月	施高塔路积善里二八号
朱通九	男	三一	江苏常熟	美国华盛顿大学经济学硕士，复旦大学、中国公学、劳动大学教授	教授	十九年九月	施高塔路积善里三十八号
邱汉平	男	二六	福建海澄	美国国家大学研究院博士，上海东吴法律学院教授，上海执行律师职务	教授	十九年三月	博物院路中国实业银行三楼民权律师团
傅文楷	男	二九	广东梅县	美国国家大学法学博士	教授	十九年八月	同上
汪瀚章	男	三四	湖北鄂城	国立北京法政大学毕业，北京法政大学、北京中央大学、湖北法政大学、上海持志大学、上海法政大学教授	教授兼《法律丛书》编辑主任	十六年八月	施高塔路四达里十号

(续表)

姓名	性别	年龄	籍贯	经历	现任职务	到校年月	通信处
李炳焕	男	三二	福建闽侯	美国意利诺大学经济学硕士,复旦大学教授	讲师	十九年九月	施高塔路恒丰里九三号
李炳郁	男	四五	广东	美国品雪尼亚商学院毕业,持志大学教授	讲师	十九年九月	宝山路三德里卅三号
戴霭庐	男	四〇	浙江	日本庆应大学理财学士,中央大学副教授,《银行周报》社总编辑	讲师	十九年八月	香港路四号银行周报社
袁逸波	男	二九	湖北	美国奥海奥州立大学学士,哥伦比亚大学经济学硕士,复旦大学教授	讲师	十九年九月	闸北天通庵路灵生坊七号
袁　钊	男	二八	江苏	日本庆应大学经济学士,复在研究院专研金融二年	讲师	十九年九月	施高塔路恒丰里三五号
蔡镜怀	男	二七	江苏	美国密西根大学市政学硕士	讲师	十九年九月	福熙路明德里六七号
伍蠡甫	男	三〇	广东新会	复旦大学文学士,复旦大学英文教授	讲师	二十年二月	环龙路一百三十四号一号
吴剑岚	男	三四	安徽歙县	上海复旦大学教授	讲师	二十年二月	江湾复旦大学
张云伏	男	三二	四川新都	曾任黄埔军官学校教员、国民党《中央日报国际新闻》总编辑、大夏大学教授,现上海法学院及中公教授	讲师	十九年九月	施高塔路四达里八三号
陈安仁	男	四一	广东东莞	广东高师乐育大学毕业,《广州觉魂》《民生》《香港大光》《香港晨报》《吧城天声》《秘鲁民醒》等报主笔	特约讲师	十九年八月	南京中央侨务委员会
马崇淦	男	三八	江苏	见前			上海申报馆
余楠秋	男	三六	湖南长沙	见前			江湾复旦大学爱文义路八百四十三号

（续表）

姓名	性别	年龄	籍贯	经历	现任职务	到校年月	通信处
胡耀熠	男	三二	江西九江	见前			
谭绍华	男	二八	广东	美国芝加哥大学哲学博士，岭南大学教授，沪江大学讲师，中央大学副教授	讲师	十九年八月	南京外交部条约委员会
林笃信	男	三五	福建厦门	美国米西根大学市政硕士，现任大夏大学政治学教授	讲师	二十年二月	亚尔培路八九号
韦维青	男	四四	江苏盐城	京师法政大学毕业，江苏、浙江高等地方各级法院推事，上海法政法科、群治、新民各大学教授，上海地方法院推事	讲师	十八年九月	贝勒路新庆祥里二二号
李　谟	男	四三	江苏靖江	江苏高等法院第二分院推事	讲师	十八年九月	上海特区法院
张志让	男	三五	江苏武进	美国科伦比亚法学士，前大理院推事，现充律师	讲师	十九年九月	西门路一八一号
戴修□	男	四二	湖南常德	日本中央大学法学士，北京法政大学法科学长，北京大学、朝阳大学教员，河南省政府委员会兼司法厅长，最高法院首席检察官	讲师	十九年九月	贝勒路润安路九十一号
梅介节	男	五五	江苏武进	日本大学法律科卒业，前任江苏江宁地方审判厅长、广东湖南高等审判厅庭长兼代厅长，大理院推事，江苏法政学校警官学校主任教授	讲师	十八年九月	西门路润安里二号
盛振为	男	三二	江苏上海	美国西北大学法学博士，前江苏特派交涉公署华洋民事上诉处帮审官	讲师	十八年九月	北京路八九号

（续表）

姓名	性别	年龄	籍贯	经历	现任职务	到校年月	通信处
钱树声	男	四〇	江苏东台	金陵法政学校法律科卒业，前北京司法讲习所毕业，历任前浙江高等审判厅、金华地方审判厅、绍兴地方审判分庭、湖北第二高等审判分厅推事	讲师	十九年三月	白克路登贤里B廿一号
徐湛星	男	二八	广东番禺	美国芝加哥大学政治经济科学士、法律博士，美国芝加哥埠共和国家银行审计员，美国依连诺省《法律评论》编辑，广州岭南大学注册处处长，商科学院教务主任、经济学及商法教授	讲师	二十年二月	江西路香港国民银行
吴友三	男	二四	江苏泰县	清华大学法学士	助教	十九年八月	本校
林烈元	男	二三	广东	本校法学士	助教	十九年八月	劳神父路暨南法律系

公同必修及教练导师

姓名	性别	年龄	籍贯	经历	现任职务	到校年月	通信处
孙如桂	男	三二	贵州思南	贵州陆军讲武学校第一期毕业，曾任四十三军第一师一旅参谋长等职	军事教官	十八年三月	本校
余锡祉	男	二四	江西修水	黄埔军校第三期毕业，曾任军校队长及第十一军营长等职	军事教官	十八年三月	本校
杨幼炯	男	三〇	湖南常德	复旦大学文学士，曾任上海法政大学及中央大学政治教授	党义教师	十九年十月	上海民国日报馆

（续表）

姓名	性别	年龄	籍贯	经历	现任职务	到校年月	通信处
陈掌谔	男	三三	福建思明	美国芝城万国青年会大学社会学士，芝城美国体育大学体育学士，前中央青年体育教员，芝城中华青年会体育□□任，□□实中华青年会总领事，厦门陆军航空□□□	体育部主任	十九年九月	新村十八号
吴炎章	男	三一	广东三水	复旦大学商学士，曾任胶济铁路事务课员，苏城宝门税务分所主任，苏州缉务第六营缉务主任，持志、大夏大学体育主任	体育指导	十七年四月	本校
汪英硕	男	二七	安徽婺源	光华大学商学士，历任《时事新报》编辑部、光华大学附中专任教员及新华艺术大学专任教员	童子军教练	十九年七月	新村一五号
沈　恩	男	三〇	浙江荣德	曾在仓圣明智大学肄业，历任中华□德学校金荣公学童子军教练中国童子军第一二九□会长及真茹独立区分部党指导委员、中国国民党童子军司令部特□□期教练□、上海特别市第五区□□执行委员兼宣传委员	童子军第六十四团团长	十九年六月	本校教职员宿舍五号
周业德	男	三一	广东南澳	曾任第六十四团童子军总队长	童子军助教	十九年九月	本校教职员宿舍五号
王瑞娴	女	三二	广东	美国纽美兰音乐院毕业，并得美音督学证书，历任国立东南大学教授、国立音乐院副教授	音乐导师	十八年九月	愚园路愚园新邨十二号
鲍明洁	女	二五	浙江鄞县	晏摩氏女校琴师	钢琴导师	十八年二月	上海宝山路七一五A号

（续表）

姓名	性别	年龄	籍贯	经历	现任职务	到校年月	通信处
来格斯宾	男	五六	菲力宾		西乐导师	十六年	上海北四川路公益坊一〇六七号
范新□	女	三〇	湖南长沙	法国里昂美术专校毕业，上海美术专门学校西画高级班教授	绘画导师	十九年七月	上海江湾路花园街三三里十二号
谢公展	男	四七	江苏镇江	前江苏优级师范学□学毕业，历任苏州民立中学□□，艺□大学□校图书、国文、书法□教授，江苏第一第二中属艺术□□□员，中华国□属□□第十□□□□教育□□术□□委员会研究组及中小□和□□□□ □□任上海美术学校图画教授	国画导师	十八年九月	上海海宁路一七八九号
吴子镇	男	三〇	北平	山□陆军学校□□学校第□□□长，广东黄埔军校高级□教官，国民革命军新编第四师中校，□□十三军□□□□第一□，国军第三军□□□指挥部□□，陆军□十师中校军官	国术导师	二十年二月	本校体育部转

（《国立暨南大学一览》，1931）

创校二十五周年 大学成立四周年纪念日告同学书

郑洪年

全体同学：

今日为本校创校二十五周年、大学成立四周年纪念日，洪年抚今思昔，感从中来，敬掬至诚为我暨南大学全体同学言之！夫民族竞存，天演之理昭然。我先民远航海澨，辟地南荒，中华文教，远暨绝域；以国势不竞，为帝国主义者所乘，遂至人为刀俎，我为鱼肉。今者时势丕变，太平洋上风云日急，美控其东，英扼其西，日踞其北，剑拔弩张，皆以南洋群岛为其鹄的。昔当列强汲取财源之时，我侨胞得苟安“鱼肉”，偷延残喘；今值世界民族争存决胜之际，我侨胞欲为“鱼肉”，且不可得。诸同学来自海外，百凡亲历身经，鞭笞之痕在背，腥红之血斑然，泪犹盈颊，痛岂忘心！先贤谓“天下兴亡，匹夫有责”，为全民族争生死存亡之关头，谁可卸此仔肩？观近年华侨经济之破产，回国侨生之递减，危状毕呈，覆亡何日！吾辈今日优游讲诵，尚有余闲；更十年百年以往，南洋群岛与中华民族绝缘，皮之不存，毛将焉附？诸同学在校求学，应知讲舍之外，环绕千百万侨胞之眼珠；诵读之声，中寓千百万侨胞之呼吁，在校多一日之蹉跎，在南洋即失百年之机会；在校多一人之暴弃，在侨胞即断千百人之生命。故习俗流于颓废，我暨南同学独不可颓废；习俗沦于厌世，我暨南同学独不可厌世。自今以往，或绝摩登之风，或去物欲之蔽，坚其意志，晔其智慧，强其体魄，然后返彼南岛，唤醒我侨胞之民族意识，固结我侨胞之民族精神，提高我侨胞之民族文化，以与世界民族抗衡，使中华民族一跃而为太平洋上之主人！此洪年所望于诸同学者一也！

吾校创设于汉清末叶，洪年亲与于创校之役。维时自端督以下，陈伯陶、温秉忠诸先生赞助最力，海外则驻荷兰公使钱念劬先生桴鼓相应，筚路蓝缕，粗具规模。由今言之，华侨教育之当注重，已为天经地义，不容或疑；尔时乃上遭清室之忌，中经廷议之阻，下来宵小之诽，暨南生命得维持至辛亥而始中断者亦云幸矣。民国肇造，暨南中停如故，及袁氏谢世，经黄炎培、赵正平诸先生再三奔走，始获重开。其后商科、师范科、初级中学、南京女子部之增设，真茹校址之圈购，校舍之建筑，皆赵正平先生之苦诣经营！甲子以还，变乱迭作，暨南得曲折前进，皆姜伯韩先生之力。民国十六年，国民革命军初定苏浙，暨南复有动摇之虞，洪年来荷重任，扩为大学。故暨南今日一寸一尺之成就，皆前人点滴之所积，缅缔造之艰难，诚维护之不容缓！夫教育为邦国百年大计，华侨教育尤为民族命脉所系，洪年本之良心主张，为华侨教育戮力，四年来，几更波折，终不忍以所抚育者付托匪人；即在今日，洪年仍觉暨南之基础一日未固，即洪年之责任一日未了，酬答先总理之愿一日未偿也。诸同学与洪年相处已久，知之素深；一言一动，务以学校为前提；毋图一己之私利，危学校之根本；逞一时之意气，绝学校之前途；信褊激之邪说，断学校之命脉；自爱所以爱人，爱学校所以爱侨胞！此洪年所望于诸同学者二也。

夫敌国外患，何代蔑有？家邦杌陧，世运常然。海宴河清之说，乃人群设想云云，初无异于乌托邦也。今之青年，叫嚣往来，动曰救国家救社会，规其潜心学问，则曰社会安定而后可以研究学问。呜呼！待河之清，人寿几何？变乱之起，如环无端，交相诿则乱无已时，交相理则治可立待。立国于二十世纪之世界，其国学术不昌明而可以图存者，理所必无；今不潜心学术以浚其源，而曰“社会安定而后可以研究学问”，本末倒置，治丝益棼耳！昔西汉郑康成，遇阉尹擅势，坐党禁锢十有四年。其后黄巾为害，过其门而相诫勿犯，康成先生萍浮南北，靡有定所，而博稽文艺，总览传记，遂绾今古文之枢纽，垂经学于千秋。拿翁宰割欧陆，普鲁士遭其鱼肉，如在昏夜，莫知其极。哲人费希特担鐾入柏林,讲学于烽火之中,遂开德意志学术之先河。盘根错节所以别利器,古今人讵不相及?洪年长校以来,每相告语,曰:"求学不忘救国,救国不忘求学。"今更进言之:"惟求学而后可以救国。"诸同学生长南洋,与世界文化接触至多,他国学术现状,当能洞知。如南洋问题之专著,求之荷籍,求之英籍,求之德法籍中,动辄千百种,即求之日籍,亦在千种以上。返观吾国,研究此切身问题者有几?研究有得,著为专籍者有几?即有之,除稗贩外籍而外,其果出自心裁者更有几?痛痒所关者犹蒙昧若此,更遑论其大者远者!若是则救社会救国家云者,皆纸上空谈,何裨实效!自今以往,诸同学急宜埋首研究,举凡标语传单壁报等等不急之务,其可蠲者尽蠲之,集精神于一端,而后学术之精进可期,救国之愿望可达。此洪年所望于诸同学者三也!

今之恒言,曰严守纪律。纪律云者,在家庭则当守子弟之纪律,在学校则当守学生之纪律,在国家社会则当守公民之纪律;所以共守,亦所以自律。诸同学或在大学,或在中学;其在中学,或在高中,或在初中。自初中至大学,历时十年,自初中至高中,历时亦六年;当智慧发展之期,六年十年,相去何啻一世纪。大学学生,知识已富,意志略定,理智足以自律,故言动可以自主。初中学生,年事方幼,阅历有限,一举一动,须待师长之指导。高中学生,则介于两者之间,半任学生之自动,半赖师长之指导。诸同学远离父母,与校与家庭之联络较难,学校即兼父师之职。自今以往,宜自知所处之时地,体学校爱护之本意,睦友尊师,共守纪律。中学学生犹宜自知在工具准备人格修养期中,应养成刻励自勉之精神,以为异日任重致远之准备。此洪年所望于诸同学者四也!

洪年重任校长,复已四年,且垂垂然老矣!竭股肱之力,为暨南立一基础以报国家以答总理,私愿以了。诸同学英年励进,前程浩大,不独侨胞所属望,亦国人所共期,善体吾意,发扬光大,完成大业,有厚望焉!

二十年六月十四日

(《南洋研究》第4卷第1期,1931)

国立暨南大学免费章程

（1931 年）

第一条　本章程为奖励曾在南洋服务教育事业后入大学肄业暨大中两部学生之家境贫苦及成绩优良者而设。

第二条　免费办法分下列三种：

甲　免收学费、膳费及宿费；

乙　免收学费及膳费；

丙　免收学费。

第三条　凡具下列各款资格之一者，得照两种办法免费。

一、本校毕业华侨学生曾在南洋服务教育事业二年以上，自具工作报告书及所服务机关之证明书，查系确实者。

二、家境贫苦无力继续求学者，侨生须有居留地之中华商会为证明，查系确实者。

三、学年成绩总分数平均在八十五分以上者。

四、服务满一年以上之现任教职员子女。

第四条　学生免费以一年为限，但次年仍具该款资格者，学校得继续奖励之。

由初中升高中、高中升入大学时，以前三年毕业平均分数为准，新自外来考入之学生无免费。

第五条　凡具第三条一、二、三、四款中任何二款资格者，得照乙种办法免费。

第六条　凡具第三条一、二、三、四款任何三款资格者，得照甲种办法免费，高中师范科之免费考查规程另订之。

第七条　免费额数大学部不得过甲项五名，乙项五名，两项十名，总共不得过二十名；中学部不得过甲项十五名，乙项十五名，两项三十名，总共不得超过六十名。

第八条　凡免费生品行有不端时，得随时撤销其一部或全部之权利。

第九条　学生请求免费须于暑假开学前，提出各项函件于服务处，由该部教务会议通过，呈请校长批准方得有效，过期及其他时间不得请求。

第十条　本章程遇有应行修改之处，得由联席教务会议议决修改之，并呈报教育部核准施行。

〔国民党中央民众训练部档案〕

（中国第二历史档案馆编《中华民国史档案资料汇编》第五辑·第一编·教育一》，江苏古籍出版社，1994）

战后之暨南与南洋华侨

杨裕芬

暨南大学与华侨——尤其是南洋之华侨——关系之密切，人所共知，凡言华侨教育者，更不能不公认暨南为侨教最高之学府。然暨大自创立迄今，凡廿有六年，而中间曾经数次打击，致未能如愿顺遂发展，实为侨教史上之痛事！

前清末叶，两江总督端方自欧考察宪政归，道经南洋，目睹侨胞因文化之低落，遭外族之压迫，痛感非兴学校，教育侨胞子弟，无以救吾侨之危亡。故归国之后,即于前清光绪三十二年奏准创设暨南学堂于南京,委今校长为堂长,惟以当时风气未开,归国侨生为数极少。查最初来校肄业者,乃自爪哇返国之学生七人,及后暨南发展甚速,各属父老遣送其子弟来校肄业者渐多,在辛亥革命之前,学生已达三百余人。当时郑校长手制创校时之校歌,文曰:

爪哇殖民本我先,溯自有明前。
胡为父老竟酣民,让人着先鞭!
既与欧人辟土田,还受苛税捐!
哀我同胞坠九渊,何日睹青天?
丈夫绝不受人怜,内渡赋联翩。
优胜劣败原天演,好将科学研。
誓为祖国张海权,大任吾党肩。
唤起侨魂风云变,锦绣好山川!

在此歌中,充满民族独立自由之精神,不特足以证明暨南与南洋侨胞关切之深,其歌辞足见暨南在创校时,即确定其救国救侨之教育方针。

辛亥革命,学校中辍,民国六年始规复,当时所授课程,仅限中学,至民国九年,乃设商业特科。民十,商科迁至上海,与东大合办商科大学,并筹建校舍于真茹。民十一完成一部,男子部悉迁至真茹。民十三江浙战争,商大停办,至民十四始恢复。民十六年,北伐胜利,定都南京。国民政府委今校长继任,正式改组扩充为国立暨南大学,同时南京女子部亦迁来真茹。五年以来发展甚速,不仅校舍增筑数倍,而学生亦一跃至一千八百余人,其中侨生竟占百分之七十以上,而由南洋来者则占五分之三焉。年来南洋各属,无论通都大邑,穷乡僻壤,凡欲遣其子弟回国求学者,均令来就暨南;而海内外各侨务机关所保送之侨胞子弟,亦均以暨南为唯一肄业之所。盖暨南斯时已与吾侨发生极深切之关系而亟须共谋策进矣。

一月二八沪战发生,暨南真茹校址以适当战区,故将留校学生迁至苏州,初借树德中学,后寓东吴大学,大学部则迁至上海赫德路新闸路上课，而中学部亦在苏州假工学院校舍上课。同时因有同学三百余人避难广州以借读中大发生问题，郑校长为解决同学学业起见，亲至广州与中大邹校长商妥，借其教室一部分上课，中学部则假广州市立师范校舍一部分上课。现本校虽分设三处，而行政统一，精神饱满，且能以最经济之办法措施一切，而效率反较前增加，实为难能可贵。现上海协定告成。日军已撤，暨南校舍已于五月廿三日收回，惟以久经蹂躏，残破不堪，整理需时，预料须至暑假之后方可修复。

暨南自经战后，并本过去历史之教训，故今后一切设施，将力图革新，不仅对于教育行政将采取最经济最效率之办法，即对于教育方针，亦力求训练之严格，学科之切于实用。中学部决分离大学部，设于广州、苏州两处。盖中学教育为青年教育过程中最严重之一段，其侨生归国求学者，又以中学生占十之七八，故今后暨南之中等教育必采取严格管理办法，以养成国家之健全分子为目标，使其人格、学术、体育均得同等之发展；毕业后入社会能自立谋生，其升学者则能在学术上作更深之探讨，力矫时下一般空疏浮泛之弊。至暨南大学部，今后必力促其成为学术化，使其将来对国家及华侨事业均有实际之贡献。

年来侨胞因经济之恐慌，国势之不振，致海外地位日形低落。益以当地政府加紧之压迫，土人之抬头，日人之南进，原有地位岌岌可危！因经济之恐慌，胶锡之惨落，商场之凋零，各属侨校非宣告停办，即缩小范围。失业者既日众，而失学者亦日增；即已归国在学中之学生，因家庭日陷困苦，中途辍学回南者，年来日益加多；回国侨生亦将锐减。此诚目前亟应设法救济之一重要问题，而暨南所负之责任，亦益感重大矣。

吾侨在海外发展，因处夹攻地位，独立发展辄遭阻碍；当欧人初统治南洋时，因欲开发南洋，对于华侨颇为乐用，吾侨亦于此种机缘之下，而取得相当之地位；然吾侨因中国社会经济之落后，政治力量之薄弱，致侨胞失其保障。迩来南洋各处经济恐慌，各居留政府本身已疲弊不堪，吾侨向依赖为生存者，至是亦受重大之打击。吾侨现时既陷于如此困苦之境地，如欲挽此危局，巩固原有地位，则必须一变昔日进取之方针，盖吾侨在海外经营全恃筋肉之苦斗，与乎个人之发展。诚以此种办法，在昔尚可施行，而在今日则不可恃矣！个人力量简簿，极易为人击破，倘今后不精诚团结，集中力量，非采用最新科学方法，必难取胜！是则今后之暨南，必须应此时代之要求，而与吾侨共图策进。兹谨揭其端粲，亟愿有志侨务者，共作详密之计画，以促其成功。

（《南洋研究》第4卷第3期，1932）

郑校长招待全体教职员宴会演辞

杨裕芬　陈希文　录述

今天是我校战后开学之第二天。过去每逢开学，兄弟必代表学生家长请诸位先生吃便饭，今天承诸先生到此来，觉得非常荣幸，今天请诸位先生，也同以前敬礼西宾一样的意思。

回溯自一月廿八到昨日开学为止，中间凡五十余天，在此期间本校校务进行状况，昨日已有详细报告，不久即在校刊发表，兹不重述。

现在我校、大学部在上海上课，中学部在苏州上课，同时广州方面亦有同学三百八十余人，当初请中大邹校长收容，作为借读，其后发生困难，因由沪往粤之战区各校同学有千余人，中大难以收容。邹校长来电，请派教员前往授课，并可拨借校舍仪器应用，兄弟当电邹校长，有本校应聘教授，就中请尽义务教课，其余请中大教授兼课程则与此间所开一样，并告兄弟即将来粤料理一切。现在上海方面已经开学，兄弟明日就要动身赴粤，在广州勾留最长不过两星期。此间一切事务，由特别校务会议诸先生负责。兄弟此次赴粤，全为校事，此外则兄弟自民国十二年至今并未回过家乡,先人墓园种树甚多,此次将顺返扫墓,一视先人墓园景况,此外并无其他任务。即有应酬,亦无其他意见可发表。兄弟服官廿年余,办社会事业亦卅年,生平自问尚能支配自己,但从不喜支配别人,事事凭客观态度,亦从不坚持个人主张,退进光明,惟遇重大事故,应言者则往往质直而言,实无背景。国事到此,至为痛心。惟教育事业系百年树人大计,尚有可为,无论环境如何恶劣,总应为教育事业而努力。孔子有云“吾党小子狂简,不知所以裁之”,便是尽力教育的意义。

我校现为敌人所占据,不知何日可以迁回。惟即长此被占,兄弟可以负责告诸位先生,在四十个月内,另觅其他地点,可以恢复如真茹一般旧观。年来兄弟执校事过于胆大,发展太快,致有疏忽之处。此后重行建设将凭以前经验,想不致再有所疏漏,兄弟对于学校前途,□抱乐观的。

兄弟素愿献身教育事业,在座诸先生均为多年同事,务恳共同努力,在教育上有所贡献,并望诸君脱离政治。但有人以为兄弟何以不脱离政治?此则局外人,或不明白此中原委。盖兄弟之服官,实全为学校。因兄弟来长暨大时,遗下校债不少,倘不与政府接近,取款实为不易。虽有二三银行可以周转,但银行亦须在朝者担保,方肯通融,不与政治发生关系,校款实难筹措。诸先生多年共事,当明本人苦衷。即如最近行政院通融之二万元,原定一月二十八支付,但战事一发,遂至不能支付。行政院本欲扣去二月份经费,幸经兄弟与政府再三磋商,方得即行免全部被扣去,按月分扣。

自今以后,学校决采紧缩政策,务望同人一心一德,共同努力,将学校繁荣起来。看这几天情形,规模虽不如真茹之大,但办事却比以前来得快。可见规模不在乎大,只要精神好。惟有一层应为诸君告者,即学校以内应为学术化,不应为商业化,《南洋研究》刊物在海内外已有相当地位,此为表明本校学术精神者,以后仍当按月出版。现在并成立学术研究委员会,请各学院长负责筹出刊物,尽量发挥学术的精神。总之我们不要忘记,暨南是一个学术机关,时时刻刻向学术方面努力，诸先生当必能共喻此旨。明天兄弟即动身赴粤，一切校事偏劳诸先生办理。谨以一杯薄酒恭祝诸先生健康！

（《暨南校刊》1932 年第 8 期）

第五次特别校务会议纪录

日　期　民国二十一年三月十九日

地　点　上海法租界大马路冠生园

出席者　郑洪年　樊守执　孙寒冰　谢循初　张　凤　叶　渊　于基泰　杨裕芬

列席者　奚玉书　林志瀛

主　席　郑洪年

纪　录　杨裕芬

开　会　行礼如仪

甲　报告事项

一　报告连日学生报名注册及选课情形；

二　报告暨大银行存款情形。

乙　讨论事项

一　关于暨大银行清理案

议决：在香港南洋各处及美洲三藩市暨上海登报，自四月十六日委托上海或金城银行代办暨大银行结束事务，至本年七月底为止，所有存户详细住址均抄送代办行，直接汇去，邮费存款内照扣。至存款在五十元以下者，于四月份内发还，五十元以上之存款，于五、六两个月内先发一半，七月全数发还。

二　大学部侨生补习科现既不开设，该科学生应如何办理案

议决：大学部侨生补习科学生准在大学部一年级旁听。

三　拟定本校刊物名称案

议决：甲　南洋研究委员会出版之刊物定名为《南洋研究》；

乙　学术研究委员会出版之刊物定名为《学丛》。

四　确定本校英文译名案

议决：译名定为 National Chi-nan University。

五　关于本校学生请求免费如何办理案

议决：凡上学期免费者，本学期均免学费，惟杂费应行照交，如在本校寄宿，应照章缴交宿费。

郑洪年　三月二十一日

（《暨南校刊》1932 年第 8 期）

本校正式上课

三月念一日上午八时，本校在赫德路新校舍大操场举行二十年度第二学期开学典礼，是日到教职员及新旧学生凡三百余人，由郑校长主席，汪英硕司仪，杨裕芬、陈希文记录。行礼如仪后，郑校长即报告本校筹备经过、最近经济状况及今后进行方针。大致训词，勉励同学在国难中应精诚团结、爱国爱校（词长另录）。礼成后即宣布正式上课。

（《暨南校刊》1932 年第 8 期）

国立暨南大学驻粤部筹备经过

陈福璿

本校驻粤部成立以来，筹备经过，略详报章，似无烦琐相赘，然计本校自筹备至开学，前后仅十日，诸事咸备，约期不爽；而勷与其事者，自主任秘书以下至各职员，亦仅十余人，竟能受命不辱，则其履冰之念，辛勤之守，当有可为吾人告者。至于明应变之殊旨，备文献之考证，藉以继前勋，励将来，则又其至意也。因述其筹备经过情形如下。

初，沪战乍发，吾校首当战事之要冲，郑校长恐战事延长，危及同学之安全，乃请秘书长秦振鹏、注册课长杨裕芬、文书主任鲍寿康、大学部教授顾君谊、中学部主任王济仁等，护送同学五百余人至苏州。初寓于树德，继迁于东吴。既而战事牵延不决，势成久持。郑校长深虑学业乍停，同学星散，青年求知之前途堪忧，侨生归来之志愿难偿。三月中旬，乃规复中学部于苏州，王济仁先生主其事。下浣，旋移大学部于上海公共租界赫德路，各院长辅其成。其时，十九路军已退出淞沪，真茹本校被暴军占作总部，在粤被难同学，因乡土与跋涉之关系，一时未及赶回上课，继续求学，乃电请郑校长设法救济；郑校长商之中大，卒以事阻，且距开学时间已远，未克如愿进行。郑校长闻讯，怅怅不安。三月二十三日，乘美邮南下。二十五日抵香港，二十六日晨至粤。行装甫卸，即召集留粤同学询问近情，畅谈甚久；继即请中大教授黄中廑、孙越二先生为暨校驻粤办公处秘书正副主任，负责筹备在粤开学事宜。二十七日留粤同学二百余人欢迎郑校长于西濠酒店，并致感忱。席次，郑校长报告上海、苏州二处暨校之近况及来粤之任务甚详。同学咸感郑校长之热心教育,南北奔走,戴欣不已。驻粤办公处秘书主任黄中廑及同学代表冯炳基、彭庆河等,亦相继致训答辞。会闭,郑校长即请黄中廑、孙越二秘书开谈话会于新亚酒店,商定驻粤办公处组织大纲,以秘书处为行政最高机关,黄中廑任秘书主任,孙越任秘书副主任,陈福璿为文书干事兼校刊编辑。秘书处之下,设总务、教务二课,总务主任由孙越先生兼任,教务主任由黄中廑先生兼任,并推请陈钟凡先生为校务会议主席,黎国昌、郭一岑、郜重魁、黄中廑、孙越、余佑人诸先生为校务会议委员。萧介农、吴兆鸿、杨泽蘅、黄泽民、雷子声、梁国材、金宝清、胡秋甫、黄玉如等分任教务、总务二课中注册、会计、庶务等干事之职。组织系统至为简单,而办事进行,则殊见努力。三月二十八日,租定文明路二十二号为驻粤部办公处,开始进行。二十九日,公布本校学生及战区被难学生借读等登记诸办法。三十日办公处开始办公,随即着手登记。原定四日截止,继以期限过短,恐同学一时未及周知,略事延缓。大学部自四月二日起开始缴费,十一日截止,六日起开始注册,十三日截止。中学部则自四月四日起开始缴费,十三日截止,八日开始注册,十五日截止。

四月三日开第一次校务会议于新亚酒店,议决大中学两部之教务案件甚多,于是校务之进行,益见就绪。

查大中学部自三月三十日起着手登记以来,为时仅七日,计大学部本校同学及借读生登记者共四百七十人,中学部一百五十八人,亦足见本校留粤同学之众多,与战区被难学生求学之热诚;而办事处诸人临事不苟,克尽厥职,亦于此可见一斑。

七日,假教育路广东省教育会礼堂举行开学典礼,到教职员二十余人,学生三百余人,雍雍一堂,相见于离乱之后,通款于他乡之域,融泄之情,悲喜交集。

八日郑校长宴全校教职员于永汉路财政厅前太平馆支店,到大中学部教职员八十余人,郑校长报告筹备之经过及演讲华侨教育之意旨,重语心长,闻者神往。筵散,随即开第二次校务会议于太平馆支店,通过预算决算诸案。

八日大学部学程时间表编配就绪,得中大邹海滨校长许借定中大文学院教室开始上课。

九日,中学部学程时间编配就绪,得市师李庆荣校长及附小主任丁鸿训二先生之厚助,借定市立师范小学部教室开始上课。两部上课秩序及听讲情形甚佳。

十日,郑校长以粤校诸事布置已妥,乃回沪赴苏,察视沪苏两校,并电洛阳行政院及南京教育部报告粤中情形,电曰:"洛阳行政院长汪,教育部长朱并转南京教育部次长段锡朋钧鉴:此间大学部四百七十人,中学部一百五十八人,已上课;洪年今日离粤,返沪,谨陈,蒸。"

十五日开第三次校务会议于本校办公处,通过补习生补习办法之议案多项。

十八日校刊第一第二两期合订之开学专号出版,凡上所述皆本校筹备之经过,及最近情形之简报也,因时间所限,及篇幅所囿,未能详尽,于心殊怅怅;然念黄中廑、孙越二主任秘书处理之辛劳与诸职员勷助之热诚,使纷乱之局,厘然成章,学子咸感"弦诵"之德,社会俱褒"鸡鸣"之评,则又未尝不慊然于衷也。

嗟呼!始创者难为功,因循者易为力,本校虽曰暂时性质,然创造之序幕已启,继成之接厉宜殷,来日方长,此后责任,较今尤大,愿诸君子毋忘缔造之艰难,共相努力,则他年之历史,又岂仅此区区而已哉。

[《暨南校刊(广州)》1932 年第 1、2 期]

国立暨南大学驻粤办事处职员一览

姓名	籍贯	现任职务	通讯处
		秘书处	
黄中廑	广西	正主任秘书	本市文德西路十二号二楼
孙越	浙江	副主任秘书	东山启明二马路七号二楼
陈福璿	广东	文书干事兼校刊编辑	清水濠二十九号二楼
		总务课	
孙越	见前	总务课（主任秘书兼）	见前
黄荫普	广东	会计师	
黄泽民	广东	庶务干事	东山龟岗三马路十六号三楼
胡秋甫	福建	庶务干事	德宣东路仁平里四号三楼
杨泽蘅	广东	会计干事	本校办事处
黄玉如	广东	会计助理	同上
		教务课	
黄中廑	见前	教务课主任（秘书兼）	见前
萧介农	广东	注册干事	麦□街新兴里第一巷一号二楼
吴兆鸿	广东	注册干事	龙藏街十二号二楼
		中学部	
余佑人	广东	中学部管理（专任教员兼）	惠福路白薇街五十二号
梁国材	广东	教务干事	十五甫观音桥宝源正街三十二号

雷子声	广东	教务干事	文德西路青云新街一号二楼
金宝清	广东	庶务干事	惠爱东路榨粉街岭峤中学
彭彭晶	广东	书记	长塘街近圣里十六号
黄启鹏	广东	书记	小北双桂坊小石南街二号
许　桓	广东	书记	德正街担扞巷十五号
谢伯贤	广东	书记	西关康直街师山谢寓
周荣基	广东	书记	雅荷塘德邻坊二十二号

[《暨南校刊(广州)》1932 年第 1、2 期]

本校回粤学生登记人数

大学部

法学院

政治经济系	五七人
法律系	九人
外交领事系	三人

教育学院

教育学系	一七人
师资科	一三人
心理学系	三人

文学院

中国语言文学系	一十人
外国语言文学系	九人
社会学系	二一人

补习班	五人
商学院	
会计系	九人
工商管理系	九人
国外贸易系	一人
铁路管理系	一人
银行学系	三人
交通系	一人
理学院	
数理系	四人
物理系	四人
化学系	一人
生物学系	四人

以上五院人数共计一八四人

[《暨南校刊(广州)》1932 年第 1、2 期]

战区学生登记统计表

法学院

	一年级	二年级	三年级	四年级	合计
政经系	五四	三八	二四	五	一二一
法律系	八	六	三	二	一九

市　政	一		二		三

总计一百四十三人

教育学院

	一年级	二年级	三年级	四年级	合计
教育系	一七	九	四	二	三二
师资系	五				五

总计三十七人

商学院

	一年级	二年级	三年级	四年级	合计
会计系	二	三	四	一	一〇
银行系	七	四	四	一	一六
工商管理	二	一	一	一	五
国际贸易			二		二

总计三十三人

文学院

	一年级	二年级	三年级	四年级	合计
文史哲学系	一五	七	一〇		三二
外国语文系	三	四			七
新闻系	一	一	一		三
社会系	五	二	五		一二

史地系		二			二

总计五十六人

理学院

	一年级	二年级	三年级	四年级	合计
数理系	三	一		二	六
化学系	七	四	一		一二
土　木 工程系	三				三
机械系	一				一
电机系	一				一

总计二十三人

初中

一年级	四人	
二年级	五人	
三年级	二十四人	共三十三人

商科

一年级	三人	
二年级	九人	
三年级	七人	共一十九人

普通科

一年级	一十三人	
二年级	一十七人	
三年级	一十六人	共四十六人

师范科

一年级	一十七人	
二年级	九人	
三年级	一十二人	共三十八人

[《暨南校刊(广州)》1932 年第 1、2 期]

上海国立暨南大学战期损失报告

此次沪案爆发,本校不幸当战区之要冲,房屋被敌机掷弹,毁坏不堪,一切仪器用品,多被敌人抛掷烧毁,损失之巨,较甲子齐卢之战为尤甚。兹据上海本校调查之结果,分列于下。

一、校产之部

建筑类(就目前现状计估)	五二、〇〇〇
仪器类	二五、〇〇〇
标本类	一五、〇〇〇
机械类	六、〇〇〇
化学用品类	一二、〇〇〇
医药用品及械类	三、五〇〇
中外书籍杂志报章类	五、〇〇〇
校具类	一〇〇、〇〇〇
体育设备类	五、〇〇〇
卫生设备类	二、〇〇〇

水电设备类		一八、〇〇〇
农场设备类		一、〇〇〇
文具用品类		三、〇〇〇
农场家畜类		八〇〇
其他杂品类		二、〇〇〇
	共计	二五〇、三〇〇

二、教职员之部（附新村教职员住宅）

书籍类		二〇、〇〇〇
行李类		二〇、〇〇〇
衣服器具类		三五、〇〇〇
其他杂品类		八、〇〇〇
	共计	八三、〇〇〇

三、学生之部

书籍类		一六〇、〇〇〇
行李类		四八、〇〇〇
衣服器具类		二六〇、〇〇〇
其他杂品类		一〇、〇〇〇
	共计	四七八、〇〇〇

四、工警之部

行李类		七、〇〇〇
衣服类		五、〇〇〇
其他杂品类		一、〇〇〇
	共计	一三、〇〇〇
以上四项总计		八二四、三〇〇

［《暨南校刊（广州）》1932 年第 1、2 期］

暨大被难同学欢迎郑校长盛况

记录 刘 平 冯炳基 节录《民国日报》

上海国立暨南大学被难回粤学生，人数达数百人，郑校长洪年关怀至切，特由沪抽身南下，与中大校长邹海滨氏面商接洽借用教室，在粤开课，以免回粤学生失学。该校被难回粤同学，以郑校长维护学生学业，不远千里南来，特于昨日（廿七日）下午三时，假座西濠酒店大礼堂，举行欢迎大会。是日出席者，有该校教授黄中廑及中山教授孙越等，暨该校同学二百余人，当推彭庆河主席，行礼如仪，主席随即宣布开会理由。（略谓）此次日本帝国主义轰炸沪滨，本校同学遽遭大难，离校回粤者，人数甚众，郑校长对于同学的学业关怀心切，特由沪抽身南来，设法在粤开课，以免荒废光阴抛弃学业。同学感激之下，应表十二分的欢迎。今日开会，仅表斯旨，且藉通乱离后消息焉。

校长训话

（略云）诸位同学，现在国难时期内，兄弟到广东来和诸位同学相见，很感安慰，自从一月廿八日暴日蹂躏上海，本校便顿时停了课。迨十九路军忍痛退出上海，战事略告停顿，兄弟即和各院长、教授、主任等开特别校务会议维持校务，议决在沪、苏、粤设校开课，并联同战区劳动大学、同济大学等校，电请教育部发给维持学校经费，前月教育部始规定各校每月暂发经费三成，以资进行。本校每月经费原定五万元，三成发给，实得一万五千元。查去年自寒假至今实领得一万元，并由兄弟设法垫借二万元，在赫德路租赁房屋三座，内有课堂四，操场则设在新闸路，距离很近，教务总务两处亦附设于是。计本校各院原有二十九系，共有二百八十多个学程，现因经济情形，按实际之需要，暂设五院共十系，文学院有外国语文系、文史哲学系，理学院有化学系、数理系，法学院有政治经济系、法律系，商学院有铁路管理系、会计系，教育学院有教育学系、师资科，比从前原有缩了许多。全校职员从前有三百多人，现亦裁减去了不少，此次因环境关系学校范围缩不少，皆出于不得已。又此次上海战区各大学多被暴军摧毁，所以在沪被难学生纷纷请求本校设法收容，人数已达五百余，即寄宿学校者亦有一百多人，致租赁房屋不少，租值又昂，计算每月每幢租款，已很不经济了。至从前本校免费同学，为体念贫困学生及奖励优良同学起见，照旧免费，但膳费仍自筹措。至关于中学部在苏州设立，系借工业学校校址，房舍宽敞，颇堪适用，教职员之聘任与上海亦略同，并委托张仲元、李应光两先生负责，若有发生危险时，则迁移乡村，由兄弟交洋四千元与张仲元先生，维持一切。实则中学部、大学部分开，办法至良。盖大中两部施教悬殊，应各养成独特之地位与基础也。在粤方面，前曾有电商之中大校长邹海滨先生，兄弟昨天到粤已与邹先生详细磋商，甚得邹先生之同情，并经邹校长允许借用教室及仪器。关于聘请教授，亦有办法。请各位同学于卅日起到校登记，并定于春假后四月七日开学，八日上课，如战区各校或华侨生来校借读，俱得同样待遇，中学部同学最近登记者仅三十余人，人数太少，已设法代其介绍及接洽投考他校办法。兄弟此次来粤，甚感中日战争若延长，上海环境日趋恶劣，惟广州方面情形尚佳，在粤部当就其特殊地位以求发展。前兄弟曾有将本校全部移至广东的理想，这句话兄弟现在顺为提及耳，惟吾甚愿本校同学凡事不要受感情冲动，努力造就学生的人格，并要精诚团结，互相共济。能这样的继续下去，本校自有绝大的发展，能如此，日本虽能消灭我们的物质，仍不能消灭我们的精神，能破坏我们的学校，决不能破坏我们师生团结的精神。

校长训话完毕，继由驻粤办事处秘书主任黄中廑先生及同学等演说,均极痛快淋漓。末由学生冯炳基代表答词,(略云)此次上海发生战事后我们跑到广东来,郑校长关心学生学业,不远千里南来,设法维持我们的学业,并恳切训示我们不要受感情冲动,应遵纪律。我们应该绝对诚恳的接纳,至各教授和同学的指导,我们更无限的感激了。随即茶会拍照,尽欢而散。

[《暨南校刊(广州)》1932 年第 1、2 期]

本校驻粤部昨举行开学礼

郑洪年对学生训话并报告校况
大学部及中学部定八日开课

记录　冯炳基　金□清

上海暨南大学驻粤部,筹备多日,经已就绪,昨七日上午九时,假座教育会礼堂,举行开学典礼。是日到会学生二百余人,暨该校驻粤主任陈钟凡,教授黎国昌、黄中廑、孙越等,情形极为热烈,行礼如仪后,由该校校长郑洪年报告,并致训词,兹录其词如下。

诸位先生,诸位同学,今天是国难期间,我们一部分同学及战区各大学同学在此举行开学典礼,这就是表示我们"读书不忘爱国,爱国不忘读书"的精神,也是我常常对诸位说"爱国不忘爱校"的实践,我们无论在任何环境总要表现学校精神。现在将筹备经过情形,向诸先生诸同学作简略报告。

此次暴日攻沪,兄弟曾在沪登报,凡本校各同学均须一律回校登记。当时登记者,计有六百余人,但回粤同学亦有四百余人,故曾电请中大邹校长准本校回粤同学借读,后来邹校长覆电谓借读殊为困难,不如将课室借用,在粤开课。兄弟乃电黄中廑、孙越、刘慎修诸先生,先行筹备。兄弟因为本校在上海廿一日开课,余廿三始动程回粤,抵粤后即与邹校长接洽,廿七日蒙各同学开欢迎会于西濠酒店。当时签到者二百余人,大多数为大学部同学,中学部只三十余人,其中有几位要学航空,兄弟当时以中学部人数过少不便开课,决转学他校。

现确查中学部达百余人,转学似觉困难,其实大中学部一视同仁,现决实行开课,兄弟曾与谢教育厅长、刘市长及市师李校长磋商,借用市师为中学部校址,除大学部在八日上课外,中学部定九号开课,因时间不及周知,望各同学互相转告,按时上课。此次能在粤开课,蒙中大邹校长、谢厅长、刘市长、李校长很多帮忙,我们应表十二分感谢。现计登记注册者,大学部本校生一百八十人,借读生二百六十一人,中学部一百五十人,均为本校同学,因中学不收借读生,但借读同学,只能借读,不能转学,此应预为声明者。

本校在粤设办事处秘书,下设总务课、教务课,由黄中廑先生为主任秘书兼教务课,孙越先生为副主任秘书兼总务课,每课只设干事数人,组织极为简单。我们知道广东是革命策源地,政治上、社会上情形尚佳,故兄弟此次来粤试办,将来倘有成绩,就在粤发展,但此责任仍负在各同学肩上。各同学应认真求学问,使各家长父老满意,始有成功希望,现在国难如此,只有建设国家,改良社会,但我们要努力求学,不要受感情冲突,引起父老们反感。

至本校经费,教部每月仅拨一万五千元。分三处开支,经费极感困难,故以前免费生,只能免学费,不免膳宿。各同学在此间要互相帮助,富者助贫,表示互爱之精神。本校教授,其中一部分曾在暨大任教,一部分是知名之士,都是富有学识,同学求智之欲当可满足。余将返沪,并赴苏州一行,六月中旬或再南来,学校方面行政,经成立特别校务会务,请陈钟凡先生代余主持,还请黄、孙二先生负责帮忙。希望各同学,尊师重道,努力于学问,至借读同学,应本患难相交精神,无分彼此,互相友爱,是兄弟所厚望云云。

郑氏报告毕,旋由陈钟凡先生演说,至十时许乃拍照散会云。

[《暨南校刊(广州)》1932年第1—2期]

驻粤部第一次特别校务会议

(四月三日)

出席者 郑洪年 陈中凡 黄中廑 孙越

主 席 郑洪年

记 录 黄中廑

行礼如仪

一、加推出席校务会议案

议决:推举郭一岑、黄菩生、黎国昌、余佑人四位先生出席校务会议。

二、教授聘请案

议决:凡在大学部授课者,一律以教授名义聘请,待遇另定之。

三、本校行政处理案

议决:(甲)本校行政事务由特别校务会议处决之;

(乙)特别校务会议以校长为当然主席,在校长离粤时推陈中凡先生为主席。

四、编制本学期四个月预算案

议决:推举孙越、黄中廑负责编制,提出下次校务会议。

五、聘请会计师案

议决:聘请黄荫普先生为本校会计师。

六、留日回国学生请求入学案

议决：凡留日回国学生暂作试读生，经本学期考试及格后准作正式生。

七、推举中学部管理员案

议决：推举中学专任教员余佑人先生兼理中学部训育事宜，管理权限另定之。

八、中学部校址及开课日期案

议决：（甲）借用广州市立师范附小课堂；

（乙）定期四月七日上课。

九、中学部教员如何聘定案

议决：除国文、英文聘任专任教员外，其余一律以钟点计算。

十、中学部如何编级案

议决：（甲）高中开三班，初中开三班；

（乙）课程均照部定普通科开设；

（丙）但商业师范二、三年级各加设课程一二门。

十一、中学部上课时数应如何规定案

议决：每日上课以五小时为度。

十二、中学部宿舍应如何租赁案

议决：设法在市师附近租赁祠堂或学旅为中学宿舍，床铺桌椅应规定尺寸，并由学生自备，派员管理。

国立暨南大学驻粤部第二次特别校务会议

日　期　四月八日上午九时

地　点　财政厅前大平馆支店

出席者　郑洪年　孙　越　郭一岑　余佑人　黄中廑　陈中凡　黎国昌

主　席　郑校长

纪　录　余佑人

议决案

开学后关于学生如何指导案,议决办法如下:

一、大学部用校务会议推定下列教授为指导委员:

郭一岑　陈中凡　孙　越　黄中廑　黎国昌　黄菩生　郜重魁　粟豁豪　周谷城　杜冰坡　陈安仁　万　灿

指导办法由各院酌量人数多寡分组指导。

二、中学部由余佑人先生推举教员若干人担任指导,组别另行分配。

三、关于教授法应如何规定案

议决:除第一年级用课本外,教授方法或用讲义,或用笔记,概由各教授自行规定。

四、关于一学年学程应如何变通办法案

议决:由各教员审查学生程度,酌量变通讲授,学期底结束。

五、预算案

议决:通过。

第三次校务会议

时　间　四月九日

地　点　新亚酒店

出席者　黄中廑　孙越　黄菩生　陈中凡　郑洪年　郭一岑　余佑人

行礼如仪

一、关于宿舍问题案

议决：商租平民宫一部分及其他房舍，先准中学学生居住，由余佑人先生管理，租金由住宿学生摊派。大学部宿舍应指定斋务员，俟租定后再行推定之。

二、关于请求转学案

议决：本校本学期原只收借读生，除有特别情形少数核准作为试读生外，其余俟学期考试后再行核办。

三、关于复旦学生退学案

议决：在本月廿日以前请求退学者，除报名费外，其余学杂费一概发还，逾期学杂费概不发还，至请求缓交证明书应照准。

四、关于四月份薪水发给案

议决：五月五日以前发给。

五、关于举行纪念周及学业指导地点案

议决：向李唯一律师接洽，借用律师公会为纪念周地点，时间在星期一上午十一时，推定陈中凡、黄中廑、郭一岑、黄菩生诸先生轮流主席。

校长布告

（第二号）

为布告事：本校中学部回粤学生，应即到校登记，以便定期开课。登记期间由本月卅一日下午二时起至四月四日下午四时截止，上课日期及地点另行公布，仰各知照。此布。

校长　郑洪年

三月卅日

［《暨南校刊（广州）》1932 年第 1、2 期］

特别校务会议纪录

第一次

日　期　三月四日
地　点　华安八楼
出席者　郑洪年　于基泰　陈钟凡（樊代）　叶　渊　孙寒冰
　　　　谢循初　杨裕芬
主　席　郑洪年
纪　录　杨裕芬
开会行礼如仪

甲　报告事项

一　报告本校迁设临时办事处情形；
二　报告本校驻苏办事处情形；
三　报告最近教职员同学情形。

乙　讨论事项

关于规复本校定期开学案。

议决：因真茹校址，适当战区，大学部暂迁上海，并即寻觅相当校舍，以期克日开学，并酌收上海战区失学生。中学部决在苏州继续开学。

第二次

日　期　三月九日

地　点　华安八楼

出席者　郑洪年　孙寒冰　谢循初　于基泰　叶　渊(樊守执代)　陈钟凡(龙榆生代)　樊守执　杨裕芬

列席者　奚玉书　林志瀛

主　席　郑洪年

纪　录　杨裕芬

开会行礼如仪

甲　报告事项

一　报告本校同学往广州中大借读情形;

二　报告教职员同学登记名单数目。

乙　讨论事项

一　校长交议　在正式校务会议未能召集以前,暂设特别校务会议,以校长、五学院院长、秘书长、教务主任组织之。如有必要时,得请有关系人员,随时列席。

议决:通过。

二　教职员薪俸如何支配案

议决:不支薪俸,暂支生活费,其办法如下:

(一)大学部院长,照原薪支生活费五成,至少以授二学程为标准;

(二)大学部专任教授,照专任原薪支生活费四成,至少以授二学程为标准;

(三)大学部讲师,每院不得过二人,但理学院得增至四人;

(四)职员以现有工作者为限,薪水由校长核发;

(五)上列发给生活费之教职员,以在沪及未离沪已来办事处登记

者为限;

(六)如有必修学程,必须开设,在已登记之教员中,不能担任者,得就本校原有讲师酌聘,生活费每小时三元,但教授另兼者,不另支给。

三 租定校址及规定报名注册及上课日期案

议决:(一)校址 公共租界新闸路胶州路口第一七四八至一七五八号;

(二)报名 三月十二至十六日;

(三)注册 三月十四至十六日;

(四)上课 三月二十一日。

四 关于新旧学生收费数目案

议决:新旧学生均一律收学费二十元,宿费十元,杂费五元,以前免费工读等待遇,一律暂行取消。

五 关于编定课程案

议决:(一)课程由各该学院院长酌定,除公共必修科外,每院在同一时间所选课程,至多不得超过三个;

(二)所有课程时间表,限于十二日以前,汇交教务课办理。

以上三、四两条,即登《申报》广告及本校附刊,并通知本校驻苏办事处。

第三次

日 期 三月十一日

地 点 法租界大马路冠生园

出席者 谢循初 叶渊 孙寒冰 于基泰 郑洪年 陈钟凡(龙沐勋) 樊守执(龙代) 杨裕芬

列席者 刘有莘

主 者 郑洪年

纪 录 杨裕芬

开会行礼如仪

甲 报告事项

一 报告本校已在上海新闸路胶州路口第一七四八号至一七五八号洋房为校舍；

二 报告本校学生往广州中大借读及借校舍开学情形；

三 报告向各校商借教室椅桌，震旦大学已允借一部分经过情形。

乙 讨论事项

一 关于筹刊出版物案

议决：成立学术研究委员会，由各学院院长组织之，推孙寒冰先生为总编辑。每月合出一册，印刷费以三百元为度，另征文费一百元（征文以本校学生为限）。

二 改组南洋美洲文化事业部及南洋商业调查部案

议决：（一）南洋美洲文化事业部及南洋商业调查部均暂撤销，另组南洋研究委员会，以各学院院长、樊守执、杨裕芬、刘士木、褚凤仪、刘世芳、蔡正雅、丘汉平、林有壬、陈希文等先生为委员，推褚凤仪、刘士木、杨裕芬三先生为常务委员；

（二）本会每月出刊物一册；

（三）本会编辑由委员兼任，但得任用本校原有人员二人为书记缮写稿件。

三 关于本校校务行政案

议决：本校前设行政委员会，即行撤销，由特别校务会议共负行政责任。特别校务会议人选，照依第二次特别校务会议议决，以校长、五院院长、秘书长、办事处主任组织之。教务主任兼本会议秘书。

四 每月举行教授谈话会案

议决：定每第一个星期五下午六时，开教授谈话会一次，并举行叙餐。

第四次

日　期　二十一年三月十五日

地　点　法大马路冠生园

出席者　孙寒冰　叶　渊　谢循初　于基泰　陈钟凡(龙代)　樊守执　郑洪年　杨裕芬

主　席　郑洪年

纪　录　杨裕芬

开会行礼如仪

甲　报告事项

一　报告已另租得赫德路第五十六号大洋房一座,以为教室及办公处;

二　报告连日学生登记报告名及注册情形。

乙　讨论事项

一　大学部教授授一学程者,生活费应如何发给案

议决:照讲师待遇办理。

二　中学部专任教员薪俸如何支配案

议决:不支薪俸,照大学部教授例发原薪四成作为生活费,二月份亦照大学议决案支给。

三　拟请中学部主任出席特别校务会议案

议决:通过,如中学部主任在苏,不克前来,得请代表出席。

四　关于学生报告登记及注册日期展期案

议决:战区内各校转学借读生展期至三月二十日止,本校二十八日寒假未回校同学,展期至三月二十七日止。

(《暨南校刊》1932年第1—6期)

本校租借苏州东吴大学合同

国立暨南大学，因值战事，特由张一麐、李根源两先生介绍，商借私立东吴大学一部分校舍，为安插学生避难之用，兹由双方商定下列条件，以资共守：

一、暨大同学借住东大校舍，只得暂时避难，不得作为他用；

二、东大开学前一星期，暨大同学应即全部迁出；

三、战事平息时，暨大同学亦应即全部迁出；

四、暨大同学一切伙食供给，概由自理，其水电由东大供给，该费应由暨大每五日以现款结付，不得拖欠；

五、东大所借用之一切校舍，及公共器物，应由暨大负责爱惜保护，如有损失，应按值赔价；

六、暨大同学应开具名单，由东大发给出入证，无证者一概不能自由出入；

七、暨大同学应守公共秩序，由暨大职员负责管理。

立合同人 国立暨南大学代表 中学部主任王济仁
私立东吴大学代表 董事长江长川
代理教务主任徐景韩

保证人 张一麐
李根源

中华民国二十一年二月九日

（《暨南校刊》1932年第1—6期）

本校临时办事处人员名录

杨裕芬	主任

事务组

林志瀛	总干事
陈中孚	干事
吴榕藩	干事
陈天愚	保管真茹本校校具
沈美德	办理校刊编辑事宜

典籍组

耿心粹	总干事
沈真保	干事
蔡滋培	干事

招待组

许民一	总干事
周灿煌	干事
陈希文	干事
钟曼天	干事

图书馆

温文耀	管理员

谌然模	管理员

（《暨南校刊》1932 年第 1—6 期）

本校苏州临时办事处人员名录

王济仁	主任（暂兼）

事务组

鲍寿康	总干事
王维城	干事
袁业芳	干事

典籍组

王济仁	总干事
赵叔立	干事
周如希	干事

招待组

顾君谊	总干事
倪秀生	干事
张训隐	干事
龙自强	干事

（《暨南校刊》1932 年第 1—6 期）

国立暨南大学职员一览

校　长

郑洪年

院　长

陈钟凡　文学院院长
于基泰　理学院院长
孙寒冰　法学院院长
谢循初　教育院院长
叶　渊　商学院院长

秘书处

樊守执　秘书长教授兼
杨裕芬　代秘书长

总务课

林志瀛　总务课主任
奚玉书　会计师代办本校会计兼理财务
陈中孚　文书干事
周梅安　文书干事
吴榕藩　文书干事兼书记
陈　辅　文书干事兼书记

汪英硕　庶务干事
张训隐　庶务干事
唐裴礼　医务干事
卢宝法　医务干事
许民一　斋务干事
周灿煌　斋务干事
陈希文　斋务干事（兼）
钟替天　邮电干事

教务课

杨裕芬　教务课主任　教授兼
耿心粹　注册干事
沈真保　注册干事
蔡滋培　注册干事
刘国光　注册干事　兼书记
蔡言绪　书　　记
陈希文　校刊编辑兼
陈其英　同　　前

图书课

张　凤　图书课主任　教授兼
许克诚　图书课副主任
温文耀　图书课干事
龙自强　同　　前
谌然模　同　　前

训育委员会

陈钟凡　训育委员会主席
于基泰　训育委员会委员

孙寒冰 同 前
谢循初 同 前
叶 渊 同 前
杨幼炯 同 前
袁业裕 同 前

学术研究委员会

孙寒冰 学术研究委员会委员兼总编辑
陈钟凡 学术研究委员会委员
于基泰 同 前
谢循初 同 前
叶 渊 同 前
杨幼炯 同 前
袁业裕 同 前

南洋研究委员会

刘士木 南洋研究委员会委员兼常务委员
褚凤仪 同 前
杨裕芬 同 前
陈钟凡 南洋研究委员会委员
于基泰 同 前
孙寒冰 同 前
谢循初 同 前
叶 渊 同 前
蔡正雅 同 前
刘世芳 同 前
丘汉平 同 前
林有壬 同 前
陈希文 同 前

王震南　干事兼书记

苏州中学部

王济仁　中学部主任兼中学部训育主任
鲍寿康　中学部教务主任兼文书干事
王维城　中学部文书干事
林文端　同　前
江应樑　中学部训育干事
袁业芳　同　前
倪秀生　中学部庶务干事
卢麟宇　同　前
姜　蓉　中学部书记
周如希　同　前

(《暨南校刊》1932 年第 7 期)

各学院学生人数统计

(三月二十日下午三时止)

文学院	文史哲学系	五三	共	七三
	外国语文学系	二〇		
理学院	数学系	一六	共	三六
	化学系	二〇		

商学院	银行会计学系 铁路管理学系	五八	共	五八
教育学院	教育学系	四一	共	四八
	师资学系	七		
法学院	政治经济学系	一三二	共	一七二
	法律学系	四〇		

合计……………………………………………… 三八七

（《暨南校刊》1932年第7期）

国立暨南大学大学部教员通讯录

姓名	通讯处
陈钟凡	南京鼓楼南徐家巷一号清晖山馆
龙沐勋	辣斐德路一三二五号音乐专门学校
洪 深	蒲石路蒲石里A字二九号
张 凤	嘉善南门盐店埭
顾仲彝	常熟北仓其瞿砚宅
邓昌权	愚园路三一号
王 修	本校
傅东华	拉都路敦和都十一号
华 林	金神父路贾西尔路平原坊四号
顾君谊	在苏州
杨裕芬	本校
张端珍	三马路慕尔堂寄宿舍

袁业裕 麦根路润德里八八三号
叶 渊 爱文尔路平和里十号
樊守执 甘世东路新兴顺里十七号
吴文蔚 八仙桥青年会八二四号
钱祖龄 孙寒泱先生转
汪 永 赫德路恒德里七一号

（《暨南校刊》1932 年第 7 期）

郑校长致教育部电

洛阳行政院教育部、南京行政院办事处、教育部办事处部次长钧鉴，沪战发生职校应急处置各项办法，经于二月十一日及二十七日先后电陈钧部，并在令准在案。现在职校已为日军占据，在未收回以前，中学部学生仍假苏州东吴大学校址部分补习功课，一面并已筹备高初两级于三月念六日开课。此后中学部即在苏州设立，非有危难不再迁移。其大学部学生暂在上海租赁新闸路胶州路一七四八至一七五八号及赫德路五十六号洋房量为设备校址，两处距离不远，房屋亦甚宽敞，定于本月念一日正式上课。只以校费折发三成，实属无法分配，当经召集校务特别会议议决，文、理、商、教育、法五学院每院暂定两系，合共十系。其未开之各系仍视需要，酌开学程，以资事实救济。此间各学系非特别不聘讲师。其往广州为数三百八十余人。该校邹校长以人数较多，未能借读，承允借校舍、书籍、仪器，由职校自聘教员授课，业已商妥。此间教员除已解聘及已离沪者外，凡留校任教者，薪俸按四成发给。至留校职员，薪俸本少，亦再按成折扣，俾资维持，然每月尚短万元之谱，务求转商财部照拨。倘以事关通案,可否拨还旧欠一部分,以资维持。洪年惟有仰念中央财政困难欤。

钧部筹度战区,学校开课苦心力维撑拄,庶华侨教育不至中道停废,此则区区之愚,良心亦可安慰。洪年于开课后并即首途与邹校长鲁接洽,往返约以十日为期,所有筹措职校开课情形,理合先行电陈,鉴核备案,至为学便,详情容开学后另陈。国立暨南大学　校长郑洪年　啸

(《暨南校刊》1932 年第 9 期)

最近学生人数统计

本校学生人数,在开学前一日曾试作一统计(见本刊第七期),时全校学生共有三百八十六人,现报名注册业已结束,新旧学生亦将到齐,兹将最近各学院学生人数,列表示之如下:

文学院	文史哲学系	七九	共一〇五
	外国语文学系	二六	
理学院	数学系	二三	共五一
	文学系	二八	
法学院	政治经济学系	一五二	共二一八
	法律系	六六	
教育学院	教育学系	五一	共六九
	师资学系	一八	
商学院	银行会计学系	六五	共七九
	铁路管理学系	一四	
合计			五二二

(《暨南校刊》1932 年第 9 期)

第六次特别校务会议纪录

日 期 念一年三月念七日

地 点 法租界大马路冠生园

出席者 谢循初 孙寒冰（温崇信代） 樊守执 于基泰 叶渊 张凤 陈中凡 杨裕芬

列席者 林志瀛

主 席 谢循初

纪 录 杨裕芬

开会行礼如仪

甲 报告事项

一、报告筹备学生宿舍情形；

二、报告连日教室上课情形。

乙 讨论事项

一、关于学生宿舍事宜应如何办理案

议决：依照原定办法办理，并按照缴纳宿费人数酌开宿舍房间。

二、关于颐德坊学生宿舍案

议决：（一）劝令住在宿舍内之中学生，即赴苏注册上课；

（二）如不愿赴苏上课者，应即退学；

（三）颐德坊宿舍依照前议，决定退租，如由学生继续租住，准由校暂垫付租金一个月，按住宿人，照数扣除保证金。

三、留苏大学部返沪学生请求欠费应如何办理案议决:此次留苏返沪之大学部学生欠费办法依照前次校议议决办理,如查明确系贫苦者,本学期宿费准予暂欠,限款到即还,并以保证金作最后担保。

四、现以选课注册增多,教室容量不敷,应如何补救案

议决:(一)尽量增加课椅;

(二)拨新闸路校舍洋房一幢作为教室。

五、关于旧学生请假日期案

议决:请假最迟至四月十日为止,应于四月十日以前到校上课,逾期本学期不必来校,登报通告周知。

六、关于教授聘书日期案

议决:下学期聘书自七月份起,俟校长返沪决定。

七、关于校工欠薪问题案

议决:(一)欠薪俟教育部款到再发;

(二)先发遣散费五元,再发五元;

(三)留校者生活费,自三月念一日起算。

上列三项用校长名义布告。

(《暨南校刊》1932 年第 10 期)

第七次特别校务会议纪录

日　期　廿一年四月四日

地　点　新闸路本校校舍

出席者　樊守执　叶渊(林代)　孙寒冰　谢循初　张凤　于基泰　杨裕芬

列席者　林志瀛　奚玉书(龚懋德代)

主 席 张凤

纪 录 杨裕芬

开会行礼如仪

甲 报告事项

一、报告郑校长自广州发来函电;

二、报告本校最近财务概况;

三、报告学生杨伯仁家长杨碧琅来校,要求派员会同往苏访查杨伯仁下落经过情形。

乙 讨论事项

一、日来学生注册日益增多,原有教室座位不敷支配,应如何处理案

议决:(一)理学院学程迁至本校第二院(新闸路)教室上课;

(二)将第一、第二两教室合并为一大教室;

(三)院办公处迁至二楼南面新隔之室;

(四)即造木课椅一百张,以三百元为限。

二、为庋藏本校迁沪图书,制造简易木板书架,用费三百元,请予追认案

议决:通过追认。

三、规定本校经常行政费一千元用途细目案

议决:通过。每月分两次照拨。

四、发给三月份教职员工薪工案

议决:现以三月份经费只领到一成半七千五百余元,又被行政院扣去二千五百元,教职员工薪水只能照原定生活费先发半数,惟二月份未曾领薪者,照原定生活费全数发给。

五、新生请求在本校宿舍寄宿及寄宿生请求在宿舍内酌设椅桌案

议决:仍照原定规则办理。

(《暨南校刊》1932年第10期)

驻苏办事处工作志要

（自三月十四日至念六日止）

三月十四日　星期一

一、布告大学部已在上海租定房屋，于本月二十一日开学上课。仰在苏大学部学生即日赴沪，缴费注册上课，中学部则商借三元坊工学院为课室，不日开课，所有缴费注册手续及开学日期，一俟王济仁先生返苏即可决定。

二、电驻沪办事处，王济仁先生已平安到沪否（因王先生昨日所乘赴沪轮船有盗劫消息）。

三月十六日　星期三

一、函吴县邮政局，凡本学校领取中外汇款，均凭本校留苏临时办公处印章。

二、函苏州上海商业储蓄银行，改用证明领取汇款印章及签字式样。

三、布告留苏中学生，绝对不许赴沪，否则以退学论。

三月十七日　星期四

一、博习医院来处通知，本校学生杨浩然病故，请赴院收殓。

三月十九日　星期六

一、收到香港锡务公司汇来云南教育厅发给本校滇籍学生张福全等八人十一二两月份奖学金，每人三十元，共二百四十元。当即通告各该生亲自前来具领。

二、王济仁、鲍寿康两先生赴三元坊工学院接洽，商借到该校楼房四幢（二幢楼上下均为学生宿舍，一幢楼上为教职员宿舍，楼下一大间为办公处，一小间为该校储藏室，一幢楼上下均为教室）、平房膳堂一间、阅报室一间、会客室一间。

三月二十日　星期日

一、布告本校中学部，现已借定工学院房屋为临时校舍，定本月二十六日上课。仰中学部各同学，即日向姜蓉先生注册缴费，本学期不论师范科及其他各科均须一律缴交学宿杂费十五元，膳费自备，有家款未到者，准以保证金暂时作抵。

二、代办已故学生杨浩然衣棺，及赴院收殓、寄棺□舍等事项。

三、布告本校中学部，自迁入工学院，膳食改为每日三餐，每人每月餐费六元，每七人为一桌，有旅况确系艰难者，四月份膳费由校津贴半数。

四、布告定于本月二十三日迁往三元坊工学院一部分房屋，宿舍每间住五人，仰已注册缴费各同学，自行约定五人为一组，将名单开送办公处，以便支配。至大学部同学、中学部已毕业各同学及非现生留苏办事教职员并家属等，请届时分别赴沪上课，或自行租赁房屋居住。

三月二十一日　星期一

一、派员赴三元坊一带找寻房屋，为中学部女生宿舍，当经看定密蜂洞十九号莫姓一部分平房七间、厨房两间，议定每月房租二十五元，顶首（即押租）洋一百元，小租三十元。

二、派校工四人赴工学院打扫借用之房屋，及揩洗椅桌等应用物件。

三月二十二日　星期二

一、函京沪沪杭甬铁路管理局，请准本校留苏大学部学生李灿等二十余人免费乘车由苏州至镇江。

二、函镇江招商、太古两轮局，请减收本校留苏大学部学生李灿等二十余人由镇江至上海轮船费。

三、函谢李印泉、张仲仁二先生为介绍借住东吴大学，并告知本校定于本月二十二日迁出东吴大学，移住工学院。

四、函谢东吴大学借住宿舍，并通知本校定于本月二十三日迁出，移住工学院，届时请派员点收宿舍及借用之用具。

五、派员赴工学院督促校工布置办公室椅桌及宿舍床位等事项。

六、派校工二名赴密蜂洞十九号女生宿舍洒扫房屋及安设床铺。

三月二十三日　星期三

一、函谢东吴大学同学会迁让维格堂宿舍，借与本校学生住宿。

二、面商东吴大学，本校在苏大学部学生拟多住一日，于二十四日赴沪。

三、上午十一时许，通知中学部学生即刻迁入工学院内住宿。

四、复杨裕芬先生，刘国光已来沪，张训隐拟俟本处迁移至工学院内帮同照料一切，准四月一日赴沪。

五、订立租赁密蜂洞十九号莫姓房屋租约两纸，各执一纸存照。

六、布告聘请鲍寿康先生为中学部教务主任。

三月二十四日　星期四

一、函工学院校长邓著先先生，谢借住校舍，并请于二十六日本校行开学典礼时莅临训话。

二、函工学院请于二十六日开放大礼堂，以便本校行开学仪式。

三月二十五日　星期五

一、布告本月二十六日上午十时，借工学院大礼堂行开学典礼。

二、证明本校职员张训隐君由苏州至昆山一带，往返找寻本校失踪之中学部学生杨伯仁。

三月二十六日　星期六

一、上午十时正，振铃开会，行开学仪式，由王部主任为主席，并报告来苏后一切经过情形及今后之教务训育方针，鲍教务主任亦有恳切演说，全体同学并推出黄文善、杨万生二人报告昨日选举学生会委员经过情形，至十一时许始行散会。

二、布告本日下午注册截止，自明日起，未经注册者膳宿暂不供给。

（《暨南校刊》1932 年第 10 期）

校舍分称两院

本校校舍,一在赫德路,一在新闸路,两处相距里许,兹为便于称呼起见,将赫德路校舍称为第一院,新闸路校舍称为第二院。文学院、法学院、教育学院、商学院、秘书处、教务课、总务课、财务室等均设在第一院。理学院、图书馆、南洋研究委员会、男生寄宿舍、校医室、邮电室等均设在第二院。

(《暨南校刊》1932 年第 10 期)

第八次特别校务会议

日　期　二十一年四月十八日
地　点　法大马路冠生园
出席者　郑洪年　樊守执　张　凤　于基泰　孙寒冰　叶　渊　杨裕芬
列席者　奚玉书　林志瀛
主　席　郑洪年
纪　录　杨裕芬
开会行礼如仪

甲　报告事项

一　选派员工查访本校学生杨伯仁、杨贤文、陈德华三人下落，及与该生等家属接洽经过情形；

二　文学院长张凤先生赴真茹筹运校具经过情形；

三　遣散校工经过及尚需遣散费七百四十三元，请筹发，以便结束；

四　本校损失报告已奉教部第二一二四号指令转呈行政院，令行外交部查核办理；

五　大学部庶务各项账目业已结束，所有□账等项详细列表，并附钱祖龄先生审查账目报告书；

六　总务课庶务室最近支付各项报告及统计；

七　本校广州分校预算已由该分校特别校务会议议定，一俟寄到，即于下次会议再行报告。

乙　讨论事项

一　学生李灿等请求准许在宿舍内自备桌椅以便自修案

议决：每房间由学生照规定尺寸公备桌椅，轮流公用，每房所备数量，以不妨碍公共秩序及原有床位地位为准。

二　学生陆胜游等二十二人因事逾期到校，请求通融入学、准予注册案

议决：本校旧生在四月二十日以前到校者，准予通融缴费注册，但本学期所选学分不得超过十五个，且所选各学程以现时各教室座位能容纳者为限。新生一律不收。

三　本校苏州中学部全体教职员联呈，拟请联合沪上国立各校以索薪团名义向教财两部催发旧欠，以维生活案

议决：由本校全体教职员将经费困及生活困难情形，详呈教部，及联合上海各大学派代表赴京催发欠费。

四　苏州中学部学生会请求减轻学费、发还存款案

议决：本校经费困难，所请减轻学费不准。至于暨大银行存款案，

照前次校议议决，由校长与金城银行接洽代办。

五　二十年度第一学期因沪变发生，各学院学生尚未举行大考，其学业成绩及学分应如何处理案

议决：（一）一年学程俟本学年终了时合并考试，及格照给一学年学分；

（二）上学期预计可修毕学分、尚未考试者，准予定期补考；

（三）半年学程即定期补考，如现时不在校者，俟将来返校时重行补考，另案呈报。

六　请聘樊守执先生为特别校务会议副主席，请予追认案

议决：通过追认。

郑洪年

四月二十二

（《暨南校刊》1932 年第 12 期）

最近注册人数统计

本校大学部恢复已一月余，除借读生及试读生早已停止招收外，惟本校旧生，在战事发生后，多已回里，其中如远在安徽、江西、两湖、浙江各省及江北之同学，因消息不灵，道途阻梗，到校较迟，故本校特为谋一救济办法，在第八次特别校务会议议决：在四月二十日以前到校者，准予通融注册，但本学期所选学分不得超过十五个，且所选学程以现时各教室能容纳者为限。现全校学生注册，业已截止，兹将最近注册人数，统计如下：

文学院……………………………………………………共一三三

文学哲学系……共一〇二
一年级……四四
二年级……二一
三年级……三三
四年级……四
外国文学系……共三一
一年级……一二
二年级……一三
三年级……四
四年级……二
理学院……共六〇
数理学系……共三二
一年级……一七
二年级……九
三年级……四
四年级……二
化学系……共二八
一年级……一四
二年级……五
三年级……八
四年级……一
法学院……共二五三
政治经济学系……共一六四
一年级……三六
二年级……五四
三年级……五五
四年级……一九
法律学系……共八九
一年级……一七

二年级……………………………………………………三四
三年级……………………………………………………二七
四年级……………………………………………………一一
教育学院……………………………………………………共八七
教育学系……………………………………………………共五九
一年级……………………………………………………二六
二年级……………………………………………………一五
三年级……………………………………………………一二
四年级……………………………………………………六
师资学系……………………………………………………共二八
一年级……………………………………………………一二
二年级……………………………………………………一一
三年级……………………………………………………五
商学院……………………………………………………共一〇五
银行会计学系……………………………………………共七〇
一年级……………………………………………………二二
二年级……………………………………………………二一
三年级……………………………………………………一八
四年级……………………………………………………九
铁道管理学系……………………………………………共三五
一年级……………………………………………………七
二年级……………………………………………………一〇
三年级……………………………………………………七
四年级……………………………………………………一一
全校共计……………………………………………………六三八

(《暨南校刊》1932年第14期)

校长布告

(第三十号)

为布告事:查真茹日军瞬将撤退,本校真茹校舍不久即可□收,当已派定警察,届时前往守护;且以校内房舍损坏甚重,应先着手整理修葺,不许闲人入内。如本校教职员学生欲往真茹本校探视宿舍,及检取个人物件者,应先至本校秘书处领取临时通行证,持交守护校舍警察验明,方准入校。该项临时通行证,限翌日缴还秘书处核销,以昭慎密。除分知外,特此布告,仰各遵照。此布。

校长　郑洪年

五月十六日

(第三十一号)

为布告事:兹聘请张凤先生、于基泰先生、孙寒冰先生、谢循初先生、陈科美先生、叶渊先生、樊守执先生、杨裕芬先生、郑宝宁先生、王济仁先生、黄中廑先生、奚玉书先生、林志瀛先生、许克诚先生,为本校战后整理委员会委员,除函聘外。此布。

校长　郑洪年

五月二十日

(《暨南校刊》1932 年第 16 期)

本校战后整理委员会业经成立通过大纲分组进行工作

上海战事协定签字后，日军即陆续撤退，刻驻真茹日军亦定于本月廿一日撤退，本校以校址收复在即，亟应乘时整理，当开第九次特别校务会议，议决请张凤、于基泰、孙寒冰、谢循初、陈科美、叶渊、樊守执、杨裕芬、郑宝宁、王济仁、黄中廑、奚玉书、林志瀛、许克诚等先生为委员，组织战后整理委员会，以便专责办理本校整理事宜。该会已于本月十六日宣告成立，通过大纲，计分校务、校产、校舍、总务四组进行，工作至为紧张。（该会办事大纲及第一次会议记录见前——编者）

（《暨南校刊》1932 年第 16 期）

第十次特别校务会议纪录

日　期　廿一年五月廿七日

地　点　华安八楼

出席者　郑洪年　孙寒冰　陈科美　于基泰　樊守执　张　凤
　　　　王济仁　奚玉书　郑宝宁　叶　渊　杨裕芬

主　席　郑洪年

纪　录　　杨裕芬

开会行礼如仪

(甲)报告事项

本校驻粤办事处呈报驻粤大中学部开学情形经过状况及收支数目请察核由。

(乙)讨论事项

(一)战后整理委员会拟具整理计划请公决案

议决:

(1)战后整理委员会办事大纲照原拟通过;

(2)廿一年度全校暂行概算照原拟数目通过,交会计师遵照办理;

(3)行政之组织修订如下:

(A)秘书处下设总务课、注册课、图书馆,人员人数由校长决定,并分别聘约之;

(B)教务委员会委员若干人,由校长聘请之;

(C)训育委员会委员若干人,由校长聘请之。

(二)为适应战后需要,以求实用,创设一年级共同必须技术学程案

议决:推樊守执、于基泰、王济仁、郑宝宁四先生拟具方案,提交下次会议讨论,由樊守执先生召集。

(三)拟筹设实验学校案

议决:推孙寒冰、陈科美、张凤、王济仁四先生拟具方案,提交下次会议讨论,由孙寒冰先生召集。

(四)修订教职员待遇规程及审核成绩案

议决:推叶渊、孙寒冰、陈科美、王济仁四先生拟具方案,提交下次会议讨论,由叶渊先生召集。

(五)关于下学年招生办法案

议决:

(1)苏州实验学校先办初中；

(2)师范科单独在苏州设立；

(3)中学部迁于广州；

(4)凡本学期未注册各旧生，除中学三年级生、大学四年生欲返校肄业者，须于七月五日以前挂号函知教务课，并须九月一日到校登记，依照指定宿舍床位居住（如事前到校者须自行在校外赁屋居住）外，其余各生，须先挂号函知教务课，俟得复函，准继续返校肄业，方可来校，否则即到校亦不许注册；

(5)初中及师范科不招收新生；

(6)所有免费及工读一律取消，另行订奖学办法。

（六）重行组织固定之招生委员会案

议决：聘请张凤、于基泰、孙寒冰、陈科美、叶渊、樊守执、杨裕芬、郑宝宁、黄中廑为委员，以后关于新生入学事宜，统交招生委员会办理。

（七）拟增加大学部教职员生活费案

议决：自五月份起，大学部教职员各按原薪加给一成生活费

（八）教育学院师资科同学会请求津贴毕业同学赴本埠参观藉资借镜由

议决：本校经费困难，未便照准。

（九）教育学院本届毕业生郝春德等建议本校创设实验学校于南洋藉以发展华侨教育由

议决：缓议。

（十）文学院教授顾名建议下列四项：

(1)代侨生尽介绍之责；

(2)代侨生计划补习科目之责；

(3)为全校师生提倡旅行考察；

(4)各院及秘书处、教务课，编制学生生活调查表，分寄家长。

附建议苏中学增设实验小学案。

议决：交整委会核议后再行提交本会讨论。

(十一)南洋研究委员会常委会呈请该会一切收支印务发行等事概交总务课直接负责办理,以专责成而免周折由

议决:通过照办。

(十二)规定补行上学期大考及本学期大考时间案

议决:定七月四日至十日补行上学期大考;七月十一日至十八日举行本学期大考;本学期毕业考试,应先呈请教育部是否派员来校监考,并拟商借震旦大学大教室举行毕业试验。

主席 郑洪年

五·二八

(《暨南校刊》1932年第17期)

接收真茹有感

张 凤 天 方

五月二十三日收复真茹校舍,重见小犬"阿六",别已四月矣。

一

复关既见涕犹涟,等是莺飞草长天;
断龁群羊奔涧底,余留一犬山风前。
舞娴厩马挝鼙鼓,鸣警仓鹒劝管弦;
来到上庠文德地,花开战血缀长川。

二

闲篱累累马缨花，突上迎人惨不哗；
绊地饱惊原上烧，拦衣猛欲卧当车。
贤能浩荡春门守，□未暗鸣敌忾赊；
多少云程豢鸡犬，甘谁贫贱骨聱牙。

三

愁多百二老春阳，添染衰毛点点霜；
容易身闲草间活，最难心悸血成盂。
无家与尔同飘泊，长物关人累坐忘；
莫问楹书近无恙，未曾博塞等亡羊。
（二十年余所积古物悉数沦陷，价达万余金）

四

拂地星芒夺帅寒，不成坐镇失雕鞍；
一声掌上风雷掴，万恨胸中诘诎盘。
展翼垂天云待簇，攒眉来日眼前难；
劫余生命归来细，怜汝曾无作汉奸。

（《暨南校刊》1932 年第 17 期）

国立暨南大学战后整理委员会通告

散居海内外各地同学注意

本校自沪变发生,真茹校址即沦为战区,当经设法在上海、广州、苏州三处,分别租借临时校舍上课,业经先后通告周知在案。兹以上海日军已于五月廿三日撤退,真茹校址业已收复,惟以久经占驻,蹂躏不堪,校舍多被毁坏,校具几全丧失。现经校长聘定教职员十五人,组织战后整理委员会,立刻进行整理修葺。然究非短时间所能完全修竣;且本校并以决定乘时彻底改进,当经拟具整个复兴计划,为此通告本校旧生一体周知。凡本学期未回校之同学,欲于本年暑假后返本校肄业者,除大学部四年级、高中部三年级生,应即挂号函知上海赫德路五十六号本校教务课登记,并须于九月一日至学校报到,依照指定宿舍床位住宿,如事前到校者,应暂行在校外自行租住外,其余各生应即于七月五日以前先行挂号函知本校教务课(中学部学生欲在粤在苏肄业者,应在函□自行声明)。因原来宿舍,拟不全用作宿舍,另作别用,故须俟接得本校准予进校继续肄业复函方可来沪,否则虽已到沪亦不准予注册。本校中学部拟在粤在苏另行分设,不在真茹,下学期并停收师范科及初中一年级新生。又,除高中师范生外,以前免费工读一概取消,另定奖学办法,容另公布。为此先行通告周知,仰各注意遵照办理为要。

国立暨南大学战后整理委员会

中华民国二十一年五月廿四日

(《暨南校刊》1932 年第 17 期)

下学年设校的计画

至于学校全盘计划，大学部决设在真茹，广州不办大学部。中学部决设广州，过去经验所得，中学部设在上海实不相宜，故侨生回国后，先在广州训练，而后转来上海。苏州设师范科及实验学校，实校将不另请教师，全由本校同学担任，如教育院同学，在最后之一学期，均须前往实校实习；其他各院同学，亦须选派若干人，实习一学期。或每级设导师一人，专负实习指导批评之责，使人人皆能为好教师。

（《暨南校刊》1932 年第 18 期）

国立暨南大学二十一年度校务改革计划草案

陈钟凡　拟

按，陈先生所拟之校务改革计划草案，纲举目张，周密详尽，因时制宜，足为楷模。惟其中所拟关于行政改革计划，本校既于第十次校议议决，余则交战后整理委员会分别研究，以期集思广益，爰先为之在校刊发表，亦足见本校人员对于本校复兴计划之努力也。兹将陈先生原拟计划披露于后。

编 者

（一）行政改革计划

大学校务拟分设事务、教导两部掌理之。

事务部设主任一人，下分文书、会计、庶务、注册、出版、海外文化事业六股，各设股长一人，股员若干人。

教导部由各学院院长及各学系主任共同组织之，教导会议处理之，教导会议按月由各学院院长轮值主席，每两周开会一次，其规则另定之。

大学教授事务由各学院办公处掌理，各院设院长一人，助理一人，书记一人。

大学训导事务由教导会议处理，于训导会议主席下设训导员若干人组织训导股，助理各项训导事宜。

（二）教授计划

大学教授事宜拟分前期、中期、后期三段。第一学年为前期大学，第二学年为中期大学，第三、四学年为后期大学。前期大学不分学院，其教授注重求学工具之具备及各学科常识之充实。中期大学分各学院，不分学系，教授注重各学科基本原理之了解，两期皆为基础教授。后期大学分各学系，教授注重各学科系统之探索。

各期课程分订如下：

第一学年前期大学课表（共同修习课程）

1. 党义 二学分
2. 基本国文 六学分
3. 基本英文 六学分
4. 基本数学 六学分

上列第一组必修课，除公修科，注重平时练习，其成绩计算法以每周练习所得之积分与学期试验分数平均，作为总分数，及格方得免读，各课标准另订之。学期试验用混合竞争考试，于担任各该课之教员外，另请校内外考试委员若干，组织考试委员会，担任命题、监考及评定分数。

11.	科学方法论	三学分
12.	科学发达史	六学分
13.	高等物理学	六学分
14.	应用化学	六学分
15.	生物学	六学分
16.	人类学	三学分

上列第二组选课，任选十二学分。

21.	中国近百年史	三学分
22.	西洋现代文化史	三学分
23.	西洋现代文明	三学分
24.	本国政治 经济现状	三学分
25.	国际政治 经济现状	三学分

上列第三组选课，任选六学分。

31.	中国思想史	六学分
32.	西洋思想史	六学分
33.	西洋近代思潮	三学分
34.	人生哲学	三学分

上列第四组选课，任选六学分。

41. 六学分中国文学于下列文 4 至文 11 各课中选读；

42. 六学分西洋文学于下列文 8 至文 10 各课中选读；

43. 六学分西洋艺术于下列文□至文□各课中选读。

上列第五组选课，任选六学分。

以下五组，共读五十学分，全校第一年级生必须读毕，试验及格，方得升入中期大学,前期读毕,得给予前期大学修业证书。

第二年中期大学课表

中期大学课程,由各学院分类开设,兹举文学院为例,其他各学院另订之。

文学院中期课程分三类,设立如次:

第一类

1. 语音学	三学分
2. 言语学	三学分
3. 中国文学	六学分
4. 中国文学史	六学分
5. 古今诗选	六学分
6. 词选	六学分
7. 曲选	六学分
8. 西洋小说选	六学分
9. 西洋诗歌	六学分
10. 西洋戏剧	六学分

选此类课者,至少读卅六学分,至多读四十四学分,一年读毕,其他前期已读41及42者得免重读,应改选他课。

第二类

11. 西洋哲学史	六学分
12. 西洋现代思潮	三学分
13. 印度哲学史	三学分
14. 认识论	三学分
15. 数理哲学	六学分
16. 生物哲学	六学分
17. 西洋艺术史	六学分
18. 艺术论	六学分
19. 近代艺术思潮	三学分

选读此类者,至少读卅六,至多读四十四学分,一年毕。

第三类

21.	史学研究法	三学分
22.	历史哲学	三学分
23.	民俗学	三学分
24.	考古学	三学分
25.	古文字学	六学分
26.	中国通史	六学分
27.	西洋通史	六学分
28.	社会学史	三学分
29.	社会进化史	三学分
30.	社会经济学	三学分
31.	社会心理学	三学分
32.	社会哲学	三学分

选读此类课者,至少读三十六,至多读四十四分,一年毕。

以上文学院中期大学课表。学生一年读毕,试验及格,得给予中期大学修业证书。

其他各学院中期大学课另订之。

第三、四年后期大学课表

(一)中国语言文学系

51.	比较语音学	六学分必修与外文系合预习文1
52.	比较语言学	六学分必修与外文系合预习文2
53.	古音学	六学分必修
54.	古代方言	六学分选修
55.	古文字学	六学分必修与史学系合预习文3
56.	修辞法	三学分选修
57.	文法及语法	三学分选修
71.	中国散文名著选	六学分必修
72.	专家散文　每家	三学分选修如汉之马班、唐之韩柳等
73.	各代诗选　每代	三学分必修如汉魏诗、六朝诗、唐诗宋

诗等

74. 专家诗　　每家　　三学分选修如唐之李、杜、王、孟、韦、柳、高、岑等预习文5

75. 楚词及汉魏赋　　三学分必修

76. 两宋词　　六学分必修预习文6

77. 专家词　　每家　　三学分选修如宋之苏、辛、姜、张等

78. 南北曲　　六学分必修预习文7

79. 中国小说　　六学分必修

81. 文学批评　　三学分必修与外文系合

82. 批评原理及派别　　三学分选修与外文系合

83. 近世文评　　三学分选修与外文系合

84. 中国专家文评　每家　三学分选修如诗品、文心雕龙等

91. 文学与音乐　　三学分选修

92. 散文习作　　三学分必修

93. 诗歌作法及练习　　三学分必修

(二)外国语文学系

51. 比较语音学　　六学分必修与中文系合预习文1

52. 比较语言学　　六学分必修与中文系合预习文2

101. 国际音标及各国字母　　三学分选修

102. 腊丁文　　六学分选修

111. 西洋散文　　六学分必修

112. 西洋近代史　　六学分必修

113. 西洋专家散文　　三学分选修如安诺德、客来尔等

114. 散文习作　　三学分必修

115. 汉英对译　　三学分必修

116. 西洋小说选　　六学分必修预习文8

117. 西洋小说史　　六学分选修

118. 西洋名家小说 每家	三学分选修	如迭更司、增刻等家
119. 短篇小说	三学分选修	
140. 小说作法练习	三学分必修	
141. 西洋古代诗	六学分选修	
142. 西洋近代诗	六学分必修	预习文 9
143. 西洋名家诗	三学分选修	如白郎宁、丁尼生等家
144. 西洋戏剧史	三学分选修	
145. 西洋近代剧	六学分必修	预习文 10
146. 西洋名家剧	三学分选修	如沙士比亚、美近代之萧伯纳、王尔德等
147. 西洋独幕剧	三学分选修	
148. 西洋歌剧	三学分选修	
149. 戏剧编纂及导演	六学分必修	
150. 戏剧表出及练习	三学分必修	
151. 舞台装置及监督	三学分□修	
152. 电影编纂及导演	三学分选修	
81. 文学批评	三学分必修	与中文系合
82. 批评原理及派别	三学分选修	与中文系合
83. 近世批评	三学分选修	与中文系合
84. 西洋各派批评派	三学分选修	各社会的文评等

(三)史学社会学系

161. 中国文学史	三学分必修	预习文 26
162. 中国专史 每种	三学分选修	如史记、汉书、南北史、元史等
163. 中国史学史	六学分必修	
164. 西洋专史 每种	三学分选修	如法国革命史、帝国主义史等
165. 西洋史学史	三学分必修	预习文 27
166. 东洋诸国史	三学分必修	

167. 印度及南洋诸国史　三学分必修
168. 海外华侨史　三学分必修
169. 西方新兴诸国史　三学分必修
170. 中国历史地理　六学分必修
171. 中国经济地理　三学分选修
172. 外国经济地理　三学分选修
173. 历史统计　三学分必修
174. 地方志体例及编纂　三学分必修
181. 社会思想史　六学分必修
182. 中国社会思想史　三学分必修
183. 各家社会学说　每家　三学分选修如康德、斯宾塞等家
184. 中国社会结构　三学分必修
185. 社会问题　每项　三学分选修如劳动问题、农民问题、土地问题
186. 都市社会　三学分必修
187. 农村社会　三学分必修
188. 农村经济　三学分必修
189. 农村教育　三学分必修
190. 社会政策　三学分选修
191. 社会立法　三学分选修
192. 社会改造运动　三学分选修
193. 社会调查　六学分必修
194. 社会测验　六学分必修
195. 社会统计　三学分必修

以上分课，学生于两年中至少选读六十学分，至多读八十学分，各课试验，并于第四年第二学期提出论文一篇，在五千字以上，由系主任及毕业考试委员会通过，方得呈报毕业，给予大学毕业文凭。

其他各学院后期大学课另订之。

第一年前期大学生不分学院，由文理两学院院长共同组织委员会

管理，其学期及学年考试由考试委员评定分数。

后期大学拟用研究制，由各课担任教员指定书籍，令学生作系统研究，教授用讨论式，便诸生各发表研究心得，由教员纠正错误，作最后之结论。

（三）训导计划

大学训导学生事务，由教导会议掌理，于必要时，得设训导员若干人，辅助进行下列诸事项：

甲，生活训导

（A）关于卫生事项：训导员除讲述卫生理论及医药常识外，每日应督述学生举行饮料检查、食品检查，由学生推举代表轮值担任，每周应举行宿舍整洁、食堂整洁、课室整洁、运动场庭园及厕所整洁，由学生分组共同担任，每学期举行体格检查，全体一律参加，总期养成卫生习惯，矫正不良习气。

（B）关于运动事项：督述学生努力参加各项运动（一）球类运动，如足球、篮球、网球、台球等；（二）竞赛，如竞走、技击、国术、射箭、骑术、游泳等。每学期应举行大规模运动会一次，随时举行校内外各项比赛运动。

（C）关于娱乐事项：其项目如（一）音乐则有弦乐、管乐、钢琴等；（二）唱歌则有皮簧、昆曲、粤曲及各地民谣等；（三）舞蹈则有剑舞、乐舞、歌舞等；（四）戏剧则有话剧、歌剧等；（五）弈棋则有象棋、围棋等；（六）书画则有书法、画法等。其他如登山、游水、玩月、钓鱼等均属之。

（D）关于集会事项：应每周举行音乐会、游艺会及各项学术演讲会，每学期举行各种展览会一次。

（E）关于合作事项：如消费合作社、信用合作社等，应提倡学生自动组织。

（F）关于惩戒事项：由训导会议决定。

以上各事，并由训导员指导学生自动办理，按月报告教导会议，汇呈校长核阅。

乙，劳动训导

劳动教育，东西各国现已普遍施行，其项目至繁，兹为适应本校环境起见，谨订三项劳动如下：（一）园艺，（二）禽畜及昆虫饲养，（三）工艺化学。使各科学生各选习一项，每日工作一小时，星期日二小时从事实地劳动，二年毕事。女生或以家事、缝纫、烹饪代之。

丙，军事训练

依训练总监部之规定，二年毕事。

（《暨南校刊》1932 年第 19 期）

修复暨南大学计划书

杨锡镠　拟

前承贵校之招，往真茹暨大视察战后损毁情形，并计划修葺工程事宜，爰就管见所及，略呈意见如次：

（一）损毁情形

全校受损害最大者，当为科学馆西首一角之屋面，几全毁坏。然亦只上层一部之问题，与该馆整个建筑之坚固问题，并无若何影响。其余各校舍除玻璃全毁及偶有一二门窗及屋瓦受损外，并无重大损毁，就全体而论，关于房屋之损害，不可谓重，稍加修葺，即可应用也。

（二）修理步骤

要开具应用材料品名及数量，由校直接购置，然后饬由该监工员分配工作，如是则虽校内多一管理购办材料之烦杂，然对于工程之进行，可以经济多；且可随时由校指示应修之工程，立刻饬匠工作，无虚靡之患，而收简捷之效。即如材料有多购者，亦可备作平时各项修理之用，不致浪费也。

（三）工程预算

就上次赴真茹约略视察之结果，大约估计之：科学馆之修理约需银七八千两左右，各校舍之玻璃完全配齐约需银一千余两左右，其余零星工程约需四千余两。然该估计乃最粗略之约数，不足据为凭藉；且修理工程，初无十分不易之标准，即如各校舍内，多有各项损坏，亟需修理，而查非受战事之毁损，纯为平时使用不慎，及日久圮坍所致者，此外墙垣之粉垩，门窗之倾斜等等，亦需一一修葺如新，自属不赀，若仅就其迫不及待者施以修理，则自可较省，是修理之费用，须端视上条所述损害情形办理。修复工作可分为二大部：

（甲）科学馆

科学馆因所毁者较大，且比较的有整个目标，最好先觅得建造该馆时之原来图样，则墙垣栋梁之尺寸材料，皆可一目了然。然后按图复核，何者应拆去重造，何者应添配装置，何者应重加髹漆，制就详细说明及施工细则，再行招工承包，可以采取投标手续，择估价最低者包给之，手续可较简单，而不致过费。

（乙）零星修理

除科学馆外之各项零星工程，因无整理目标，且过于零杂，不宜于上项所述之包工制，因说明不甚详尽，而估价时不能翔实，势必多留虚数，以备工作之增减。是包价将因之而增高，故最好莫若用雇工制，由校内直接雇用长工、水作、木匠、漆匠等各若干人，另聘具有建筑工程经验之监工员一人督饬之，由其先行按需修理之至若何程度而定也。

（四）平时之修理

一大规模之学校如暨大者，校舍十余座，平时当常有零星之修理工作，如每次必出之以包工，殊不经济，且较烦杂，故上条所述之监工员及各项工匠，殊有常年雇用之必要。每年费少许额外之经费，而使全部校舍常无倾圮之患，亦殊为得计也。

以上种种是否有当，尚祈指正。

（《暨南校刊》1932 年第 19 期）

第十一次特别校务会议纪录

日　期　二十一年六月七日

地　点　法租界大马路冠生园

出席者　孙寒冰　张　凤　于基泰　陈科美　王济仁　郑宝宁　郑洪年　樊守执　叶　渊　杨裕芬

列席者　奚玉书

主　席　郑洪年

纪　录　杨裕芬

开会如仪

甲　报告事项

一　教育部来电，战区学校正在筹划救济，仰候呈行政院核办文。

二　朱部长家骅函知，各校兵燹损失，经行政院决议，交淞沪灾区救济委员会文。

三　教育部通令高中以上学校招收留日学生投考及转学后办法文（附日本学校一览表）。

四　行政院因垫发之两万元业已还清，退还财政部所发本校一月份经费二万元直字第六五号支付命令通知,当即呈缴教部,转咨财部核销,并函审计部备案。

乙 讨论事项

一 拟具修正本校教职员待遇规程请公决案

议决:仍交原拟方案叶渊、孙寒冰、陈科美、王济仁四先生决议,再提交下次会议讨论。

二 拟具校债方案请公决案

议决:通过。并推周茂蕃、孙寒冰、张凤、于基泰、谢循初五先生为校债基金保管委员,债券于暑假前发出,由七月份起给息。

三 下学期拟自行筹划电灯厂,以节縻费,附慎昌洋行装置电机计划,请公决案

议决:照办,原订合同照修正通过。

四 拟具下学期筹办印刷所计划请核议案

议决:通过。俟下月校款稍裕时即办。

五 工程师杨锡镠拟具本校真茹校舍修理计划请公决案

议决:通过。并聘杨锡镠先生为本校工程顾问。

六 拟具一年级共同必修技术学程请公决案

议决:拟定下列各原则交教务委员会详细讨论。

(一)技术学程为必修学程,修习时间为一年,如有一年修不足者,定为两年,由一年级起修习;

(二)原拟方案第四组(艺术组)应否取消及增加历史组;

(三)应拟具全校各院课程详细指导书。

七 拟具校务委员会及训育委员会组织大纲案

议决:(一)推定各学院院长、一年级主任、注册主任七人为教务委员会委员。教务委员会组织大纲,由该会即行拟定,提交下次会议讨论;

(二)推定各学院院长为训育委员会当然委员外,另设常委二人,由教授中聘任之,训育委员会组织大纲,由叶渊、孙寒冰、张凤三

先生拟定。由叶渊先生召集,提交下次会议讨论。

八 下学年拟聘请著名学者到校讲演,增设特别讲座案

议决:交教务委员会办理。

九 拟设最高评判委员会审查学生学业成绩案

议决:各学院各推教授一人,共同组织之。

十 决定暑假招收新生日期及地点案

议决:(一)报名:七月十五日至二十日;

(二)考试:第一次七月二十八、廿九、卅三天;

(三)地点:商借震旦或交大校舍一部分办理。

十一 一九三二级请求提前举行毕业试验案

议决:定六月二十日起,商借交大或震旦教室举行本届毕业试验。

十二 为提倡学术实际起见,此后一切团体津贴概行停止,另有奖励办法,及由学校印刷所代印刊物案

议决:交训育委员会拟定办法,再提交下次会议讨论。

十三 文学院同学会本届拟出版学期刊物一册,请拨助经费并示进行办法案

议决:缓议。

十四 学生程如垣等贡献借读中大将来补考问题及学分问题案

议决:凡本学期本校学生在他处借读,所得学分照本校各学院所定学分标准核给。

十五 教育学院本届毕业生郝春德条陈创设实校于南洋,具体办法计划大纲请核议案

议决:保留。

十六 校长交议中学部课程应照部章规定偏重职业及技能案

议决:由王济仁、余佑人、曹聚仁三先生拟具方案,提交下次会议讨论。

十七 校长交议本校下年度设校计划案

议决:通过。

(一)大学部设在真茹。驻粤大学部下学年即行撤销,迁返真茹;

(二)中学部高初中决设在广州,惟学生人数不得超过二百人;

(三)师范科决单独设在苏州,并附设实验学校,内分初中、小学及幼稚园,学生不超过二百人。

十八 校长交议自下年度起,规定支款程序案。

议决:(一)校产基金;(二)师范生膳费;(三)工艺工资;(四)讲义及煤电;(五)教职员薪水;(六)学生奖励金;(七)其他。

(《暨南校刊》1932 年第 19 期)

战后整理委员会校舍组工作报告

(五月二十三日至六月十二日)

一、接收事项

“一·二八”上海事变,真茹沦为战区,本校大受损失,嗣停战协定签字,本校于五月二十三日正式接收,郑校长亲临视察后,即由本组指挥校警,正式守卫,严防出入,并派张训隐、陈天愚两君驻校,开始整理,由上海调回校工八名,另雇临时雇工计十四人,从事工作。此接收时之大略情形也。

二、全校四周布置临时围墙

本校四周向缺围墙,管理方面,至感苦痛,十八、十九两年度临时费业经核准,迄未领到,以致无法建筑。本组于接收后第一步,即将校基四围树立木桩,满布铅丝网,作为临时围墙,俾得着手整理校舍。计出木桩三百八十六根,铅丝网已圈好者,约长七百五十丈,至圈围地点:

（1）东面南至河浜起，经过西围饮食店及闽庄房屋，北至河浜为止；

（2）北面东由临时宿舍后面起，经过打水间，并沿河浜至新村马路实验小学大门，直至高中宿舍周围（新村南部房屋围在铁丝网内）；

（3）西面从高中宿舍西边直圈至杨家桥后身校地为止；

（4）南面由教职员宿舍起围到校门为止，校门以东利用河浜，不必重加铅丝网；

（5）前初中部与电气变压所之间，并加铅丝网截断通路。

三、搜查校具

本校接收后第一步，并即搜查各处民房藏留校具，督饬校警校工前往搬运，约计搜回台子三十余件，椅子六十余件，书架三十余件，铁床七十余件，均另放大饭厅内，以便整理，并行登记。

四、搜查书籍

先往真茹维持会搬回各项不全书籍、杂志、印刷品，约有数麻袋之多，另行存贮，以便整理，并行登记。

五、搜查危险物品

从接收后，一面校舍四周围布铁丝网，一面检查校舍四周及校内有无危险物，现已发现者有手榴弹、炸弹、步枪、子弹之类，均由真茹公安局四区三所收存，此外地雷等等尚未发现，并将十九路军所遗军用品、丝棉背心、水壶等件另行存放，现已由十九路军后方办事处派员前来领去。

六、关于全校警卫事项

本校自接收后，即指挥校警开始布岗，并为郑重起见，每晚加班巡逻；此外并发口令，以免奸人混入；另用灯号以资稽查，试行以来，颇著成效。

七、关于全校清洁事项

校舍内部现在已经打扫清洁者,计有科学馆大教室、教职员宿舍、第一宿舍、第二宿舍、第四宿舍、第五宿舍、第六宿舍等处,其他各处在继续打扫中。

八、关于召集各处地保谈话情形

本校校具散失在外为数甚巨,自接收后积极搜查,收回甚多,并将搜查情形另行报告;惟真茹附近地方辽阔,遗漏之处容或难免,特于六月十二号召集各处地保谈话,计到张、李、蔡、王四人,由张训隐、陈天愚两君面嘱彼等代为通知各村户居民,务将本校校具从速交来,否则一经查出,当惟该地保是问云云。

九、关于木匠工作事项

自接收后,雇临时木工两人,先作木桩为围铅丝网之用,现在开始修理打水间门窗及添配第一宿舍内门窗,并同时预备测量木桩,以便测量之用。

十、关于铁匠工作事项

先修理打水机器,及刷洗水塔内部。

十一、赏罚情形

校工孙为龙、王淮南获得窃犯一名,并追回失物,除将窃犯送公安局罚办外,该校工各记功一次;又,伊有才私藏校具,意图变卖,着即开除;又,王承兴未带符号,私行出入,记大过一次;又,范步洲看门不力,记小过一次。

十二、关于禁止闲人来校经过

自接收后即禁止闲人来校,以防意外,真茹保卫团及四区三所常有团员警察来校踢球,当即严加制止。无论如何,非有通行证不得入校。又,卫生局来校索取存遗之破垃圾车一辆,因该局手续不完,亦不允其入校运去云。

十三、关于教育部来校参观情形

六月四日,教育部派督学等三员莅校参观,当由校长、各院院长及秘书长等偕同到校参观战后毁损情形,上午十时来校,十二时回往上海。又,八日上午六时,上海市公安局温局长来校参观,对于本校战后整理工作均表慰励云。

(《暨南校刊》1932 年第 20 期)

郑校长抵粤情形

〔广州讯〕郑校长于十一日由沪乘柯力芝总统轮来粤,十三日抵港,旋于即晚由港转乘龙山夜船晋省。十四日上午六时卅分抵步。是晨暨大员生闻讯,特集队前往西濠口省港轮船码头欢迎。郑氏登岸与前往欢迎之各员生晤谈片刻,即乘车前往东山启明二马路七号住宅休息。至十时许在太平馆召集教职员会议,讨论在粤设校及招生事务。下午二时,该校员生假座教育会,开会欢迎,郑训话历二小时之久。查郑氏此次南下偕行者只其秘书郑宝宁、公子南生等数人,随侍甚简,记者当郑氏抵步时,特往访晤,叩询此行任务。据谈,此来目的全为侨生着想,计划设立中学及招收新生事宜。一俟各事办竣,即行返沪。余无其他任务,记者随询以上海暨大校务最近情形。据云,此次沪变,本校损失颇大,现已组织战后整理委员会,着手整理。约秋间当可恢复原态，目下仍暂在租界上课。至于分设苏州中校一事，乃属本人素志，刻下该校各项进行甚利，谅不久之将来，即可与从前之真茹暨中相比云。

（《暨南校刊》1932年第21期）

郑校长训话

（六月十四日于广州教育会学生欢迎会中）

大学部注重专业训练
中学部注重生产教育

诸位先生、同学：

我离开广州已经两个多月，关于此间的校务，诸位先生常有报告，同学也有写信报告，所以我知道诸位先生对于同学尽心教导，非常感激！同学在此地读书很能用功，在大学方面有一部分是中大教授兼课，也告诉我说诸位到课堂很早，能专心致志，所以我非常的安慰！中学部同学也能用功，只听说中间和平民宫发生一点小误会，有点缺憾；中学部华侨同学多数未能十分充分修养，以后还要特别注意，万不可轻易冲动。我此次南来，想诸位同学很要知道真茹校舍收回情形，以及下半年进展的计划，兹特约报告如下：

适应环境教育救国

本校为华侨最高学府，固然为华侨子弟回国求学的场所，同时又负有殖民教育的使命。本校虽说有二十六年的历史，然而大学部设立仅五六年，未能有充分的施展，一则因政治未上轨道，国立学校常受种种的影响，其次，学校行政与教训多少有些缺憾，或与环境不甚适宜，尤其这次与日本人一战，我觉得有许多的感触，觉得全国无论高等或中等或中小学教育，总要适应环境，才可说到教育救国。否则人家有大学，我也有大学，人家有小学，我也办小学，依样画葫芦，形成洋八股式的教育，再过十年二十年还是不能救国。所以我们以后应有彻底的改革，认定目标，用全副的精神去努力。自从一二八以后，我常与诸位先生研究如何实施适应环境的教育，在真茹校舍未收回以前，聘请十五人为本校战后整理委员会委员，分组办事，已载校刊，不必细说。到日本撤退的一天，当即派员到校，我也亲自到校察看战后损失情形，我已对记者发表，前天香港各报俱有登载，诸位同学看过报纸也可以知道大概了。

教务行政均加改进

关于行政方面，一切组织和上学期无大分别，我以为行政人员，愈少愈好，以效能为主，不愿再增加。看这次上海办事的人并不多，比从前在真茹较有团结，精神亦易贯注，就我所研究，及过去经验所得，在上海只宜于办大学，购置图书仪器，聘请专门教师，比较便利，故决定大学搬回真茹。至于中学，在上海是不相宜的，在座诸位同学，当很能明瞭上海中等教育的情形，除具有历史稍著声誉的三数校外，都差得很呢。这是环境与师资的两种关系，所以我们的中学决定设在广州。有一位老同学梁君说，本市河南有一处医院故址，可以借办中学，待将来再觅相当的校基。中学多侨生，祖籍多属于粤闽一带，回国后第一步在广州读书，比较的便利了。广州毕业后，再到上海升入大学部，如此基础弄好，大学才能巩固。

师校设苏注重实验

本校师范科原为造就南洋小学的师资，这几年歧异旨趣，弄得有名无实，所以决定从下学年起设于苏州。苏州虽属城市，但与乡村无异，苏绅张仲仁先生已为我找得新苏农场的地址，这几天内可以商洽妥当，并且兼办实验学校，初中部、小学部给师范科和师资科的同学作实地试验。以前在真茹办的实验学校，好像统系不甚清楚，这次预备不请教员，由师范生一面读书，一面教书，另请几位富有教学经验的导师，对于同学每天所教的作一种批评与指导，所以下学年的决定是大学在真茹，中学在广州，师范并实校在苏州。

专业训练生产教育

从下学年起，大学部第一年不分院，专培养基础学问与工具，练习发挥的技能，第二年分院不分系，是为前期；第三、四年则重专业训练，是为后期。这样才可造成真材实料的专门人材。上面我所讲的教育要适应环境，试观现代全世界的不景气，穷本探源，最大的症结是在经济的不景气，所以影响一切制度的动摇，我们要教育适应环境，在大学的前期，非开许多训练应用技能的课程不可！譬如女同学，定要修家政，所谓家庭经济之类。现在详细计划正在拟具，必修课程一年教不完的，可以继续的教，还要避免选习重复，本系以外□认定副系，副系有狭义上的流弊，只可甲院与乙院沟通，同学就兴趣可以互选学程。譬如师资科同学，将来要去教书，“无所不通，无所不晓”是人所难能，只可就所学是那一科，再深其造诣，例如在师资科国文组的可到中国文学系加选一两门，在英文组的可以到外文学系再选几课，或者在法学院商学院的同学，将来有志于教书的，可以到教育学院选修几课，如或要办学亦可选习教育行政。如此彼此联贯，血脉流通，脑手相应，将来想得到即可办得到。

在中学部，我是主张“生产教育”，但与职业教育有别，多开生产学程，尤其技能方面。无论中大学部，中英文的基础都要打好，这是表达的工具，否则一天到晚，好像播音机一样；在中文方面，初中要将语体文弄好，高中要将文言文弄好，到了大学时代，则更深一层，于发展上能自如，无所扞格才行，平时诵读以外，还要注重写作，多做笔记。所以在大学第一学期，以前教授每周任十二小时的，此后拟请只任九小时，余三小时还是上讲堂，但只为讨论的性质。

损失即是复兴机会

以上是我报告以往的缺点，希望此后的改进。这次战争本校的物质损失很大，但是我并不灰心，而引为是本校复兴的机会，发扬光大的机会，所以望诸位先生对于本校下期改进，如有高见，可请用书面给兄弟参考。又，这几个月经费困难达于极点，以前几个月发三成，现因是五成，这方面粤省府补助一万元，可稍纾重负。前几天在沪遇到朱部长说以后可十足发出，去年底有三两个月欠薪，从七月起本校拟发校债，每月提出五千元做校债的基金，务使诸位能安心发展本校。还有借读同学，在颠沛流离之中，尚能勤奋，将来通过本校入学试验，可以录取，即或不能录取，如对于本校某先生学问敬仰，愿继续就教的，我可设法满足诸位求知之欲望，如对于原校有何优点，也望用书面给我参考。

最后我希望全体师生趁战后将学校基础重建稳固，实事求是，适应环境，适应青年，以达教育救国的目的。

（《暨南校刊》1932 年第 22 期）

战后整理委员会校舍组工作报告

（六月十三日至六月十九日）

一、关于继续搜查校具事项

本校校具，此次事变散失在外为数甚多，自接收后，照校舍组整理计划，派警随同员工前往各村挨户视察；凡有校具遗留者，先行登记，用卡车装运送校；如情节重大，而有特殊嫌疑者，另案办理。十六日据报后横港居民张阿四私运校具，意图变卖，当派校警前往拘捕，该窃犯业已避匿，旋函公安局四区三所，务获解究。诚以此次校具损失甚巨，今日能寻一件，他日即可少添补一件，不仅为撙节公帑起见，亦可借此时期彻底清查一番也。

二、关于整理大门内一带道路水沟花木经过情形

本周除派一部分工人往校外搬运木器外，另派铜匠姜裕昌修理打水帮浦，派木匠叶家郎修配门窗；所有其余工人悉数加入清洁工作，浚导水沟，补垫道路，排除污秽，割刈杂草。值此梅雨频下之季，将工作随时变动，凡遇落雨时，则照计划书做屋内整理工作，放晴时则做地面工作，以免中停，而期早日完成云。

三、关于交涉本校自备枪支经过情形

本校自备校警用手枪九支，公安局尚未交来，迭与四区三所交涉，十四日该所派张巡官来校接洽，兹将结果情形摘述如下：

一　限期将本校自备枪支交回；

二　在未交回前务选新式枪支交校暂为配带；

三　逾期而不交回者，其责任由四区三所长负之。

四、关于清理工作时防御传染疫疠情形

本校各宿舍内秽物狼藉，臭气触鼻，值此夏季疫疠盛行，工人在此工作感受危险，程度甚大，用特预备防疫口罩，督饬工人于工作时均须悬带，以重卫生。

五、关于收回幼稚师范科屋内本校装置隔板及水管情形

幼稚师范科房屋，系向闽庄租用，现该屋早经退租，除将所有遗留之校具早已派工搬回外，尚有木板三通、门窗三副、水管十四根，亦系本校装置，当分别派木工铁匠，前往拆卸运回存贮矣。

六、关于修理打水帮浦情形

本校去年新装打水机器,每日所引水量,足敷全校应用,而水质亦清洁可饮。当日军占据本校时,曾占用此机开车引水,是此机原系完全可用。值日军退时来校察看,该机零件均为该兵士破毁甚大,现派铜匠姜裕昌加紧修理,其有零件缺少者,拟另行添配,兹将损毁件数开明于下:

一 闸刀开关壹只;

二 火表壹只;

三 冷气表壹只;

四 油杯壹只;

五 皮带全副;

六 龙头壹只。

七、关于召集工人训话记录

十四日午后由林主任志瀛召集临时雇工全体到图书馆训话,略谓:我全体雇工们,在此时间来学校担任清理工作,努力前进,非常劳苦,殊堪嘉许。但工作虽属紧张,而各工人身体,亦当随时注意。查各处杂物狼藉,疫气甚大,要自己小心,免染疾病。万一不幸发生轻微病痛等等,应随时报告张训隐先生、陈天愚先生,自能尽力为之调护,给假休养。至于无故请假,或藉故召人替代,则学校不能通融。诸位工人现在既为学校服务,须有忠实精神的表现。譬如探闻有何处私藏本校器具,应立即随时报告,前往搜查,鄙人自当一一呈报,给与相当奖励。此次校工伊有才私藏校具,业已开除,务各注意等语。

八、关于大贮藏室之计划

本校校具已照整理计划先行清理,兹为易于调查起见,先将校具分别种类,悉数存入高中宿舍第三排,其有残缺可修者,发交木铁两工场赶紧修理,以资应用;尚有破烂不堪修理者,暂行存贮,凡有经木铁两场修好之校具，仍存入贮藏室，同时编制表格，分类统计，重订号数，另打火印，俟第三步工作完成时，按照一计划分配布置；所有不敷之数即添配之数，当另行召工估计，重新购置。木工场现暂设教职员宿舍，铁工场现暂设实验小学云。

九、关于校工分配各处住宿情形

本校地面辽阔，夜间防范不容疏忽，用将工人分配各处居住，兹将分配办法开列于下：

图书馆　胡阿章、叶家郎

科学馆　唐振宇、方金奎

第一宿舍　胡广春、赵光视

第二宿舍　高小南、孙为龙、骆廷章

第三宿舍　张全义、王善德

高中宿舍　范步洲、王承新、王准南、许杨生

初中宿舍　木匠工人

中学部教室　徐朝灯、王少忠、吕祥柱

打水间　姜裕昌、姜连棠

（附注）校警住宿巡查另定有办法。

（《暨南校刊》1932 年第 22 期）

战后整理委员会校舍组工作报告

（六月二十日至二十六日）

一、关于继续搜查校具事项

本组干事率同校警前往各村搜查校具,所得甚多,已于第一、第二次工作报告中详述。兹因校具缺少尚多,于二十日晨由林志瀛课长、张训隐干事率领校警又往无线电台后面金王庙一带继续搜查,尚无所得;现拟另由战员校警随时密探,倘乡人将校具陈出使用或图变卖,必可随时扣留,归还本校也。

二、关于打扫各地情形

本星期内关于打扫工作,已将莲韬馆、图书馆、大厕所、调养等室处完全打扫干净。内中所有军队遗下之腐烂食品、血迹衣服及其他秽物等等臭气触鼻,当即择校中空地堆置,举火焚化,以重卫生;并于焚化之时,由职员亲自监视,焚毕之后,再浇以水,务使不留星火,致有他虞;此外并发现手弹壳数件云。

三、关于修理马路情形

本校马路,原备轻便车辆之用,是以建筑并不十分坚固,自战事发生后,各军行驶重载车辆,又不随时修理,致地面均被压坏;下雨后凡马路不平之处,均积有雨水,即饬工挑数十担之煤屑,立时填平,并以石滚碾紧,表面上已十分平贴。拟再俟一次落雨,如法修理,当能恢复原状矣。

四、关于添筑铁丝网事项

本校接收之初,即在校舍四周布置临时围墙,已于第一次工作报告中详述,惟高中宿舍及初中宿舍处于本校之西北隅,现在校中住人不多,深虑该处铁丝网能力薄弱,故日前饬工于该处加添铁丝网一排,更见周密云。

五、关于铁匠木匠工作情形

铁匠木匠对于工作,确能努力不怠,铁匠除赶修铁床外,自来水管亦积极修理;木匠已将第一、第二两宿舍全部门窗修毕,现除赶修校具外,并将杂项木料做黑板二十块。因校中以前所有黑板均已遗失,倘待至返校上课添做,势已无及,现在大半做好,只待经费拨下,立即估漆匠油漆,惟校中待修物件甚多,即以目下铁匠木匠人数而论,实觉不敷云。

六、关于清点玻璃电灯损坏之情形

本星期一起已同时着手清点玻璃电灯之损坏,及现存校具之确数。业将第一宿舍、第二宿舍、第四宿舍、第六宿舍、女生宿舍、高中宿舍、大饭厅及厨房、医务室等处点讫,除校具另条报告外,兹将上列各处之玻璃电灯之损坏各列统计表。(表略)

七、关于清点校具情形

整理校舍各项工作,以清点校具较难着手,因平时校具,虽四散分开,但均完整,清点之时,一目了然。“今则不然,往往一样物件拆卸后,分散各处,即以一写字台而论,桌面在甲室,桌脚在乙室,而抽屉则在丙室,且更不知此桌面、桌脚、抽屉,是否原件可配合为一个,现在限于人手,未能一一为之配合。”况一室之中,常有数百件之多,层层架叠,势难分别,就为“完好”“待修”“无用”,故现虽已点有数处,但仍不能信为绝对正确无误也,今拟另筹再经济些办法,务期于短时间内逐件点清云。

八、关于卫生事项

本校自经兵燹后,秽物极多,逐日分段为之清除,大操场附近有一炸弹窟,周围甚大,上堆废物极多,日前清理该处,才一发掘,即觉异臭万分,旋掘至深处,更臭不可耐。工人中有多人作呕者,即嘱令暂停工作十分钟,各给饮痧药水少许,幸无发生其他危险,昨晨始将此窟工作完毕。惟值兹疫疠盛行之际,而工人作此项工作深为堪虞,拟即日请求校医来真茹为工人打防疫针,既可避免一切顾虑,又可使工人知学校当局为工人体恤周到,而可鼓励其努力工作云。

九、关于临时雇工伙食问题

临时雇工之伙食,以每月五元之代价,包饭于厨房,每餐除米饭外,尚有二荤二素一汤。目下工作均系苦力,饭量不免因之增加,厨房日有赔贴,遂于菜肴作料上设法弥补,工人以其与初来时之伙食,口味不同,稍有烦言,然事实如此,两方均难责罚。故于昨日临时召集工人谈话,讨论伙食问题,一致议决菜肴一律改为素菜,作料加重,务必使工人敷食及合口味。今日已经实行,工人一致认为满意云。又工人每晨五时半晨餐,只有薄粥数碗,迨至十时许已觉饥饿力乏,纷来陈请可否每于该时酌给大饼数块等语,本组以其事属实情,日内当即呈请校长核准云。

十、关于消防设施

本校现在整理之际,对于本地土痞,不免稍有嫌隙,消防问题实为急不待缓之事。惟本校原有之消防皮带均已遗失,且打水帮浦因无柴油不能打水,虽已觅得火油箱十数只,满储以水,仍觉无济于事。现已设法借到皮带两根,尚属可用,又向真茹电灯厂借得柴油两箱,已打水半塔,并将各处消防龙头修好,消防问题稍稍解决。惟因试验皮带龙头及洗刷大厕所洗面间,此半塔之水又将告罄,昨日已请财务组拨款购备柴油一吨,以资应用云。

十一、工作时间实施改订

临时雇工工作时间早经订定，现因天气渐热，工作方面渐见困难，自二十四日起实行改订如下：

上午五时	起身
五时半	早餐
六时	上工
九时至九时廿分	休息
十一时一刻	散工
十一时半	午餐
下午一时三刻	上工
五时	散工
五时半	晚餐

再过天气更热，拟延长六时以后工作云。

十二、测量校舍事项

本校准确校图业于此次战事散失，当由于院长介绍交通大学裴教授、金职员前来本校测绘，已于二十四五两日测毕，从此本校正确校图即可晒印矣。

十三、移交手枪一支与上海校舍司阍巡捕

上海校舍雇用之司阍巡捕向未佩带枪械，星期秘书处来函，嘱交去手枪一支，当于二十一日由张训隐干事率同校警一人携带手枪一支往舢板厂新桥移交。同时上海本校亦派汪英硕干事带同租界巡捕在舢板厂新桥接收，再同往四马路公共租界总巡捕房注册，然后携往上海本校备用云。

十四、关于本组用款情形

本组因校中经费支绌，对于用款极力撙节，并奉准后始能动用，计

自接收真茹校舍日起，络续向财务组支款，截至现在止共计三百四十六元二角，业已将各项用途具册呈报核销矣。

（《暨南校刊》1932 年第 23 期）

本校优待华侨学生条例

（二十一年度适用）

本大学为便利华侨学生入学起见，特规定优待条例九则如次：

（一）凡称为华侨学生者（简称侨生），必须该生生长或侨居海外至少五年以上，其父母或保护人现时仍在海外者方为合格。

（二）凡侨生到校报名时，须呈验下列二种文件，方得享受本条例之待遇。

（甲）侨校证明书　毕业文凭，修业证书，及历年成绩单。

（乙）法团介绍书　侨居各地之党部、领事署、商会、会馆等，任一机关或团体之介绍书。

以上两种文件，须有负责者签名盖章，并附贴侨生照片，方为有效。

（三）侨生须依照本大学各部登报公布之招生日期，报名投考。试期已过，无论何机关介绍，持何项理由，不得要求补考。

（四）侨生得于考试期前，将呈验文件，另四寸半身照片两张，挂号邮寄本大学各部招生委员会。经该会审查合格，即发给“准考证”，寄还该生。若亲到本校呈缴文件者，由招生委员会审查合格，则将“准考证”当面交结。

（五）侨生亲携准考证，再到各部注册股报到，听候入学试验。其试期由各部分别先期酌定,于一月前登上海、广州及海外各地两种日报公布。考试地点如下:(甲)大学部在上海市真茹乡本校;(乙)中学部在广州市××路;(丙)中学师范科在苏州××街。

(六)凡侨生均须受入学试验,其试验科目与普通学生同。惟侨生考试成绩,如主科目(国文、英文、数学)仅有一种不及格,其他科目(理、化、史、地等)仅有一种不及格者,本大学得为之设法补习,年终时再补考一次,分别留级,或升入相当班次。此项办法,限于初回国之侨生,若回国后已在国内其他各校肄业者,不得援例。

(七)本大学中学部师范科免费,只收侨生,有志投考该科,须各侨校专函保送,方得准予报名。

(八)师范科学生如中途退学,或因违犯校规被除名者,其学膳费当由保送之侨校照数赔偿。

(九)附侨校保送师范生公函如下:

某某学校兹保送本校毕业×××投考

贵大学中学部师范科,如蒙录取,该生自应遵守校中一切规则,专心肄业,将来毕业后,即呈本校服务。倘该生中途退学,或违犯校规被除名处分,其历年学膳费用,完全由本校照数赔偿。

此致

国立暨南大学校长

某某侨校校长×××章

(《暨南校刊》1932年第24期)

战后整理委员会校舍组工作报告

［六月廿七日（星期一）起至七月三日（星期日）］

一、关于校具统计情形

校具调查统计工作现在积极进行，大储藏室之计划原拟昨日正式实行，兹因尚有困难，暂缓从事，现拟定下列办法七条先行试办：

1. 课室应用之木器一律存放科学馆及大教室；
2. 办公室应用之木器一律存放中学部教室；
3. 中学部教室之课椅一律移出，存放实验小学；
4. 所有一切之破坏木器一律送入木工场修理；
5. 宿舍应用之木器一律存放高中宿舍及初中宿舍；
6. 将现存完好可用之木器类统计；
7. 再预计应添置木器若干分。

二、关于校舍内部整理情形

本校各校舍内部凌乱异常，污秽狼藉，值兹炎夏，气味熏蒸，异常恶劣。全体工人逐日按部整理，已渐次完竣，至本星期止，内部清洁工作可算告一段落矣。

三、关于草地整理情形

本校自各校舍清洁工作实施后，所有室内无用之垃圾，一律抛在草地，堆积如山，为免除疫疠起见，逐日焚毁。本星期止，所有各草地之清洁渐有起色，而军事上所掘之临时濠沟，亦开始填平，被日机掷弹大坑亦次第填铺。

四、关于清理河身经过情形

本校四围河浜前被日军抛弃之木器及一切秽物甚多,水面因此发生臭气,特于本周雇附近渔夫打捞清理,计捞出铁床五张,日本白油一听,电话线两圈,铁丝一圈及破铅桶等件甚多。

五、关于木匠铁匠工作情形

木匠除原有三人外,于七月一日起加添木匠五人,积极进行修理门窗、木器等项,俾早日完工而资应用。铁工现只有一人,修理铁床、水管事务,既忙,人手又少,效力不易见到,现拟再加雇二人共同工作。

六、关于校舍内修理之情形

校舍自接收,整理方面完全注重清洁方面。刻者清洁方面之工作行将毕了,所有各处实际损坏之状态一律豁然显出,修理方面遂积极进行,兹约略分列如下:

1. 已经着手修理之工作
   - 修理各室门窗
   - 及添配门窗
   - 修理各室地板
   - 及添配地板

2. 待款项领到后着手修理工作
   - 修补墙壁
   - 粉刷墙壁
   - 修理水落
   - 装配玻璃
   - 装修电灯

七、关于修理方面预需经费

修理方面,除科学馆外,不外上述各项事件,至于预需经费若干,约略开列于下:

1. 玻璃损失已经调查,计除科学馆外,大小不等,约五千余块,平均以每块三角计算,约需国币壹千伍百元。

2. 自来水管已事前筹计,浴室、洗面室、女生宿舍、大厨房等处共计须添置龙头四打,□□三打,四分水管十四丈一尺,六分水管十五丈七尺,一寸水管二十四丈八尺,二寸二半水管十二丈,此上各材料约需八百元之谱。

3. 校舍除科学馆外全校约计五百余间之谱,天花板拆开,地板掘起下陷,墙壁非烟熏焦黑即壁语满布或挖洞等情,是项修理粉刷等费,若以每间平均以五元计,则需二千五百元之谱。

4. 本校电灯可云全部损坏,而各宿舍为尤甚,照目下应急办法,似宜先将各宿舍之电灯装妥,每间以二盏计,则须五百五十盏,外加路灯及火表等等,约需二千五百元。

5. 校具方面正在统计中,约下星期内可以报告。

八、星期六日招集校警临时雇工茶点会之情形

真茹工作均属苦力,林主任为慰劳校警临时雇工起见,于星期六下午时提先休工一小时,备有茶点数种,招集茶话。真茹警察派出所张巡官亦被邀请,适本校财务室龚先生因公来真,亦参加是会,济济一堂,盛极一时,至六时始尽欢而散。

(《暨南校刊》1932 年第 24 期)

教职员一览表

（二十一年度）

大学部各学院教员

文学院

姓 名	职 务	兼 职	备 注
陈钟凡	教授兼文学院院长	训育委员会委员、教务委员会委员兼主席及常务委员、大学部一年级主任	
龙沐勋	教授兼中国语文学系主任		
洪 深	教授兼外国语文学系主任	教务委员会委员兼常务委员	
张 凤	教授兼历史社会学系主任	兼图书馆馆长	
杨裕芬	教授兼秘书长	南洋研究委员会委员、体育委员会委员兼常务委员	
曾克耑	教授兼总务课课长		
顾 名	教授	训育委员会委员兼常务委员	
张世禄	教授		

华　林　　教授

顾仲彝　　教授

王　修　　教授

邓昌权　　教授

周谷城　　教授

胡肇椿　　教授

□道深　　教授

曹聚仁　　教授

李冰若　　教授

陈又惕　　教授

余楠秋　　教授

马宗荣　　讲师

李青崖　　讲师

易韦斋　　讲师

苏少卿　　讲师

施逸芬　　讲师

陈汝衡　　讲师

吴子敬　　讲师

柳无忌　　讲师

郑君实　　讲师

姚名达　　讲师

卫聚贤　　讲师

盛叙功　　讲师

祝伯英　　讲师

朱　衣　　助教

周泳先	助教
王则平	助教
胡最芳	助教
陈志标	助教

理学院

于基泰	教授兼理学院院长	化学系主任 训育委员会委员 教务委员会委员
汤彦颐	教授兼数理学系主任	
陆慎仪	教授	
戴恺生	教授	
恽季英	教授	
李钜源	教授	
王济仁	教授	
罗宗洛	教授	
严观涛	教授	
崔九卿	教授	
高扬芝	讲师	
吕竹人	讲师	
陈维稷	讲师	
王蔚华	助教	
丘群才	助教	
颜以和	仪器标本管理员	
程廷绰	助理员兼书记	

法学院

孙寒冰	教授兼法学院院长	训育委员会委员 教务委员会委员
温崇信	教授兼政治学系主任	
区克宣	教授兼经济学系主任	
刘世芳	教授兼法律学系主任	
朱通九	教授	
李圣五	教授	
刘慎修	教授	
黄菩生	教授	
章　克	教授	
黄中廑	教授	
孙彭衔	教授	
傅文楷	教授	
张云伏	讲师	
戴霭庐	讲师	
吴友三	讲师	
梅龚彬	讲师	
胡汉瑞	讲师	
马灿汉	讲师	
耿佐军	讲师	
程德谓	讲师	

漆琪生	讲师
王效文	讲师
恽福钧	讲师
钟洪声	讲师
俞承修	讲师
杨　鹏	讲师
李　谟	讲师
兰　金	讲师
张志让	讲师
胡秋原	讲师
伍蠡甫	讲师

教育学院

郭一岑	教授兼教育学院院长	训育委员会委员 教务委员会委员
李石岑	教授兼教育学系主任	
张耀翔	教授兼心理学系主任	
郑宝宁	教授兼注册课课长	
谢循初	教授	
陈科美	教授	
张栗原	教授	
曾作忠	教授	
张海曙	教授	

张端珍	教授	
夏承枫	教授	
吴增芥	讲师	
吴绍熙	讲师	
谢公展	讲师	
范新琼	讲师	
黄　振	助教	

商学院

叶　渊	教授兼商学院院长	训育委员会委员 教务委员会委员 体育委员会委员
孙　越	教授兼银行学系主任	
钱祖龄	教授兼会计学系主任	
樊守执	教授兼铁道管理学系主任	体育委员会委员兼主席委员
汪　永	教授	
周茂蕃	教授	
武堉幹	讲师	
余绍武	讲师	
徐挹和	讲师	
吴文蔚	讲师	
武书常	讲师	
施子屿	讲师	

孙　璠　　讲师
施伯珩　　讲师
陈陶森　　讲师
吴松生　　统计员

特约讲座

黄炎培
叶恭绰
胡愈之
杨幼炯
陶行知
陈彬龢
刘竞渡
马寅初
郑贞文
王礼锡
樊仲云
张相时
伍蠡甫　文艺讲座

特约讲师

马崇淦
杨汝梅
易大序
袁业裕
毛彦文　兼女生指导员

秘书处职员

秘书处

姓名	职务	兼职
杨裕芬	秘书长	教授兼
林志瀛	秘书	
陈中孚	秘书	

总务课

姓名	职务	兼职
曾克岩	总务课长	教授兼
吴榕藩	文书干事	
王维城	文书干事	
王　勤	文书干事	
陈希文	编辑干事	
陈其英	编辑干事	
倪秀生	庶务干事	
汪英硕	庶务干事	
陈天愚	庶务干事	
张训隐	庶务干事	
王肇简	庶务干事	
张志荣	庶务干事	
唐斐礼	医务干事	
卢宝法	医务干事	
徐寄尘	书记	

注册课

郑宝宁	课长
耿心粹	干事
沈真保	干事
刘家瑾	干事
蔡滋培	干事
刘国光	干事
尹育民	干事
蔡言绪	书记
赵叔立	书记

图书馆职员

姓　名	职　务
张　凤	馆长
许克诚	副馆长
温文耀	馆员
龙自强	馆员
周梅安	馆员
汪善录	馆员
陈　辅	馆员
鲍益清	馆员
谌然模	馆员
蔡春曦	馆员

庄世鸿	馆员
郝春德	馆员
冯运佑	馆员
陈镇和	馆员
平祖仁	馆员

南洋研究委员会职员

姓　名	职　务	兼　职
刘士木	委员	主席委员兼调查股主任
陈希文	委员	副主席委员兼编辑股主任
魏振华	委员	常务委员兼秘书
杨裕芬	委员	
蔡正雅	委员	
褚凤仪	委员	
林有壬	委员	
汤文聪	委员	特约编辑
陈其英	委员	编辑
左　恭	特约编辑	
陈福璿	编辑	
江应樑	干事	
梅洪宝	干事	
曾毅夫	干事	
康来文	干事	
杨宇卿	书记	

训育委员会职员

姓　名	职　务	兼　职
黄慎之	委员	主席委员
顾　名	委员	常务委员　教授兼
陈钟凡	委员	教授兼
于基泰	委员	教授兼
孙寒冰	委员	教授兼
郭一岑	委员	教授兼
叶　渊	委员	教授兼
周廷珍	主任干事	
许民一	文书干事	
周灿煌	斋务干事	
钟曼天	邮电干事	
胡秋甫	训育干事	
毛彦文	女生指导员	讲师兼
杨泽蘅	女生宿舍管理员	
黄玉如	女生宿舍助理员	

教务委员会职员

姓　名	职　务
陈钟凡	委员　常务委员，本学期为主席　教授兼
洪　深	委员　常务委员　教授兼

黄慎之	委员	教授兼
于基泰	委员	教授兼
孙寒冰	委员	教授兼
郭一岑	委员	教授兼
叶　渊	委员	教授兼
谢循初	委员	教授兼
郑宝宁	委员	教授兼
孟性之	干事	
朱叔立	干事	

体育委员会职员

姓　名	职　务	兼　职
樊守执	委员	主席委员　教授兼
杨裕芬	委员	常务委员　教授兼
叶　渊	委员	教授兼
陈掌谔	委员	秘书
奚玉书	委员	会计
黄中廑	委员	教授兼
曹　裕	委员	
冯运佑	名誉干事	
陈镇和	名誉干事	
庄世鸿	名誉干事	
梅洪宝	名誉干事	
江善敬	名誉干事	

黄兆霖　名誉干事
郝春德　名誉干事
秦德瑜　干事
梁国材　干事
梁秉衡　干事

（《暨南校刊》1932 年第 25 期）

本校战后整理委员会校舍组工作报告

（七月四日至七月十日止）

关于整理屋外工作情形

本周内屋外工作如刈除杂草、铺填道路、修浚水沟、整理草地、清洁杂物，每日督饬工人加紧工作。现在全校方面，东自大礼堂起，如科学馆大教室、中学部教室及图书馆一带，均皆整理就绪，并派花匠胡阿章整理花木，所有第一宿舍及大饭堂前后地面清理工作，拟下星期内赶紧完成云。

关于整理室内工作情形

现在各校舍内除第三宿舍尚未竣工外，均打扫清洁，所有一切污秽物品，均用火焚烧，以免发生疫疠，如有可用之物以及残坏之木料等，一律车运临时宿舍存放，并因打水帮浦机件稍有损坏，加紧修理，即拟抽水洗刷各校舍内部水门汀地及厕所。

关于调查校具情形

本校经此次事变,校具一项损失甚巨,现为彻底清查残余确数起见,逐日另派员工前往各校舍按类调查,先登记,编制表格,呈请鉴阅。并拟另制下学期需要校具数目表,参照残余数目表,另制应添校具数目表,然后呈请核定,添制以资应用。

附记

(一)全校各教室、各宿舍、各办公处、图书馆以及致远堂等校具,均在本星期内分类清查,大部分已就绪。

(二)清查校具本以壹幢房屋为单位,兹以宿舍内污秽不堪,垃圾堆积颇多,不但将来修理上发生困难,殊与卫生有碍,故当壹幢房屋之校具清理后,并进行扫除污秽及垃圾。

(三)校具内之铁床损坏颇多,本校铁床以旧式居多,不能折摺,除饬铁工匠将全校各幢房屋之铁床均予拆卸集置一地方外,并饬校工用塌车拖至前实验小学铁匠场以资分别修理应用。

关于校警、校工工作状况

本校整理期内百端待理,并为防范宵小起见,由各干事等于监督工作之外,对于警工勤务,及一切行动,极为注意。本周第二日校舍组全体干事于夜十时临时出发,先往校警驻所点验,然后派警随同往各校舍查点校工分巡全校,顺往杨家桥密查有无校工赌博情事,至夜十二时始行返校。

关于校工训练实施方法

本校校工人数众多,服务精神均有训练之必要。特于星期三召集校工训话,对于勤务、操行两面严加告诫,并拟设立校工训练班,制定规程,每星期受军事教练及体育训练共三小时,学术课如服务道德及普通常识等,每周一小时,由校舍组各干事分别担任云。

校长来校视察

郑校长因公往粤,于七日返沪,八日即来校视察各校舍一周,对于整理步骤及经过工作情形垂询良久,并分别一一加以训示,一职等谨当努力从事工作,以期早日整理就绪云。

关于本周礼拜六查获捕鱼犯罚办情形

校舍组自接收后,所有工作实施进行步骤以防范失窃方法一切悉遵训示从事工作,努力进行。顷于本周礼拜六查获捕鱼犯一名,私行由莲韬馆附近河浜渡水而过,当为值班巡警查获,依法严办矣。

关于校产组委托本组编制表格情形

本组现正赶制各项统计表格,以便呈阅,为一切建设上之参考。顷奉校产组主任于院长之委托,嘱为调查编制校产方面各项统计,当即着手赶办,限期送阅。

关于校舍内部木工修理情形

本校各校舍内部,大部分门窗残缺,地板破裂,不堪应用。现已分配校内临时木工前往修理,计已工竣者,有第一宿舍、第二宿舍、第四宿舍、第六宿舍等处。

关于赶制黑板经过情形

本校下学期开学在即,除校具外,黑板颇为重要,特饬木工赶制二十三块,并交上海赫德路方裕记漆匠承漆,每块油漆工料大洋壹元伍角,共计大洋叁拾肆元伍角,尚未支付。

关于电机轴脚工作

本校购办电机合同业已签字,现正赶制轴脚 Foundation,所有材料如水泥、石子、黄沙等件,均经由财务组购到送来,一方面由慎昌洋行派来工匠二人,一面由本校酌派工人会同工作。

关于建筑公司来校查勘科学馆情形

本校科学馆前于战事期内被日飞机炸坏一角,损伤甚巨,现已登报招工投标,连日领取图样来校,实地查勘,估计者甚多,现已知照门警,如未曾领到本校修理图样者,一概不许放入,准许到校之建筑公司,亦须由校警陪同前往查勘云。

(《暨南校刊》1932年第25期)

校舍分配

周廷珍 识

八月九日随校长视察全部校舍,记录如下:

一、学生宿舍

甲 大学部

第一斋

靠南小房间二〇(每间住四人)
靠北大房间二〇(每间住六人) } ……………… 可容二〇〇人

第二斋

大房间四四(每间住五人)……………… 可容二二〇人

第四斋

大房间二六(每间住五人)……………… 可容一三〇人

旧教职员宿舍(除去储藏室一、校工室一、厕所一、厨房一)

房间二十六(每间住四人)………………………… 可容一〇四人

高中宿舍后排(除去厨房、储藏室、校工室)

房间一八(每间住五人)……………………………… 可容九〇人

闽庄(适用者仅小房间二七间,外有洗澡室一间,会客室一间,其余双倍宽房间二间,双倍深房间一间,四开间大房间一间,六开间大房间一间)

小房间二七(每间住三人)………………………… 可容八一人

女生宿舍(除去大房间二留为职员住宿及储藏之用,小房间一留为校工室,尚有大房间二二间,每间可住六人,计容一三二人)

大学部女生作 八〇人计算,

合计可容学生九〇五名。

附注:如果学生加多,可将闽庄大房间隔小,又可容七八人。

乙 中学部

高中宿舍前二排(除去储藏、职员、校工等室)

房间五四(每间住五人)…………………………… 可容二七〇人

初中宿舍(楼下中间五大间,留为图书馆)

楼下一六间(每间住六人)………………………… 可容九六人

二楼二七间(每间住六人)………………………… 可容一六二人

三楼大四间(每间住五人)………………………… 可容二〇人

三楼小七间(每间住四人)………………………… 可容二八人

合计可容学生五七六名。

二、教 室

旧高中教室

楼上八大间为大学部教室(教育系或商学院)

楼下全部为中学部教室

平房六大间为大学部教室(教育系或商学院)

科学院全部为大学部文理学院及法律经济系教室

三、办事室

中学部办事室仍旧

旧大教室为大学部办事室

大饭厅分隔四分之一为学生办事用

(《暨南校刊》1932年第26期)

本校二十一年度第一次特别校务会议纪录

日　期　八月八日

地　点　东亚酒楼

出席者　洪　深　郭一岑　郑洪年　郑宝宁　陈中凡　樊守执

　　　　于基泰　孙寒冰　曾克耑

列席者　奚玉书　王海帆

主　席　郑洪年

纪　录　曾克耑

开会行礼如仪

(甲)　报告事项

一　教育部指令第□八号　救济淞沪各校损失,最近行政院议决着战区善后委员会讨论,俟该会呈院转部,再行饬知文。

二　教育部训令第五九七〇号,发国立专科以上学校校长会议议事录,仰即召集讨论,或分交签注意见,克日汇呈文。

决议:请陈中凡、于基泰、孙寒冰、郭一岑、叶渊、洪深、樊守执先

生,于三日内签注意见,汇交陈中凡先生,由陈先生召集讨论呈复。(原件由秘书处油印分送)

三 招生委员会工作报告。

四 校舍组整理经过及实施计划。

决议:由樊守执先生将校舍分配油印分送。

五 七月份经费已奉教部两次拨到。

六 驻粤办事处主任黄中廑先生来电报告八日结束。(油印分送)

(乙) 讨论事项

一 本校各部会处拟定下列规章请核议案

(一)修改秘书处组织大纲及办事细则

决议:交樊守执、曾克耑先生修改。

(二)修正中学部教职员待遇规程

决议:交曾克耑、邝嵩龄先生起草,由曾先生召集。

(三)修改图书馆组织规程及办事细则

决议:交曾克耑、周梅安、张凤先生起草,由曾先生召集。

(四)训育委员会设施计划

决议:交黄慎之、陈中凡、顾君谊、周廷珍、陈希文先生起草,由周廷珍先生初步研究提出,再开会讨论,由黄慎之先生召集。

(五)侨生入学资格规程

决议:交陈中凡、邝嵩龄、陈希文先生拟定,由陈中凡先生召集,限本月十二日前拟就。

(六)师范科招生章程

决议:交邝嵩龄、曾克耑、黄慎之、陈希文先生起草,限本月十五日以前完竣。

(七)大学部招生华侨大学生办法及方案

决议:交洪深、孙寒冰、陈中凡先生起草,由洪深先生召集。

(八)医务组计划

决议:交唐斐礼、樊守执、郑宝宁先生拟定之,由樊先生召集。

二 刘竞渡先生建议大学部改革班级与授课钟点意见案

决议:交孙寒冰、陈中凡先生审核。

三 教育系二年级生张育,家境困难,请求免费案

决议:交郭一岑先生审查该生成绩,再行核办。

四 侨务委员会保送前华侨义勇队员罗寄海等,请免费入学案

决议:函复侨务委员会,以该生等资格不合,与教部规定不符,请侨委员会与教部商妥,再行核办,并复本人,以资格不合,须俟侨会、教部复示,再行通知。

(丙) 临时提议

一 理化学生应否收实验损失赔偿费案

决议:应收损失赔偿保证费十元。

二 各院课程指导书请于本月二十前交到案

决议:函各院长赶即起草。

三 大中学部新旧学生迁入校舍日期应规定案

决议:

(一)一年级大学部新生,限本月廿七八两日,到银行缴费注册,凭银行收据,到训育委员会领入舍证,于三十日正午十二时迁入学校;

(二)大学部转学生,于廿九、卅两日缴费注册,凭银行收据,到训育委员会领入舍证,于卅一日正午十二时前迁入学校;

(三)大学部旧生,于廿九日缴费注册,领入舍证,于九月一日正午十二时前搬入学校;

(四)中学部旧生,于三十日缴费注册,领入舍证,于九月一日下午一时起至五时止迁入校舍。

四 广州借读试读学生,及广州本校中学毕业学生,报名考试日期案

决议:定本月二十五日为报名日期,廿八、廿九两日为考试日期,电黄中廑先生,登报通告。

五　本校各部分教职员、学生、工役，佩带徽章，以资识别案

决议：照办。饬庶务股拟具图样呈核，于本月二十五日前制成。

六　关于未领薪俸债券各教职员应如何办理案

决议：用本校薪俸债券基金保管委员会委员名义，登沪津粤平京各报，限两个月内来领，逾期核销，交奚玉书会计师办理。

七　教务委员会常务委员谢循初先生辞聘应改推何人案

决议：改推黄中廑先生为常委。

八　本校院系裁并及学生转学案

决议：

（一）法学院之法律学系裁撤，政治经济两系改隶文学院，法律学生三年级生可转学他校，其二年级生得转入其他相当学系，或转入其他学校，至外交领事系，仍开学程，不开科；

（二）教育学院之教育学系并入文学院，教育行政系、心理系均改为组，师资专科仍旧，均隶于教育学系；

（三）大中学部学生，如欲转学者，应于本月十六日至二十日前来本校注册课领取转学证书，上学期在广州之本校学生，则可延至二十五日，逾期概不再发，电黄中廑先生，登报通知。

九　组主任聘用应用何种方式案

决议：由系主任会同院长函致校长，分别函知本人。

十　校长提议本校应设立出版委员会案

决议：通过。酌聘本校各院教授、讲师组织之，由孙寒冰、郭一岑、陈中凡三先生草拟简章，由孙先生召集。

十一　大学训育委员会成立日期案

决议：定本月十二日成立，通知黄慎之先生及全体职员到处办公。

十二　全体修缮添置工程应限期完成案

决议：限本月二十五日以前完成。

（《暨南校刊》1932 年第 26 期）

本校战后整理委员会校舍组工作总报告书

“一·二八沪变”发生，真茹沦为战区，本校校舍、校具毁损甚大，嗣停战协定签字，本校于五月二十三日正式接收。

郑校长亲临视察后，即由本组指挥校警，正式守卫，严防出入，并派整理委员会委员林志瀛常驻真茹，督同张训隐、陈天愚、倪秀生、王肇简四干事开始整理，酌雇临时雇工及木工、漆工、铁工从事工作，所有逐日清理状况及一切计划，均已逐次呈报工作报告，并刊登校刊，以供众览。兹以七月底本组结束，一切计划均由秘书处饬各课组执行，谨缮具本组总报告书一份，附表十三件，呈请核定，并饬下办理，至荷。谨呈校长郑。

战后整理委员会校舍组主席委员樊守执谨呈（七月三十一日）

（一）全校四周布置临时围墙

本校四周，向缺围墙，管理方面，至感困难。十八、十九两年度临时费业经核准，迄未领到，以致无法建筑。本组于接收后第一步即将校基四围树立木桩，满布铅丝网，作为临时围墙，俾得着手整理校舍。综计全校四周除有河滨外，一律用铅丝网圈围，现已完全竣工。（附图略）

（二）搜查校具

本校接收后，第一步即搜查各处民房藏留校具，由委员林志瀛、干事张训隐督饬校警前往各村，按户搜查，凡有校具遗留者，随时登记，派工用卡车前往搬运送校。如情节重大，而有特殊嫌疑者，另案办理。六月十六日据报，后横港居民张阿四私运校具，意图变卖，当派警前往拘捕,该窃犯已避匿无踪。旋函公安局四区三所务获解究,诚以此校具损失甚巨,今日能寻获一件,他日可少添补一件,不仅为撙节公帑起见,亦可借此时间彻底清查一番也。

(三)搜查书籍

本校书籍损失甚巨,于接收后先往真茹维持会搬回各项不全书籍、杂志、印刷品,计有十麻袋之多。又本校各地面及各校舍,被日军抛弃之书籍,狼藉不堪,均即派工整理。凡查有学生残遗之书籍,当即另行存贮,于七月十五日由真茹运送上海第二院,派干事陈天愚、倪秀生办理发还事宜,并由训育委员会布告同学前往领取,现已竣事矣。

(四)关于校具统计情形

校具调查统计工作,亦已告竣,储藏室计划如下:

1. 课室应用之木器,一律存放科学馆及大教室;
2. 办公室应用之木器,一律存放中学部教室;
3. 中学部教室之课椅,一律移出,存放实验小学;
4. 所有一切破坏木器,一律送入木工场修理;
5. 宿舍应用之木器,一律存放高中宿舍、初中宿舍;
6. 将现存完好可用之木器,分类统计;
7. 再预计应添置木器若干。(附校具损失表、校具添置预计表)

(五)关于交涉本校自备枪支经过情形

本校自备校警用手枪九支,公安局迄未交来,迭与四区三所交涉,六月十四日该所派张巡官来校接洽,当将结果情形摘述如下:

1. 限期将本校自备枪支交回;
2. 在未交回前,务将新式枪支交校警,暂为配带;
3. 逾期而不交回者,其责任由四区三所负之。

(六)关于卫生事项

本校自经兵燹后,秽物极多,逐日分段为之清除,大操场附近有一炸弹窟,周围甚大,上堆废物极多,当清理该处时,才一发掘,即觉异臭万分,旋掘至深处,更臭不可耐,工人中有多人作呕者,即嘱令暂停工作十分钟,各给饮痧药水多少,幸无发生其他危险。此窟填平工作,业已完毕。惟值兹疫疠盛行之际，而工人此项工作，危险甚多，当即函请校医来真茹为工人打防疫针，既可避免一切顾虑，又可使工人知学校当局为工人体恤周到，鼓励其工作云。又本校各宿舍内秽特物多，臭气触鼻，时有染传疾病之危险，特备防疫口罩，督饬工人于工作时一律悬带，以重卫生。又全校各处所有建筑物及地面河浜均经消毒，并散布消毒药水、药粉等物，并已请由上海市卫生局协同办理完竣。

（七）搜查危险物品

自接收后，一面将校舍四周围布铅丝网，一面检查校舍各部及草地有无危险物品。现经发现者，有手弹、炸弹、步枪子弹之类，均由公安局四区三所收存。此外若地雷等尚未发现，并将十九路军所遗之军用品、丝棉背心、水壶等件，另行存放，并已由十九路军后方办事处派员前来领取云。

（八）关于整理草地情形

本校自各校舍清洁工作实施后，所有室内无用之垃圾，一律抛在草地，堆积如山，为免除疫疠起见，逐日焚毁殆尽；所有各草地之清洁工作，亦次第完毕，而军事上所掘之临时濠沟，亦完全填平矣。

（九）关于清理河身情形

清理河身工作甚为繁重，一面请由上海市卫生局派员来校帮同清洁，所有本校四围地面及建筑物河浜等，均遍洒消毒药水、药粉等物。惟查河内有被日军抛弃之木器及一切秽物甚多，水面因此发生奇臭，当即雇附近渔夫打捞清理，经捞出铁床五张，日本白树油壹听，电话线两圈，铁丝一大圈及破铅桶等，杂件甚多云。

（十）关于校舍内部整理情形

本校各校舍内部凑乱异常，污秽狼藉，不可言状，值兹炎夏气味熏蒸，异常恶劣，当督同全体工人逐日按部整理，现已次第告竣，并不逾期云。

（十一）关于校舍内部修理情形

校舍自接收后，整理方面完全注意清洁，当清洁工作完毕后，所有各处实际损坏之状态，一律豁然显露，即分配工匠，逐步修理，兹列

如下:

1. 已经着手修理之工作:

甲 修理各室门窗及添配门窗;

乙 修理各室地板及添配地板。

2. 待款项领到后着手修理工作:

甲 修补墙壁,粉刷墙壁,修理水落;

乙 装配玻璃,装修电灯,装设水管。

(十二)关于修理打水帮浦情形

本校去年新装打水机器,每日所引水量足敷全校应用,而水质亦清洌可饮。当日军占据本校时,曾占据此机开车引水,是此机原系完全可用。值日军退时,来校察看,该机零件均为该兵士破毁。现派铜匠加紧修理,业已告竣,其有零件缺少者,计闸刀开关一只,火表一只,冷气表一只,油杯一只,皮带全件,龙头一只,当再另行添配云。

(十三)关于消防设施

本校在整理之际,异常认真,对于本地土痞,不免稍有嫌隙。消防问题,实为急不待缓之事。惟本校原之消防皮带均已遗失,现已借到皮带两根,尚属可用,并已将各处消防龙头分别修竣,以备不虞云。

(十四)工作时间实施改订

工作时间,早经订定,惟因气候渐热,工作方面,诸见困难。自六月二十四日起实行改订(附表略)。尔来因天气酷热异常,将下午工作延至六时以后工作云。

(十五)测量校舍事项

本校准确校图于此次战事遗失,当由战后委员会校舍组主席委员于基泰先生介绍交通大学裴教授、金助教前来本校测绘,已于六月二十四五两日测毕,从此本校正确校图,即可晒印矣。

(十六)关于教育部派员来校参观情形

六月四日,教育部派督学等三员莅校参观,当由校长、各院长及秘书长等偕同到校参观战后毁损情形。上午十时来校,十二时回上海。又八日上午六时上海市公安局温局长来校参观,对于本校战后整理工作,均极表慰励云。

(十七)结论

综上,各项整理工作完全告竣。科学馆屋顶亦已招工修理,校舍地板门窗亦已分别派工赶速修理完竣。其装置电灯、添购校具、修配水管、装置玻璃等项,并已分别详载,附列各表,即估计价值一项,亦已预为忝酌,庶修理经费一经领到,即可由秘书处饬主管课组执行。九月一日开学之时,当不致有赶办不及之苦矣。

(《暨南校刊》1932年第26期)

本校战后整理委员会校舍组工作报告

(七月十一日至十七日)

关于图书馆迁回校中经过情形

上海新闸路第二号房屋于本月十五号满期,业已函知潘承谔经租处退租。图书馆原暂设在第二院西部,现因真茹校舍清理大致就绪,当于十三号开始移回,于十六号完全运毕。并由该馆同人常川驻馆,从事整理。至校舍组办公处,则暂移至中学部教室第九、十两号办公。

关于校内草地整理工作

本周内积极整理校内草地,分配工人逐段清理,同时修治沟道,垫补缺陷,添配草皮,刈除杂草,行将恢复一片青毡可爱之旧观。

关于自来水材料估价情形

本校经此次事变,所有自来水管损坏甚巨,自接收后,即从事清点，着手计算。兹承龚懋德先生介绍侯康自来水工程来校视察，当将添置预计单，交其估价，计需材料规银一千七百八十六两九钱八分。业经呈报秘书处，亟望早日拨款，以资赶办。

关于校具需要预计数目

本校校具损失数目业经调查，分类统计，下学期需要数目亦同时预计，具分别列表呈报鉴核。照表上所载一切并添置一项，约需洋一万五千元之谱。

关于科学馆投标经过情形

科学馆前被日军飞机炸去一角，接收后，招工投标修理，计上海各处营造厂前来投标者，有十余家之多，结果以钟山营造厂七千二百元得标。当由秘书处正式函知该营造厂查照外，并于下星期一来校签约云。

关于电灯机器运校及建筑轴脚情形

电机轴脚已于前周开始建筑，所有向慎昌洋行定购之柴油引擎，亦陆续运到一部分。关于修理电灯方面，亦分别调查列表统计，呈请核阅，筹款修购。

关于电话装设之经过

本校电话原有总机一只，计总线两根，一七八与一七九，分线七根。真茹沦为战区后，此机被人拆去，现拟重新计划，另装总机，加增分机数个，以资应用。所有各部支配装设电话机情形，业已另行呈报核夺办理。

关于中学部同学来校情形

中学部学生黄振业、苏宇补日前由苏来真茹，现租住西园饮食店房屋，昨日来校，除总务课批准其认领私有铁床外，并私自搬去学生李君礼铁床一架、草垫一个、屉桌一只,当即查觉,强不肯交出,仅立收据一纸。该生等由铅丝网进出,自由行动,实属违反校规,妨碍整理工作,当即呈报秘书处及训育委员会按章处理矣。

关于协记洗衣作要求在校建屋营业经过

协记洗衣作承洗本校学生衣服,历有多年,此次事变,所有洗衣作房屋均被日军烧毁,接收之后,来函要求本校指拨地皮,建筑房屋,以资继续营业,并奉谕核议具复。兹拟办法八条,呈请核夺。

(一)协记洗衣作请求借拨校地若干方为该洗衣作建屋之用;

(二)协记洗衣作每年应纳地租一百元;

(三)协记洗衣作应一次缴纳保证金六百元,如该洗衣作果能觅得当年已经缴保证金三百元之正式收据者,将准其抵补,惟补缴三百元,以符六百元之数;

(四)每月应酌收电水费三十元,或另装水表、火表计算亦可;

(五)该洗衣作如不愿继续营业时,须于三个月前呈请停业,俾本校得另雇他人;

(六)洗衣作如不愿继续营业时,不得私自顶替;

(七)协记洗衣作,应遵守本校一切规则,所有雇用工人如有不正当之行为,经本校查觉者,该洗衣作应负完全责任,并于必要时得停止其营业;

(八)该洗衣作倘违反本规则第六条者,除由本校勒令其停止营业外,并将其保证金完全充公。

以上所述本组之工作,凡关于清理整洁及另行修理门窗各项,本组现有员役力所能办之工作,均十九就绪;至修理校具、粉刷房屋等项,为限于人手,未能立时修竣,但为时亦非遥远。现在未能着手之工作,计分为添置校具、添装玻璃、修购电灯、修理水管四大项,一俟教部拨款到校,当能立即估价办理也。

校舍组委员及干事一览表

姓　名	别号	委　员	
樊守执	右善	主席委员	
孙寒冰	寒冰	委员	
谢循初		委员	
洪　深		委员	
郑宝宁	宁生	委员	
许克诚	克诚	委员	
林志瀛	振东	委员	常驻真茹主持一切
倪秀生	秀生	干事	常驻真茹办理各事
陈天愚	天愚	干事	常驻真茹办理各事
张训隐	仲渔	干事	常驻真茹办理各事
王肇简	敬庵	干事	常驻真茹办理各事

校舍组请愿警及工匠统计表

项　别	人数
请愿警	一一
临时工匠	一三
临时雇工	三四
共	五八

请愿警及雇工等之姓名、薪额等项从略。（编者）

校舍组调查电灯损失一览表

校舍名称	灯头	白盆罩	白圆罩	半圆大罩	开关	仙令	总开关	铅丝闸	火表
第一宿舍	五三	五九			一九	三	一	全部	一
第二宿舍	九三	九八			三〇	三八	一	全部	一

第三宿舍	四五	四五			六	六	一	全部	一
第四宿舍	四〇	五六			三二	一三	一	全部	一
第六宿舍	一二九	一五九			六〇	九	一	全部	一
女生宿舍	五二	五九			一二	八	一	全部	一
高中宿舍	二九二	二九四			八一	一三一	一	全部	一
大饭厅及厨房	一四	二一			五	五	一	全部	一
校医室	一五	一五			六	一三			
莲韬馆	七三	七五			二七	五	一	全部	一
尚节亭	四	四			二				
教职员宿舍	三四	三六			二六	二	一	全部	一
中学部办公室	七	一五			四	三	一	全部	一
合作社	五	五			三		一	全部	一
中学部教室	五〇	一	一二		一三	一六	一	全部	
大教室	四〇	四〇	五一		一七	七	一	全部	一
大礼堂	一七			一五	五	二			一
图书馆				三					
南新书店	二	二			三				
实验小学	二三	二三	一		六	六	一	全部	一
其　　他	一八	一八			八	一一	一	全部	一
总　　计	一〇〇六	一〇二五	六四	一八	三六五	四〇一	一六		一六

校舍组调查玻璃损失一览表

校舍名称	总计损失块数
第一宿舍	二〇八
第二宿舍	四四二
第三宿舍	六八
第四宿舍	一七四
第六宿舍	一二六三
女生宿舍	二四六
高中宿舍	七二八
大饭厅及厨房	一六八
校医室	二八
初中部办公室	二一
合作社	二三
手工教室	五五
中学部教室	二〇五
大教室	一二三
大礼堂	二六一
教职员宿舍	一三二
尚节亭	二
莲韬馆	一二四
图书馆	七二
南新书店	七三
实验小学	一二六
其　　他	二三三
总　　计	四七七五

校舍组调查校具损失一览表

校具名称	“一·二八”前统计数目	接收后之残余数目	损失数目
讲台桌	三七	四	三三
办公桌	一二五	四七	七八
两抽屉书桌	一四〇六	七〇四	七〇二
三抽屉书桌	五五	五	五〇
五抽屉书桌	一三九	七二	六七
圆书桌	一九	四	一五
大菜桌	六	二	四
台球桌	一	一	〇
方　桌	一三五	二四	一一一
小圆桌	八	一	七
长方实验桌	五〇	四九	一
连桌课椅	一〇〇	七二	二八
办公椅	一一七	二一	九六
直背椅	一六九八	七九三	九〇五
转　椅	一八	二	一六
扶手课椅	一二九一	九二五	三六六
美式课椅	七〇〇	四〇五	二九五
长条椅	一三	五	八
礼堂椅	九一八	七五六	一六二
藤　椅	〇	二七	

圆木凳	五四	五一	三
□□凳	一〇〇	二四	七六
方 凳	一三九	五七	八二
条 凳	二八五	四八	二三七
试验室圆凳	六〇	四三	一七
标本橱	十四	七	七
仪器橱	十五	一二	三
标本架	十九	一五	四
模型架	一〇	五	五
图书架	二八	四	二四
黑板架	三〇	四	二六
油印架	一	一	〇
书 架	一三一四	四三三	八八一
衣 架	一〇	三	七
面盆架	二三	一	二二
行李架	一九	一〇	九
书 箱	二	二	〇
画 箱	六	四	二
银 箱	三	二	一
布告牌	四五	一八	二七
柜 台	四	四	〇
黑 板	九八	四九	四九
铁 床	四三三	二三二	二〇一
木 床	六九四	二七五	四七三

床　板	六四八	六五	五八三
茶　几	八	二	六
棕　棚	一〇〇	五七	四三
沙　发	一一	一	一〇
阅报台	一三	九	四
文件橱	一二一	七八	四三
总　计	一一一九七	五四三五	五七八九

校舍组二十一年度上学期校具需要一览表

校具名称	校董室	致远堂	会议室	各院研究室办公室	教室	实验室
小沙发	四		二			
大沙发	一					
大菜桌	一		一			
衣　架	一		一			
圆　桌	一		一			
直背椅	一二		二六			
地　毯	一					
办公桌				九〇		
文件橱				五〇		
办公椅				一〇〇		
布告牌				一六		
床　铺						

五抽屉书桌						
两抽屉书桌						
面盆架						
字纸篓				九〇		
书　架				五〇		
扶手课椅					一〇〇〇	
黑　板					三〇	
讲台桌					二〇	
实验桌					三〇	
试验室圆凳					一〇〇	
标本橱						一二
仪器橱						三〇
阅书台						
阅报台						
长条椅						
礼堂椅		九一八				
总　计	二一	九一八	三一	三九六	一一八〇	四二

校具名称	图书馆	教职员宿舍	学生宿舍	校警宿舍	校工宿舍	总计
小沙发						六
大沙发						一
大菜桌						二
衣　架						二
圆　桌						二

直背椅	一三〇	四〇〇	一〇〇〇	一五	八〇	一六六三
地　毯						一
办公桌						九〇
文件橱						五〇
办公椅						一〇〇
布告牌						一六
床　铺		二〇〇	一〇〇〇	一五	八〇	一二九五
五抽屉书桌		四〇〇				四〇〇
两抽屉书桌			一〇〇〇	一五	八〇	一〇九五
面盆架		二〇〇				二〇〇
字纸篓		二〇〇	二〇〇			四九〇
书　架	五〇					一五〇〇
扶手课椅		四〇〇	一〇〇〇			一〇〇〇
黑　板						三〇
讲台桌						二〇
实验桌						三〇
试验室圆凳						一〇〇
标本橱						一二
仪器橱						三〇
阅书台	一二					一二
阅报台	一〇					一〇
长条椅	一〇					一〇
礼堂椅						九一八
总　计	二一二	一八〇〇	四二〇〇	四五	二四〇	九〇八五

校舍组校具添置预计表

校具名称	下学期之需要数目	接收后之需要数目	开学前之添置数目	材料	单价（元）	总价（元）
讲台桌	二〇	四	一六	洋松	一〇	一六〇
办公桌	九〇	四七	四三	柳安	一六	六八八
两抽屉书桌	一〇九五	七〇四	三九一	洋松	三·五	一三六八
五抽屉书桌	四〇〇	七二	三二八	洋松	六	一九六八
小圆桌	二	一	一	洋松	六	六
阅书桌	一二		一二	柳安	一一五	三〇〇
办公椅	一〇〇	二一	七九	洋松	四	三一六
直背椅	一六六三	七九三	八七〇	洋松	二五	二一七五
扶手课椅	一〇〇〇	九二五	七五	洋松	三	二二五
长条椅	一〇	五	五	洋松	六	三〇
礼堂椅	九一八	七五六	一六二	柳静	七	二二四
试验室圆凳	一〇〇	四三	五七	洋松	五	二八五
标本橱	一二	七	五	洋松	一五	七五
仪器橱	三〇	一二	一八	洋松	一五	二七〇
书　架	一五〇〇	四三三	一〇六七	洋松	二	二一三四
面盆架	二〇〇	一	一九九	洋松	一	一九九
床　铺	一二九五	五〇七	七八八	铁或木	五	三九四〇
字纸篓	四九〇		四九〇	竹	二五	二四
大沙发	一		一	漆布	三〇	三〇
小沙发	六	一	五	漆布	一〇	五〇
地　毯	一		一	毛织	二四	二四

总　计	一六四〇二

本校二十一年度上学期学生宿舍住宿人数预计表

宿舍名称	层次	房间数目	每间拟住人数	每层拟住人数	每宿舍预计住宿总数
前第一宿舍	楼上	二〇	五	一〇〇	二一〇
	楼下	二二	五	一一〇	
前第二宿舍	楼上	二四	四	九六	一八〇
	楼下	二一	四	八四	
前第三宿舍	楼上	一五	五	七五	一四五
	楼下	一四	五	七〇	
前第四宿舍	楼上	一五	五	七五	一四五
	楼下	一四	五	七〇	
女生宿舍	楼上	一二	五	六〇	一二〇
	楼下	一二	五	六〇	
总　计					八〇〇

校舍组修缮添配经费预计表

名　称	金额(元)	备　注
修理科学馆	七·二〇〇	由钟山管造厂投标承修
添置校具	一五·四〇二	秘书处盖订
添配玻璃	一·五〇〇	共损坏四千七百七十五块,平均每块以三角计约如上数
修装自来水	八〇〇	
修装宿舍电灯	二·五〇〇	
粉刷及修理房屋	二·五〇〇	每间房屋平均以五元计
总　计	二九·九〇二	

战后整理委员会校舍组购置总报告，并合同全份，因篇幅所限本期未能登出，只得移在下期发表。

编者志

（《暨南校刊》1932 第 26、27 期）

战后整理委员会校舍组购置总报告

（附购置合同全份）

一、呈报校长文

本校自接收以来，本组整理工作已于七月三十一日完毕，并经缮列总报告书，送呈钧核及送陈众览在案。旋于八月六日，续奉钧示，现届开学期近，关于修理校舍、购置校具及仪器事宜，统责成樊守执先生，即日估价定购。其校具部分，限本月二十五日完备，应需款项，由会计室核明，交出纳室照拨，并将估单即日送核等因。本组谨遵命执行，兹将办理购置一切情形，并行缮具总报告书，分别详列，另附签订合同全份，上呈钧核，并供公览。

抑窃有陈者，购置工程，任何国家公务人员，罔不于事后受人疑谤，守执切承庭训，平生自矢不妄用一文，妄得一文，洁身自好，衾影无惭，此为人所共知久知，无俟赘言。此次迫于时间，悚于严谕，敬谨从事，夙夜未遑，所有经办各事，倘有些微不忠不实，及妄用一文，妄得一文，收取回扣，以至变相无形礼品之类，抑或稍涉丝毫嫌疑之处，敢祈严令将守执以次全体校舍组干事，送交司法机关侦查讯办，庶勤能有所自见，而大信有所昭垂，悚惶附陈，乞赐照察，谨呈校长郑。

战后整理委员会校舍组主席委员 樊守执

二十一年八月十三日

二、添购铁床铁圆凳

本校校具损失超过半数，所有详细数目均载校舍组结束总报告书内。本届开学需用急迫，宿舍部分尤刻不容缓，奉校长决定，订购新式铁床铁圆凳，以资耐用，当经就沪上各家铁床公司从事比较，然后选定爱多亚路顺兴公司承办。并经详细商议，一再核减，计二尺半宽，一寸管子，铁皮折床，长六尺，中间铁皮，计横九根、直十根，漆色分三种，横头架子咖啡色，四围框黑色，中间铁皮银粉色。铁圆凳完全咖啡色，并先做样品存在学校，保证半年之内，四围铁框不至弯曲，床板铁皮不至过垂，铁钉不至脱落。又在半年以内，保证铁凳不至动摇及折腿，倘发现以上情事，在半年内完全由该顺兴公司负责修理，本校不另给资。计铁床一架，连铁皮床板，实洋三元二角四分，铁圆凳一张，电焊，实洋壹元壹角五分，以上送力并系在内，共订购床七百架、凳五百张，准定八月二十交货，过期每天罚洋一百元。此添购铁床圆凳签订合同之经过情形也。

三、添制木器

木器一项，除旧有修理可用外，计需添学生宿舍用两抽屉桌子六百张，书架八百七十只，教室用讲台三十一张。上项木器，以何瑞记木作开价最低，议定桌子每张洋二元八角五分，书架每只洋一元八角，讲台每只洋三元，三项合计三千三百六十九元，于十一日订立合同，先付定洋九百元，准二十一日交货，付清价目。尚有旧木床架，缺少铺板二百十副。又办公室单人写字台十只，双人写字台二十张，该项木器以王顺昌开价最低，当与协定俄松铺板，每副洋一元九角二分；柳安单人写字台每只洋十三元五角；柳安双人写字台每只洋二十元，三项合计洋九百七十八元七角，先付定洋三百元，九月十日期票洋九百元，余俟二十日交货后付清。木器一项，照上开各数可敷学生一千三百人之用。此乃木器方面订约承做之经过情形也。

四、修理水管及添配龙头

查本校水管，数年以前未事修葺，现在着手修理，诸见繁难。对水管所通之处，有科学馆，男生洗面洗浴间，大厕所，炉灶间，第一、二、三、四宿舍厕所，女生宿舍后面洗浴洗面、厕所等处。尚有太平龙头五处，其中有完全损坏者。男生洗面洗浴间大厕所三处，其余均一部分损坏重大者。此次招人估计修理上开各处，计有中华水电材料公司、侯康自来水工程、太华工程社三家，以太华为最低，价格计洋一千八百三十一元九角，一再与以商减，让至八五折，实付款计实洋一千五百五十七元一角二分，双方于十一日签订合同，并付定洋五百元，准至二十日完工，此乃修理水管签订合同之经过情形也。

五、粉刷工程

本校校舍所有墙壁，多年以来未曾粉刷，此次细加检查，分别缓急，以事刷新，以节公帑，经派本组各干事逐舍检查，计有须全部粉刷者：（一）第一宿舍（连外墙）；（二）第二宿舍；（三）女生宿舍；（四）高中宿舍；（五）初中宿舍；（六）教员宿舍；（七）大教室；（八）校警室（前南新书社）；（九）大厕所；（十）门房。有一部分粉刷者：（一）第三宿含楼下走廊及十三号房间；（二）第四宿舍与第三宿舍同；（三）中学部办公室走廊；（四）致远堂除顶上不刷，其余四周加粉刷，水沙部分以洗净为度。有暂缓粉刷者：（一）大饭厅；（二）洗面间；（三）洗浴间。有不必粉者：（一）图书馆；（二）莲韬馆；（三）调养室；（四）中学部教室。依此计算，可以减去三分之一，当即招雇工匠估计工料，计有王楚记、何瑞记、协隆泰、钟山营造厂四家，其愿承揽此项工程，比较之下，以王楚记所开壹千贰百元最低，再与商减，让至壹千零五十元，已经于十二日订立合同，用单层加胶老粉，凡有石灰剥落之处，并须修理完整，准定八月二十日上午十时完工。倘于验收之时，认为有须重粉之处，当应再加粉刷，并于即日先付定洋叁百元，其余约定工程完毕清付。此乃雇工承包粉刷工程之经过情形也。

六、修装电灯

全校电灯损坏程度，以高中宿舍为最，甚至皮线无一根，其余各处，以图书馆为最完整，其他灯头花线可称全无，惟先令开关或有存在者。此次招致沪上电料店估计，均称全部新装，可以承包。至修理添配，计算上很难详细，如须包装，旧料均须弃去，殊不经济，当经决定以自购材料、雇工修理装置为合算，且租界电料行太多，未领公用局执照，不愿承揽。最后有法租界东新桥新中华电料行承揽，代校估配材料，代雇工匠，约需材料洋八百元，工资洋二百元。第一批先配初装，需用材料约五百余元。此款已经付去，因该行价目悉照批发，不允赊欠，至工资一项，开工后分期支付，现已到校开工，二十日可以完竣。至大礼堂与教室，因工程上赶不及，无人肯前来承揽，而事实上，目前亦可稍缓。此装修电灯接洽之经过也。

七、添配玻璃

全校损坏玻璃，大小合计共四千七百七十五块，招有新昌源、培昌祥、泰和祥、森大四家玻璃铺，开价以森大最便宜，每方（十英寸）洋一角一分，因大小数目繁多，不及细载。在每舍间始装配时，双方派人点计，大小块数点计人，双方各签字于点计单上。俟完全配竣时，会计价值，准二十日完全配竣，约计所需一千余元，当先付定洋二百元，余俟装竣核算照付。此添配玻璃之经过情形也。

八、油漆工程

油漆一项，全部髹漆，价值甚巨，限于经费，未能从事，现择要油漆，并照原色加髹，以照一律，则所费者甚省。尚有修竣之桌椅等，亦因琐屑不能详计，只有雇工买料择要髹漆。至于校门及门首木桥、警亭，并已包工包料，计洋二十五元，上项工程，均由王楚记承做，二十日亦可完工。此乃油漆方面之经过情形也。

九、结论

此次添置器具，修理一切，所估价值，均详密比较，切实核减，俾公家无一文虚耗，而工程材料，务求切实合用，以达值廉物美之目的。惟因时间紧促，工作或恐有草率之处，自当严予督促，以免简率，庶能实践期限，而不差减工程。此外修理道路，拆卸临时宿舍，及修理老虎灶厨房，以至剪草、栽花、扫地、导河、拭玻璃、洗地板、整理水沟及各校舍，再行消毒一过，均赶日内办理完毕，本组同人，惟有益加勉励，以报校长，以慰同人者耳。

（《暨南校刊》1932 年第 28—30 期）

战后整理委员会校舍组全校购置总报告一览表

名称	每件□目	订购数量	总计价值	已付定洋	未付欠洋	承办公司或商号
铁床	三·二四	七〇〇	二二六八·〇〇	一二五〇·〇〇	一五九三·〇〇	顺兴公司
铁圆凳	一·一五	五〇〇	五七五·〇〇			
学生用书桌	二·八五	六〇〇	一七一〇·〇〇			何瑞记木器作
教室用讲台桌	三·〇〇	三一	九三·〇〇	九〇〇·〇〇	二四六九·〇〇	同上
书架	一·八〇	八七〇	一五六六·〇〇			同上
单人写字台	一三·五〇	一三	一七五·五〇			
双人写字台	二一·〇〇	二〇	四〇〇·〇〇	九〇〇·〇〇	七八·七〇	王顺昌木器作
床板	一·九二	二一〇	四〇三·二〇	内有期票六〇〇元		同上

修理男生洗面间水管等	纲目繁多	详见合同	四四四·九七
修理男生浴室水管等	同上		五六一·四六
修理炉子间水管等	同上		二一·九七
修理女生浴室厕所水管等	同上		四九·七二
修理一二三四宿舍水管等	同上		四二·五〇
修理科馆水管等	同上		二〇二·三〇
修理大厕所水管等	同上		一一〇·四二

修理太平龙头等	同上		一二三·七二	五〇〇·〇〇	一〇五七·〇六	太华水管工程社
粉　刷	“每方”·五〇	约二一〇〇方	一〇五〇·〇〇	三〇〇·〇〇	七五〇·〇〇	王楚记粉刷油漆作
电灯材料及人工	纲目繁多	详单另列	约计一〇〇〇·〇〇	五〇〇·〇〇	五〇〇·〇〇	新中华电料行
玻　璃	“每方”·二一	四七七五块	约计一五〇〇·〇〇	二〇〇·〇〇	一三〇〇·〇〇	森大玻璃店
油漆材料及人工	材料另见详单每工一·〇八		一五四·〇〇	一〇〇·〇〇	五四·〇〇	王楚记粉刷油漆作
			一二·四五一·七六	四·六五〇·〇〇	七八〇一·七六	

一、铁床铁椅合同（顺兴公司）

立合同暨南大学（以下称甲方）、顺兴公司（以下称乙方），两方买卖铁床、铁元凳，签定下列条款，各执一纸，以资信守此据。

一　乙方承做甲方二尺半一寸管子、铁皮折床，共计七百只，铁元凳共计五百只。材料式样，均照存在甲方之样品承做，铁床计长六尺，中间铁皮，计横九根、直十根，漆色分三种，横头架子咖啡色，四周铁框黑色，中间铁皮银粉色，铁元凳则完全咖啡色，照样不得丝毫参差，以后该样品，归仍乙方收回。

二　该项铁床，双方订定，每只洋三元二角四分，共七百只，合计洋二千二百六十八元，铁元凳每只价洋一元一角五分，共五百只，合计洋五百七十五元。该项货款订约之日，甲方先付乙方定洋一千二百五十元，余款待货交清，即日照付。

三　该项铁床，乙方保证在半年以内，四周铁框不至弯曲，床板铁皮不至过重，铁钉不至脱落，又在半年以内，保证铁床不至动摇及折腿，倘发现以上情事，在半年内完全由乙方负责修理，甲方不另给资。

四　乙方自订之日起，铁床、铁元凳均限十四日交货，八月二十日咏南送到真茹甲方本校，由甲方派员点收，并盖回单为凭，送费由乙方负担，酒资等概不给发。倘乙方迟延交货，每日罚洋一百元。

五　甲方无论何人，不得向乙方索取回扣及变相佣钱或搀取物品等物，如有上项事情，乙方须负责向甲方报明，并不得行贿，如乙方隐匿不报，由甲方密查出时，乙方愿罚十倍行贿数目，同时甲乙两方并将行贿之人、受贿之人送交司法机关法办，毫无异言。恐后无凭，立此为据。

附第四刊注准于八月二十日交齐　咏南

中华民国二十一年八月十日立合同　暨南大学代表人　樊守执
顺兴公司代表人　邵咏南

保证人　合兴厂钱鸿初押

二、木作合同(何瑞记)

立合同暨南大学(以下称甲方)、何瑞记木作(以下称乙方),两方买卖书桌、书架、讲台,签定下列条款,各执一纸,以资信守此据。

一　乙方承做甲方三十四寸十八寸面、三十一寸高、两抽□俄松书桌六百张,四十寸二十寸面、三十三寸高俄松讲台十六张,又三十寸十六寸面、高二十三寸俄松讲台十五张,二十六寸阔内四十二寸高、十寸深、四层俄松书架八百七十只,式样材料,均照样品,不得丝毫参差走样。

二　乙方自订约之日起八月二十一日下午四时半交货,限期送至真茹甲方本校,由甲方派员点收并盖回单为凭,送费由乙方负担,酒资等概不发给。倘乙方迟延交货,一日罚洋一百元。

三　该项货品价目,双方订定,书桌每只价洋二元八角五分,六百张,计洋一千七百十九。大小讲台每张价洋三元,三十一张,计洋九十三元。书架每只价洋一元八角,八百七十只,计洋一千五百六十六元,三项共计洋三千三百六十九元。该项货款,订约之日甲方先付乙方定洋九百元,余款俟货交清后照付。

四　所有讲台书桌,均做黑色泡力水,惟书架不做,交白货。

五　甲方无论何人,不得向乙方索取回扣及变相佣钱或搀取物品等物,如有上项情事,乙方须负责向甲方报明,并不得行贿,如乙方隐匿不报,由甲方密查出时,乙方愿罚十倍行贿数目,同时甲乙两方并将行贿受贿之人送交司法机关法办,毫无异言。

中华民国二十一年八月十一日立合同　暨南大学代表人　樊守执　购置股　李时旸

何瑞记木作代表人　何瑞金

保证人　胡钜森　漆作

三、木作合同(王顺昌)

立合同暨南大学(以下称甲方)、王顺昌木作(以下称乙方),两方买卖铺板、写字台,签订下列条款,各执一纸,以资信守此据。

一　乙方承做甲方三十二寸阔、七十二寸长、一寸毛厚俄松铺板二百十副,二尺四半柳安单人写字台十三只,三尺四半柳安双人写字台二十只,须坚固光洁,尺寸不得变更。

二　双方订定铺板,每副洋一元九角二分,二百十副计洋四百零三元二角。大号写字台,每只洋二十元,二十只计洋四百元;小号写字台,每只洋十三元五角,十三只计洋一百七十五元五角,三项合计洋九百七十八元七角。该项货款,订约之日甲方付与乙方现款三百元,九月十日期上海银行支票洋六百元正,余款俟货交清照付。

三　乙方承认八月二十日下午四时完全交货,限期送至甲方真茹本校,由甲方派员点收,并盖回单为凭,送货由乙方负担,酒资等概不发给。倘乙方迟延一日交货,罚洋一百元正。

四　铺板交白货,写字台漆淡黄色。

五　甲方无论何人,不得向乙方索取回扣及变相佣钱,或搀取物品等,如有上项情事,乙方须负责向甲方报明,并不得行贿,如乙方隐匿不报,由甲方密查出时,乙方愿罚十倍行贿数目,同时甲乙两方并将行贿受贿之人送交司法机关法办,毫无异言。

中华民国二十一年八月十三日立合同

暨南大学代表人　樊守执　购置股　李时旸

王顺昌木作代表人　王海容

保证人　新兴木器号(住老北门)

四、自来水管合同(太华水管工程社)

立合同暨南大学(以下称甲方)、太华水管工程社(以下称乙方),协定乙方承装及修理甲方水管工程,签订下列条款,各执一纸,以资信守此据。

一　乙方承揽修理及添装甲方后开各处水管龙头等。

一　男洗面间　　计洋四百四十四元九角七分五厘

一寸管	二百五十尺	六分管	五十尺
四分管	八十尺	一寸凡而	五只
六分凡而	一只	一寸四分梯	七十只
六分四分梯	十只	四分角弯	八十只
冷热四分龙头	八十只	一寸半管(出水用)	六十只
人工	三十工	铁勾子	一百只

二　炉子间　　计洋二十一元九角七分

二寸凡而	一只	一寸半凡而	二只
修理凡而	二只	人工	五工

三　男浴室　　计洋五百六十一元四角五分五厘

四寸莲蓬头	三十六只	橡皮塞头	三十六只
四分铜凡而	七十二只	十二分管	二百廿尺
十二寸凡而	四只	十二分与四分梯	七十二只
四分管	三百廿四尺	四寸四分梯	三十六只
四分长弯	七十二只	四分角弯	七十二只
四分立布	七十二只	铁勾	一百只
人工	四十工		

四　女宿舍　　计洋四十九元七角二分五厘

马桶盖	三副	马桶高水箱内配胡铜凡而	六副
人工	十五工		

五　男宿舍　　计洋四十二元五角

面盆□□水	二副	橡皮塞头	二只
五加仑□□水箱	一只	四分凡而	三只
四分管	十尺	四分青铅管	十尺

人工	十二工		
六 教室			计洋二百零二元三角
四分铜凡而	□二□		
铜管格林	二十八只	四分龙头	一只
马桶盖	二副	三分小龙头	十二只
一寸半青铜管	五十尺	人工	十五工
七 男厕所			计洋一百十元四角一分五厘
一寸打洞管	五十尺	四分管	八尺
四分□□管	五尺	四分龙头	二只
人造石马□	一只	一寸凡而	二只
生□高水箱	一只	高水箱胡铜凡而	八副
人工	十工		
八 其他			计洋一百二十三元七角二分
一寸半太平龙头	五只	马桶水箱拉手	五十四只

一切车力、红油、麻丝均在内,因装管而损坏水泥地及墙壁等等,不负修理之责。

二 该项□目,双方订定,共计洋一千五百五十七元一角二分,订约之日甲方先付乙方装费洋五百元,余款候竣工验收后,即日付清。

三 账外发现伤坏,须另添材料者,装费照加。

四 乙方自订约之日起,限八月二十日完工,由乙方通知甲方会同验收,倘工程迟缓者,一日罚洋一百元,如有差误,甲方须即提出,乙方于三日内改正之。

五 该项添装工程,乙方须保证半年内放水无阻,倘发生工程上□假事情,因而损坏者,由乙方负责修理,不另给资,但如龙头皮心及马桶水箱之铜练拉手折断等情,不在此条之内。

六 如因横生枝节,有人出面干涉工程之进行,因而停顿者,如公用局派员查验执照等,或因他种牵累,而强令停止工作者,其损失(罚款及乙方所蒙之损失)概由甲方负责,或因迟缓完工,亦不得□照上列第四条处罚。

七 甲方无论何人,不得向乙方索取回扣及变相金钱或搀取物品等,如有上项情事,乙方须负责向甲方报明,并不得贿赂,如乙方隐匿不报,由甲方秘密查出时,乙方愿罚十倍行贿数目,同时甲乙两方并将行贿受赂之人送交司法机关法办,毫无异言。

中华民国廿一年 暨南大学代表人 樊守执 购置股李时旸

八月十一日立合同 太华水电工程社代表人 文豪

五、粉刷合同(王楚记)

立合同暨南大学(以下称甲方)、王楚记粉刷作(以下称乙方),协定乙方承揽甲方粉刷房屋,签订下列条款,各执一纸,以资信守此据。

一 乙方承揽甲方后开各处粉刷

1. 第一宿舍(连外墙) 2. 第二宿舍

3. 女生宿舍 4. 高中宿舍

5. 初中宿舍(走廊下部仍刷蓝色) 6. 教员宿舍

7. 大教室 8. 校警室

9. 大厕所 10. 门房

以上各处除第一宿舍内外粉刷,其余各处,只须内部粉刷。

11. 第三宿舍(只粉刷楼下走廊及第十三号内部)

12. 中学部办公室(只须粉刷楼下走廊)

13. 第四宿舍(只粉刷楼下走廊及第十三号内部)

14. 致远堂(除顶上外四周粉壁均须粉刷,水沙部分以洗净为度)

二 粉刷用单层加胶老粉,有石灰剥落之处,须修理完整。

三 乙方认定至八月二十日上午十时完工,惟致远堂得在下午四时完工,由甲方派员验收。如迟延一日,罚洋五十元。

四 验收时甲方认为有重粉之必要之处,乙方得承认之。

五 上开各处粉刷工料,总计大洋一千零五十元正,订约之日先付洋三百元,余款自验收完毕,全数付清。

六　甲方无论何人不得向乙方索取回扣及变相佣钱或搀取物品等物,如有上项情事,乙方须负责向甲方报明,并不得行贿,如乙方隐匿不报,由甲方密查出时,乙方愿罚十倍行贿数目,同时甲乙两方并将行贿受贿之人送交司法机关法办,毫无异言。

中华民国十一年　八月十二日　立合同

暨南大学代表人　　樊守执　购置股李时旸

王楚记粉刷作代表人　王楚亭

保证人　永源泰(住海宁路伯顿路口)

六、兹将新中华电器行采购电料货品、只数、价格、计数分别列表如下

货　名	只　数	价　格	计　数	备　注
木轧灯头	七六〇只	二角二分	一六七·二〇	
仙　令	三五〇只	九分五	三三·二五	
15 磁夹板	一〇〇〇副		七·〇〇	
1/18 德皮线	四〇券	二元三角五分	九四·〇〇	
六寸磁管中	一百支		九·〇〇	
中平开关	二八〇只	二角六分	七二·八〇	
35/10 德花线	一二券	四元五角	五四·〇〇	
木　板	一〇〇〇〇		一〇·〇〇	
小圆木	一〇〇〇块		二〇·〇〇	
包　布	三券	六角	一·八〇	
各种螺丝钉	螺钉廿八罗 国钉十八磅		一九·一八五	此项名目过于繁碎不能细载

共计四百八十八元二角三分五厘

校舍组主任樊右善先生来函

敬呈者:本月六日,奉钧示,现在开学期近,关于修理校舍、购置校具及仪器事宜,统责成樊守执先生,即日估价定购。其校具部分,限本月二十五日完备,应需款项由会计室核明,交出纳室照拨,并将估单即日送核等因。守执谨遵命办理,并将经办事项,一切详情,缮具报告书及一览表呈核在案。守执幸叨威信,时间虽迫,尚能如期竣工,不至误事,此实共事诸员夙夜努力;守执愧无劳绩,辄切悚惶,回首接管之时,触目惊心,满地凄凉,痛定思痛,乃钧从矢志侨教,尽瘁许国,殷勤迈进,始有今日,顿使吾校一复旧观,此亦足以慰数百万侨胞父老属望之殷,抒吾校数千人师生所负之使命。际兹办理告竣,爰有数事,条举如次:

一　现在八月二十五日限期以前,已将交办事件办好,战后整理委员会校舍组已无事可办,该组即日撤销,各委员及各干事均销去名义,各就原担任职务服务。其校舍组印章文稿,随文附呈,请饬分别存毁;又校舍组工作照片,请赐察阅。

二　自八月二十六日起,真茹校舍归秘书处接管,行政事项归秘书处执行,全校各办公机关应全部或一部移入原校舍内办公。

三　本组账项收支,均按规定手续办理,其发给商号九月一日及九月十日两项期票,亦均遵照手续办理。

四　所有已付未付账款及购置工程一切事项均请派员查账,并比较前此所有价格。

五　吾校在战事期间,整理期间,凡冒险出力各职员校工校警,请饬秘书处查明呈核,以昭激劝。

六　本组委员林志瀛,在工作期间,沾染时疫,扶病回京医治,至用轸念。本组干事张训隐,服务勤劳,薪额只五十元,拟请自九月份起,准予增加二十元,以示奖励。

七　租用闽庄,系九月一日起始行起租,战后一切修理,统归闽庄负担,每月租金三百五十元,如闽庄股东会不能通过,仍按三百八十元旧额给租,请饬秘书处签订租约。又南新书店合同,本年十月方告满期,现在停止饮食部,奉准减去租金七十五元,并由守执饬其负担。新开校警驻在所大门,及该书店内部一切装修,每月由校实收租金一百五十元,以偿前合作社股本等用。

以上敬祈照察,并赐批示施行,谨呈校长郑。

附呈:校舍组图章一颗、校舍组文稿两册、校舍组工作照片十九张

前战后整理委员会校舍组主席委员 樊守执 谨呈

八月二十五日

(《暨南校刊》1932 年第 28—30 期)

二十一年度大学部职员一览表

郑洪年 校长

秘书处

姓 名	职 务	兼 职	备 注
杨裕芬	秘书长	教务委员会委员 体育委员会常务委员	兼教授
陈中孚	秘 书	总务课文书组主任干事 总务课庶务组主任干事	
鲍寿康	秘 书	校长会议干事 体育委员会委员	

秘书处总务课

曾克耑	课　　长	教授兼
周梅安	文书干事	
吴榕藩	文书干事	
王维城	文书干事	
王　勤	文书干事	
徐寄尘	书　　记	
汪英硕	庶务干事	
倪秀生	庶务干事	
陈天愚	庶务干事	
王肇简	庶务干事	
李时旸		中学部事务干事兼
张文征	印刷所缮校	
许宗望	印刷所收管	
唐斐礼	医务干事	
卢宝法	医务干事	
方植民	驻校医员	

会计出纳室

奚玉书	会计师代办会计事宜
王海帆	会计师代办出纳事宜

秘书处注册课

郑宝宁	课　　长	教务委员会委员兼秘书	教授兼
耿心粹	注册干事		
沈真保	注册干事		

刘家瑾　注册干事
蔡滋培　注册干事
尹育民　注册干事
刘国光　注册干事
蔡言绪　书　　记
赵叔立　书　　记

图书馆

张　凤　馆长　　兼教授
许克诚　副馆长
温文耀　馆员
龙自强　馆员
汪善录　馆员
陈　辅　馆员
谌然模　馆员
鲍益清　馆员
沈景乾　馆员
蔡春曦　馆员
陈镇和　馆员
冯运佑　馆员
郝春德　馆员
庄世鸿　馆员
陈家球　馆员
平祖仁　馆员

南洋及美洲文化事业部

刘士木　主席委员　兼调查股主任
陈希文　副主席委员　兼编辑股主任
魏振华　常务委员　兼秘书

蔡正雅	委员		
褚凤仪	委员		
林有壬	委员		名誉职
汤文聪	委员		名誉职
陈其英	委员	兼编辑	
王维骃	委员	兼编辑	
陈福璿	编辑		
康来文	特约编辑		
梅洪宝	干事		
曾毅夫	干事		
梁秉衡	干事		
江应梁	干事		兼
杨宇卿	书记		

训育委员会

黄慎之	主席委员		
顾　名	常务委员		教授兼
陈钟凡	委员		
叶　渊	委员		
于基泰	委员		
孙寒冰	委员		
郭一岑	委员		
漆琪生	秘书		
许民一	文书干事	兼大中训育联合会主任干事	
周昆田	文书干事		
周灿煌	斋务干事		
钟曼天	邮电干事		
安梦周	训育干事		

招勉之	训育干事		
胡秋甫	训育干事		
骆仲清	训育干事		
余正东	训育干事		
仲起亚	训育干事		
周延珍	干事	兼大中训育联合会秘书 兼书记	
胡淑光	女生指导员		中学部专任教员兼
杨泽蘅	女生宿舍管理员		

教务委员会

郑洪年	主席		校长兼
陈钟凡	常务委员		教授兼
洪　深	常务委员		教授兼
黄中廑	常务委员		教授兼
邝嵩龄	常务委员		教授兼
黄慎之	常务委员	兼秘书	兼
郑宝宁	委员	兼秘书	教授兼
杨裕芬	委员		教授兼
于基泰	委员		教授兼
叶　渊	委员		教授兼
孙寒冰	委员		教授兼
郭一岑	委员		教授兼
龙沐勋	委员		教授兼
张　凤	委员		教授兼
汤彦颐	委员		教授兼
钱祖龄	委员		教授兼
孙　越	委员		教授兼
汪　永	委员		教授兼

樊守执	委员		教授兼
温崇信	委员		教授兼
李石岑	委员		教授兼
陈科美	委员		教授兼
张耀翔	委员		教授兼
朱敦立	干事		

体育委员会

樊守执	主席委员		
杨裕芬	常务委员		
叶　渊	委员		
陈掌谔	委员	兼秘书	
奚玉书	委员	兼会计代办会计会计师	
黄中廑	委员		教授兼
鲍寿康	委员		兼
唐相侯	委员		兼
曹　裕	委员		兼
李思廉	名誉足球教练		
冯运佑	名誉干事		兼
陈镇和	名誉干事		兼
庄世鸿	名誉干事		兼
陈家球	名誉干事		兼
郝春德	名誉干事		兼
江善敬	名誉干事		
梅洪宝	名誉干事		兼
黄兆霖	名誉干事		兼
梁国材	干事		兼
梁秉衡	干事		兼
秦德瑜	干事		兼

出版委员会

孙寒冰	委员长	教授兼
洪　深	委员	教授兼
张　凤	委员	教授兼
李石岑	委员	教授兼
区克宣	委员	教授兼
黄中廑	委员	教授兼
张栗原	委员	教授兼
罗宗洛	委员	教授兼
戴霭庐	委员	教授兼

各学院办公处

孟性之	文学院助理员
林树青	文学院政治经济学系助理员
苏鸿宾	文学院政治经济学系助理员
黄玉如	文学院教育学系助理员
颜以和	理学院仪器标本管理员
程廷绰	理学院助理员兼书记
吴松生	商学院统计员
曹振昭	商学院统计员

（《暨南校刊》1932 年第 31 期）

二十一年度大学部教授教习讲师助教一览

文学院

姓　名	职　务	兼　职
陈钟凡	教授兼文学院院长	大学部一年级主任、教务委员会常务委员、训育委员会委员
龙沐勋	教授兼中国语文学系主任	教务委员会委员
洪　深	教授兼外国语文学系主任	教务委员会常务委员、出版委员会委员
张　凤	教授兼历史社会学系主任	图书馆馆长、教务委员会委员、出版委员会委员
孙寒冰	教授兼政治经济学系主任	训育委员会委员、教务委员会委员、出版委员会委员、暨大银行监察
郭一岑	教授兼教育学系主任	训育委员会委员、教务委员会委员
温崇信	教授兼政治学组主任	教务委员会委员
区克宣	教授兼经济学组主任	教务委员会委员、出版委员会委员
李石岑	教授兼教育行政组主任	教务委员会委员、出版委员会委员

张耀翔	教授兼教育心理组主任	教务委员会委员
陈科美	教授兼师资专科主任	教务委员会委员
杨裕芬	教授	秘书长、教务委员会委员、体育委员会常务委员、暨大银行董事
曾克耑	教授	秘书处总务课长
郑宝宁	教授	秘书处注册课长、教务委员会委员兼秘书
顾　名	教授	训育委员会常务委员
黄中廑	教授	教务委员会常务委员、出版委员会委员
曾作忠	教授	教育学系附属实验学校主任兼指导员
顾仲彝	教授	
邓昌权	教授	
周谷城	教授	
余楠秋	教授	
李冰若	教授	
华　林	教授	
王　修	教授	
张世禄	教授	
胡肇椿	教授	
曹聚仁	教授	
毛彦文	教授	

彭望荃　教授

朱通九　教授

李圣五　教授

刘慎修　教授

黄菩生　教授

章　克　教授

漆琪生　教授

马灿汉　教授

谢循初　教授

张栗原　教授

张海曙　教授

张端珍　教授

夏承枫　教授

邵灵芬　教授

盛叙功　教习

祝伯英　教习

苏少卿　教习

施逸芬　教习

陈汝衡　教习

吴子敬　教习

姚名达　教习

卫聚贤　教习

吴天放　教习

林穆光　教习

出版委员会委员

张云伏　教习

吴友三　教习

梅龚彬　教习

胡汉瑞　教习

耿佐军　教习

马宗荣　讲师

李青崖　讲师

易韦斋　讲师

郑君实　讲师

程芝瑛　讲师

邵家麟　讲师

程德谞　讲师

胡秋原　讲师

伍蠡甫　讲师

吴绍熙　讲师

谢公展　讲师

范新琼　讲师

朱　衣　助教

周泳先　助教

王则平　助教

陈志标　助教

李　勖　助教

杨树春　助教

萧一□　助教

姜景云	助教	
萧介农	助教	
黄 振	助教	

理学院

于基泰	教授兼理学院院长兼化学系主任	训育委员会委员、教务委员会委员、暨大银行董事
汤彦颐	教授兼数理学系主任兼物理学系主任	教务委员会委员
陆慎仪	教授	
戴恺生	教授	
恽季英	教授	
罗宗洛	教授	出版委员会委员
崔九卿	教授	
严观涛	教授	
李钜源	教授	
王济仁	教授	
邝嵩龄	教授	中学部主任、教务委员会常务委员
高扬芝	教习	
吕竹人	教习	
陈维稷	教习	
赵梁材	教习	
王蔚华	讲师	兼助教
张方絜	讲师	

丘群才	助教	
罗士韦	助教	

商学院

叶　渊	教授兼商学院院长	训育委员会委员、教务委员会委员、体育委员会委员、暨大银行董事
钱祖龄	教授兼会计学系主任	教务委员会委员
孙　越	教授兼银行学系主任	教务委员会委员、暨大银行总经理
汪　永	教授兼国际贸易学系主任	教务委员会委员
樊守执	教授兼铁道管理学系主任	校务会议秘书、教务委员会委员、体育委员会主席
周茂蕃	教授	
武堉斡	教习	
吴文蔚	教习	
武书常	教习	
孙　瑂	教习	
戴霭庐	讲师	出版委员会委员
邹　玉	讲师	
施子屿	讲师	
施伯珩	讲师	
陈陶森	讲师	

余绍武　讲师

徐挹和　讲师

郭盛尊　助教

特约讲座

叶恭绰

马寅初

刘竞渡

王礼锡

杨幼炯

郑贞文

张相时

特约讲师

马崇淦

袁业裕

杨汝梅

（《暨南校刊》1932 年第 32 期）

最近大学部注册人数统计

（大学生共八一三人）

本校注册，行将结束，兹先将大学部各院系最近之注册人数，试作统计列之如下：

文学院　共四一九

中国语文学系……………………………………………………四五
外国语文学系……………………………………………………二七
史学社会学系……………………………………………………六五
政治经济学系……………………………………………………一七九
教育学系…………………………………………………………一零三

理学院　四五

数学系……………………………………………………………八
物理学系…………………………………………………………一四
化学系……………………………………………………………二三

商学院　九七

会计学系…………………………………………………………三六
银行学系…………………………………………………………十六
国外贸易学系……………………………………………………四
铁道管理学系……………………………………………………四一

（《暨南校刊》1932 年第 32 期）

国立暨南大学大学部教务委员会组织规程

一 本大学教务委员会由校长、秘书长、各院院长、各系系主任、训育委员会主席以及由校长所指定之教授组织之。

二 本会设主席一人,由常务委员轮流主席。

三 本会由校长指定教务委员五人为教务常务委员,组织教务常务委员会。

四 教务常务委员会设正副秘书一人,由校长约定办理及保管本会一切文书事宜;干事一人,辅助秘书办理各项事宜。

五 教务委员会之职务如下:

1. 拟定本大学各项教务规程与审理各项教务。

甲 审定课程;

乙 审定教学大纲;

丙 讨论教学方法;

丁 规定考试办法及审核学生成绩;

戊 审定学生毕业事项;

己 规定学生缺席办法;

庚 会同训育委员会商订课外作业办法及组织各种研究会。

2. 审议教务常务委员会交议事项。

3. 讨论校务会议交议事项。

4. 决定建议校务会议事项。

5. 审议其他教务上重要事项。

六 教务委员会常务委员之职权如下:

1. 执行教务委员会交办事项。

2. 处理本会其他一切日常事项。

七 本会开会法定人数以全体委员过半数为有效。

八 会期议间

1. 教务委员会常会每月一次:每月第一个星期一下午三时。

2. 教务常务委员会常会每周一次:星期一。

3. 于必要时,教务委员会得由常务委员会召集临时会议,常务委员会得由秘书召集临时会议。

九 本会委员如有提议或报告事项,应于开会前一日提交秘书,列入议事日程。

十 本规程由校务会议议决施行,如有未尽善处,得随时提出修改之。

附 出版委员会经常费预算

一 每三个月出版季刊一本,每期约十二至十四万字,每期需印刷费三百四十元,每学期出二期,总计六百八十元。

二 本学期拟出版丛书五本,每本约十万字至十五万字,稿费每千字以五元计算,本学期如拟收买文稿五十万字,需二千五百元(著作人如欲抽版税亦可,版税率定百分之十五)。

预算表 二十一年度上学期

季刊印刷费	六八零元
稿费	二五零零元
总计	三一八零元

出版委员会委员名单

孙寒冰 洪 深 张 凤 李石岑 张栗原 区克宣 黄中廑 戴靄庐 罗宗洛

出版委员会审查委员名单

樊守执 陈中凡 洪 深 孙寒冰 于基泰

校工甄别委员会委员名单

樊守执 曾克耑 陈天愚 戴崇礼 黄慎之

（《暨南校刊》1932 年第 32 期）

校舍修理费用一览表

名 称	金 额 （单位元）
修理科学馆	七·二〇〇·〇〇
修配玻璃	一·五〇〇·〇〇
修装自来水	八〇〇·〇〇
修装宿舍电灯	二·五〇〇·〇〇
粉刷及修理房屋	二·五〇〇·〇〇
上五项共计	一四·五〇〇·〇〇

其他杂项

图书馆添置桌椅	二七三·五〇
科学馆实验桌	九八六·〇〇
注册课添置商学院实验桌	一五〇·〇〇
全部科学馆粉刷及锁柜等	一·〇三〇·七三

大礼堂调养室心理实验室油漆及粉刷等	四〇〇·〇〇
特别锁橱桌门	一五〇·〇〇
电灯材料	一·六〇〇·〇〇
修理水落管	二〇〇·〇〇
包修旧木器	四〇〇·〇〇
修理屋漏	六九五·〇〇
木器 会客室会议室 教职员俱乐部	三五〇·〇〇
玻璃	三二〇·〇〇
木料	四〇〇·〇〇
大礼堂布幕	三〇〇·〇〇
修理大汽锅	五〇七·二六
总　　计	二二·二六二·四九

注:(一)所有表内重复节目系临时添置,不在整理会修理之内;

(二)前五项归整理委员会修理者,后杂项则由庶务组办理者;

(三)本统计截至九月二十四日止。

(《暨南校刊》1932 年第 33 期)

大学部第二次教务会议纪录

日　期　二十一年十月三日

地　点　本校莲韬馆

出席者　张　凤　龙沐勋　樊守执　叶　渊(樊守执代)

洪　深　邝嵩龄　郑宝宁　陈中凡(洪　深代)

汤彦颐　于基泰　区克宣　孙　越（邝嵩龄代）
黄慎之（郑宝宁代）　杨裕芬　郭一岑（区克宣代）
孙寒冰　黄中廑　温崇信（孙寒冰代）
陈科美（孙寒冰代）

主　席　邝嵩龄

纪　录　刘国光

开会如仪

议决事项

一、廿年度毕业生，亟待呈部备案，惟以多数毕业生中因沪战未能举行大考，或已补考而教员尚未将成绩交下，应如何办理案

议决：定本月底报部，函各生前来补考，逾期不来补考者，留明年呈部。

二、暹罗中华总商会主席陈守明，证明张晓芙确系侨生，请准由广州知用中学转入本校插班案

议决：过时已久，未便收容。

三、暹罗侨生黄国强，系本校高中师范科毕业，照章须服务一年，方可升学，今该生以不谙暹罗文，不能回暹服务，要求升入大学部一年级，是否可行，请公决案

议决：不准。

四、本校上学期试读生朱懋坤，及粤校试读生侨生麦志宏请求入学案

议决：不准。

五、侨生黄良兴，上学期借读苏州本校中学，因本校举行新生入学时，曾患疾病未受试验，现以各校考期已过，回南不得，请求入学案

议决：不准。

六、转学生投考本校二年级，业已录取，但今调查其一年级之学分，只有六学分（因学生投考时，有肄业证明书或转学证书，而无成绩单），关于同样情形之学生，应如何规定案

议决:应退至一年级肄业。

七、本校文学院史社系四年级生叶金印呈,以家境贫寒,民十九年在本校为工读,后因工读生制度取消,而成绩在七十五分,经已免缴学宿膳费,现再请求继续豁免,以完成最后一学期学业案

议决:不准。

八、本校中学部商科毕业生卢仲琛,因来考不及,读求入学案

议决:不准。

九、本校中学部师范毕业生邓名尚,拟请求在大学部继续选课半年案

议决:不准。

十、文学院二年级生夏炎德呈,以上学期本人成绩在八十五分,请按照奖学金办法,补助奖学金案

议决:照章办理。

十一、本校上学期试读生谢兆华呈,以家境清寒,难回原校肄业,因本校举行考试时,未及参加,请依照成绩在八十分以上,准予入学案

议决:不准(因本校现无此例)。

十二、凡于九月廿六日以前未到校之学生,照校务会议议决,不得通融令其入学,但至今学生仍陆续请求入学,或来信来电请求续假一星期至二星期,是否能予照准,请规定案

议决:九月廿六日以前准假,而因自己重病、至亲丧事、匪区或灾区及来信来电,而有充分理由及证据者,得准假。但逾上课时间十分之一者,不得参与大考,逾三分之一者,不给学分。来信请假,须以邮局盖章收到之日为凭,廿六日以后请假者,一概不准。

十三、文学院二年级生毕熙,民十九年度第二学期由大陆大学转来本校旁听半年,二十年度开始,即正式注册,除大陆学分已得□令□外,其旁听学分,是否照给,准予改为三年级第一学期正式生案

议决:旁听学分不给,准注册第□年级。

十四、依照第一次本会议决,提出二次会议修改教务规程案

议决:二次再议。

十五、文学院学生贺德府,行动□端,业令该生自动退学,现欲留学日本,因无转学制度,所缺七学分,已向张栗原先生补考,以满足一百四十八学分,请求发给毕业证明书案

议决:不准补考,但可给与修过之学分。

十六、学生姚梦□,代侨生丘昌麟请求入学作试读生案(按丘生上学期在□本□中学毕业)

议决:不准。

十七、廿年度第一学期所选一年课程,第二学期在他校继续选读者,是否须补考案

议决:承认借读学分,无须补考,如无借读学分,视情形办理。

十八、廿年度第一学期,补考登记,所选学程超过二十四学分者甚多,应如何审查案

议决:凡无证明者,最多不得超过二十二学分。

十九、学生俞寿松、蔡次薛因事或因病迟到,请求注册,及学生李孟刚、林予和亦因母丧葬等事请求注册案

议决:照本年度第二次教务会议议决案第十三条办理。

二十、一年级新生汤□钧,因投考所缴文件,经注册课查出伪造,现该生求函申述详情,请予宽容,勿开除学籍或作特别生等,以免辍学案

议决:应令退学。

廿一、郑宝照先生介绍陈宗□入学本校作试读生案

议决:不准。

廿二、中公学生朱潮荣请求转学本校案

议决:不准。

廿三、上学期粤校试读生李□璠,请求入学案

议决:不准。

廿四、规定讲义付印办法案

议决:五十份以下者油印,五十份以上者铅印。

(《暨南校刊》1932年第39期)

大学部第三次教务委员会议纪录

日 期 十月三十一日

地 点 大学部会议室

出席者 陈中凡 洪 深(陈代) 于基泰 汤彦颐(于代)
樊守执 叶 渊(樊代) 张耀翔 陈科美(张代)
郭一岑 孙 越(郭代) 杨裕芬 郑宝宁(杨代)
黄慎之 张 凤 邝嵩龄(黄代)

列 席 颜桂琪

主 席 黄慎之

纪 录 颜桂琪

开会如仪

甲、报告事项

一、教育部训令第八六四号通令,各大学应以研究各地物产为化学系毕业论文之主题文;

二、校长调文学院助教颜桂琪兼为本会干事兼记录。

乙、讨论事项

一、法学院学生徐振基、徐兴华请求本学期继续借读中山大学案

议决:照章办理。

二、法律系学生周寿官,现已转学中央大学,惟二十年度下学期英文不及格,请求准交英文作文一篇作为补考案

议决:准即到校补考。

三、本学期借读中山大学学生冯炳基等十二人，呈请准予函考二十年度上学期所习学程案

议决：根据上次教委会决议函覆。

四、侨生黄毅志，请求入本校大学一年级补习班补习，并请求免费案

议决：不准。

五、本校借读中央大学学生杨世海等五十七人，以中大学生只须修满一百二十八学分即可毕业，因而有三小时作二学分，二小时作一学分者，与本校须修满一百五十二学分方可毕业规章显系不同，请求以钟点为借读学分计算单位，而昭公允案

议决：依照本校教务规程计算。

六、教育部规定，从十八年起，必须读满八学期，方得呈报毕业，各系学生仍多提前修满学分，希提早一学期毕业者，应否照准案

议决：凡第七学期已修满学分，第八学期不注册者，遵部令一概不得呈报毕业，由校长通告全校学生严格遵守，如第七学期已修满毕业学分，第八学期应读研究科目，著毕业论文，及各项调查工作。

七、三年级学生冉哲威，于初转学来校时，谓系公立四川大学文学院肄业，并呈验该校文学院成绩证明单，现据四川大学来函称查前公立四川大学文学院各生中，并无该生姓名，对该生学籍问题，应如何处理案

议决：再严格清查一次。

八、外国文学系三年级学生雷克勤、教育学系二年级学生谭湘凰，均系前四川大学转学来校，现据该校来函称，查本大学各院暨本大学合并前之三大学中，均无该两生姓名，应如何处理该两生学籍案

议决：并第七项办理。

九、一年级学生詹鉴，现查出来校投考之相片，与闽北公立中学（詹生系该校毕业）所寄来之相片，似不同一人，请如何酌夺案（附相片二张）

议决：交训育委员会核办。

十、查第二次教务委员会议议决，转学生投考本校二年级，其学分只六学分者，应退至一年级肄业。惟查转学生方面，有在原校只修满二十余学分者，不知应否退至一年级肄业，再嗣后转学生投考论何班次，其每班之标准学分应定若干，请求核定案

议决：转学生凡已修满二学期，学分在三十六以上者，入二年级，凡已修满四学期，学分在六十八以上者，入三年级。

十一、查本校校务会议议决，凡一学年学程，学生只读上学期者，须重读。而此次借读中大或其他各大学之学生，有考而不及格者，或未考者，经本校补考后，仍有不及格者，此类不及格学程，应否令其再补考一次，或竟令其重读，或更有其他补救办法，请公决案

议决：应重读。

十二、教育系三年级学生邹纪常，仿造大夏大学肄业证明书，现经大夏大学来函证明属实，复请审核案（附大夏证明表一件、伪肄业证明书一件）

议决：即令退学。

（《暨南校刊》1932 年第 39 期）

今学期本校男女学生籍贯统计表

省别	性别		总计
	男	女	
广东	二三二	三三	二六五
江苏	二〇三	二四	二二七

福建	六四	九	七三
江西	四七	一六	六三
安徽	四九	一一	六〇
浙江	五四	二	五六
四川	三九	二	四一
广西	二一	二	二三
云南	一八	二	二〇
湖南	八	四	一二
湖北	五	四	九
河南	七		七
贵州	三	一	四
甘肃	二		二
陕西	二		二
辽宁	二		二
河北	一		一
吉林	一		一
山东	一		一
山西	一		一
朝鲜	二		二
总计	七六二	一一〇	八七二

(《暨南校刊》1932年第43期)

大学部第四次教务委员会议纪录

日　期　十二月五日

地　点　大学部会议室

出席者　郭一岑　洪　深　李石岑　于基泰(王蔚华代)

郑宝宁　陈中凡(洪深代)　樊守执　叶　渊(樊代)

黄慎之　杨裕芬　张　凤　邝嵩龄　汤彦颐　龙沐勋

列　席　颜桂琪

主　席　洪　深

纪　录　颜桂琪

开会如仪

(一)报告事项

一、教育部训令第八五七三号令发国民体育实施方案,仰遵照并转饬所属一体遵办,切实推行,随时具报文。

二、教育部指令第三五九号,对于本校呈报二十年度第一期,本校大学部各学院新生及转学生备案指正文。(详令文中)

三、教育部训令第六六〇号,查大学规程,规定学分制与学年制同时并用,各大学施行学分制,办法多有不同,兹为划一起见,特规定办法如下:

1. 凡采取"绩点"及其他名称者,应一律改称"学分"。

2. 凡须课外实习之课目,以每周上课一小时,满一学期者,为一学分,实习及无须课外自习之课目,以二小时为一学分。

3. 大学修业年限概为四年,在四年修业期间,须习满一百三十二学分。

4. 大学各院系学生前二年以至多修四十学分,至少修三十六学分为限,后二年以至多修三十六学分,至少修三十学分为限。

5. 上列各条所称学分,系指一般课目而言。党义、军事训练及体育均不在其内。医学院修业年限不同,其学分俟另行规定后,再行规定。

上列各点,定于二十一年度起,开始实行矣。

(二)讨论事项

一、于学生旷课已有规定办法,于教授缺席授课,应如何办理案

议决:由注册课通知各缺课教授补授所缺各课。

二、第一年级国文英文两课,下学期拟以能力分组,时间排在每日上午八至十时,请各院系在该时间内勿排其他一年级课程案

议决:通过,并通知各院系。

三、政治系经济组三年级学生俞寿松,因在注册时已缺席十分之一,不准参与大考,惟该生以计算缺席,当在注册以后起,并云在九月十二至二十六日间是学校允许请假期,在此期间内绝不能为缺席之种种理由,请求准予参加大考案

议决:照章办理。

四、外交系学生夏炎德,政经系学生周锦辉,铁道系学生周日毅,成绩均在八十分以上,前曾来函要求照奖学金办法补助奖金,经本会议决照章办理在案,现该三生复具函催促要求立刻执行案

议决:俟奖学金章程修正公布后,照章办理。

五、转学生方继勉、吴静勉、谭湘凤、雷克勤四人,现经原校来函证明,谓均非该校学生;谭湘凤等三人,现经原校四川大学来函证明,谓均非该校学生。惟最近接谭湘凤来函,谓在校系用谭涉涯名字,后领取证书时改用今名,谭湘凤业经原校来函证明属实,但其成绩证明书存根,因卷册浩繁,无法查抄等语,对该四生学籍,应如何分别处理案(最近又接川大教务处来电谓谭湘凤确系本校学生,该电未具名何人)

议决：限本学期内该四生交出确实证明文件，否则即令退学，并不给与本学期所修学分。

六、外交领事系四年级学生卢达元，于二十年度下学期未终时，即休学南旋，暑期后始复来校。学校规定补考二十年度下学期课程时间内，又未能如期补考，现具函请求通融允许补考案

议决：不得函考。

七、前第三次教务会议决议案第三款，查无教务会议决议案可根据，请复议案

议决：交注册课查明办理。

八、本年度第二学期各院系准开学程，应规定日期送交注册课以便汇印案

议决：限一月七日以前送交注册课。

九、各院系授课时间表，应于未开学前酌定，至学生选课后，无论如何，不能再行更动案

议决：通过。

十、学生逾期选课，按教务规程每日罚洋一元，以一星期为限，逾期即为休学论，但有特别情形而特准选课者，似亦应照所逾之日期数目罚款，而不能仅以一星期之罚款为最高数目，请公决案

议决：逾期选课，每日罚洋一元，以一星期为限，逾规定罚款期限选课者，决不通融。

十一、现教部既以学年制与学分制并行，本校审查学分时，每因学生少三五个学分而令其退级多读一年者，似以学分而抹煞一年，此事应如何救济案

议决：请各院长各系主任，于审查学分时，斟酌办理。

十二、各大学联合会第四次执委会，决议组织荣誉学会，并征求各校对于该会之意见及组织法等，于一星期内具覆，本校应如何陈覆案

议决：请孙寒冰先生、于基泰先生、邝嵩龄先生、杨裕芬先生、郑宝宁先生拟具意见书及组织法，由孙寒冰先生召集。

十三、政经系三年级学生杨公勖，于去岁九一八事变后，由冯庸大

学转来本校借读,今夏入学试验未能考取,及本学期开学时,该生竟混冒旧生注册入学,现经查出,实系蒙混,对该生应如何惩处案

议决:照章即令退学,并通知训委会执行。

十四、教育系师资艺科二年级学生江宗淮,系由中央大学转来本校,以中大关于学分方面之规定与本校根本不同,请求仍准在二年级受课案

议决:照章办理,但准读二年级课程。

十五、本校战后复兴,一切措施均应力求改进,兹制定学生考试规则十七条,请公决案

议决:全案修正通过。

十六、第三次校务会议讨论事项第三条,特约讲座待遇及服务规程一案议决由本会拟订再选下次会议核定,本会应如何拟订案

议决:请陈中凡先生、于基泰先生、叶渊先生、郭一岑先生、孙寒冰先生、郑宝宁先生、杨裕芬先生拟订,由陈中凡先生召集。

十七、国立中央研究院,现受参加芝加哥博览会筹备会之委托,代征关于科学及学术之赛品,同时并编制中国学术机关一览,特寄来中西表格二份,请详细填注册,本校应如何填覆案

议决:由秘书处出版委员会、南洋文化部讨论办理。

十八、教务规程应从速修正案

议决:请各委员签注,于下次常会讨论修正之。

(《暨南校刊》1932 年第 44 期)

国立暨南大学法规委员会暂行规程

第一条　本委员会根据本校二十一年度第一学期第六次校务会议议决案组织之，定名为国立暨南大学法规委员会。

第二条　本委员会之任务如下：

一、关于本校重要规章之拟订及修改事项；

二、关于本校各院部处馆会，及其他各团体规制章则之审议事项；

三、关于本校规章一览之编订事项。

第三条　本委员会委员，由校务会议推定本校教职员并任之。

第四条　本委员会主席一人，由校长于委员中指定之，综理本会一切事务。

第五条　本委员会设秘书一人，干事一人，由校长于教职员中调兼之，协助主席，办理事务。

第六条　本委员会会议，由主席召集之。

第七条　本委员会会议，以委员过半数之出席为法定人数，以出席委员过半数之议决为有效。

第八条　本规程如有未尽事宜，得由委员三分之一以上之提议，经本会通过，呈请校长修正之。

第九条　本规程自校长核准公布之日起施行。

（《暨南校刊》1932 年第 44 期）